근대 한국어의 변이와 변화

안예리(安禮俐, An, Ye lee)
연세대학교 국어국문학과를 졸업하고 동대학원에서 국어학 전공으로 박사학위를 받았다. 연세대학교와 배재대학교에서 강의하였고, 하버드옌칭연구소 방문연구원, 연세대학교 박사후연구원, 세종대학교 초빙교수를 역임하였다. 현재 한국학중앙연구원 인문학부 조교수로 근무하고 있다.

근대 한국어의 변이와 변화

초판인쇄 2019년 1월 15일 **초판발행** 2019년 1월 31일
지은이 안예리 **펴낸이** 박성모 **펴낸곳** 소명출판 **출판등록** 제13-522호
주소 서울시 서초구 서초중앙로6길 15, 1층
전화 02-585-7840 **팩스** 02-585-7848 **전자우편** somyungbooks@daum.net **홈페이지** www.somyong.co.kr

값 30,000원 ⓒ 안예리, 2019
ISBN 979-11-5905-378-8 93710

근대 한국어의 변이와 변화

Variations and Shifts in Modern Korean

안예리

머리말

　이 책은 공고했던 한문 중심의 언어 질서에 균열이 가기 시작하며 글쓰기의 다양한 방법들이 모색되던 19세기 말 이후 한국의 언어적 상황을 표기, 문체, 문법 등의 변이 및 변화를 통해 탐색해 보는 책이다. 언어 현상에 대한 분석이 주를 이루지만 그 기저에 존재했던 정치·사회·문화적 변동 및 의식적 전환의 문제에도 관심을 두고 있다. 언어의 변화는 언어를 사용하는 인간 의식의 변화를 반영하며 의식의 변화는 인간을 둘러싼 환경의 변화와도 무관하지 않기 때문이다.

　언어는 일정한 체계 속에서 작동되는 기제이기도 하지만 얼마든지 그 틀을 벗어나 변주될 수 있는 유연성 또한 갖추고 있다. 오늘날 우리의 일상생활 속에서도 언어는 무수한 변이를 낳고 있고 그 변이의 일부는 언어 체계의 변화를 추동하고 있다. 이 책에서 다루는 근대라는 시기는 그러한 변이의 폭이 대단히 광범했고 변화의 속도 또한 전례 없이 급격했던 언어적 격동기였다.

　근대의 언어는 '혼란' 또는 '과도기'라는 꼬리표를 달고 있다. 개항 이후 새로운 사상과 문물이 급속도로 유입되었고 이를 담아내기 위한 개념과 용어들이 우후죽순 생겨났으며 그로 인해 어휘 체계에 불가역적인 변화가 일어났다. 그와 동시에 신문이나 잡지와 같은 근대적 매체가 생겨나고 문자 생활의 향유층이 확대되면서 문체가 다변화되었다. 한문 혹은 한문 언해문의 통사구조가 해체되며 그 틈으로 구어 한국어의 문법이 스며들었고 근대의 매체들은 필자의 언어적 배경이나 독자층에 대한 고려에 따라 다양한 문체를 선보였다. 게다가 이러한 변화들이 일본어, 중국어, 영어 등 여러 외국어의 자장 안에서 전개되면서 언어적 변이는 한층 복잡한 양상을 띠게 되었다.

하지만 근대의 언어에는 원심력뿐 아니라 구심력 또한 작용했다는 점을 잊어서는 안 된다. 근대어라는 개념은 무엇보다도 규범화된 공식 언어를 갖춘 단일한 언어 공동체로서의 근대국가의 수립 과정과 불가분의 관계에 있기 때문이다. 한국의 경우 어문의 규범화는 국권을 상실한 상황에서 민간 주도로 추진되었다는 특수성이 있었다. 일제강점기 조선어학회는 통일된 철자법을 마련해 표기의 혼란을 일소하고 전국적 소통이 가능한 표준어를 확립하기 위해 고군분투했다. 어문의 정리와 통일을 위한 조선어학회의 활동은 공권력이 뒷받침되지 않았다는 점에서 추진상의 한계를 가질 수밖에 없었지만, 한편으로 언어의 도태는 곧 민족의 도태이고 언어의 상실은 곧 민족의 상실이라는 절박한 인식이 강력한 구심점을 만들어 내기도 했다.

근대의 한국어는 다변화되는 동시에 점차 통일된 모습을 갖추게 되었고 이 책은 그 과정에서 나타난 언어적 변이와 변화의 양상들을 네 가지 주제로 담아 보았다. 서론에 해당하는 제1부 '근대와 근대어'에서는 한국의 언어적 근대화가 갖는 보편성과 특수성을 탐색해 보았고, 제2부 '근대어와 표기'에서는 한글의 사용이 확대되면서 직면하게 되었던 표기상의 문제들에 대해 논의하였다. 제3부 '근대어와 문체'에서는 국한문체와 국문체의 관계 및 서로 다른 장르 간의 문체적 차이에 대해 살펴보았고, 제4부 '근대어와 문법'에서는 문법 개념의 발달과정, 문체와 문법의 관계, 문법서에 기술된 문법과 실제 언어생활 속의 문법의 차이에 대해 검토해 보았다.

이 책은 필자가 지난 몇 년간 근대 한국어의 이모저모에 관심을 두고 발표했던 논문들을 한데 모은 것이다. 출판을 주선해 주신 김영민 교수님께 진심으로 감사드린다. 연구실 책꽂이에 색깔별로 줄지어 꽂혀 있는 소명출판의 연세근대한국학총서에 한 권의 책을 더하게 된 것이 무척 감사하고 기쁘다. 당초 발표했던 원고를 전반적으로 다시 손보았음에도 여전히 부족한 부분들이 남아 있다. 독자 여러분들의 질정을 바란다. 마지막으로, 거친 원고를 정성스럽게 편집해 주신 소명출판 편집부 정필모 선생님께 감사의 인사를 전한다.

기해년 새해를 맞이하며
안예리 씀

차례

제3부 근대어와 문체

제1부
근대와 근대어

제1장

고전어와 속어의 관계 변화*

1. 서론

인문사회과학 제 분야에서 지난 수십 년간 '근대성modernity'에 대한 열띤 논의가 이어져 왔지만 유독 국어학계에서는 이러한 학문적 흐름을 찾아보기 어렵다. 그러다 보니 국어학계는 "근대라는 문제 설정 속에서 언어에 접근하는 여타 인문사회과학자들의 논의를 인정할 수도, 또는 반박할 수도 없는" 일종의 "토론 부재"의 상태에 머물러 있는 실정이었다(김병문 2013:15).[1]

---

* 이 장의 내용은 안예리(2015c)를 수정하고 보완한 것이다.
1 '근대'라는 용어가 국어학계에서 쓰이지 않는 것은 아니지만 국어학에서 '근대'는 17~19세기를 지칭하는 용어로서 이 시기는 세계사적으로 볼 때 '전근대premodern'에 해당한다. 학계 일반의 '근대'와 국어학계의 '근대'의 설정이 갖는 불일치 문제는 본고의 제1부 제2장 각주 3을 참고하기 바란다.

한국의 언어적 근대에 대한 논의는 국문학 분야에서 가장 활발하게 전개되어 왔다.[2] 한문 중심의 전통적 언어질서를 해체하고 글쓰기의 새로운 패러다임을 구축하는 과정에서 선도적 역할을 수행한 것이 근대의 문인들이었기 때문에 이른바 언문일치言文一致의 달성으로 여겨지는 문학어의 형성 과정에 대한 논의가 한국어의 근대화에 대한 논의의 주축을 이루었던 것이다.

언어적 근대에 대한 기존의 논의들을 살펴보면 세부 주제나 접근 방식에 차이가 있을지라도 거의 모든 연구들이 공통적으로 '언문일치의 달성'을 '언어적 근대의 달성'과 동일시해 왔다는 것을 알 수 있다. "우리는 도대체 언어에서의 근대화란 무엇인가를 먼저 정의할 필요가 있는데, 그것은 "입말에 기초한 글말의 창출(=규범화)과 그 도달점으로서의 민족어(국민어)의 형성 과정"을 일컫는 것으로 정리할 수 있다"(고영진 2013:210),[3] "글쓰기의 근대화는 매체의 측면에서 볼 때 한문체가 해체되고 국한문체를 거쳤다가 순국문체로 발달하는 과정을 가리킨다"(배수찬 2008:15), "우리 어문의 근대화 과정에서 '한글을 사용하여 글을 쓴다'는 것은, 한문을 중심으로 한 글쓰기의 방식에서 벗어나 새로운 문어의 체계를 건설하는 일을 의미했다"(문혜윤 2008:275) 등의 기술에서 볼 수 있듯이 한문 중심의 문어생활을 벗어나 우리말을 우리 글로 적는 변화가 곧 언어적 근대화와 동일시되어 온 것이다.

---

2 김영민(1997; 2005; 2006; 2008; 2009; 2010; 2012; 2014), 권보드래(2000; 2014), 권영민(2002), 황호덕(2005; 2010; 2011; 2014), 한기형 외(2006), 배수찬(2008), 문혜윤(2008), 안영희(2011), 임상석(2008) 등의 논의를 통해 한문 중심의 전통적 언어질서가 해체되고 국문 글쓰기의 기틀이 잡히는 과정이 상세히 밝혀진 바 있다.
3 고영진(2013)에서 밝힌 대로 이는 미쓰이 타카시三ッ井崇의 정의에 토대를 둔 것이다.

이러한 인식은 일본이나 유럽 지역의 언어적 근대화 과정과의 비교를 통해 더욱 공고화된 측면이 있다. 일본의 언어적 근대화는 상당 부분 유럽의 영향을 받았기 때문에 한국, 일본, 유럽의 사례를 비교할 때 많은 유사점이 확인될 수밖에 없다. 이러한 비교의 틀 안에서 보편성과 특수성을 논할 경우, 서구의 언어적 근대화 결과를 표준 모델로 삼게 되고 서구 언어들이 갖는 특성을 곧 언어적 근대성으로 일반화하게 될 우려가 있다.[4] 유럽이나 일본을 벗어나 근대국가 체제로의 전환을 경험한 세계 여러 지역의 언어적 상황을 살펴보면 언어적 근대화가 반드시 보편문어에 대한 속어 혹은 지방어의 승리로 귀결되지 않았음을 알 수 있다. 본 장에서는 유럽, 아시아, 아랍 그리고 이스라엘 언어적 근대화 과정을 비교함으로써 언어적 근대화가 반드시 서구의 모델에서처럼 구어와 문어의 일치 혹은 속어화vernacularization로 귀결되지만은 않았음을 보이고자 한다. 그리고 근대화 일반이 그러하듯 언어적 근대화의 과정에서도 역사적, 사회적 조건에 따른 다양한 변이가 존재했으며 그러한 변이들 속에 공통적인 변화의 방향성이 내재했음을 환기시킴으로써 다원적 근대성의 이론 안에서 언어적 근대화의 문제에 대해 논의해 보고자 한다.

---

4 근대의 국어 의식 형성 과정에서 나타난 한국적 특수성과 세계사적 보편성에 대해 논의한 조태린(2012)의 연구에서도 이러한 관점이 확인된다. 먼저 서구에서의 근대 국민어 의식의 형성 과정을 철학적, 역사·사회학적, 언어학적 관점에서 고찰한 뒤, 이를 준거로 삼아 일본의 고쿠고 의식의 형성 과정에서 나타난 특수성과 우리나라에서의 국어 의식 형성 과정에서 나타난 특수성을 도출한 것이다. 이러한 논의를 통해 유심론적 인식, 국민주의적 인식, 상대주의적 인식 등 우리나라의 근대 국민어 의식 형성 과정에 반영된 유럽과 일본의 영향을 체계적으로 파악할 수 있었지만, 서구의 근대 국어 의식 형성 과정을 표준으로 삼고 이와 일치하는 특성을 보편성으로, 불일치하는 특성을 특수성으로 규정하는 관점에 대해서는 재고가 필요하다.

2. 다이글로시아의 변화 유형

'다이글로시아diglossia'라는[5] 용어가 언어학의 개념으로 엄밀히 정의
된 것은 사회언어학자인 찰스 퍼거슨Charles A. Ferguson에 의해서였다.
그는 '한 사회 내에서 그 언어의 주요 방언형 이외에 또 다른 상층의 언
어가 사용되는, 비교적 안정적으로 유지되는 언어적 상황'을 '다이글로
시아'라고 명명하였다. 다이글로시아의 가장 중요한 특징은 상층언어
와 하층언어가 기능적으로 뚜렷하게 분화되어 있다는 점이다. 어떤 상
황에서는 상층언어만이 쓰이고, 또 다른 상황에서는 하층언어만이 쓰이
는 것이다.[6] 전근대 다이글로시아에서 상층언어는 문헌어로 존재하던
'고전어古典語, classical language', 하층언어는 일상의 대화에 쓰이던 '속
어俗語, vernacular'에 해당한다.

다이글로시아에서 상층언어와 하층언어의 위계 관계는 이질적인 언
어 사용 집단 간의 계층적 차이를 반영하며, 동시에 그러한 계층 구조를
지탱해 주는 역할을 수행한다. 사회 집단 간의 계층 구조가 안정적으로
유지되는 상황에서 언어 사용자들은 두 언어의 기능이 뚜렷이 분화되어
있는 상황을 별반 문제시하지 않지만, 어떤 특정한 변화가 발생할 경우

---

5 그리스어에서 유래한 영어의 'diglossia'는 어원적으로 볼 때는 두 개의 언어가 쓰이는
   사회라는 뜻으로 'bilingualism'의 의미에 가깝지만, 언어학에서의 개념으로는 두 개 언
   어 사이에 상하위의 관계가 전제된다(Ferguson 1959). 'diglossia'의 어원에 대한 자세
   한 설명은 박순함(1997)을 참고할 수 있다.
6 다이글로시아에서 나타나는 상층언어와 하층언어의 관계는 표준어와 방언의 관계와도
   유사한 점이 있지만, 표준어와 달리 다이글로시아의 상층언어는 일상의 대화에는 사용
   될 수 없었다는 점에서 차이가 있다(Ferguson 1959:245).

다이글로시아의 안정성에 균열이 생기게 된다. 퍼거슨이 말하는 해당 변화는 문식력의 광범한 확산, 서로 다른 지역 또는 사회적 그룹 간의 소통 확대, 그리고 주권의 표상으로서의 표준화된 언어에 대한 갈망이다.

이러한 변화가 나타나게 되면 지도층은 언어의 통일을 도모하게 되는데, 이때 언어 통일의 준거를 어디에 둘 것인가 하는 문제로 사회적 갈등이 생겨나게 된다. 퍼거슨은 다이글로시아의 붕괴 과정에서 일반적으로 확인되는 견해의 차이를 다음과 같이 기술하였다. 상층언어를 중심으로 언어 통일을 이룩하고자 하는 집단에서는 상층언어가 갖는 전통적인 가치와 사회 통합의 기능, 심미적·논리적·표현적 우월성을 강조하는 반면, 하층언어를 중심으로 언어 통일을 도모하고자 하는 집단에서는 구두 발화에 사용되는 언어만이 사람들의 사고과정과 감정을 전달할 수 있다는 점, 그리고 상층언어와 달리 별도의 학습을 거치지 않아도 자연스럽게 구사되는 언어이기 때문에 교육의 효율성을 높일 수 있다는 점을 강조한다.

근대 초기 한국에서 일어난 한자에서 한글로, 한문에서 국문으로의 변화는 세계사적 맥락에서 볼 때 전근대 다이글로시아에 나타난 변화의 한 유형에 해당한다.[7] 한국의 경우 하층언어이던 속어가 상층언어이던 한

---

[7]　King(2015)는 전근대 한국사회에서의 한문과 조선어의 관계는 다이글로시아로 설명될 수 없다고 주장하였다. 한국에서는 전통적으로 이두, 향찰, 구결 등의 방법으로 속어를 표현하기도 했는데, 이러한 쓰임에서 표면적 언어는 보편문어이지만 그것에 대한 실질적 독해는 속어로 이루어졌다는 것이다. 이러한 두 언어 간의 긴밀한 상호작용은 다이글로시아의 개념에 전제된 이분법으로는 설명되기 어렵다고 하였다. 그런데 한문을 통해 속어를 적는 방법은 전근대 사회의 문어생활에서 어디까지나 보조적 역할을 했을 뿐, 법률 및 행정 언어, 그리고 국가의 공적 기록에 사용된 언어는 보편문어로서의 고전 한문이었다는 점에서 King(2015)의 주장에 의문을 제기하게 된다. 무엇보다도 훈민정음 창제 후로도 수백 년간 속어 글쓰기는 비공식적이며 보조적인 역할에 머문 반면 한문 글쓰

문의 지위를 대체하며 국가의 공식 언어로 부상하게 되었고 이러한 변화는 유럽의 근대화 과정에서 영어, 프랑스어, 독일어 등의 지방 속어가 라틴어를 대체하게 된 변화와 유사하다. 이러한 대응 관계에서 발견되는 공통적 변화는 '속어화'이다. 동아시아의 언문일치는 속어화의 일종으로 볼 수 있는데 앞서 지적한 대로 그동안 한국의 언어적 근대화에 대한 논의에서 비교 대상이 된 사례가 일본이나 유럽에 한정되기 때문에 한국, 일본, 유럽에서 공통적으로 전개된 속어화 과정은 언어적 근대화 과정과 동일시되는 경향이 있었다. 일상의 언어가 소수 엘리트의 전유물이던 절대권력의 언어를 퇴위시키고 근대국가의 공식 언어로 부상한 과정은 정치권력의 민주화라는 근대화의 정치적 측면과도 상통하기 때문에 속어화를 곧 언어적 근대화로 단정하기는 쉽다. 하지만 본 장에서 강조하고자 하는 점은 전근대 다이글로시아의 변화가 반드시 속어의 승리로 이어지지는 않았다는 사실이다. 뒤에서 살펴보겠지만 속어가 아닌 고전어의 승리로 귀결된 변화의 경우 역시 근대적 속성을 공유하는 것이다.

이 장에서 다이글로시아의 변화 유형 분석을 위해 사용할 기본 모델은 다음과 같다.

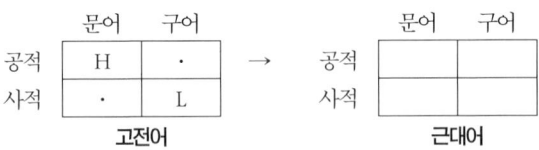

〈그림 1〉 기본 모델—다이글로시아의 변화 유형을 분석하기 위한 틀

기는 19세기 말까지 공적 문어의 역할을 수행해 왔기 때문에 King(2015)에서 말한 '한문의 속어식 읽기' 혹은 '한문을 통한 속어의 기록'이 과연 다이글로시아의 개념을 폐기할 만큼의 강력한 논거가 될 수 있는가 하는 의문이 든다.

'기본모델'은 화살표를 기준으로 왼쪽과 오른쪽으로 나뉘는데, 왼쪽은 전근대의, 오른쪽은 근대화 이후의 언어 사용 상황을 반영한다. 격자의 네 칸은 언어 사용 상황에 따라 '공적', '사적'으로 구분되고, 문자로 실현되느냐 음성으로 실현되느냐에 따라 '문어', '구어'로 구분된다. 전근대 사회에서의 지위를 기준으로 'H'는 상층언어High variety, 'L'은 하층언어Low variety를 나타낸다.[8] 전근대 다이글로시아에서 상층언어인 'H'는 문헌어로 존재하던 고전어, 하층언어인 'L'은 일상 대화에서 쓰이던 속어에 해당한다. 왼쪽 격자에서 'H'의 위치는 '공적 문어', 'L'의 위치는 '사적 구어'로 할당되어 있는데, 이는 전근대 다이글로시아에서 고전어와 속어의 전형적인 용법을 반영한 것이다.

'기본모델'에서 화살표 왼쪽 격자의 '공적 구어'와 '사적 문어'의 자리는 비어 있다. 물론 전근대 사회에서도 공적인 발화가 존재했고 사적인 기록이 존재했지만 근대 사회와 비교해 볼 때 이 두 영역이 갖는 중요성은 그리 크지 않았다. 물론 상대적 관점이긴 하지만, 전근대 사회는 미디어나 대중집회 등 공론의 장이 마련되기 이전이므로 제도화된 공적 구어가 존재했다고 보기 어렵고, 종이의 보급도 제한적이었으며 보통교육의 부재로 문맹률이 높아 사적 문어의 영역 역시 발달되어 있었다고 보기 어렵다. 따라서 '기본모델'에서 화살표 왼쪽 격자에 대해서는 '공적 문어'와 '사적 구어'의 영역에 집중하고자 한다.[9]

---

8 '구어와 문어', '공적영역과 사적영역'은 역사적 선택의 결과를 기술하기 위한 변별적 자질일 뿐, 그 자체가 역사적 선택의 내용을 말하는 것은 아니다. '기본모델'에서 역사적 선택의 대상이 된 것은 'H' 또는 'L', 즉 고전어 혹은 속어에 해당한다.

9 공적 구어와 사적 문어의 영역이 활성화된 것 역시 근대화 과정에서 일어난 중요한 변화일 것이다. 한국어의 경우 개인과 개인이 한글로 편지를 주고받거나 민간의 영역에서 한글로 소설을 필사하여 유통시킨 사례들이 있기 때문에 전근대 사적 문어의 영역이 다른

'기본모델'에서 화살표 오른쪽의 격자는 모두 비어있는데 이는 이어지는 논의를 통해 채워나갈 것이다. 왼쪽 격자의 H와 L이 오른쪽으로 오며 어떤 칸으로 이동했는지, 혹은 사라졌는지 여부에 따라 다이글로시아의 변화 유형을 세 가지로 정리해 보고자 한다.

1) 유형 1─상층언어의 쇠퇴와 하층언어의 근대화

첫 번째 유형은 언어적 근대화의 결과 상층언어가 사회적 기능을 상실하고 하층언어가 이를 대체하며 언어생활의 전 영역으로 쓰임을 확대한 변화이다. 이를 앞서 제시한 기본 모델에 적용해 보면 다음과 같다.

'유형 1'은 L의 영역이 네 칸 모두로 확대되고 H는 사라진 변화를 보여준다. 공적 문어로 존재하던 고전어가 언어적 근대화 이후 사회적 기능을 잃어버린 채 학문의 대상으로만 남게 되고, 일상 대화에만 쓰이던 속어가 근대화되어 공적 기능과 사적 기능을 겸한 채 문어와 구어의 전 영역에서 언어생활을 주도하게 된 변화이다. 이러한 변화는 유럽과 동아시아에서 진행된 속어화 과정에 해당한다.

	문어	구어			문어	구어
공적	H	·	→	공적	L	L
사적	·	L		사적	L	L

고전어 : 쇠퇴   속어 : 근대화

〈그림 2〉 유형 1

언어권의 전형적인 다이글로시아에 비해서는 상대적으로 활성화되어 있었다고 볼 수 있을 것이다.

중세 유럽에서 라틴어는 성경의 언어로서 신성시되었고 이에 대한 해독은 성직자를 비롯한 소수의 엘리트에 의해 독점되었었다. 라틴어와 지방 속어의 다이글로시아는 16세기경부터 복합적인 요인들로 인해 서서히 붕괴되기 시작하였다. 베네딕트 앤더슨은 유럽에서 라틴어의 지위 하락 및 속어의 발달을 가속화한 주된 요인으로 종교개혁, 행정어로서의 지방 속어의 발달, 인쇄자본주의의 확산을 들었다(Anderson 2006:39~46).

유럽의 종교개혁은 마틴 루터Martin Luther가 1517년 독일 비텐베르크Wittenberg의 교회 문 앞에 로마 카톨릭 교회의 부패를 비판하는 '95개 논제'를 게시한 이후 급격히 전개되었다. 루터는 교회가 아닌 성경을 통해 하나님과 만날 수 있다는 주장을 설파하였고 라틴어를 모르는 신자들이 직접 성경을 읽을 수 있도록 라틴어 성경을 독일어로 번역하여 출간하였다. 루터의 독일어 성경은 15세기 중엽 발달된 활판인쇄술에 힘입어 다양한 판본으로 대량 인쇄되었고, 대중들의 폭발적인 호응 속에 팔려 나갔다. 일찍이 16세기부터 형성된 독일어 성경의 독자층은 후대에 근대국가 독일의 탄생에 중요한 밑거름이 되었다.

앤더슨이 지적한 대로, 유럽에서 속어의 발달에 영향을 미친 또 다른 요인은 바로 행정어로서의 지방 속어의 발달이다. 라틴어로 매개되는 서부 유럽은 단일한 종교공동체이기는 했지만 단일한 정치공동체는 아니었고 따라서 라틴어는 정치적 맥락에서는 지배력을 갖지 못했다. 유럽 각지의 법정이나 행정기관에서 지방 속어가 문어로서 사용되기 시작한 것은 종교개혁이나 인쇄혁명보다 먼저 나타난 현상으로 종교공동체의 쇠퇴와는 무관하지만 결과적으로는 라틴어의 퇴위에 기여한 바가 크다(Anderson 2006:41~42).

종교개혁 이후 루터는 인류 역사상 최초의 베스트셀러 작가가 되었고 그 후 유럽에서는 대중 독자층을 위한 값싼 출판물의 발행이 성행하였다. 상업 출판의 관점에서 볼 때 유럽 각지의 속어는 소수가 독점하던 라틴어보다 훨씬 더 큰 상업적 잠재력을 가진 언어였기에 인쇄자본주의의 발달과 함께 속어의 지위는 점점 높아져 갔다.

이처럼 유럽에서 라틴어와 지방 속어의 다이글로시아는 16세기 이후로 동요하기 시작했고 18세기 후반부터 민족 단위의 정치공동체 수립이 가속화되며 그 변화는 더욱 본격화되었다. 근대국가 수립 이후 유럽 지방의 속어들은 일상의 의사소통뿐 아니라 정치, 법률, 교육, 행정, 계약 등 공적 상황에서 사용역을 넓게 되었고 정치공동체의 공식 언어로 자리 잡게 되었다. 이렇게 볼 때 L의 영역이 네 칸 모두로 확대된 '유형 1'의 변화는 언어적 민주화의 과정이기도 했다.

'유형 1'의 모델은 동아시아의 한문과 지방 속어의 관계에도 적용된다. 동아시아에서 전통적으로 한문은 공적 문어로서 절대적 지위를 누리고 있었다. 그러다 19세기 말 제국주의의 침략과 함께 급속히 전개된 근대화 과정에서 한문의 위상에도 급격한 변화가 생겼다. 근대 초기 동아시아 각지에서는 일본의 언문일치운동을 필두로 중국의 백화문운동, 한국의 한글운동 등 속어의 위상 제고를 위한 노력이 이어졌다. 그 결과 20세기 동아시아에서 고전 한문은 사회적 기능을 잃어버렸고, 일본어, 중국어, 한국어 등 속어가 근대국가를 대표하는 공식 언어로서 자리 잡게 되었다. 이러한 변화는 상층언어가 사라지고 하층언어가 네 영역으로 확산된 '유형 1'에 부합한다.

이처럼 다이글로시아의 해체 과정에서 유럽과 동아시아 모델 사이에는 상당한 유사점이 존재한다. 하지만 좀 더 자세히 살펴보면 유럽과 동아시아의 언어적 근대화 과정에는 적지 않은 차이도 존재한다. 일단 유럽의 경우는 15세기 구텐베르크의 인쇄 혁명, 16세기 루터의 종교개혁을 토대로 16~18세기 인쇄자본주의의 발달 및 속어 글쓰기의 확산 과정을 거친 뒤 18~19세기에 언어공동체를 단위로 한 근대국가 수립이 본격화되면서 수백 년에 걸쳐 점차적으로 다이글로시아의 해체가 진행되었다. 반면 동아시아의 다이글로시아는 19세기 중엽까지 흔들림 없이 유지되다가 제국주의의 침략을 계기로 수십 년만에 급격히 붕괴되었고, 그 후로도 식민 지배 및 피지배를 경험하며 복잡한 내적 변화를 겪게 되었다.

2) 유형 2 – 상층언어의 근대화와 하층언어의 유지

두 번째 유형은 언어적 근대화가 이루어졌음에도 하층언어가 종래와 다름없이 '사적 구어'의 영역에만 머물러 있고, 문헌어로만 존재하던 상층언어가 그 영역과 기능을 확대하여 근대어로 재탄생한 경우이다.

'유형 2'는 H의 영역이 세 칸으로 확대되고 L이 원래의 영역에 머물러 있는 변화를 보여준다. 공적 문어로만 쓰이던 고전어가 언어적 근대화 이후 사회적 기능을 확장하여 공적 문어와 공적 구어, 그리고 사적 문어의 기능을 겸하게 된 것이다. 반면 속어는 그 영역을 전혀 확장하지 못한 채 사적 구어로서의 자격만을 유지하고 있다. 이러한 변화는 아랍권 국가들에서 발견된다(오명근 1990; 윤은경 2003).

	문어	구어			문어	구어
공적	H	·	→	공적	H	H
사적	·	L		사적	H	L

고전어 : 근대화   속어 : 유지

〈그림 3〉 유형 2

아랍권 국가들의 경우 언어적 근대화는 고전아랍어Classical Arabic를 현대표준아랍어Modern Standard Arabic로 재탄생시키는 과정이었다. 현재 중동과 아프리카 북동부 아랍권 국가들의 공식 언어로 사용되고 있는 현대표준아랍어는 근본적으로 고전아랍어에 토대를 두지만, 의사소통의 효율성을 위해 고전아랍어의 복잡한 문법을 단순화하고 근대 세계를 충실히 기술할 수 있도록 어휘 체계를 확장시킨 것이다.[10] 문법의 정비와 어휘 체계 확충은 '유형 1'의 핵심적 변화이기도 했기 때문에, 변화의 대상이 된 언어가 무엇인가 하는 차이는 있지만, 속어의 근대화든 고전어의 근대화든 변화의 방식에는 공통점이 존재했다고 볼 수 있다.

현재 '유형 2'의 도식을 보면 언어적 근대화 이후에도 또 다른 종류의 다이글로시아가 유지되고 있는 것으로 보이지만, 실제로 오늘날 아랍권의 언어 사용 상황은 훨씬 더 복잡한 양상을 띤다. 종교 영역에서의 '고전아랍어', 공문서와 학교 교육 및 언론 매체의 '현대표준아랍어', 그리고 일상생활의 '속어'가 뚜렷한 기능 분화를 이루며 한 사회에 공존하고

---

10 윤은경(2003)을 참고하여 고전아랍어와 현대표준아랍어의 차이를 정리해 보면 다음과 같다. 먼저, 고전아랍어는 격, 법, 수, 성에 따라 격변화를 하며, 형태론적으로 단수, 쌍수, 복수형으로 구별되고 여성형과 남성형의 형태가 다르다. 한편, 현대표준아랍어는 기본적으로 고전아랍어와 통사적으로, 형태적으로 동일하지만 규칙이 좀 더 쉽고 간단하다. 따라서 고전아랍어와 현대표준아랍어의 현저한 차이는 결국 어휘부에 있다고 볼 수 있다. 홍순남(2010)에서도 고전아랍어와 현대표준아랍어는 기본적으로는 동일한 언어이지만, 문법과 어휘의 간편성과 사용 빈도에서 차이가 있다고 하였다.

있기 때문이다. 아랍권의 경우 언어적 근대화의 결과 다이글로시아가 트라이글로시아triglossia로 변화되었다고도 볼 수 있지만, 현대표준아랍어의 실상은 고전아랍어와 지방 속어의 양 극단 사이에 위치한 여러 변이형들의 연속체에 가깝기 때문에 '스펙트로글로시아spectroglossia', '폴리글로시아polyglossia', '멀티글로시아multiglossia' 등의 용어를 통해 더 정확히 기술된다는 견해도 있다(오명근 1990; 윤은경 2003).

아랍 세계의 언어적 근대화는 '아랍의 르네상스'라 불리는 19세기 말 20세기 초 '알나흐다 운동Al-Nahda Movement'으로부터 시작되었다. 이집트에서 시작되어 이후 레바논, 시리아 등지로 확산된 알나흐다 운동은 문학, 매체, 언어 등 문화의 제 측면에서 새로운 시대를 열었다. 유럽과 미국의 문학들이 번역 수용되었으며 토착 문학에서도 근대적 주제들을 다루기 시작하였다. 서양식 인쇄 기술이 도입되었고 근대적 신문과 잡지들이 출판된 것도 이 무렵이었다.

이처럼 새로운 문화적 조류가 나타나면서 이를 매개할 적합한 언어가 무엇인가 하는 논란이 생겨났고 고전아랍어의 지위는 처음으로 도전에 직면하였다. 고전아랍어의 사용을 주장하던 사람들은 아랍권의 단결을 위해, 그리고 무슬림의 종교적 정체성을 지키기 위해 고전아랍어를 포기할 수 없다고 하였고, 속어의 사용을 주장하던 사람들은 고전아랍어는 이미 죽은 언어이므로 고전아랍어의 어휘 체계나 문법 체계는 근대적 지식을 매개하기에 적합하지 않다고 주장하였다(Abu-Absi 1986:338~339).

이처럼 19세기 말 20세기 초 이집트를 비롯한 아랍권에서도 상층언어와 하층언어 중 어느 쪽을 준거로 언어 통일을 도모할 것인가 하는 논란이 있었지만 이 논쟁은 결국 상층언어의 승리로 귀결되었다. 비록 일부에서 속어의 근대적 가치를 주장하기는 하였지만, 아랍 세계에서 일반적으로 고전아랍어는 지식과 문화의 총체라는 인식, 그리고 속어는 중요한 기록이나 창조적 작업에는 어울리지 않는 천박한 언어라는 인식이 광범하게 퍼져 있었기 때문이다(Haeri 2003:81). 또한 구어 아랍어는 방언적 변이가 매우 심해 특정 방언형을 표준으로 삼는 데에 무리가 따르기도 했다(오명근 1990).

결국 고전아랍어는 문법체계의 단순화와 어휘체계의 보완 과정을 거쳐 현대표준아랍어로 발달되었다. 근대 세계를 매개하는 언어로서 고전아랍어가 갖는 가장 뚜렷한 한계는 '동시대성contemporaneity'의 결여였고, 이는 어휘부에서 특히 두드러졌다(Haeri 2003). 19세기 말부터 서구의 어휘들이 다양한 경로를 통해 이집트에 유입되면서 실제 언어생활에서는 그리스어, 터키어를 비롯해 유럽어의 새로운 어휘들이 대거 차용되었는데 당시 고전아랍어에는 그에 대응되는 적합한 단어가 없었기 때문이다. 따라서 이집트 정부는 1932년 '카이로 언어 아카데미Cairo Language Academy'를 설립하고 고전아랍어의 어휘체계를 확장하기 시작했다. 고전아랍어의 방대한 어휘 목록을 나열하고 그중에 근대적 개념을 표현할 수 있는 어휘들을 선정하기도 했고, 적당한 대응어가 없을 경우 원어를 아랍어의 음절 구조에 맞게 음역하는 작업을 진행하기도 했다. 그 결과 '민주주의'를 뜻하는 'al-dimuqratiyya', '외교'를 뜻하는 'diblumasiyya' 등의 신어가 만들어졌다.

현재 현대표준아랍어는 이슬람교를 국교로 하는 거의 대부분의 아랍권 국가들에서 국가의 공식 언어이자 행정, 교육, 출판, 방송의 언어로서 사용되고 있다. 특히 텔레비전 뉴스 보도나 정치 연설 등 공적 구어의 역할을 수행하고 있다는 점은 현대표준아랍어가 비록 일상의 구어로 쓰이고 있지는 않지만, 제한된 영역이나마 구어로서 기능하고 있음을 보여준다(Haeri 2003).

이상에서 살펴 본 아랍권의 사례를 통해 속어가 아닌 고전어를 대상으로 한 언어적 근대화의 유형을 살펴보았다. 이러한 경우 '언문일치'는 근대어의 핵심적인 속성이라 보기 어렵다. 공적인 영역에서는 종래의 상층언어가 구어로도 문어로도 쓰이지만 사적인 영역에서는 말과 글이 일치하지 않는 양상을 보이기 때문이다.

3) 유형 3―상층언어의 근대화와 하층언어의 쇠퇴

세 번째 유형은 언어적 근대화의 결과 오히려 속어가 사회적 기능을 상실하고 고전어가 언어생활의 전 영역으로 기능을 확대한 변화이다. 이는 다음과 같이 도식화할 수 있다.

'유형 3'의 경우 화살표 오른쪽으로 오며 L의 자리가 사라지고 H가 네 칸을 모두 차지하게 되어 '유형 1'과 정반대의 결과를 보여준다. 이러한 변화는 이스라엘에서 찾아볼 수 있다.

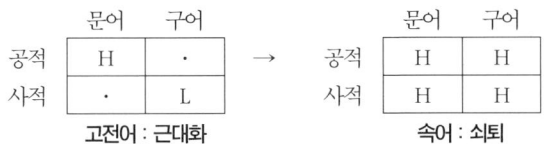

	문어	구어			문어	구어
공적	H	·	→	공적	H	H
사적	·	L		사적	H	H
고전어 : 근대화				**속어 : 쇠퇴**		

〈그림 4〉 유형 3

유럽과 달리 아랍의 지식인들은 지방 속어가 아니라 고전아랍어에서 근대적 가능성을 보았고, 자국의 미래는 고전아랍어의 근대화에 달려 있다고 믿었다. 이와 유사하게 20세기 초 예루살렘의 지식인들 역시 고전히브리어를 통해 언어 통일을 도모하였다. 구약성경의 언어인 고전히브리어는 유대인의 디아스포라 이전부터 이미 구어로는 쓰이지 않았다. 유대인들은 세계 각지로 흩어져 이디시어나 아랍어 등을 일상어로 사용하였고 고전히브리어는 성경을 읽거나 기도를 하는 등 종교 의식에만 사용하였다. 2,000년 이상 문헌어로만 쓰이던 고전히브리어는 이스라엘의 건국과 함께 현대히브리어Modern Hebrew로 부활하게 되었는데, 그 부활은 사적 구어의 영역에서까지 매우 성공적으로 진행되었다는 점에서 특이성을 갖는다. 고전히브리어의 성공적인 부활은 속어인 이디시어를 이스라엘에서 거의 사멸 단계에 이르게 했다는 점에서 '유형 1'의 속어화와는 정반대의 변화라 할 수 있다.

고전히브리어를 개량한 결과 탄생한 현대히브리어는 오늘날 이스라엘의 행정어, 교육어, 출판어, 방송어이자 일상생활의 언어로 사용되고 있다. Fishman(1991)은 고전히브리어가 현대히브리어로 재탄생한 과정을 '재속어화re-vernacularization'라 하였는데, 이는 오랫동안 읽고 쓰는 데에만 쓰이던 언어를 입으로 말하게 된 변화이자, 종교와 학문의 영역에 갇혀 있던 언어가 일상생활에서 기능을 획득하게 된 변화이기도 하다.[11]

---

11 고전히브리어의 근대화에 대해 Spolsky(1991)은 Fishman(1991)이 말한 '재속어화'와 더불어 '재활성화revitalization' 단계를 추가할 수 있다고 보았다. 재속어화 단계는 19세기 말에서 20세기 초에 해당하고, 재활성화 단계는 현대히브리어를 모어로 하는 세대가 등장한 1920년대 이후라고 하였다.

고전히브리어의 부활은 1880년대부터 엘리제르 벤 예후다Eliezer Ben-Yehuda(1858~1922)가 중심이 된 언어위원회Va'ad Halashon, Language Committee에 의해 추진되었으며, 어휘 정리 사업이 그 중심이 되었다. 벤 예후다는 히브리어 어휘를 총망라하여 『고전히브리어 및 현대히브리어 대사전The Complete Dictionary of Ancient and Modern Hebrew』을 편찬하였다. 총 16권으로 기획된 이 사전은 벤 예후다가 살아 있는 동안 제5권까지 발행되었고 나머지는 그의 사후에 언어위원회와 그 후신인 히브리어아카데미Academy of the Hebrew Language를 통해 발행되었다. 1908년 베를린에서의 첫 출판을 시작으로 1959년까지 반세기 동안 출판 작업이 지속되었다. 보통의 사전 편찬이 기존 어휘에 대한 기술을 위주로 하는 반면, 이 사전의 경우는 외국어에는 있지만 고전히브리어에는 없는 수많은 어휘들을 새로 만들어 표제항으로 등재하였다. 히브리어 아카데미 홈페이지에는 벤 예후다가 만든 근대 신조어 목록 중 일부가 제시되어 있는데, 'bubba(인형)', 'glida(아이스크림)', 'zehut(정체성)', 'havita(오믈렛)', 'haydak(박테리아)', 'rishmi(공식적인)' 등이 그 예이다.[12] 앞서 고전 아랍어의 근대화 과정에서처럼 고전히브리어의 근대화 과정에서도 가장 시급했던 문제는 어휘체계의 확장이었던 것이다.

지금까지 유럽, 동아시아, 아랍, 이스라엘의 사례를 중심으로 전근대 다이글로시아의 근대적 재편 과정을 간략히 살펴보았다. 고전어를 근대어로 발전시킬 것인가, 아니면 속어를 근대어로 발전시킬 것인가의 문제에 있어서는 현저한 방향성의 차이가 존재했지만, 언어적 근대화의

---

12 히브리어아카데미 홈페이지의 'Innovations in Hebrew and the Dictionary' 항목을 참고함.

실질적인 추진 방법은 문법의 정비와 어휘 체계의 확장 등으로 공통점이 있었다. 속어의 근대화 혹은 고전어의 근대화라는 매우 상반된 과정이 실제로는 유사한 절차들을 통해 진행된 이유는 양자 간에 공유되었던 공통의 지향점이 존재했기 때문이다.

3. 다원적 근대성과 언어적 근대

언어적 근대화에 대한 대표적인 저작 중 하나인 『상상의 공동체』에서 베네딕트 앤더슨은 유럽의 근대화 과정에서 나타난 민족주의와 속어화가 향후 수많은 국가들에서 추구되었고 그 결과 속어 운동vernacular movement은 초국가적 현상이 되었다고 하였다(Anderson 2006:140). 이러한 설명 속에서 앤더슨은 아시아나 아프리카의 민족주의와 속어 운동이 유럽 모델에 대한 '복제piracy, pirating'였다고 기술한 바 있다(Anderson 2006:67 · 81). 이에 대해 Zhou(2011:141)은 '유럽에서의 변화는 단 하나의 원본이고 중국을 비롯한 모든 다른 나라의 언어 혁명은 불법적인 복제라는 의미인가?' 하는 문제를 제기하였다. 또한 이집트의 언어적 근대화 과정을 다룬 Haeri(2003:70)에서도 이집트의 언어적 근대화는 앤더슨이 말한 유럽의 모델과는 매우 다른 경로를 거쳐 왔다고 지적하며 유럽에서 나타난 인쇄자본주의의 영향력 역시 일반화할 수 없다고 하였다. 이러한 비판들은 모두 언어적 근대화가 결코 단선적이지 않았음을 강조하는 목소리이다.

앞서 살펴본 대로 다이글로시아의 변화라는 측면에서 볼 때 언어적 근대화가 유럽식의 속어화만을 의미하지 않으며 실제로 다양한 경로로 전개되어 왔음을 확인할 수 있었다. 이러한 사실들은 Eisenstadt(2000) 이후로 여러 학자들에 의해 논의되어 온 '다원적 근대성multiple modernities' 이론과도 밀접한 관련이 있다. 다원적 근대성 이론은 유럽의 문화적 그리고 제도적 근대화 프로그램이 전 세계로 확산되었다는 가정을 부인하고 실제로 세계 각지에서 근대성이 발현된 과정은 이데올로기적으로도 제도적으로도 다양한 패턴을 보여 왔다는 주장이다.

언어적 근대화의 과정이 단순히 유럽 모델의 세계적 확산으로 설명될 수 없는 것은 분명하지만 다원적 근대성의 개념을 언어적 근대화 과정에 적용해 볼 때 한 가지 의문점을 제기할 수 있다. 언어적 근대화의 다양한 경로들을 통해 그 다원성을 인정한다고 할 때, 이는 근대성 자체가 다원적이라는 의미인지, 근대화의 경로는 다양하지만 근대성이라는 핵심적 속성은 공통적이라는 의미인지 하는 문제이다.[13] 이는 공간 축에 따라 현 시대에 공존하는 변이들 간의 차이점을 강조할 것인가, 아니면 시간 축에 따라 전근대와 근대의 차이점을 강조할 것인가 하는 문제와도 상통한다. 본고에서는 다이글로시아의 변화 유형은 다양하게 나타났지만 전근대의 안정적인 다이글로시아가 변화하지 않을 수 없었던 이유에는 공통점이 존재한다는 입장을 취한다. 그리고 언어적 근대성이 무엇인가 하는 질문에 답하기 위해서는 상이한 경로들 속에 전제되어

---

13 다원적 근대성 이론은 2000년대에 아시아나 아프리카 등 비유럽 지역의 학자들을 중심으로 활발히 논의되어 왔는데, Schmidt(2006) 등 일부 학자들은 이 이론은 근대성의 다양한 발현을 주장하지만 정작 그 다양성 혹은 차이가 의미하는 바가 무엇인지에 대해서는 제대로 설명하고 있지 않다고 비판하였다.

있던 공통적 지향점을 찾아야 한다는 관점에서 이후의 논의를 전개해 보고자 한다.

언어에 대한 근대적 인식의 결과 전근대 사회의 다이글로시아는 다양한 방향으로 변화해 왔지만 이 모든 변화에서 공통적으로 발견할 수 있는 지향점은 근대국가를 대표할 수 있는 '완벽한 언어perfect language'를 찾는 것이었다(Zhou 2011:10~11). '완벽한 언어'란 언어공동체가 정치 공동체로 거듭날 수 있도록 구심적 역할을 해 줄 수 있는 언어였고 따라서 언어공동체의 정체성을 대변할 수 있는 언어이기도 했다. 라틴어나 한문이 언어적 근대화의 대상이 되지 못하고 역사의 저편으로 사라져 간 것은 단지 그것이 '죽은 언어'였기 때문만은 아니다. 라틴어를 통해 실현되던 카톨릭 공동체의 정체성, 한문을 통해 실현되던 유교 공동체의 정체성이 근대 세계에서 더 이상 유효하지 않았던 것이 보다 근본적인 이유였다고 볼 수 있다.

한국과 같이 근대어가 속어화를 통해 정립된 국가들의 경우 언어적 근대화 과정에서 속어가 갖는 학습의 용이성이나 정보 전달의 효율성이 언어 담론의 초점이 되는 경우가 많았다.

죠션 국문ㅎ고 한문ㅎ고 비교ㅎ여 보면 죠션 국문이 한문보다 얼마가 나흔 거시 무어신고 ㅎ니 첫ㅈㅣ난 빈호기가 쉬흔이 됴흔 글이요 둘ㅈㅣ는 이 글이 죠션 글이니 죠션 인민들이 알아셔 빅ㅅ을 한문 되신 국문으로 써야 샹하귀쳔이 모도 보고 알어보기 쉬흘 터이라.

— 「논설」, 『독립신문』, 1896.4.7

한문은 말과 문자가 맞지 않아서 배우기 어려울 뿐만 아니라 글자 수도 심히 많아 문장이 뛰어난 사람이 늙게 될 때까지 학문에 힘쓰더라도 글자를 다 배웠다는 것을 듣지 못했다. 생각건대 우리 국문은 겨우 28자를 가지고서 능히 천 가지, 만 가지 말의 기이하고 묘한 문장을 이룰 수 있다. 그 배우는 방법이 또한 쉬워서 1~2일, 4~5일을 넘기지 않고도 능히 그 뜻을 깨달아 책을 대하여 쉽게 읽으니, 이용하는 데 편리하고 쉽게 익히는 것이 가히 세계에 있는 국문 중에 으뜸이다.

— 이종일, 「論國文」, 『대한협회회보』 2, 1908.5.25
연세대 언어정보연구원 HK사업단(2012:266)의 현대어역 인용.

위의 두 인용문은 공통적으로 국문이 한문보다 배우기가 훨씬 쉽고, 표현상 월등한 효율성을 갖는다고 주장하였다. 한국의 근대 초기 언어에 대한 담론 중에는 한문에 비해 국문이 갖는 실용적 우위를 강조한 위와 같은 글이 다수를 이룬다. 당대의 언어 담론에 나타난 이러한 주장은 '유형 1'의 변화를 논리적으로 뒷받침해 주지만, 당장의 의사소통적 용이성과는 거리가 먼 '유형 2'나 '유형 3'에 대해서는 설명력을 갖지 못한다.

에릭 홉스봄Eric Hobsbawm은 근대국가의 수립 과정에서 나타난 언어 민족주의의 핵심은 결코 의사소통이나 문화적 차원의 문제가 아니라 정치적 권력과 이데올로기라고 강조하였다(Hobsbawm 1990:110). 이러한 주장은 '유형 1'뿐 아니라 '유형 2'와 '유형 3'까지 아우르는 전근대 다이글로시아의 해체 과정에 대한 설명에 유효한 시사점을 준다. 전근대 다이글로시아를 해체시킨 근본적인 동력은 근대국가의 새로운 국가 정체성을 구축하기 위한 언어 이데올로기였기 때문이다.

이러한 관점에서 볼 때 1908년에 발행된 『호남학보』 제2호에 실린 「國文漢文輕重論」이라는 글은 매우 주목되는 측면이 있다. 당시의 언어와 문자에 대한 담론들의 일반적인 목소리와 달리 국문이 갖는 이데올로기성을 정확히 짚어 내고 있기 때문이다. 필자가 신채호로 추정되는 (김영민 2005:181) 아래의 글을 보면 언어민족주의의 핵심이 잘 드러나 있다.

> 무릇 국문도 역시 글이며 한문도 역시 글이거늘 반드시 국문은 중하고 한문은 경하다 함은 어떤 이유인가? 말하자면 우리나라 글인고로 국문을 중히 여기라 함이며 외국의 글인고로 한문을 가벼이 여기라 함이다. (…중략…) 대저 필자가 논하는 한문의 폐해라 함은 문장의 난삽함을 비난하는 것도 아니며, 아동의 학습에 난해함을 한탄하는 것도 아니다.
>
> ─「國文漢文輕重論」, 『호남학보』 2, 1908.7.25
> 연세대 언어정보연구원 HK사업단(2012:126)의 현대어역 인용.

위의 인용문에서 필자는 자신이 한문이 국문보다 중요하지 않다고 하는 이유는 한문이 국문에 비해 문장이 난삽하거나 아이들이 배우기 어렵다는 이유 때문이 아니라 그것이 외국 글이기 때문이라고 하였다. 그리고 국문을 중요한 이유는 무엇보다도 그것이 우리글이기 때문이라고 하였다. 문자의 선택에서 쉽고 어려운 것이 문제가 아니라 우리의 것인가 남의 것인가가 판단의 기준이라고 강조한 것이다.

4. 결론

  지금까지 살펴본 것처럼 전근대 다이글로시아가 해체되고 근대적 어문 질서가 확립되는 과정에서 언어적 근대화의 대상이 된 것은, 당대의 살아있는 언어, 즉 속어이기도 했고, 오래전부터 죽어 있던 언어, 즉 고전어이기도 했다. 전자의 경우 언어적 근대화는 속어에 토대를 둔 새로운 문어체를 확립하는 과정이었고, 후자의 경우 언어적 근대화는 고전어에 동시대성을 부여하여 이를 근대어로 부활시키는 과정이었다. 속어의 근대화와 고전어의 근대화는 표면적으로는 대립되는 것처럼 보이지만 실상 양자의 변화를 이끌어간 주된 동력은 언어를 근대 민족국가 수립을 위한 구심점으로 바라보는 언어민족주의였다. 고전어든 속어든 해당 언어가 근대적 정치공동체의 정체성을 대변해 줄 최적의 언어로 여겨졌기 때문에 언어 통일의 준거가 되었던 것이다.

  본 장은 한국의 언어적 근대화가 갖는 세계사적 보편성과 특수성을 탐색하기 위한 논의의 출발점에 서 있다. 특히 다이글로시아의 근대적 재편 문제를 중심으로 근대화의 경로는 다양했지만 그 다양한 경로들에서는 공통적 지향점이 존재했음을 논의하였고 '언문일치 혹은 속어화는 언어적 근대성의 핵심적 귀결인가?' 하는 반성적 질문에 대한 의견을 간략하게나마 정리해 보았다.

제2장

언어에 대한 근대적 인식과 언어의 근대화*

1. 서론

한국어의 근대성에 대한 이해를 위해서는 먼저 '근대적 인식' 일반에 대한 이해를 바탕으로 '언어에 대한 근대적 인식'에 대해, 그리고 그것의 한국적 맥락에 대해 논의할 필요가 있다. 언어에 대한 근대적 인식은 오직 언어에만 한정된 매우 특이하고 예외적인 인식이 아니라 근대적인 세계관이 언어에 투영된 결과이기 때문이다.

데카르트René Descartes의 코기토Cogito 선언으로 대표되는 근대적 세계관은 큰 틀에서 볼 때 중세의 신 중심적 세계관에서 인간 중심적 세계

---

* 이 장의 내용은 안예리(2016c)를 수정하고 보완한 것이다. 제2절의 제3항 '한국의 언어, 문자, 민족 담론' 부분은 새롭게 추가한 것이다.

관으로의 전환을 의미한다.[1] '나는 사유한다. 고로 나는 존재한다Cogito ergo sum'라는 선언에서의 '나'는 근대적 주체의 출발점이 된다. 진리 파악의 기원점으로서 실체화된 주체는 종전의 이데아나 신의 자리를 대신한다. 근대성의 핵심은 이성적이고 자율적인 '주체'의 개념이며, 주체의 확립은 곧 '사유하는 주체'와 '사유 대상으로서의 객체'의 구별을 낳았다.[2] 이성 중심적인 근대적 세계관은 기존에 신비의 영역에 속해 있던 많은 현상들을 합리적 사고에 따라 새롭게 이해하게 해 주었다. 중세적 세계관에 따르면 자연은 신의 세계에 속해 있기에 불완전한 인간이 자연의 섭리를 완전히 이해하는 것은 불가능한 일이었다. 인간은 그저 감각의 범위 내에서 인식되는 자연 현상을 통해 신이 자연에 부여한 속성을 깨달을 뿐이었다. 하지만 근대인들에게 자연은 인간의 이성을 통해 이해하고 분석할 수 있는 탈신비화된 대상이었으며 인간의 의지대로 측량하고 통제할 수 있는 객체였다. 이러한 이성 중심적인 세계관은 근대과학의 초석이 되었다.

근대적 세계관은 자연뿐 아니라 언어에 대해서도 새로운 차원의 인

---

1 중세의 스콜라철학은 기독교 신앙과 교리에 대한 설명을 최우선의 과제로 삼았으며 우주만물의 원리를 직관적이고 감각적인 범위 내에서 설명하고자 하였지만 데카르트는 감각을 통해 얻은 모든 지식을 의심하였다. 『제일철학에 관한 성찰Meditationes de Prima Philosophia』에서 그는 모든 감각적 지식을 의심한다 하더라도 '내가 어떤 것을 의심하는 한 의심하는 나 자신이 존재한다는 것은 분명하다'라고 하였는데, 이때 '의심하는 나'는 곧 '이성을 통해 사유하는 나'를 의미한다(데카르트, 양진호 역 2011).

2 주체와 객체의 구별, 그리고 객체에 대한 주체의 작위作爲는 근대적 사고, 그리고 이를 통해 형성된 근대 세계의 본질을 이해하는 중요한 틀이다. 자율적이고 이성적인 주체의 확립은 계몽주의와 과학적 합리성을 기반으로 하는 서구의 근대를 가능케 했다. 근대의 주체는 봉건적 질서를 해체하고 시민 의식을 형성하는 등의 기여를 하기도 했지만 한편으로는 제국주의와 같이 객체화된 타자에 대한 억압을 정당화하는 부작용도 낳았다(윤효녕 외 1999). 주체의 확립과 주체-객체의 분리는 객체에 대한 대상화와 통제로 이어졌던 것이다.

식을 가능케 했다. 중세인들의 삶에는 크게 두 부류의 언어가 있었다. 하나는 어릴 때부터 부모와 주변 사람들을 통해 자연스럽게 습득하여 일상생활에서 구사하는 언어, 즉 속어였다. 속어는 그저 목적에 맞게 구사되기만 하면 그만이었는데, 이러한 속어는 화자 자신과 분리 불가능한 것이었다. 그리고 다른 하나는 중세인들의 삶을 지배하던 교리의 언어로서의 고전어였다. 속어와 달리 고전어는 신의 목소리를 담은 성스러운 언어로 여겨졌다. 전통사회에서 언어에 작위를 가한다는 것은 상상하기 어려운 일이었다. 고전어는 신의 뜻, 즉 진리를 담은 언어였기 때문에 고전어에 인위적 변형을 가하는 것은 신에 대한 도전에 다름 아닌 일이었다. 진리와는 거리가 멀었지만 속어 역시 자연 세계에 속한 것으로 작위作爲를 가하는 대상으로는 여겨지지 않았다.

하지만 인간 중심의 사고를 하는 근대인들에게 언어는 신의 영역에 속한 것도, 자연 세계에 속한 것도 아니었다. 인간은 언어를 사용하는 주체이고, 언어는 주체의 인식과 행위가 미치는 객체라는 인식이 대두된 것이다. 이러한 인식은 인간이 자신의 필요에 따라 언어를 지배하고 통제할 수 있다는 도구적 언어관을 가능케 했고, 도구적 언어관은 오늘날 우리의 언어생활에 관계된 제반 제도와 규범의 전제가 되었다. 근대의 언어는 근대 이전의 언어와 달리 언어 사용자가 주체가 되어 언어에 목적의식적 작용을 가한다는 점에서 특수성을 갖는다(최경봉 2011:7). 이렇게 대상화된 언어에 대한 작위는 더 나아가 언어 사용자에 대한 통제의 기제를 만들어냈다.

이처럼 언어에 대한 근대적 인식은 언어를 객체로서 바라보는 관점을 전제하며, 언어에 작위를 가하고 언어를 인간의 의지대로 통제할 수 있다는 생각은 인간 중심적인 근대적 세계관을 그 태동 배경으로 한다. 이러한 이해를 바탕으로 이 장에서는 근대어로서의 한국어가 그 이전까지의 한국어와 어떤 면에서 구별되는가에 대해 논의해 보고자 한다.[3]

---

3 현재 국어학계에서 '근대'라는 용어는 17~19세기를 나타내는 '근대'와 19세기 말~20세기 초를 나타내는 '근대'로 중의적으로 사용되고 있다. 전자는 주로 국어사 연구에서, 후자는 주로 국어학사 연구에서 나타나는 경향이다. 국어사 연구에서는 17세기에서 19세기를 근대국어로 보는 데에 대체로 이견이 없었지만, 국어학사 연구에서는 조선 후기에 해당하는 해당 시기는 "중세의 연장"(이상혁 2014:168)일 뿐 "현대국어의 근간이 형성된 시기라고 말하기는 어렵다"(최경봉 2011:6)는 주장이 제기되어 왔다. '근대'라는 용어와 관련된 또 하나의 논점은 학계 일반의 용어 사용과 국어학계만의 특수한 용어 사용에서 오는 불일치가 국어학의 학문적 고립을 초래한다는 점이다. 고영진(2013:206)은 "17세기 초부터 한국어의 근대가 시작되었다고 한다면, 역사적으로는 전근대 시기에 언어적으로는 근대어가 사용되고 있었다고 보아야 하는 역설"이 발생함을 지적하였다. 즉, 봉건왕조 체제가 근대국가 체제로 변화하던 시기를 의미하는 학계 일반의 '근대'와 구개음화나 아래아의 비음운화 같은 음운사적 변화 및 선어말어미 '-엇-', '-겟-'의 발달과 같은 문법사적 변화를 기준으로 한 국어학계의 '근대'가 불일치함으로 인해 생겨나는 문제를 지적한 것이다. 한국어의 근대에 대한 논의가 인문사회과학 일반의 근대성 및 근대화 논의와 맥을 같이 할 필요가 있다는 점은 김병문(2013), 이상혁(2014) 등에서도 지적된 바 있다. 본 장에서 언어에 대한 근대적 인식이란 무엇이며 근대란 그 이전까지의 언어와 어떤 면에서 뚜렷하게 구별되는가 하는 문제에 천착하는 이유는 이러한 개념상의 혼란을 해결하는 데 기여하고자 하는 목적도 있다. 이상혁(2014:171)에서 "근대적이기에 아주 부족한 시기"를 근대국어로 보아 왔던 것은 "국어학계에서 '근대성' 문제에 대한 깊은 논의와 천착이 부족했던 것과 연관이 있다"라고 지적한 대로, 현재 국어학계에서 '근대'라는 단어가 초래하고 있는 혼란을 해결하기 위해서는 인접 학문에서 논의되는 근대성 문제와의 연계 속에서 언어적 근대성에 대한 연구가 이루어져야 할 것이다.

2. 근대적 인식과 언어의 객체화

1) 네브리하의 문법서

언어를 화자로부터 분리된 통제 가능한 객체로 바라보는 인식의 맹아는 꽤 이른 시기부터 확인된다. 객체로서의 언어에 대한 선구적인 인식을 보여준 인물로 안토니오 데 네브리하Antonio de Nebrija(1441~1522)를 들 수 있다. 네브리하는 르네상스시대 스페인의 대표적인 인문학자로 유럽 최초로 근대적 의미의 고전어 문법서와 속어 문법서를 저술하였다. 네브리하는 1481년에는 라틴어 문법서인 『라틴어 입문Introductiones Latinae』을, 11년 뒤인 1492년에는 속어 문법서인 『카스티야어 문법서Gramática de la Lengua Castellana』를 간행하였는데 저술의 배경에는 스페인에서 사용되던 통속 라틴어가 너무나 부패하였고 문어 라틴어는 실제 말과 거리가 있기 때문에 실제로 스페인에는 제대로 된 언어가 없다는 문제의식이 자리하고 있었다.

네브리하는 라틴어의 본고장으로서 가장 온전한 라틴어가 사용될 것이라 생각되는 이탈리아로 가 10여 년간 수학한 뒤 본국으로 돌아왔고 그 후 새로운 라틴어의 문법서의 발간을 위해 매진했다(Illich 1980). 네브리하의 라틴어 연구는 통속 라틴어를 교정하기 위한 것이라는 점에서 그 이전까지의 라틴어 연구와는 결을 달리했다. 네브리하의 언어에 대한 규범화 인식은 이후 10여 년간 진행한 카스티야 문법서의 준비과정에서 더욱 발전되었다. 라틴어 문법서를 완성한 이후 그는 자신이 일상적으로 접하는 속어에서도 역시 어떤 원리를 도출해 낼 수 있으리라는 생각을 품게 되고 카스티아어 문법서의 집필을 시작한다.[4]

　최초의 속어 문법서인 『카스티아어 문법서』와 관련해 흥미로운 일화가 전해지는데, Fishman(2010)에 소개된 이 일화는 네브리하가 언어를 통한 통일된 집단 정체성 구축을 의도하고 있었다는 점을 보여 준다. 『카스티아어 문법서』가 출간된 1492년은 콜럼버스Christopher Columbus가 카스티야 왕국 이사벨 1세의 후원으로 신대륙 탐사에 착수한 해였다. 네브리하는 장차 여왕이 거느리게 될 식민지를 여왕의 모어로 통치할 수 있어야 강력한 통일 제국을 이룩할 수 있다고 생각했다. 이러한 생각에 네브리하는 콜럼버스의 출항에 앞서 자신의 문법서를 이사벨 1세에게 헌사하였는데, 막상 책을 받아 본 여왕은 몹시 당황스러운 반응을 보였다고 한다. 여왕은 자신은 카스티아어 모어 화자인데 왜 굳이 이런 문법서가 필요하겠냐고 반문했다는 것이다. 그러자 네브리하는 제국의 통일은 언어의 통일에서 비롯된다고 대답하며 여왕의 모어로 제국의 통일을 꾀해야 한다고 주장하였다(Fishman 2010:52). 후대의 관점에서 볼 때 이 예측은 매우 정확한 것이었다. 막상 제국의 통치자 자신은 이를 깨닫지 못한 상태였지만, 네브리하에게 여왕의 모어는 제국의 결속을 도모할 수 있는 강력한, 그리고 매우 유용한 수단으로 여겨졌던 것이다.[5]

4　이 대목에서 Illich(1980:68)가 '그는 스페인에서 그가 일상적으로 접하는 발화 형태들로부터 하나의 언어를 만들어 낼 수 있다고, 하나의 언어를 제작하고 화학적으로 합성해 낼 수 있다는 것을 발견했다'라고 기술한 부분을 주목할 필요가 있다. 어릴 때부터 자연스럽게 습득한 언어, 즉 매우 사적이고 개인적인 언어의 문법을 기술한다는 것은, '카스티아어'라는 객관적 실체가 존재하고 그것의 원리를 기술하는 과정이었다기보다, 개별 화자들의 직관 속에 산발적으로 존재하던 언어에 '카스티아어'라는 실체를 부여하고 이를 통해 개별 화자들이 '나는 카스티아어 화자이다'라는 통일된 정체성을 갖게 만드는 과정이었던 것이다.

네브리하의 『라틴어 입문』이나 『카스티아어 문법서』 이전에도 물론 문법서는 존재했다. 고대 그리스 로마에서도 라틴어나 그리스어의 문법이 기술되었고 인도에서도 파니니가 산스크리트어의 문법을 기술하였다. 하지만 이들의 작업은 철학적 탐구를 위한 것이거나 고전 문헌을 해독하기 위한 것이었지 일반 언중들의 언어 사용을 계도하기 위한 것은 아니었다. 하지만 네브리하의 문법서는 언중들 사이에서 무질서하게 사용되는 언어를 바로잡고 장차 확장될 스페인 영토 내의 언어적 통일성을 꾀하기 위한 수단으로서 기획되었다는 점에서 그 본질적 성격이 달랐다(Illich 1980:68~69).

네브리하의 문법서에서 볼 수 있는 도구적 언어관과 규범화 의식은 당시로서는 매우 예외적이었다고 볼 수 있지만 이후 근대국가 체제의 확산과 함께 '국어'라는 이데올로기가 되어 널리 퍼져나가게 되었다. 이어지는 논의를 통해 언어에 대한 근대적 인식의 문제와 제도로서의 언어의 근대화가 갖는 차이에 대해 살펴보겠다.

2) 근대국가와 언어의 근대화

단테Alighieri Dante가 『속어론De Vulgari Eloquentia』(1304~1305)에서 라틴어를 죽은 언어로 보고 속어의 우월성과 가치를 적극 피력한 것은 일찍이 14세기의 일이었다.[6] 하지만 이탈리아어가 이탈리아 통일운동의

---

5   카스티아어가 스페인 제국의 공식언어로 지정된 것은 이보다 한참 뒤인 1714년이었다.
6   속어의 가치에 대한 본격적인 탐구는 14세기 초에 단테의 『속어론』에서 그 기원을 찾을

구심점이 된 것은 수백 년 뒤인 19세기였다. 한국의 경우도 15세기 훈민정음 창제를 통해 고유의 문자를 통한 속어의 기록이 가능해졌지만, 한글이 국가의 공식 문자로 선포되고 한글운동이 전개된 것은 500여 년 뒤인 19세기 말 이후였다. 이러한 반세기에 달하는 시간차가 시사해 주는 바는 언어와 문자에 대한 근대적 인식과 언어와 문자를 둘러싼 실질적인 제도화는 별개의 문제라는 점이다. 고전어를 대상으로 하든 속어를 대상으로 하든 언어의 근대화라 불리는 일련의 제도적 변화는 소수의 선각적 인식만으로 추진될 수 있는 성질의 변화가 아니었으며 본질적으로 근대국가라는 시스템에 의해 요구되며 추동되는 것이었다.

왕위가 세습되는 봉건적 왕조국가에서는 초월적인 신의神意에 의한 왕정의 정통성이 통치 권력을 정당화해 주었다. 하지만 근대국가 체제에서 지배 권력의 정통성은 천상의 신이 아니라 지상의 국민으로부터 유래되는 것이다. 근대적 정치 체제의 운영을 위해서는 구성원의 결집과 능동적 참여가 필수적이지만 봉건 왕조가 갖는 역사적 정통성이나 종교적 신성성을 결여한 근대국가 체제는 분열과 전복의 높은 위험성을 안고 있었다. 민족nation은[7] 근대적 정치 체제의 형성 과정에서 근대국

수 있다. 단테는 당시 유럽의 보편문어이던 라틴어가 아닌 속어로 『신곡』을 발표했는데, 『신곡』을 집필하기 전 라틴어로 작성한 『속어론』에서 속어의 가치를 피력한 바 있다. 단테는 속어를 '아기들이 처음 소리를 분별하기 시작할 때부터 주변 사람들로부터 습득하게 되는 언어'로 정의하였다. 속어는 특별한 교육을 받지 않아도 모방을 통해 자연스럽게 배우게 되는 언어이지만 라틴어 같은 죽은 언어는 오랜 세월 동안 매진해야지만 그 용법을 익힐 수 있기 때문에 이를 완벽할 정도로 유창하게 사용할 수 있는 사람이 거의 없다고 지적했다. 그리고 인간이라면 누구나 별다른 노력 없이 능통하게 사용할 수 있는 속어가 라틴어 같은 인공어보다 훨씬 우월하다고 하였다(Dante, Ed. and trans. Steven Botterill 1996).

7 'nation'은 '민족'으로 번역되기도 하고 '국민'으로 번역되기도 한다. Hobsbawm(1990) 의 주장대로 '민족'의 개념이 '국가'에 선행한 것이 아니라 역으로 '국가'의 개념으로부터

가 수립의 정당성을 담보하기 위해 만들어진 개념이다. 민족주의는 근대국가 체제하에서 내적으로 단결을 도모하고 외적으로 자주 독립을 주장하는 이념적 근거가 되었다. 민족주의가 충성스러운 국민의 양성을 위한 시민종교 역할을 하는 과정에서 민족의 모어는 '국어'라는 사상으로 재탄생되며 정치공동체의 구심력을 강화하였다.

그런데 근대국가 체제의 형성 과정에서 국어가 담당한 이데올로기적 역할은 국가에 따라 차이가 있었다. 독일의 경우 근대국가의 수립은 역사적으로 단일한 정치체를 형성한 적이 없던 지방의 영지들을 통합하는 과정이었고, 각 영지에 흩어져 사는 사람들 사이의 유일한 공통점은 독일어를 사용한다는 점이었다. 따라서 독일어가 모어라는 사실은 독일인임을 입증하는 유일무이한 근거로 거론되었고 독일 민족은 공통의 언어라는 객관적 기준에 따라 규정되었다(Hobsbawm 1990:21~22). 『독일 국민에게 고함Reden an die deutsche Nation』으로 정리·출판된 일련의 강연에서 피히테Johann Gottlieb Fichte(1762~1814)는 한 민족의 고유한 언어가 그 민족의 내적이고 본질적인 동일성을 입증하는 근거가 된다고 주장하였다(사토 타쿠미, 김영작 역 2002:19~22).[8]

'민족'이 도출된 것이라 볼 때, '민족'은 필연적으로 '국민'을 전제하게 된다. 따라서 'nation'을 '국민'으로 번역하는 것은 '민족'이 '국민'과 불가분의 관계에 있다는 점에서 타당성이 있다. 하지만 'nation'이 식민치하나 디아스포라의 맥락에서 쓰일 때 이를 '국민'으로 번역하면 국적에 따른 국민 개념과 민족에 의거한 국민 개념 간에 충돌이 발생하기 때문에 본고에서는 '민족'이라는 용어를 사용하였다. 단, 타 연구를 인용할 때에는 해당 연구에서 사용한 용어를 따랐다.

8 피히테는 자연적인 국경과 영토적인 국경을 비교하였는데, 영토적 국경은 외적인 경계로서 시대나 정치적 상황에 따라 유동적이지만 언어의 동일성에 의한 자연적인 국경은 내적이며 본질적인 것이라 하였다. 이처럼 독일의 경우 근대국가의 국민으로서의 민족은 언어적 단일성을 갖는 원초적 공동체의 연장선상에 있었다(사토 타쿠미, 김영작 역 2002:19~22).

반면 혁명을 통해 왕정을 퇴위시킨 프랑스의 경우 근대적 정치공동체의 수립은 구성원들의 자발적 동의에 기초한 것이었고 자발적인 시민 결사체로서 프랑스는 시민 자신의 주관적인 의지에 따라 구성된 것임을 전제하였다. 1882년 소르본대학에서 열린 강연에서 르낭Joseph Ernest Renan(1823~1892)은 근대국가의 국민이란 공동체의 이익을 위해 개인의 권리를 희생하겠다는 도덕적 의식임을 강조하였는데, 프랑스적 의미에서의 국민이란 종족이나 언어적 공통성을 갖는 독일적 의미의 민족과는 무관한 것이었다(니시타니 오사무, 한상일 역 2002:25~32). 하지만 근대국가 수립 초기 프랑스 영토 내의 언어적 다양성은 아카데미 프랑세즈 Académie Française를 주축으로 한 강력한 언어정책의 추진 동기가 되었다는 점에서 프랑스적 의미의 국민 역시 언어적 단일성에 대한 관념으로부터 자유로울 수 없었음을 확인할 수 있다. 프랑스 국민이 되기 위한 전제조건으로서 프랑스어의 사용이 요구되지는 않았지만, 자발적 의사에 의해 특정 국민이 된다는 것은 국가의 공식 언어를 자신의 언어로 체화한다는 데에 동의함을 전제해야 한다는 의미인 것이다. 이런 점에서 볼 때, '근대국가와 국어의 일체성'은 독일적 의미의 국민이든 프랑스적 의미의 국민이든 공통적으로 발견되는 지향점이었다고 볼 수 있다.

3) 한국의 언어, 문자, 민족 담론

한국의 경우 근대국가의 수립 과정에서 촉발된 민족 담론의 지향점은 프랑스처럼 혁명적 시민 결사체의 수립을 도모하는 것도, 독일처럼 분권화된 지방 영지의 통합을 꾀하는 것도 아니었다. 19세기 말~20세기 초 한국에서 이루어진 민족 담론의 주안점은 화이론적 세계관의 극복이었다. 한국을 중국의 영향력으로부터 독립시킨 후 한반도를 식민지화하기 위한 일본의 전략적 의도가 개입되긴 했지만, 근대 한국 지식인들이 가졌던 탈중화 의식의 배경에는 자주 의식을 확립하고 근대적 국가 체제를 갖춤으로써 국제사회에서 주권을 가진 독립국가로 인정받아야 한다는 절박함이 있었다.

탈중화를 선결 조건으로 삼았던 근대 한국의 민족 담론에서는 중화의 상징인 한문을 버리고 독립의 상징인 국문의 위상을 공고히 해야 한다는 주장이 비중 있게 다루어지곤 했다. 유럽과 달리 한국의 경우 '근대국가와 국어'의 문제는 단일한 언어를 말하는 민족이라는 일체성을 강조하는 방향이 아니라 한문과 국문의 위계 관계를 역전시키고 그 관계의 역전을 통해 종래의 화이론적 세계관을 극복하는 방향으로 전개되었다. 선왕에 의해 만들어진 고유의 문자, 그것도 문명국에서 사용하는 알파벳과 마찬가지로 표음성을 갖는 한글은 우리 민족의 근원적 우수성에 대한 신화를 만들어 내는 데에 결정적인 공헌을 했다. 19세기 말 20세기 초 국문 담론에서는 한글의 우수성에 대한 자부심을 민족적 자부심으로 그리고 국가적 자부심으로 연결시키는 논의를 흔히 볼 수 있는데 이는 한국어의 근대화 과정에서 언어이데올로기가 작동했던 독특한 양상이라 할 수 있다.

근대의 지식인들은 같은 언어를 말한다는 것보다 고유의 우수한 문자를 가지고 있다는 것에서 민족의 근대적 정체성을 찾고자 했는데 이러한 논의의 시발점은 1897년 4월 22일 자 『독립신문』에 실린 주상호

(주시경)의 「국문론」이었다. 「국문론」은 세계의 문자를 표음문자와 표의문제로 대분할 수 있다는 발언으로 시작된다. 이러한 분류를 제시한 목적은 표음문자가 갖는 우수성을 강조하기 위한 것으로, 표음문자는 문자와 소리를 일대일로 대응시켜 몇 안 되는 문자로도 수많은 소리를 적을 수 있지만 표의문자는 몇 만 개 그림을 가지고도 제대로 적을 수 없는 것이 많아 효율성이 매우 떨어진다고 지적하였다. 주시경은 표음문자와 표의문자의 이러한 차이가 해당 문자를 사용하는 국가의 문명 정도에 직접적인 영향을 준다고 하였다. 이러한 문자 유형론적 논의를 통해, 문명한 세계인 유럽과 미국의 로마자처럼 표음문자로 분류되는 한글이 표의문자인 한자보다 우월하다는 주장은 매우 강력한 설득력을 얻게 되었다.

여기서 더 나아가 주시경은 소리를 음소 단위로 풀어 쓰는 로마자보다 음절 단위로 모아쓰는 한글이 더욱 격식과 문리가 있으므로 '우리 조선 글자가 세계에서 제일 좋고 학문 있는 글자'라고 주장하였다. 주시경의 「국문론」 이전에도 신문이나 잡지의 지면에서 한문보다 국문이 우수하다는 언급이 이루어지긴 했지만 그 논리적 근거를 제시하지 못한 선언적 기술에 불과했었다.[9] 주시경이 강조한 표음문자의 우수성은 이후 여러 논자들의 글에 반복적으로 언급되었다.

1897년에 발표한 「국문론」에서 주시경은 국문의 우수성을 강조하거나 국문에 대한 자부심을 표명하긴 했지만, 이 시기 주시경의 글에서는 아직 국문 담론과 민족 담론이 긴밀히 결부되어 있었다고 보기 어렵다.[10]

---

9   「논설」, 『독립신문』, 1896.4.7; 「잡보」, 『독립신문』, 1896.6.4; 지석영, 「국문론」, 『대조선독립협회회보』 1, 1896.

주시경의 글에서 어문민족주의 성향이 두드러지기 시작한 것은 10년 뒤인 1907년 무렵이었다.[11] 1907년 1월 『서우』 제2호에 게재한 「국어와 국문의 필요」라는 글에서 주시경은 말과 글과 나라가 운명 공동체임을 주장하였다.

쏘 이 디구샹 륙디가 텬연으로 구획되여 그 구역 안에 사ᄂᆞᆫ 흔 썰기 인종이 그 풍토의 품부흔 토음에 덕당흔 말을 지어 쓰고 쏘 그 말 음의 덕당흔 글을 지어 쓰ᄂᆞᆫ 거시니 이럼으로 흔 나라에 특별흔 말과 글이 잇ᄂᆞᆫ 거슨 곳 그 나라가 이 세상에 텬연으로 흔목 ᄌᆞ쥬국 되ᄂᆞᆫ 표요 그 말과 그 글을 쓰ᄂᆞᆫ 인민은 곳 그 나라에 쇽ᄒᆞ여 흔 단톄되ᄂᆞᆫ 표라 그럼으로 남의 나라흘 쎄앗고져 ᄒᆞᄂᆞᆫ 쟈ㅣ 그 말과 글을 업시ᄒᆞ고 제 말과 제 글을 ᄀᆞᄅ치려 ᄒᆞ며 그 나라흘 직히고져 ᄒᆞᄂᆞᆫ 쟈ᄂᆞᆫ 제 말과 제 글을 유지ᄒᆞ여 발달코져 ᄒᆞᄂᆞᆫ 것은 고금 텬하 사긔에 만히 나타난 바라 그런즉 내 나라 글이 다른 나라만 못ᄒᆞ다 흘

---

10 주시경이 지은 「국문론」이라는 제목의 글은 『독립신문』에 네 차례 등장한다. 첫 번째는 위에서 소개한 1897년 4월 22일 자 기사이고 이틀 뒤인 24일 자에 실린 글은 22일 자 기사에서 이어지는 내용이다. 24일 자 기사에는 한문의 폐해를 강조하고 국문 사용을 장려하는 내용이 담겨 있다. 그리고 몇 달 뒤인 1897년 9월 25일과 28일에도 주시경은 『독립신문』 지면에 「국문론」이라는 제목의 글을 발표했는데, 해당 글에서는 국문의 올바른 사용법을 말하며 조선말 문법책과 사전의 필요성을 강조하였다. 28일 자 기사는 25일 자 기사에서 이어지는 글로 외국 글을 번역할 때 축자적 번역을 하지 말아야 한다는 점, 연철이 아닌 분철 표기를 해 말의 경계를 밝혀 적어야 한다는 점, 왼편에서 오른편으로 가로쓰기를 하는 것이 종래 방식대로 세로쓰기를 하는 것보다 편리하다는 점 등을 주장하였다.

11 유인본 『대한국어문법』(1906)의 "이십일문 말이 셰력에 무슨 샹관이 잇ᄂᆞ뇨? 답 셰력이 셩대ᄒᆞ면, 그 나라 말이 ᄌᆞ연 셩ᄒᆡᆼᄒᆞᄂᆞᆫ고로, 전에 라뎐국과 셔반아와 불란셔 말이 교졔 간에 통용되엿고, 그 후에는 영어와 덕어가 셩ᄒᆡᆼᄒᆞ더니, 지금은 각국이 ᄎᆞ〃 ᄌᆞ긔 나라 말로 주장ᄒᆞ여 국졔에도 ᄌᆞ긔 나라 말을 쓰ᄂᆞ이다"에서 주시경은 지금의 시대는 과거와 달리 자국의 언어를 공식 언어로 사용하는 시대라고 하였지만 국가와 언어가 공동운명체라거나 국가의 독립을 지키기 위해 언어의 독립을 지켜야 한다는 의식을 보이지는 않았다.

지라도 내 나라 글을 슝상ᄒ고 잘 곳쳐 죠흔 글이 되게 홀 거시라.

—주시경, 「국어와 국문의 필요」, 『서우』 2, 1907.1.1

위의 글에서 주시경은 같은 말과 글을 쓰는 민족은 천연적으로 자주국가를 이루며 하나의 말과 글을 사용한다는 것은 하나의 단체를 이루는 민족임을 증명해 주는 징표라고 주장하였다. 따라서 남의 나라를 **빼앗고자** 할 때 그 말과 글도 **빼앗고자** 하며 반대로 자기 나라를 지키고자 하면 그 말과 글도 지켜야 한다는 논리를 펼쳤다.

주시경이 전과 달리 1907년 무렵부터 어문민족주의에 기반을 둔 주장을 피력하기 시작한 것은 한일신협약 전후로 달라진 국내 정세와 시대 인식을 그 배경으로 한 것이라 생각된다. 러일전쟁 무렵까지만 해도 국내의 신문들은 일본의 제국주의적 침략 의도를 간파하지 못하고 있었다. 일본을 근대화의 모델로 여기는 것은 물론 일본이 러시아로부터 동아시아를 보호하기 위해 전쟁을 하고 있다고 여겼다. 1900년대의 대표적인 항일언론으로 알려져 있는 『대한매일신보』의 지면에서도 러일전쟁 무렵까지는 일본 정부에 대한 우호적 인식이 종종 확인되었다.[12] 또한 러일전쟁에서 일본이 승리한 뒤 혹여 한반도를 침탈하려 하더라도 미국이나 기타 열강들이 이를 방조하지 않을 것이라고 인식하고 있어 한국이 장차 일본의 식민지가 될 것이라는 위기감은 크지 않았다. 하지만 일본의 러일전쟁 승전 이후 벌어진 일련의 정치적 사건들을 계기로 국내에서도 일본의 침략에 대한 위기의식이 급격히 고조되었다.

---

12 「논설」, 『대한매일신보』, 1904.8.18; 「논설」, 『대한매일신보』, 1904.9.2; 「논설」, 『대한매일신보』, 1904.9.5; 「논설」, 『대한매일신보』, 1904.9.7.

1907년은 그러한 위기감이 절정에 달하면서 국내 언론들의 대외 인식에 큰 변화가 있었던 해였다(안예리 2018). 고종은 국권 침탈을 막기 위해서는 열강에 호소하는 것밖에 방법이 없다고 판단해 만국평화회의에 밀사를 파견했고 일본은 헤이그특사 파견의 책임을 추궁하며 고종을 강제 폐위시켰다. 그 후 통감과 총리대신 간의 밀약으로 체결된 한일신협약으로 대한제국 정부의 행정력이 완전히 무력화되었다. 1907년 여름 이후 『대한매일신보』를 비롯한 국내 언론들은 일본 정부를 강도 높게 비판하기 시작했으며 그와 더불어 어떤 외세도 믿어서는 안 되고 오직 자강自强만이 독립을 지키는 길이라는 주장이 논설의 주를 이루었다.[13] 주시경이 『서우』의 지면을 빌어 '제 말과 제 글을 유지하고 발달시키는 것'이 '나라를 지키는 길'임을 강조한 것은 이러한 위기감을 배경으로 한 것이었다.

또한 주시경은 『황성신문』 1907년 4월 1일 자부터 6일 자에 걸쳐 「필상자국언문必尙自國文言」을 발표하였는데 앞서 『서우』에 게재한 글보다 훨씬 더 상세한 내용을 담고 있다. 일 자별로 게시된 글의 소제목을 표로 정리해 보면 다음과 같다.

「필상자국언문」은 동물 세계의 약육강식에 대한 이야기로 시작된다. 주시경은 사람이 여타의 동물들을 지배하는 가장 높은 위치에 오르게 된 것은 사람만이 말과 글을 사용하기 때문이라고 하였고, 이 말과 글은 동물과 인간 간에만이 아니라 인간들 사이에도 강자와 약자의 위계 관

---

13 「논설」, 『대한매일신보』, 1907.7.5; 「논설」, 『대한매일신보』, 1907.7.13; 「논설」, 『대한매일신보』, 1907.7.20; 「논설」, 『대한매일신보』, 1907.7.21; 「논설」, 『대한매일신보』, 1907.7.27; 「논설」, 『대한매일신보』, 1907.9.5; 「논설」, 『대한매일신보』, 1907.8.21.

게재 일자	소제목(원문)	소제목(번역)[14]
1907.4.1	動物競爭	동물 경쟁
	人爲最强動物	사람이 가장 강한 동물
	人以文言得享最强之權	글과 말로써 가장 강한 권력을 누리게 된 사람
	人類競爭文言有關	글, 말과 관계있는 인류 경쟁
	天下區域及人種之不同	세계의 지역 및 인종의 구별
	隨區域人種之不同而文言亦不同	지역에 따라 인종이 다르듯, 글과 말 역시 다르다
1907.4.2	自國文覺爲自國特立之表而或被他弄則其害之如何	자국의 문자를 터득하는 것이 자국 독립의 지표인데, 남에게 업신여김을 당한다면 그 해가 어떠하겠는가?
	廣文言以奪人國	글과 말을 전파함으로써 다른 나라를 빼앗다
	自國文制用之由	자국의 문자를 만들어 사용하는 이유
1907.4.3	天下文言之數	천하의 글과 말의 수
	象形記音兩文之時代	상형(象形)과 기음(記音), 두 가지 문자의 시대
	象形記音兩文利害考	상형(象形)과 기음(記音), 두 문자의 이로움과 해로움에 대한 고찰
	我國文言	우리나라의 글과 말
	必修自國之文言	필히 자국의 글과 말을 닦아야 한다
1907.4.4	自國文言不修之禍	자국 글과 말을 닦지 않는 것의 화(禍)
	文言之爲用如機關	글과 말의 사용은 기관(機關)과 같다
1907.4.5	世宗大王始制正音	세종대왕이 만든 정음
	正音序觧釋	정음서 해석
1907.4.5	世宗大王始制正音	세종대왕이 만든 정음
	正音序觧釋	정음서 해석

계를 만들어 냈다고 하였다. 또한 자연적으로 구별된 지역들은 언어적으로도 구별되기 마련인데 특정 민족이 특정 민족을 침략하게 되면 이는 곧 언어적 침략으로 이어지며 이는 중국이 자국 문자를 주변국들에 퍼뜨린 것을 통해서도 알 수 있다고 하였다. 이렇게 볼 때 자국의 문자를 만들어 사용하고 이를 지키는 것은 국가의 독립을 지키는 것과 분리

할 수 없다는 것이다. 이러한 이유로 주시경은 나라를 다스리고자 하며 나라를 지키고자 한다면 반드시 자국의 말과 글을 닦아야 한다고 주장하였다.

한편 이러한 논의가 전개된 이후 주시경은 세종대왕의 업적을 이야기하는데 이때 훈민정음을 '우리 반도 우리 민국이 세계에서 천연적으로 아주 뛰어남을 드러내는 우리나라의 문자(我半島我民國이 世界에 天然的으로 特立됨이 發表ㅎ는 自國 文字)'라고 평가한 점이 주목된다. 이전의 "국문론"이나 "국어와 국문의 필요"에서도 주시경은 표음문자로서 한글이 갖는 우수성을 강조한 바 있다. 하지만 이러한 문자를 가지고 있다는 사실이 곧 우리 민족의 선천적 우수성의 징표라는 주장은 주시경의 언어관이 민족주의와 매우 긴밀히 결부되기 시작했음을 보여주는 것이다.

한국의 언어적 근대화에서 '같은 언어를 말한다'라는 인식보다 더욱 중요했던 것은 "죠션 글ᄌ가 세계에 뎨일 조코 학문이 잇는 글ᄌ"라는[15] 자부심이었다. 동일한 모어를 사용한다는 것 외에 뚜렷한 공통점을 갖지 못했던 유럽 각지의 상상된 민족과 달리, 한민족은 수백 년 이상 단일한 정치 공동체를 이루며 뚜렷한 문화적 전통을 공유해 왔다. 그런 만큼 근대 전환기 유럽인들과 조선인들에게 속어가 환기시키는 이데올로기는 결코 동일할 수 없었다. 한국의 언어적 근대에 대한 당대의 담론이 언어 자체보다도 문자를 중심으로 이루어진 것은, 선왕에 의해 창제된 민족 고유의 문자가 세계 문자사에 견주어 볼 때 한자를 뛰어 넘는, 그리고 소위 문명국의 알파벳을 뛰어 넘는 과학적 우수성을 갖는다는 자

---

14 이는 연세대 언어정보연구원 HK사업단(2012:144~152)의 현대어역을 인용한 것이다.
15 주시경, 「국문론」, 『독립신문』, 1897.4.22.

각 때문이었다. 이러한 자각은 수많은 담론을 통해 지속적으로 환기되며 근대 한민족의 새로운 정체성을 구축하였다.

지금까지의 논의를 통해 언어의 근대화는 객체로서의 언어에 대한 인식을 전제로 하지만 그와 더불어 근대국가 수립을 위한 정치적 변화가 그 추진의 동력이 되었음을 알 수 있었다. 또한 봉건왕조 체제로부터 근대국가 체제로의 전환 과정에서 국어가 환기시키는 이데올로기적 효과는 그 정치공동체의 역사적 배경에 따라 상이했음을 살펴보았다. 이어지는 부분에서는 이러한 논의 결과를 바탕으로 그동안 이루어진 한국어의 근대성에 대한 앞선 연구들을 비판적으로 검토해 보고자 한다.

3. 한국어의 근대와 근대성

언어적 근대에 대한 국어학적 관점의 논의는 그동안 그리 활발히 이루어져 왔다고 보기는 어렵지만 한국어의 근대성을 어떻게 규명할 것인가의 문제에 천착한 일부 연구들이 있다.[16] 해당 연구들을 분석해 보면 크게 세 가지 관점을 확인할 수 있다. 첫째, 근대국가의 수립 과정에서

---

16 물론 여러 국어학사 연구에서 근대 국어학의 기점을 설정하기 위한 논의가 이루어진 바 있지만, 언어에 대한 근대적 인식이나 언어의 근대성이 무엇을 의미하는지에 대한 직접적인 서술은 찾아보기 힘들다. 특정한 역사적 사건이나 서구 이론의 도입 여부를 근대 국어학의 기점으로 삼아 왔던 기존의 연구 동향에 대한 비판은 최경봉(2016:27~51)을 참고할 수 있다.

나타난 국민어 의식을 언어의 근대성으로 파악하는 관점이다. 둘째, 언어에 대한 규범화 의식을 언어의 근대성으로 보는 관점이다. 셋째, 구체적인 언어 표현을 검토하여 특정 언어 사용 양상이 갖는 근대성을 분석하는 관점이다.

1) 국민어 의식과 근대성

첫 번째 관점은 조태린(2012), 김병문(2013)을 통해 살펴볼 수 있다. 조태린(2012)는 언어에 대한 근대적 인식의 핵심을 국민어 의식에서 찾았다. 유럽에서 형성된 근대의 국민어 의식이 후발 국민국가에서 국민어 의식의 형성에 모델이 되었다는 전제하에 서양에서의 국민어 의식의 형성과 일치하는 측면을 보편성으로, 일치하지 않는 측면을 특수성으로 본 것이다. 이 과정에서 일본의 고쿠고國語 의식과의 비교도 이루어졌다.

조태린(2012)에 따르면 한국어에 대한 근대적 인식에서 확인되는 유심론적 관점, 국민주의적 관점, 상대주의적 관점은 보편성에 해당한다.[17] 이러한 관점들은 주시경을 비롯해 당시 국어학자들이 가지고 있던 어문민족주의 성향, 그리고 언어의 독립을 국가의 독립과 동일시하는 언어관과 상통하는 부분이다. 한편 조태린(2012)에서 지적한 한국의 특수성은 서구와 달리 국민과 민족 간에 1 : 1 대응관계가 성립하고 그

---

17 유심론적 관점은 언어가 국민성을 드러내 준다고 보고 언어의 발전과 국민의 발전 간에 긴밀한 관계를 상정하는 시각이며, 국민주의적 관점은 정치적 목적하에 언어와 국민을 연결시키는 시각이다. 상대주의적 관점은 세계관이나 세상에 대한 지식이 사용하는 언어에 따라 달라진다는 시각이다(조태린 2012).

결과 국민어와 민족어가 절대적으로 일치한다는 점, 그리고 일제의 식민 지배를 당하며 민족어와 국어가 불일치하게 되었다는 점이다.

근대 세계가 근대국가 체제에 토대를 두고 있으며 언어에 대한 근대적 인식 역시 국가의 공식어, 즉 '국어'의 개념 및 실체를 확립해 가는 과정과 불가분의 관계에 있었기 때문에 언어에 대한 근대적 인식을 국민어 의식으로 파악한 것은 타당한 견해이다. 하지만 언어에 대한 근대적 의식을 국민어 의식의 형성으로 파악하되 이를 단지 서구의 영향으로만 보아서는 안 된다는 견해는 최경봉(2016)의 견해를 참고할 필요가 있다. 이러한 분석 방법은 "근대 한국 사회에서 형성된 국어 의식의 자생성과 특수성을 간과할 수 있는 위험"(최경봉 2016:157)이 있기 때문이다.

한편 김병문(2013)은 푸코의 담론 이론을 토대로 '국어'라는 대상이 형성되고 근대의 '언표 주체(담론에서 언급되는 주체)'가 확립되는 과정을 고찰하였다. 해당 논의는 특히 주시경에 초점을 두고 주시경의 여러 저작과 논설에 담긴 사유 체계를 분석하였다. 주시경이 설정한 '국어'라는 개념 속에는 조선어를 사용하는 균질적이고 평등한 언표 주체, 즉 '근대 국가'의 '국민'이 전제되어 있었다고 보았는데 이러한 분석은 국민어 의식의 형성을 언어적 근대성의 핵심으로 파악한 조태린(2012)의 견해와 맥을 같이 한다.

2) 어문 규범화와 근대성

두 번째로 살펴볼 관점은 규범화로부터 언어의 근대성을 규명하려는 입장이다. 최경봉(2016:31)은 "국문 의식, 곧 규범화 의식을 근대성의 핵심 요소"로 보았다. 규범화에 대한 기술은 최경봉(2011)에서도 확인되는데, 해당 논의에서는 현대국어의 근간은 언어 내적 변화뿐 아니라 '언어의 규범화라는 목적의식적 작용'에 의해 형성되었다는 점을 강조하였다. 언어의 규범화는 기본적으로 "언어의 통일 방안을 마련하기 위한 목적과 기준에 따라 언어요소를 취사선택하는 과정"이기 때문에 경우에 따라 자연적 언어 변화에 역행하는 결과를 가져오기도 했다(최경봉 2011:5). 예를 들어, 18세기 말부터 진행된 움라우트는 19세기 말경에는 보편화되었는데(호랑이〉호랭이) 규범화 과정에서 움라우트 이전 형태로 회귀하는 변화(호랭이〉호랑이)가 이루어졌다는 것이다. 현대국어의 문법 체계와 어휘 체계는 이러한 인위적 작용의 결과로 생겨난 것이기에 언어에 대한 목적의식적 작용의 국어사적 의미를 천착할 필요가 있다고 하였다. 여기서 말하는 인위적 규범화는 언어를 객체화하고 언어에 작위를 가한다는 의식이 전제된 것이다.

규범화 의식은 국민어 의식의 형성 과정에서 태동하고 발전된 것이기 때문에 언어의 근대성에 대한 최경봉(2016)의 견해 역시 앞서 살펴본 조태린(2012), 김병문(2013)과 맥을 같이한다고 볼 수 있다. 언어의 통일이라는 목적의식과 이를 위한 언어 정책의 수립 및 시행은 국어를 정립해 가는 과정에 다름 아니었기 때문이다. 다만 최경봉(2016)에서는 '목적의식적 작용'이라 하여 국민어 의식의 형성으로 인한 실천적 측면을 좀 더 강조했다고 생각된다.

그런데 이들 연구에서 공통적으로 전제하는 '국민어 의식=언어의 근대성'이라는 견해에 대한 이견도 존재한다. 근대국가 체제가 수립되기 전에도 한반도에는 통일된 국가가 존재했고 국가 차원에서든 민간 차원에서든 한국어에 대한 연구가 진행되어 왔기 때문에 근대국가의 형성 과정에서 나타난 언어에 대한 근대적 인식이라는 것이 과연 정말로 근대라는 시기에만 나타났던 것인가 하는 의문이다. 실제로 이러한 문제제기는 이병기(2014)에서 이루어진 바 있다. 김병문(2013)에 대한 서평인 이병기(2014)에서는 "근대적 국어가 주시경시대에 탄생한 것인가, 기획된 것인가, 아니면 전통적으로 존재했던 것인가?"하는 질문을 던졌다.

이러한 의문으로부터 도출할 수 있는 논점은 한국어에 대한 대상화 자체를 근대성의 반영으로 볼 수 있는가 하는 점이다. 이병기(2014)에서는 실학자들의 자국 문자에 대한 연구 역시 민족의식의 발로로 볼 수 있고, 사역원에서 간행한 외국어 학습서들은 조선어를 중국어, 일본어, 몽고어, 만주어 등과 비교하여 대상화하고 있기 때문에 근대성이라는 것은 반드시 주시경 시대의 언어 인식에만 해당하는 것은 아닐 수 있다고 지적하였다.

하지만 앞서 근대국가 체제의 확립과 언어적 근대의 문제를 논의하며 언급한 대로 언어의 근대성은 단지 언어를 대상화하는 인식만을 말하는 것은 아니다. 언어의 근대성은 대상화된 언어를 주체의 의지에 따라 조작, 개량, 통제하는 제도화된 실천적 행위를 전제로 한다. 최경봉(2016:31)은 실학자들의 연구를 근대적인 것으로 평가하지 않았는데 실학자들의 연구는 어디까지나 고증학적 차원에서 음가를 규명하거나 문자의 연원을 파악하기 위한 작업이었기 때문에 국어 자체에 대한 실천적 움직임, 즉 규범화 과정을 결여하고 있었기 때문이다. 한국어를 대상화하는 관점은 일찍이 15세기부터도 발견되지만, 이러한 인식이 균질적 언어 공동체의 실현을 지향하는 언어적 규범화로 이어진 것은 19세기 말 이후였다.

3) 언어 표현의 근대성

세 번째 관점은 구체적인 언어 현상에서 근대성을 규명하려는 것으로 이민우 외(2016)에서 이러한 관점을 발견할 수 있다. 이민우 외(2016)은 20세기 초 활자본 고소설이 내용적으로 근대 사회의 변화를 반영하고 있다는 점을 토대로 그 언어 사용 양상에도 근대성의 징표들이 드러나 있을 것이라 가정하였다. 해당 연구에서는 언어의 근대성을 분석하기 위해 먼저 근대성에 관한 이론들을 검토해 계몽주의 사상의 핵심이 되는 과학적 합리성과 구조주의의 분석적 사고, 또한 전면적이고 급격한 변화를 근대성의 특징으로 파악하였다. 이어서 표기, 문법, 어휘적 측면에서 이러한 근대성이 반영되었다고 생각되는 측면들을 제시하였는데 이를 요약해 보면 다음의 표와 같다.

〈표 2〉에 정리된 대로 이민우 외(2016)에서는 활자본 고소설에 나타난 표기 및 문법적 특징들이 '분석적이고 합리적인 사고방식'과 '주체적인 인식'을 반영하고 있다는 점에서 근대성을 갖는다고 보았고, 어휘의 의미 변화와 신어의 생성은 '광범위하고 급격한 변화'라는 점에서 근

<표 2> 이민우 외(2016)에서 이루어진 언어적 근대성 논의의 핵심 내용

분류	언어적 특성	근대성에 대한 해석
표기적 측면	한글 표기가 주를 이룸	주체성과 근대화를 지향하는 근대적 언어 인식, 언문일치의 실천
	분철 표기	분석적 인식
문법적 측면	문장 길이의 축소	분석적 인식
	접속부사의 증가	논리적 장치의 증가
	시제 선어말어미의 발달 및 종결 표현의 변화(-더라 〉-었다)	객관화된 서술
어휘적 측면	한자어의 의미 변화	사회적 변화 반영
	새로운 어휘 생성	근대적 개념이나 문물을 나타냄

대성을 띤다고 보았다. 이러한 분석은 언어 외적 변화가 언어 내적 변화에 미친 영향을 구체적으로 밝혀 보고자 한 시도라고 생각된다. 하지만 특정한 언어 현상 자체가 곧 근대성의 직접적 표지인가의 문제에 대해서는 좀 더 신중한 접근이 필요해 보인다.

이민우 외(2016)의 기술 전반에 걸쳐 확인되는 점은 언중들의 언어 의식이 근대의 새로운 사유 체계에 따라 합리적이고 분석적인 방향으로 변화되어서 그들의 언어 사용 양상에서도 근대성이 드러난다는 가정이다. 여기에서 한 가지 간과된 점은 서구의 계몽주의적 세계관이 왜 특정 시기 한국어에 대한 새로운 인식을 불러일으켰는가에 대한 고찰이다.

분철 표기가 분석적 의식을 반영했기 때문에 그 자체로 근대성을 갖는 것이 아니라, 연철과 분철과 중철의 혼재 속에서 이를 분철 표기로 통일해 가고자 한 주체적 의지의 산물로서의 규범과 제도에 근대성이 내재해 있는 것이다. 실제로 분철과 연철에 대해서는 20세기 전반기 동안 소위 형태주의 표기와 음소주의 표기 간의 긴 논쟁이 이어졌는데, 결과적으로 형태주의 표기를 따르게 되었지만 당대에 어떤 다른 변수가 작용했다면 음소주의 표기가 채택되었을 가능성도 있는 것이다. 이때 국가나 민족의 통일된 언어생활을 도모하기 위해 언어 사용에 작위를 가한다는 점에서 언어의 근대성을 찾을 수 있는 것이지 형태주의 그 자체가 근대성을 갖는 것은 아니다.

"다양한 형태의 미래시제 선어말 어미가 출현한다는 점에서 근대성의 일단을 발견할 수 있다"(이민우 외 2016:80)와 같은 언급이나 문장 길이의 축소나 접속부사의 증가 등이 논리적이고 분석적인 의식을 반영하므로 근대성을 반영한 것이라는 평가도 재고가 필요하다. 특정 문법 현상이 그 자체로서 근대성을 갖는다는 분석에는 객체화된 언어에 대한 주체의 작위가 고려되지 않았다는 문제가 있다.

어휘에 대한 접근도 마찬가지이다. 기존 어휘 체계에 존재하지 않는 새로운 개념이나 문물을 나타내야 하는 현실적 상황 속에서 새로운 단어가 만들어지거나 기존의 단어가 의미 변화를 겪는 것은 비단 근대에 한정된 현상이 아니다. 역사적으로 어느 시기에나 어휘 체계는 당대의 현실 사회를 반영하며 변화되어 왔고 앞으로도 이러한 변화는 꾸준히 이어질 것이다. 물론 19세기 말에서 20세기 초의 어휘 변화가 전례 없이 광범위하게 그리고 급속도로 전개된 것이 사실이지만, 이러한 양적 측면이 근대성을 논하는 기준이 될 수 없음은 분명하다.

양적 측면 외에도 이민우 외(2016)에서 언급한 '경제經濟'라는 한자어의 의미가 '經世濟民'에서 'economy'로 바뀌었다든지 '의사, 치료, 정부' 등의 신조어가 만들어졌다든지 하는, 이른바 근대 세계의 문물과 제도를 나타내는 어휘의 등장을 언어적 근대성으로 보는 관점 역시 동어

반복이라는 문제가 있다. 당대에 근대 사회의 문물과 제도를 나타내는 신조어들이 대거 등장한 것은 사실이지만 그러한 어휘의 등장 자체가 아니라 당대의 어휘를 일정한 방향으로 정리해 가려는 의식적인 과정 속에 근대성이 함의되어 있는 것이다.

한편 이상혁(2014)은 구체적인 언어 현상을 통해 근대성을 논하였으되 거시적 요소와 미시적 요소의 관련성을 설명하고자 했다는 점에서 이민우 외(2016)와 관점을 달리 한다. 이상혁(2014)은 언어의 근대성을 국민어 의식 및 민족어 의식으로부터 찾고, 이러한 거시적 차원이 구체적인 언어 현상에서는 문체의 변주, 성문화 규범의 길항, 신어의 유입과 확산 등 미시적 요소들로 실현되었다고 보았다. 당대의 여러 문체들 중 순 한글체가 그 자체로 근대성을 갖는 것이 아니라, 저자들이 특정한 목적에 따라 서로 다른 문체를 의도적으로 선택해 구사하는 의식 자체에서 언어에 대한 근대적 주체 의식을 확인할 수 있다고 본 것이다. 이처럼 이상혁(2014)은 언어에 대한 목적의식적 작용과 그 결과로서의 실현 양상을 구별하고 그 사이의 관계를 거시와 미시의 차원으로 설명하였는데, 〈표 2〉에서 언급된 언어 표현의 변화 역시 이러한 관점에서 논의될 필요가 있을 것이다.

4. 결론

지금까지 언어에 대한 근대적 인식과 언어의 근대화에 대한 문제들을 살펴보았다. 언어에 대한 근대적 인식을 인간 중심적인 근대적 세계관, 그리고 이에 따른 주체와 객체의 분리라는 관점에서 살펴보고, 언어적 근대에 대한 논의에서는 언어를 객체화하여 주체의 의도와 목적에 따라 목적의식적 작용을 가하는 측면이 고려되어야 함을 논의하였다. 또한 이러한 근대적 인식은 근대국가의 수립 과정에서 나타난 국민어 의식과 맞물리며 언어의 규범화, 즉 근대화로 이어지게 되었음을 살펴보았다.

이어서 한국어의 근대성에 대한 논의로 초점을 옮겨 앞선 연구들에서 제시된 관점을 국민어 의식이 갖는 근대성, 규범화 의식이 갖는 근대성, 언어 표현 자체의 근대성의 세 가지로 정리한 뒤 각각을 비판적으로 검토해 보았다. 국민어 의식을 언어의 근대성으로 바라보는 관점과 규범화 의식을 언어의 근대성으로 파악하는 관점은 각각 사상적 측면과 실천적 측면을 강조한 것으로 일맥상통하는 입장이라 생각된다. 하지만 특정한 언어 표현 양상 자체를 근대성과 직접 연결시키는 논의는 여러 측면에서 한계를 드러낸다는 점을 알 수 있었다.

어휘나 문법 차원에서 근대성을 논하기 위해서는 변이형 A, B, C 중 어느 하나가 근대성을 가졌다는 차원에서 접근하는 것이 아니라, A, B, C 중 어느 하나를 표준과 규범으로 삼고자 하는 작위의 측면이 반드시 고려되어야 한다. '근대'라는 시기는 시간이 흐르며 자연히 도래하지 않았고, '근대어' 역시 언어 직관의 점진적 변화를 통해 자연발생적으로 이루어지지 않았기 때문이다.

제2부
근대어와 표기

제1장

한글 전용과 동음이의어의 문제*

1. 서론

    19세기 말 20세기 초 한국은 『태극학보』 제21호에 실린 글의 제목처럼 "國文과 漢文의 過渡時代"였다.[1] 종래 한문 위주의 문자생활에 대한 비판이 다각도에서 제기되었고 장차 한글을 주된 서기 문자로 삼아야 한다는 주장이 여러 신문과 잡지 지면을 통해 발표되었다. 한자와 한문은 지난 수백 년간 한국 문화의 발달을 저해한 원흉이자 당시 한국이 열강들의 위협 앞에 속수무책이 된 근본적인 원인이라는 비판이 쏟아져 나왔다. 그런 한편으로 일부 논자들은 유학자의 관점에서 한문을 옹호하기도 했고 또 일부 논자들은 한글 전용이 장차 필요한 것이긴 하지만

---

*   이 장의 내용은 안예리(2013a)를 수정하고 보완한 것이다.
1   이보경, 「國文과 漢文의 過渡時代」, 『태극학보』 21, 1908.5.24.

당장 한자를 포기하면 득보다 실이 더 많을 것이라는 우려를 표하기도
했다.

조선 말기 문신이자 독립협회 간부직을 지낸 정교鄭喬(1856~1925)는
『대동학회월보』 4호에 실린 「漢文과 國文의 辨別」이라는 글에서 한글
전용론을 비판하며 한자가 없이는 동음이의어 문제를 해결할 수 없다고
지적하였다. '夫婦'를 '부부'로만 적는다면 지아비와 지어미가 모두 '부'
가 되어 변별이 안 되고 성씨 '張'과 '蔣'을 한글로만 적으면 둘 다 '장'
이 되며 '舟'와 '梨' 역시 둘 다 '배'가 되므로 한글만 사용하면 의미의
변별이 불분명해진다는 것이다.

표의문자인 한자는 그 형태 자체가 의미를 전달해 주기 때문에 '夫'와
'婦'의 음이 동일하다는 것은 의미 전달에 하등 문제가 되지 않는다. 하
지만 표음문자인 한글은 소리만 적을 뿐이므로 '부夫'와 '부婦'의 의미는
맥락 정보가 충분히 주어지지 않는 한 변별이 불가하다. 이장에서는 '국
문과 한문의 과도시대'에 필연적으로 발생할 수밖에 없었던 동음이의
어의 문제를 '1음절 한자어+하다' 용언을 중심으로 살펴보고자 한다.[2]

조선시대 언해문에 널리 쓰인 '1음절 한자어+하다' 용언은 한문 원
문에서 독자적으로 동사나 형용사의 기능을 하는 한자를 한국어 문법
구조에 맞게 수용하는 과정에서 '-하다'를 결합시킨 것으로 15세기 이
래 수백 년간 꾸준히 쓰이다가 20세기로 오며 상당수가 사라졌다. 이러

---

2 조선시대 언해문에는 '此', '彼' 등의 지시대명사, '我', '吾' 등의 인칭대명사, '正히', '惡
히' 등의 부사, '命ᄒᆞ다', '取ᄒᆞ다' 등의 동사, '淨ᄒᆞ다', '軟ᄒᆞ다' 등의 형용사 등과 같이
원문인 한문에서 단독으로 단어의 기능을 하는 한자가 한국어 문장에 그대로 혹은 접사
와 결합된 채 도입되는 경우가 많았다. 이 장에서는 그중 종수나 빈도수가 가장 많았다
고 생각되는 용언류에 초점을 두고자 한다.

한 변화는 개별 단어 차원의 변화가 아니라 동일한 형태론적 구성을 갖는 특정 어휘 부류에 공통적으로 일어난 변화라는 점에서 주목을 끈다. 수백 년간 광범위하게 쓰이던 이들 용언류가 한 세기도 안 되는 짧은 기간 동안 급격히 사라진 데에는 분명히 결정적인 이유가 있었을 것이다.[3]

기존의 문체사적 연구에서 '1음절 한자어＋하다' 용언을 "文體의 現代性을 판단하는 중요한 準據의 하나"(한영균 2008)로 파악해 온 것처럼 해당 용언들은 문체의 현대화 이전 한문의 영향을 다분히 반영한 언해문의 문체적 특징에 해당한다. 20세기를 지나며 이들 용언 중 상당수가 자취를 감춘 것은 문체의 혁신에 따른 결과였다고 볼 수 있을 것이다. 그런데 근대전환기에 이루어진 문체적 변화 가운데 '1음절 한자어＋하다' 용언의 소멸은 동음이의어로 인한 혼란을 최소화하기 위한 인지적인 동기가 작용하였다는 점에서 다른 변화들과 차이가 있다.

---

[3] 한영균(2009)는 1890년대 후반부터 1930년대 후반 자료에 나타난 '1음절 한자어＋하다' 용언의 쓰임을 조사하고 당시에 쓰인 '1음절 한자어＋하다' 용언 중 오늘날까지 쓰이는 것은 대체로 대응되는 고유어가 없는 경우였다고 하였다. 하지만 남은 용언뿐 아니라 사라진 용언의 목록까지 고려해 보면, 대응 고유어의 존재 여부만으로는 설명되지 않는 부분이 많다. 일단 15～19세기 문헌에 쓰인 수천 개의 '1음절 한자어＋하다' 용언 중에는 대응되는 고유어를 상정할 수 없는 경우가 많다. 한 예로 어기의 음이 '성'인 용언들을 살펴보면 '城ᄒᆞ다, 性ᄒᆞ다, 成ᄒᆞ다, 盛ᄒᆞ다, 省ᄒᆞ다, 聖ᄒᆞ다, 聲ᄒᆞ다, 誠ᄒᆞ다, 騂ᄒᆞ다' 등이 있는데, 이들 중 뚜렷하게 대응되는 고유어가 있는 경우는 '成ᄒᆞ다-이루다', '盛ᄒᆞ다-많다', '省ᄒᆞ다-살피다' 정도이다. 그런데 이들 중 현대국어에서 쓰이는 유일한 용언은 대응 고유어가 있는 '盛ᄒᆞ다'이다. 또한 '告ᄒᆞ다(알리다), 變ᄒᆞ다(바뀌다), 願ᄒᆞ다(바라다)' 등의 용언 역시 대응 고유어가 있는데도 현대국어에서 쓰이고 있다. 따라서 대응 고유어의 존재 여부만으로는 '1음절 한자어＋하다' 용언의 통시적 변화를 포괄적으로 설명할 수 없다.

2. '1음절 한자어+하다' 용언의 통시적 변화

본격적인 논의에 앞서 이 절에서는 '1음절 한자어+하다' 용언들의 1
5~19세기 동안의 쓰임을 조사해 문체의 현대화 이전 단계에서의 쓰임을
개관해 보고자 한다. 이를 위해 문헌 자료를 전자화된 형태로 가공한 '21세
기 세종계획 역사자료 말뭉치'(이하 '세종')를[4] 분석해 '1음절 한자어+하
다' 용언의 역사적 쓰임을 개괄하고 변화 과정을 추적해 보았다. '세종'에
포함된 15~19세기 자료에서 '깜짝새'(SynKDP) 프로그램을[5] 사용해 추출
한 '1음절 한자어+하다' 용언의 용례 수token는 95,252, 종수type는
2,441이었다.[6]

1) 사멸한 부류

『표준국어대사전』(이하 『표준』) 등재 여부를 기준으로 현대국어에서
의 사용 여부를 판정할 때 15~19세기 자료에 쓰인 2,441종의 '1음절
한자어+하다' 용언 중 2,138종은 사라졌고 303종만 현재까지 그 쓰임

---

4   '세종'의 말뭉치 구성에 대해서는 국립국어원(2007)을 참고할 수 있다.
5   통합형 한글 자료 처리기Synthesized Korean Data Processor 깜짝새SynKDP는 전주대 소
    강춘 교수팀(소강춘, 김진규, 박진양)이 개발한 프로그램으로, 음소, 음절, 어절 단위의
    빈도 추출, 현대어 및 고어 검색, 어휘 색인 작성 등의 기능이 있다. 깜짝새에 대한 자세
    한 내용은 소강춘(2002)를 참고할 수 있다.
6   용례 추출 시에는 '變ᄒ다'와 같은 국한 혼용 표기와 '변ᄒ다'와 같은 한글 표기, '變코/
    변코'와 같이 축약된 형태로 쓴 것을 모두 포함하였고, 조건식을 이용해 '變ᄒ다, 變히,
    變ᄒ고, 變혼' 등 용언의 활용형을 모두 추출하였다.

〈표 1〉 현대국어에 쓰이지 않는 '1음절 한자어+하다' 용언의 세기별 분포

총 사용 기간	종수	백분율	세기별 분포 패턴					분포 패턴별	
			15C	16C	17C	18C	19C	종수	백분율
5세기	66	3%						66	3%
4세기	165	8%						61	3%
								2	0%
								10	0%
								89	4%
								3	0%
3세기	360	17%						8	0%
								16	1%
								1	0%
								9	0%
								3	0%
								1	0%
								269	13%
								12	1%
								28	1%
								13	1%
2세기	436	20%						17	1%
								12	1%
								15	1%
								5	0%
								96	4%
								204	10%
								12	1%
								49	2%
								15	1%
								11	1%
1세기	1111	52%						58	3%
								233	11%
								637	30%
								142	7%
								41	2%
총합	2,138	100%						2,138	100%

을 유지하고 있다. 즉, 역사 자료에 쓰인 '1음절 한자어＋하다' 용언 중 88%는 사라졌고 12%만이 현대국어의 어휘 체계에 남아 있는 것이다.

〈표 1〉은 '세종'에 쓰였으나 현대국어에서는 쓰이지 않는 '1음절 한자어＋하다' 용언을 대상으로 해당 용언들의 역사적 쓰임을 정리한 것이다. 역사 자료에 나타난 총 기간을 1~5세기로 나누고 각 기간별 종수, 세기별 분포 패턴, 각 패턴에 해당하는 용언의 종수를 표시하였다. 세기별 분포 패턴을 표시한 이유는 총 사용 기간이 4세기였다 해도 15~18세기 자료에 나타난 것, 16~19세기 자료에 나타난 것, 15, 16세기 자료에 나타났다가 18, 19세기 자료에 나타난 것 등 여러 가지 분포 유형이 있었기 때문이다.

〈표 1〉을 보면, '세종'에는 나타났으나 현대국어에서는 더 이상 쓰이지 않는 '1음절 한자어＋하다' 용언 중 52%가 총 사용 기간이 1세기에 그쳤다. 즉, 절반 이상이 어느 한 세기에만 잠시 쓰였던 용언들이다. 2세기 이상 쓰인 용언은 표에 나타난 것처럼 분포 패턴이 다양하기 때문에 해석에 주의를 요한다. 〈표 1〉에서 문헌의 출현 시기가 2세기라고 표시된 것 중에도 15~16세기에만 나타난 것과, 15세기에 나타났다가 19세기에 다시 나타난 것은 성격이 다르다. 이는 총 출현 시기가 3~4세기인 경우도 마찬가지이다.

〈표 1〉에서 2세기 동안 나타난 용언은 20%, 3세기는 17%, 4세기는 8%이지만 분포 시기가 연속적이지 않은 경우를 고려하면 실제 사용 기간은 표에 나타난 것보다 더 길었다고 봐야 할 것이다. 한편 5세기 동안 계속 문헌에 출현하다가 현대국어로 오며 사라진 '1음절 한자어＋하다' 용언은 모두 66개로 전체 목록의 3%에 해당한다.[7]

2) 존속한 부류

〈표 2〉는 '세종'에 나타난 '1음절 한자어＋하다' 용언 중 현대국어에 남아 있는 용언들의 세기별 쓰임을 정리한 것이다. 제시 방식은 〈표 1〉과 동일하다.

〈표 2〉를 보면, 현대국어에서 여전히 쓰이는 303개의 '1음절 한자어 ＋하다' 용언 중 42%가 15~19세기 동안 문헌에 지속적으로 출현하였다. 이는 〈표 1〉에서 5세기 동안 문헌에 나타난 용언이 3%밖에 되지 않았던 것과 대조적이다. 3~4세기 동안 문헌에 나타난 것 중에도 분포 시기가 연속적이지 않고 15~17세기와 19세기, 혹은 15, 17, 19세기 문헌에 쓰인 용언들은 실제로는 5세기 동안 계속 쓰임을 유지했다고 봐야 할 것이다. 따라서 실제로는 42% 이상의 용언이 중세 국어와 근대 국어의 모든 기간 동안 쓰임을 유지했다고 볼 수 있다.

〈표 1〉과 〈표 2〉를 비교해 보면, 역사적으로 사용된 기간이 길수록 현대국어에 남은 비율이 높고, 사용된 기간이 짧을수록 사라진 비율이 높다. 하지만 5세기 동안 계속 쓰인 용언 중에도 현대국어에 와서 사라진 것이 있고, 1세기 동안만 사용됐던 용언 중에도 현대국어에 남은 것

---

7 15~19세기 자료에 모두 등장했지만 현대국어에서는 사라진 목록은 다음과 같다. 가假하다, 개改하다, 개開하다, 거擧하다, 겁法하다, 결結하다, 경經하다, 계戒하다, 교爻하다, 교敎하다, 기起하다, 노老하다, 도度하다, 동同하다, 명明하다, 문聞하다, 미美하다, 밀密하다, 보保하다, 복伏하다, 빙聘하다, 살殺하다, 상賞하다, 섭攝하다, 섭涉하다, 소消하다, 손損하다, 수修하다, 수受하다, 수授하다, 시施하다, 신信하다, 실失하다, 애愛하다, 양養하다, 어御하다, 언言하다, 연緣하다, 우優하다, 유流하다, 익益하다, 인仁하다, 인忍하다, 잔殘하다, 장葬하다, 장藏하다, 저貯하다, 전轉하다, 정靜하다, 제祭하다, 조照하다, 존尊하다, 종從하다, 주主하다, 지持하다, 지止하다, 지知하다, 집集하다, 청淸하다, 출出하다, 탐貪하다, 평平하다, 한寒하다, 항降하다, 현顯하다, 호好하다.

총 사용 기간	종수	백분율	세기별 분포 패턴					분포 패턴별	
			15C	16C	17C	18C	19C	종수	백분율
5세기	126	42%						126	42%
4세기	69	22%						22	7%
								1	0%
								6	2%
								33	11%
								7	2%
3세기	36	12%						1	0%
								2	1%
								1	0%
								4	1%
								0	0%
								1	0%
								20	7%
								0	0%
								4	1%
								3	1%
2세기	36	12%						3	1%
								2	1%
								3	1%
								0	0%
								8	3%
								6	2%
								3	1%
								8	3%
								1	0%
								2	1%
1세기	36	12%						2	1%
								8	3%
								12	4%
								8	3%
								6	2%
총합	303	100%						303	100%

이 있기 때문에 사용 기간 외에도 다른 변수가 있었을 것으로 생각된다.

15~19세기 자료에 나타난 '1음절 한자어＋하다' 용언의 목록을 살펴보면 대다수가 동음이의 관계를 이루고 있다. 즉, '亡하다, 妄하다, 忘하다, 望하다, 罔하다, 芒하다'처럼 어기의 한자는 제각기 다르지만 한자음이 동일한 경우가 대부분이다. '세종'에 쓰인 2,441종의 '1음절 한자어＋하다' 용언 중 동음이의 관계를 이루는 용언은 2,379종으로 전체 목록의 97%에 달했다.

아래의 예문은 15~19세기 자료에 쓰인 '1음절 한자어＋하다' 용언 중에 어기의 한자음이 '종'인 예를 제시한 것이다.

㉠眞理ㅅ 흔 마슨 더움 업스며 더룸 업스니 엇뎨 구틔여 宗ㅎ료

— 『원각경언해』 2, 1465

㉡長者ㅣ 그 마롤 從ㅎ야 金 四千斤을 내야 王의와 比丘의와 받ᄌᆞᆸ니라

— 『월인석보』 8, 1459

㉢卽時예 如來ㅣ 羅睺羅ᄅᆞᆯ 勅ㅎ샤 鐘흔 소리를 티라 ㅎ시고

— 『능엄경언해』 4, 1461

㉣許子는 반ᄃᆞ시 粟을 種흔 後에 食ㅎᄂᆞ냐

— 『맹자언해』 5, 1590

㉤슈홈이 石 ᄀᆞᆮ거니 엇디 뼈 日을 終ㅎ리오

— 『주역언해』 6, 15??

㉥그 數를 錯ㅎ며 綜ㅎ야 그 變을 通ㅎ야 드듸여 天地읫 文을 成ㅎ며

— 『주역언해』 5, 15??

㉦ᄆᆡ일 아ᄎᆞᆷ의 머리 비서 縱ㅎ고 빈혀 고자 섬 아래 가 절ㅎ고

—『소학언해』 6, 1586

◎門애 踵ᄒ야 文公ᄭᅴ 告ᄒ야 글오ᄃᆡ

—『맹자언해』 5, 1590

ⓩ이ᄂᆞᆫ 홀로 ᄉᆞ랑을 妾婦의게 鍾ᄒ고 賢을 簡ᄒ고 禮를 ᄇᆞ리미니

—『여사서언해』 4, 1736

ⓩᄯᅩᄒᆞᆫ 和ᄒᆞᆫ 羹이 이믜 戒ᄒᆞ며 이믜 平ᄒ거늘 龡ᄒ야 假홈애 言이 업서 時

예 爭ᄒ리 잇디 아니 ᄒᆞ니

—『시경언해』 20, 1613

'세종'에 쓰인 '1음절 한자어+하다' 용언 중 어기 한자의 음이 '종'인 용언은 위의 예문에 제시된 대로 '종宗하다, 종從하다, 종種하다, 종終하다, 종綜하다, 종縱하다, 종踵하다, 종鍾하다, 종鐘하다, 종龡하다'의 총 10가지였다. 위의 예문에서 이들 용언의 의미가 변별되는 것은 해당 용언의 어기가 한자로 쓰였기 때문이다. 만약 어기를 한자로 쓰지 않고 '종하다'와 같이 한글로 표기한다면, 일부는 문맥을 통해 추론이 가능할 지라도 대개는 정확히 어느 한자에 해당하는지를 금방 파악하기 어려울 것이다.

역사 자료에 쓰인 '1음절 한자어+하다' 용언 중에는 동음이의어가 20개 이상 존재하던 것도 상당수였고, 발음이 '유하다'인 용언들은 동음이의 관계를 이루는 '1음절 한자어+하다' 용언의 수가 44개나 됐다. 하지만 동음이의 관계가 복잡했다고 해서 현대국어에서 무조건 사라진 것은 아니다. 동음이의어 관계에 있던 2,379종의 용언 중 12%에 해당하는 284종은 현대국어에서 그 쓰임을 유지하고 있다.

이처럼 동음이의어가 존재했던 용언 중 현대국어에까지 남은 용언이 있다고 해서 이 글의 가설이 부정되는 것은 아니다. 이들은 순 한글로 쓴다고 해도 음이 같은 다른 'X하다' 용언으로 오인되지 않을 정도로 이미 쓰임이 굳어져 있던 용언들이기 때문이다. 여기서 쓰임이 굳어져 있었다는 말의 의미는, 해당 용언들이 동음이의 관계에 있는 다른 용언들에 비해 사용된 기간이 길고 역사 자료에 출현한 빈도가 월등히 높았다는 것이다.

〈표 3〉은 역사적으로 동음이의 관계에 있던 용언 중 일부가 지금까지 쓰이고 있는 경우를 대상으로 동음이의어군의 빈도를 비교한 것이다. 빈도가 높은 순서대로 20위까지의 목록을 보이고 각각의 빈도, 동음이의 관계에 있던 다른 용언의 목록과 빈도, 세기별 분포를 표시하였다. 현대국어에 남은 용언이 둘 이상인 경우는 그중 빈도가 높은 것을 기준으로 순위를 매겼다. 현대국어에 남아 있다는 판단은 『표준』의 등재 여부를 기준으로 했다. 하지만 『표준』 등재 단어 중에도 실제로 널리 쓰이지 않는다고 생각되는 단어 앞에는 별표(*)를 달아 두었다.

〈표 3〉에는 동음이의어들 중 현대국어에 하나만 남은 유형과 둘 이상 남은 유형이 모두 포함돼 있다. 역사 자료에 쓰인 동음이의어들 중 현대국어에 하나만 그 쓰임을 유지하고 있는 용언에는 '위爲하다, 행行하다, 청請하다, 당當하다, 향向하다, 전傳하다, 발發하다, 권勸하다, 피避하다, 멸滅하다, 중重하다' 등이 있다. 이들은 모두 해당 동음이의어군 중에서 빈도가 가장 높았다. '위爲하다'는 다른 15개의 용언과 동음이의 관계를 이루고 있었는데 빈도 차이가 100배가 넘을 만큼 역사 자료에서의 쓰임이 두드러졌다. '행行하다'는 동음이의 관계에 있던 용언은 하나뿐이

〈표 3〉 동음이의 관계의 '1음절 한자어+하다' 용언 간 빈도 비교

순위	남은 용언	빈도	동음이의 관계의 사라진 용언 목록(빈도)	15C	16C	17C	18C	19C
1	위(爲)하다	4,317	違하다(37), 危하다(19), 威하다(14), 位하다(12), 熨하다(11), 委하다(6), 謂하다(4), 慰하다(4), 餧하다(2), 衛하다(2), 蔿하다(2), 尉하다(1), 痿하다(1), 煒하다(1), 僞하다(1)	○	○	○	○	○
2	행(行)하다	3,858	幸하다(7)	○	○	○	○	○
3	인(因)하다	3,018	仁하다(111), 印하다(30), 引하다(27), 忍하다(10), 認하다(5), 訒하다(4), 禋하다(2), 紉하다(1), 牣하다(1), 咽하다(1), 刃하다(1), 人하다(1)	○	○	○	○	○
	*인(吝)하다	31		○		○	○	○
4	청(請)하다	2,719	聽하다(40), 淸하다(27), 廳하다(4), 靑하다(1), 菁하다(1)	○	○	○	○	○
5	정(定)하다	1,386	貞하다(139), 靜하다(71), 征하다(64), 整하다(13), 靖하다(7), 政하다(4), 情하다(3), 庭하다(2), 婷하다(1), 頂하다(1), 旌하다(1), 井하다(1), 丁하다(1)	○	○	○	○	○
	*정(正)하다	457		○	○	○	○	○
	*정(淨)하다	107		○			○	○
	*정(精)하다	100		○				○
	*정(呈)하다	12		○		○	○	○
6	당(當)하다	1,345	黨하다(3)	○	○		○	○
7	향(向)하다	1,268	享하다(26), 嚮하다(14), 鄕하다(9), 響하다(5), 香하다(3), 餉하다(2), 響하다(2)		○	○	○	
8	명(命)하다	1,230	明하다(99), 鳴하다(33), 冥하다(5)	○	○	○	○	○
	명(名)하다	19		○	○	○	○	○
9	원(願)하다	1,224	圓하다(51), 遠하다(43), 元하다(29), 援하다(18), 原하다(5), 垣하다(2), 員하다(2), 苑하다(1)	○	○	○	○	○
	*원(怨)하다	40		○	○	○	○	○
10	취(取)하다	1,221	就하다(41), 聚하다(18), 吹하다(5), 驟하다(1)	○	○	○	○	○
	취(醉)하다	578		○	○	○	○	○
	취(娶)하다	33		○	○	○	○	

순위	남은 용언	빈도	동음이의 관계의 사라진 용언 목록(빈도)	15C	16C	17C	18C	19C
11	전(傳)하다	1,155	轉하다(63), 專하다(37), 戰하다(22), 顚하다(9), 田하다(9), 塵하다(6), 錢하다(3), 煎하다(3), 塡하다(2), 輾하다(2), 詮하다(2), 甸하다(2), 殿하다(2), 全하다(2), 覥하다(1), 遭하다(1), 剪하다(1), 篆하다(1), 奠하다(1), 塡하다(1), 前하다(1), 典하다(1), 佃하다(1)	○	○	○	○	○
12	고(告)하다	1,151	美하다(37), 考하다(22), 顧하다(21), 鼓하다(20), 固하다(17), 皷하다(17), 高하다(16), 孤하다(10), 苦하다(8), 沽하다(7), 叩하다(5), 膏하다(4), 翱하다(3), 枯하다(2), 稿하다(2), 蠱하다(2), 橐하다(2), 鹽하다(2), 呱하다(1), 稿하다(1), 刳하다(1), 瞽하다(1), 酤하다(1), 靠하다(1)	○	○	○	○	○
	*고(誥)하다	2			○	○		
13	발(發)하다	921	拔하다(7), 跋하다(3), 撥하다(2), 較하다(1), 茇하다(1)	○	○	○	○	○
14	권(勸)하다	891	倦하다(30), 權하다(8), 卷하다(5), 睠하다(1), 鬈하다(1)	○	○	○	○	○
15	면(免)하다	883	勉하다(6), 冕하다(3), 沔하다(2)	○	○	○	○	
	면(面)하다	18						
16	대(對)하다	877	大하다(61), 待하다(25), 帶하다(19), 懟하다(3), 隊하다(3), 戴하다(2), 貸하다(1)	○	○	○	○	○
	*대(代)하다	43		○	○	○	○	○
17	상(傷)하다	849	喪하다(53), 上하다(40), 相하다(37), 象하다(24), 賞하다(23), 想하다(16), 嘗하다(7), 翔하다(6), 祥하다(6), 像하다(4), 爽하다(3), 常하다(3), 償하다(3), 詳하다(2), 裳하다(2), 桑하다(2), 商하다(2), 霜하다(1)	○	○	○	○	○
	*상(尙)하다	41			○	○	○	○
18	피(避)하다	815	辟하다(82), 被하다(6), 疲하다(4), 詖하다(1), 披하다(1)	○	○	○	○	○
19	멸(滅)하다	806	蔑하다(6)	○	○	○	○	○
20	중(重)하다	790	中하다(72), 衆하다(7)	○	○	○	○	○

었는데 둘 사이의 빈도 차이는 500배가 훨씬 넘는다.

〈표 3〉에 제시된 목록 중에는 동음이의 관계를 이루던 용언 중 둘 이상이 남은 경우도 있다. 그중에는 최고빈도 용언은 오늘날에도 널리 쓰이지만 나머지는 『표준』에 등재돼 있을 뿐 실제로는 거의 쓰이지 않는 경우도 있다.[8] '인㪚하다'와 '인㖃하다' 중 전자는 널리 쓰이지만, '인색하다'라는 뜻의 '인㖃하다'는 지금은 거의 쓰이지 않는다. '정하다'류의 경우, '정定하다', '정呈하다'는 동사이고 '정正하다', '정淨하다', '정精하다'는 형용사이다. 동사의 경우, '정定'하다는 현대국어에서 널리 쓰이지만, 사전에 '어떤 모양이나 빛깔 따위를 나타내다' 혹은 '원서 따위를 제출하다'라는 뜻으로 정의된 '정呈하다'는 거의 사라진 말이다. 형용사의 경우 '정正하다'는 '정한 이치'라는 표현에서는 쓰이지만 일반적인 형용사처럼 'NP가 정하다'로는 잘 쓰이지 않아 현대국어에서 그 쓰임은 매우 제한적이라고 볼 수 있다. '정淨하다'는 고유어 '깨끗하다'로, '정精하다'는 고유어 '곱다'나 '가지런하다'로 쓰이는 것이 일반적이어서 세 형용사 모두 현대국어에서 활발히 쓰인다고 보기는 어렵다. '원願하다'와 '원怨하다' 중 전자는 널리 쓰이지만 후자는 주로 '원망하다'로 쓰인다. '고告하다'와 '고誥하다' 중 전자는 널리 쓰이지만 '윗사람이 아랫사람에게 가르쳐 알리다'라는 뜻의 후자는 거의 쓰이지 않는다. '대對

---

8 이 연구에서 현대국어에 남아 있는지의 여부를 결정하기 위해 『표준』을 따랐지만 『표준』에 등재된 '1음절 한자어＋하다' 용언 중에는 본문에서 언급한 '인㖃하다' 등과 같이 오늘날 널리 쓰이지 않는 것도 있다. 그렇기 때문에 『표준』을 기준으로 삼는 데에 문제가 없는 것은 아니다. 하지만 개개 '1음절 한자어＋하다' 용언의 사용 여부에 대한 직관은 사람에 따라 차이가 크기 때문에 한 사람의 직관을 기준으로 연구 대상을 정하는 것보다 공신력 있는 사전을 근거로 하는 것이 보다 신뢰성이 높을 것이라 판단해 『표준』을 따랐다.

하다'와 '대代하다' 중 전자는 널리 쓰이지만 후자는 주로 '대신하다'로 쓰인다. '상傷하다'와 '상尙하다' 중 전자는 널리 쓰이지만 '공주나 옹주를 결혼시키다'라는 뜻의 후자는 거의 쓰이지 않는다. 따라서 이 문단에서 언급한 용언들은 사전 등재 여부와는 별도로 사실상 최고빈도 용언 하나만 현대국어에서 확고히 쓰임을 유지하고 있다고 볼 수 있다.

한편 〈표 3〉에서 동음이의 관계를 이루던 용언 중 둘 이상이 남은 경우에는 해당 용언들이 모두 현대국어에 널리 쓰이는 것도 있다. 그런데 이들 용언은 대개 통사적 차이가 뚜렷해 동음이의어라도 문맥을 통해 의미 변별이 용이하다. '명命하다'와 '명名하다'가 둘 다 '명하다'로 표기되어도, 주로 전자는 '~에/에게 ~을'로, 후자는 '~를 ~로'로 쓰인다. '취取하다', '취醉하다', '취娶하다'에서 타동사인 '취取하다'는 '~에서(에게서) ~를'이나 '~를'로 쓰이고, 자동사인 '취醉하다'는 '~에'로 쓰여 격틀로 변별이 된다. '취娶하다'는 주로 '~를'로 쓰여 '취取하다'와 격틀이 같지만, '장가들어 아내를 맞아들이다'의 의미로 논항에 특정한 명사만 나타나기 때문에 역시 의미 변별에는 문제가 없다. '면免하다'와 '면面하다'는 둘 다 '면하다'로 쓰여도, 타동사인 전자는 주로 '~을'로 쓰이고 자동사인 후자는 '~에'로 쓰이기 때문에 의미가 쉽게 구별된다. 이처럼 동음이의 관계를 이루던 '1음절 한자어＋하다' 용언 중 둘 이상이 현대국어에서 활발히 쓰이는 경우, 해당 용언들은 자·타동의 어휘 범주나 통사 구조가 서로 변별적이다. 그렇기 때문에 어휘 하나만 놓고 보면 음이 같아 구별할 수 없지만 문장 안에서는 의미 해석에 문제가 없다. 〈표 3〉에 제시되지는 않았지만, 동음이의어 중 둘 이상이 남은 용언에는 '가加하다'와 '가可하다', '과科하다'와 '과過하다', '연連하다'와 '연軟하다' 등과 같이 동사와 형용사로 어휘 범주가 다른 예도 있었다. 이들 역시 통사 구조가 변별적이기 때문에 의미 파악에는 어려움이 없다.

지금까지 '세종'에 나타난 용례 분석 결과를 중심으로 '1음절 한자어+하다' 용언의 역사적 변화 과정을 기술하고 변화의 원인을 알아보았다. 역사 자료에 쓰인 '1음절 한자어+하다' 용언은 대부분 복잡한 동음이의 관계를 이루고 있었다. 현대국어로 오면서 한자를 사용하지 않게 되자 서로 간의 의미를 구별할 수 없게 되었고 그 결과 대부분 사멸된 것으로 보인다. 동음이의 관계에 있던 용언들 중 하나가 지금까지 쓰이는 것은, 해당 용언이 여타의 동음이의어에 비해 유독 사용 기간이 길고 빈도가 높은 경우였다. 둘 이상이 남은 경우는 어휘 범주나 격틀의 차이, 논항의 특성으로 인해 동음이의어 간에 의미 변별이 용이한 경우가 대부분이었다.

3. 국한 혼용문에 쓰인
'1음절 한자어+하다' 용언의 국문 번역

지금까지의 논의를 통해 15~19세기 자료에 나타난 '1음절 한자어+하다' 용언의 변화 양상을 파악하고 해당 용언들 중 상당수가 현대국어로 오며 사라졌다는 것을 알 수 있었다. 그렇다면 20세기 초기 자료에는

'1음절 한자어＋하다' 용언이 어떤 쓰임을 보였을까?

1)『대한매일신보』국한문판과 국문판

이 절에서는 1907~1910년에 발행된『대한매일신보』국한문판과 국문판에 나타난 '1음절 한자어＋하다' 용언의 쓰임에 대해 알아보고자 한다. 특히 국한문판의 논설이 국문으로 번역되어 실린 경우 국한문판에 쓰인 '1음절 한자어＋하다' 용언이 국문판에 어떻게 반영되었는지를 살펴볼 것이다. 분석 대상 논설 기사의 목록은 아래와 같다.

「地方困難, 디방의 곤난」, 1907.9.18.

「學界의 花, 학계의 쏫」, 1908.5.16.

「志氣 鄙悖ᄒ면 天才何爲, 지긔가 비루ᄒ면 텬싱 직됴가 잇슨들 무엇ᄒᆯ고」, 1908.7.9.

「名節書感, 명절」, 1908.8.5.

「韓國의 十二活佛, 한국에 열두 활불」, 1908.10.17.

「社會의 中軸, 샤회의 중심」, 1909.2.3.

「自由神의 飛○[9] 時代, ᄌ유의 신령이 활동ᄒ는 시되」, 1909.6.5.

「競爭은 生存의 機, 경징은 싱존의 긔관」, 1909.7.2.

「再告韓國同胞, 두번 한국 동포의게 고ᄒ노라」, 1909.12.8.

---

9 원문의 글자가 흐려서 잘 보이지 않아 '○'로 입력하였다.

「大韓의 過渡時代, 대한의 과도시ᄃᆡ」, 1910.8.9.

10개의 국한문판 논설에 나타난 '1음절 한자어＋하다' 용언의 용례 수는token 모두 298개였다. '行하다'가 '행하다'로 바뀐 것처럼 국한문판에 쓰인 '1음절 한자어＋하다'가 국문판에서 그대로 쓰인 예는 18개 (6%)였고, 나머지 94%에 해당하는 280개의 예에서는 모두 다른 단어로 대체되었다.

2) '1음절 한자어＋하다' 용언의 번역 대응 양상

다음은 대응 관계에 있는 국한문과 국문 논설 기사에서 일부 문장을 뽑은 것이다.

> ㉠ **국한문** : 衆生을 導ᄒᆞ며 慈航으로 衆生을 濟ᄒᆞ며 樂園으로 衆生을 養ᄒᆞ며 衆生이 飢커던 食을 與하며 衆生이 渴커던 水를 與ᄒᆞ며 衆生이 病커던 藥을 與ᄒᆞ나니
>
> → **국문** : 즁ᄉᆡᆼ을 인도ᄒᆞ며 즁ᄉᆡᆼ을 **구제**ᄒᆞ며 즁ᄉᆡᆼ을 **양육**ᄒᆞ야 즁ᄉᆡᆼ이 주리거든 밥을 주며 즁ᄉᆡᆼ이 **목마르거든** 물을 주며 즁ᄉᆡᆼ이 **병들거든** 약을 주ᄂᆞ니 (1909.6.5)
>
> ㉡ **국한문** : 蔽一言ᄒᆞ고 彼 一進會ᄂᆞᆫ 韓國이 一寸이라도 餘ᄒᆞ면 一寸을 滅ᄒᆞ며 韓民이 壹個라도 餘ᄒᆞ면 壹個를 殺ᄒᆞ랴 ᄒᆞ나니 同胞同胞아 知ᄒᆞᄂᆞᆫ가 否ᄒᆞᄂᆞᆫ가 生ᄒᆞ엿ᄂᆞᆫ가 死ᄒᆞ엿ᄂᆞᆫ가

→**국문**: 폐일언ᄒ고 뎌 일진회ᄂᆞᆫ 한국이 흥치만 놈어도 흥치를 멸ᄒ고 한인이 일개만 놈어도 일개를 **죽이고져** ᄒᄂ니 동포들아 아ᄂᆞᆫ가 모르ᄂᆞᆫ가 살엇ᄂᆞᆫ가 죽엇ᄂᆞᆫ가 (1909.12.8)

위의 예에 나타난 것처럼, 국한문판의 '1음절 한자어+하다' 용언은 국문판에서 대략 네 가지 대응 양상을 보였다. 첫째, '滅ᄒ다'가 '멸하다'가 된 것처럼 어기의 한자를 그대로 한자음으로 바꾼 경우, 둘째, '與ᄒ다'가 '주다'가 된 것처럼 의미가 같은 고유어로 바꾼 경우, 셋째, '導ᄒ다'가 '인도引導ᄒ다'가 된 것처럼 'Xᄒ다'를 'XYᄒ다' 혹은 'YXᄒ다'로 바꾼 경우, 넷째, '病ᄒ다'가 '병들다'가 된 것처럼 다른 표현으로 바꾼 기타의 경우이다. 〈표 4〉는 네 가지 대응 양상별 용례 수와 대표적인 예를 제시한 것이다.

각 유형에 해당하는 용례 수를 비교해 보면 고유어로 바꾼 경우가 압도적으로 많았다. 국한문판에 쓰인 '1음절 한자어+하다' 용언을 그대로 국문판으로 옮기면 의미 변별이 되지 않았기 때문에 의미가 같은 고유어로 바꾸어 쓴 것으로 보인다. '振ᄒ다', '進ᄒ다', '震ᄒ다'는 음을 그대로 읽으면 모두 '진하다'로, 어떤 의미인지 알 수 없다. 그렇기 때문에 각각을 '떨치다', '나아가다', '놀내다'로 바꾼 것으로 생각된다.

국한문판의 '1음절 한자어+하다' 용언을 2음절 한자어로 바꾼 경우도 있었다. 국한문판의 '設ᄒ다'가 국문판의 어떤 문장에서는 '개설ᄒ다'로, 어떤 문장에는 '설시하다'로 바뀌는 등 1음절 한자어 어기가 2음절어로 대체되며 의미가 더 세분화되는 양상을 보였다.

한편 상대적으로 그 수는 적었지만 국한문판의 '1음절 한자어+하다'

〈표 4〉 국한문판과 국문판에서의 '1음절 한자어＋하다' 용언의 대응 양상

유형	용례 수	비율	국한문판	국문판
한자음을 그대로 표기함	18	6%	告ᄒᆞ다 動ᄒᆞ다 免ᄒᆞ다 滅ᄒᆞ다 變ᄒᆞ다 屬ᄒᆞ다 連ᄒᆞ다 爲ᄒᆞ다 傳ᄒᆞ다 行ᄒᆞ다	고ᄒᆞ다 동ᄒᆞ다 면ᄒᆞ다 멸ᄒᆞ다 변ᄒᆞ다 속ᄒᆞ다 연ᄒᆞ다 위ᄒᆞ다 전ᄒᆞ다 행ᄒᆞ다
고유어로 대체함	228	77%	得ᄒᆞ다 去ᄒᆞ다 見ᄒᆞ다 難ᄒᆞ다 來ᄒᆞ다 冷ᄒᆞ다 渡ᄒᆞ다 磨ᄒᆞ다 受ᄒᆞ다 頺ᄒᆞ다	얻다 떠나다 보다 어렵다 오다 식다 건너가다 갈다 받다 배호다
2음절 한자어로 대체함	33	11%	固ᄒᆞ다 導ᄒᆞ다 背ᄒᆞ다 復ᄒᆞ다 服ᄒᆞ다 設ᄒᆞ다 始ᄒᆞ다 養ᄒᆞ다 浴ᄒᆞ다 切ᄒᆞ다	견고ᄒᆞ다 인도ᄒᆞ다 빈척ᄒᆞ다 회복ᄒᆞ다 탄복ᄒᆞ다 설시ᄒᆞ다 시작하다 양육ᄒᆞ다 목욕ᄒᆞ다 간절ᄒᆞ다
기타	19	6%	名ᄒᆞ다 歌ᄒᆞ다 納ᄒᆞ다	뎡ᄒᆞ다 탄식ᄒᆞ다 항복ᄒᆞ다
총합	298	100%		

용언을 그대로 쓴 예도 있었다. 이 유형에 해당하는 '告ᄒᆞ다, 動ᄒᆞ다, 免ᄒᆞ다, 減ᄒᆞ다, 變ᄒᆞ다, 屬ᄒᆞ다, 連ᄒᆞ다, 爲ᄒᆞ다, 傳ᄒᆞ다, 行ᄒᆞ다'는 모두 지금도 널리 쓰이고 역사적으로도 높은 빈도로 쓰였던 용언들이다. 당시에 이미 어휘 체계에 확고히 자리 잡고 있었기 때문에 순 한글 표기 시에도 굳이 고유어나 다른 단어로 바꾸지 않아도 해석에 문제가 발생하지 않았던 것으로 보인다.

4. 결론

지금까지 표의문자에 기반을 둔 글쓰기가 표음문자에 기반을 둔 글쓰기로 전환되는 과정에서 발생한 동음이의어의 문제가 '1음절 한자어 +하다' 용언의 소멸에 영향을 주었음을 살펴보았다. 15~19세기 자료에 나타난 대부분의 '1음절 한자어+하다' 용언은 동음이의 관계를 이루고 있었다. 즉, 어기의 한자는 서로 다르지만 한자음은 동일한 용언들이 대다수였던 것이다. 이들 용언은 표의문자인 한자 대신 표음문자인 한글이 문어 생활의 주축을 형성하게 되는 일련의 문체적 변화 과정 속에서 현대국어 어휘 체계로 편입되지 못한 채 사라져 갔다.

기본적으로 이들 용언은 언해 과정에서 한문의 어휘 문법적 요소에 '-ᄒᆞ다'를 결합시킨 것으로 주로 문어에서 사용되었다. 19세기 말 이후 발달된 언문일치체가 반드시 구어체와 같은 의미라고는 볼 수 없지만 언문일치 문장이란 기본적으로 '귀로 들어 알 수 있는' 문장이었다. 종래 문어에서 널리 쓰이던 1음절 한자어들은 보지 않고 듣기만 해도 그 의미를 즉각적으로 파악할 수 있는 문장을 쓰는 데에 큰 걸림돌이 되었다. 오랜 세월동안 고빈도로 쓰여 한국어 어휘 체계에 정착한 일부 1음절 한자어 어기는 큰 문제가 되지 않았지만, 그렇지 못한 경우는 고유어로 대체되거나 의미를 명확히 하기 위해 한자 하나가 덧붙어 2음절 한자어로 변형되어야 했다. 이 글에서는 '-하다'가 결합된 용언의 경우만을 살펴보았지만 이는 1음절 한자어 명사나 '1음절 한자어+히' 형태의 부사들의 경우도 마찬가지였다. '거據'라고 하면 귀로 들었을 때 그 의미를 확실히 알 수 없지만, 이를 '증거證據'나 '근거根據' 등의 2음절 한자어로 쓰면 귀로만 듣고도 그 의미를 정확히 알 수 있는 것이다(배수찬 2008:196).

1음절 한자어를 한자 없이 표기할 때 초래되는 의미의 문제는 국한혼용문을 넘어 한글 전용 글쓰기를 실현하기 위해 반드시 해결해야 할 문제였다. 표의문자의 세계에서 표음문자의 세계로 서기 방식의 대대적 전환이 이루어지던 시기에 '한자'의 부재로 인해 초래되는 문제들은 비단 1음절 한자어의 동음이의 문제만은 아니었을 것이다. 20세기 전반기 한국어 표기 문제에 대해서는 주로 철자법 문제에 논의의 초점이 모아져 왔지만 문체 변화와의 관계 속에서 표기 문제에 대한 보다 폭넓은 논의가 이루어져야 할 것이다.

제2장

한글 전용과 수 표기의 문제*

1. 서론

1896년 4월 7일 창간되어 1899년 12월 4일 폐간 시까지 3년 이상 발행된 『독립신문』은 근대전환기 한국의 정치, 사회, 문화적 변동을 보여주는 중요한 연구 자료이다. 창간호 논설에서 "우리 신문이 한문은 아니쓰고 다만 국문으로만 쓰는거슨 상하귀쳔이 다보게 홈이라"라고 밝힌 것처럼 『독립신문』은 한자를 모르는 비식자층을 주된 독자로 상정한 최초의 근대적 매체였다. 당대로서는 매우 파격적이었던 『독립신문』의 순 국문 문장은 민중을 정치 참여 주체로 인식하고 있던 공화주의자 개화파 지식인들의 정치적 혁신성이 반영된 결과였다. 그런데 창간호 논

---

* 이 장의 내용은 안예리(2014b)를 수정하고 보완한 것이다. 2절의 내용은 상당 부분을 새롭게 추가한 것이다.

설의 선언대로『독립신문』의 기사들이 오직 국문으로만 작성되었던 것은 아니었다. 창간 당시에는 한자가 전혀 쓰이지 않았지만 어느 시점부터인가 한글 사이사이로 한자 표기가 나타나기 시작했고 폐간 무렵에는 한자가 안 쓰인 면이 거의 없을 정도였다.

『독립신문』에 나타난 한자 표기는 그동안 거의 언급조차 되지 않았다고 해도 과언이 아니다. 최초의 순 국문 신문이라는 명성이 높은 만큼 그 안에 쓰인 한자 표기는 주목을 받지 못했던 것이다. 하지만 창간 당시 국문 전용 원칙을 천명했던『독립신문』이 어떤 이유로 어떤 어휘에 대해 한자를 사용하기 시작했는지를 밝히는 작업은 문체사적으로나 어휘사적으로 볼 때 중요한 의미를 갖는다. 이 문제에 대한 분석은 문체사적으로 시대를 앞서 갔던『독립신문』의 국문 전용 원칙이 어떤 지점에서 한계에 부딪혔는지, 그리고 이를 극복하기 위해 어떤 해결책을 모색했는지를 파악할 수 있는 단초가 되기 때문이다.

『독립신문』지면에서 확인되는 한자의 사용 양상은 크게 두 가지로 나누어 볼 수 있다.[1] 한글에 한자가 병기된 경우와 한글 표기 없이 한자만 사용된 경우이다. 전자의 경우는 한글만으로 의미 전달이 어려울 때 한자가 보조적으로 쓰인 것이지만 후자의 경우는 아예 한자만 사용한 것이기 때문에 창간 당시의 표기 방침을 완전히 위반한 사례라고 판단될 수 있다. 그런데 후자에 해당하는 예들을 살펴보면 일반 어휘가 아니라 모두 수 표기에 해당하는 예들이라는 점에서 특이성이 있다. 일부 수

---

1 이 연구에서는『독립신문』의 검토를 위해 한국언론진흥재단에서 제공하는 고신문 서비스를 이용하였다(http://www.mediagaon.or.kr/). 이 전자아카이브는 LG상남언론재단에서 1996년에 만든 영인본을 토대로 한 것이다.

표기에 한자가 쓰이기 시작한 것은 1897년 말부터였으며 1898년 9월 26일 자부터는 전면에 걸쳐 일관성 있게 나타났다.

2. 『독립신문』에 쓰인 한자

수 표기에 사용된 한자들의 사용 양상을 알아보기 전에 먼저 2절에서는 『독립신문』 지면에 한자의 노출이 얼마나 증가했는지, 그리고 그것이 수 표기 방침의 변화와 어떤 관계가 있는지에 대해 간략히 살펴보고자 한다. 1896년부터 1899년까지 매년 4월 7일 자 신문 전면을 대상으로 1년 단위로 한자와 한글의 비중이 어떻게 변화해 갔는지를 분석해 보면 폐간 무렵이 되며 한자 표기가 급증했음을 계량적으로도 확인할 수 있다. 전체 음절수를 1면당 음절수로 환산하고 전체 음절 중 한자로 표기된 음절의 비율을 분석하였으며 한자 표기 중 수 표기가 차지한 비율도 함께 분석해 보았다.

총 음절 중 한자의 비율을 보면 창간호에서는 0%였지만 1년 뒤에는 0.2%, 2년 뒤에는 0.1%로 조금 증가한 양상을 보인다. 그러다 3년 뒤에는 10.2%로 나타나 그 비율이 전년도에 비해 100배가량 높아졌다. 또한 총 한자 중 수 표기에 쓰인 한자의 비율 역시 창간 후 1년 뒤에는 33.3%, 2년 뒤에는 25.0%였다가 3년 뒤가 되며 83.4%로 급증하였다. 즉, 『독립신문』의 지면에 한자의 노출이 급증한 주된 원인은 수 표기 방

	① 1896.4.7	② 1897.4.7	③ 1898.4.7	④ 1899.4.7
면 당 음절수	1,280	1,439	1,491	826
총 음절 중 한자의 비율	0%	0.2%	0.1%	10.2%
총 한자 중 수 표기의 비율	-	33.3%	25.0%	83.4%

침의 변화였다고 보아도 무리가 없을 것이다.

이어지는 제3절부터 수 표기에 쓰인 한자에 대해 자세히 알아보기로 하고 이 절의 남은 부분에서는 수 표기 방침 변화와 무관한 『독립신문』 지면상의 한자 병기 사례들을 몇 가지 살펴보고자 한다.

본서의 제2부 제1장에서 1음절 한자어의 동음이의 문제에 대해 논의한 바와 같이 당시 1음절 한자어는 한글로만 적었을 때 중의성이 발생하기 때문에 의미 변별이 용이치 않은 경우가 많았다. 『독립신문』 지면에서 1음절 한자어에 대해 해당 한자를 병기한 사례들이 종종 확인되는 것으로 볼 때 신문의 편집진들 역시 이러한 동음이의 문제를 인식하고 있었던 것으로 보인다.

> ㉠ 은힝으로 말 홀지라도 외국 사름이 우리 나라에 잇서 셜립흔 전례가 비록 잇시나 근일에 드르니 한 아 은힝韓俄銀行이라고 잇서 쟝츳 삼월 일일에 챵셜 흔다 흐니 임의 긜ㅇ딕 한 아韓俄라 흐면 대한 정부가 엇지 듯지 못 흐고 아지 못 홀 리치가 잇스오릿가
>
> —「대한 정부가 쉽을 씌다」, 『독립신문』, 1898.3.1
>
> ㉡ 셔촌에는 영英 미美 덕德 법法 아俄 다숫 나라의 공스관이 잇고
>
> —「사설」, 『독립신문』, 1899. 11.27

ⓒ 정부에셔 닉부에 지령 ᄒ기를 귀부에셔 청의ᄒ 전라 남도 졔쥬목 관할 곳칠 일노 칙령 안을 본부 회의에 졔츌 ᄒ야 표졔에 **가**可가 셋이요 **부**否가 여섯인딩

— 「잡보」, 『독립신문』, 1898.5.19

ⓓ **각부**府 **부部** 셔리 대신도 **각부部 부**府 대신과 굿하여 찬졍의 권이 잇슴이라

— 「사셜」, 『독립신문』, 1898.6.23

위에 제시된 ⓐ과 ⓑ의 예를 보면 '한국'의 '한韓', '아라사'의 '아俄', '영국'의 '영英', '미국'의 '미美', '덕국'의 '덕德', '법국'의 '법法' 등 국명을 줄여 쓴 1음절어에 대해 한자를 병기하였음을 알 수 있다. 한자 병기 시에는 괄호를 사용하기도 했고 괄호 없이 쓰기도 했다. ⓒ에 나타난 것처럼 국명 외에도 '가可', '부否'와 같은 1음절 한자어 명사에 한자가 병기되기도 했다. ⓓ의 경우는 행정구역의 단위인 '부府'와 정부 부처를 뜻하는 '부部'에 한자를 병기하여 동음이의어로 인한 혼란을 방지하고자 한 것으로 보인다.

2음절 이상의 한자어의 경우도 일부는 아래의 예와 같이 한자가 병기되어 쓰였다.

ⓐ 박뎡양씨가 샹쇼 ᄒ기를 신이 텬권을 무릅셔 외람히 탁지 대신을 ᄒ야 시무 ᄒ지 이졔 삼십여일이라 근일 일노 의론 ᄒ을진딩 외국 사ᄆ **고빙**顧聘 ᄒᄂᆫ 것을 뭇당히 그 십분이나 슬피고 슴가 흘것인 고로 **쥬무부**主務部에셔도 오희려 감히 ᄌ의로 쳔편치 못 ᄒ고 교셥부로 더브러 란만히 의론 ᄒ야 반다시 졍부 회의를 지내여 가부 간에 샹쥬 ᄒ야 윤하 ᄒ읍

심을 무릅슨 연후에야 약죠를 뎡 ᄒᆞᄂᆞᆫ것이 이 쩟쩟ᄒᆞᆫ 전례요

—「잡보」,『독립신문』, 1897.11.13

ⓛ 이 다음 일요일 오후에 회원들이 다시 모혀 각쳐에 독립 협회 **지쇼**支所
를 **셜립**設立 ᄒᆞᄂᆞᆫ것이 본회의 뎨일 **요무**要務로 결뎡 ᄒᆞᆫ다ᄂᆞᆫ 문제를 가지
고 강론들 홀터이니 만히 와셔들 드르시며 회원들도 실고 업ᄂᆞᆫ 이들은
다 와셔 참례들 ᄒᆞ시오

—「광고」,『독립신문』, 1898.4.9

ⓒ 복이 귀국에 도임ᄒᆞᆫ 후로 브터 귀회의 ᄉᆞ업을 쥬의 ᄒᆞ여 보앗ᄉᆞ오며 귀
국 **우의**友誼 잇ᄂᆞᆫ 이웃 나라의 춍딩가 되야 귀회가 귀국의 독립을 **유지**維
持 ᄒᆞ랴ᄂᆞᆫ 목적과 츙군 익국 ᄒᆞᄂᆞᆫ 쥬의를 튼튼케 ᄒᆞ심을 흠모 ᄒᆞ고 깃버
ᄒᆞ나이다 우리 아라샤 나라의 인민이 우리 황뎨 폐하의 향 ᄒᆞᄂᆞᆫ 츙셩이
튼튼ᄒᆞ고 확실 흠을 인 ᄒᆞ야 **판도**版圖가 넓고 크며 부요 ᄒᆞ고 강셩ᄒᆞ엿
스니 귀국 귀회에셔도 이러케 ᄒᆞ심을 밋고 원 ᄒᆞ며 인 ᄒᆞ야 대한 황뎨
폐하의 만셰를 경츅 ᄒᆞ나이다

—「잡보」,『독립신문』, 1898.9.2

위의 예를 보면 '고빙顧聘', '쥬무부主務部', '지쇼支所', '셜립設立', '요무
要務', '우의友誼', '유지維持', '판도版圖' 등에 한자를 병기하였다. 같은 글
에서 '샹쇼', '시무', '약죠', '회의', '강론', '참례', '도임', '경츅' 등 다수
의 한자어가 한자 없이 한글로만 표기되었기 때문에 해당 예들에 한자가
병기된 데에는 특별한 이유가 있었을 것이다. 좀 더 연구가 필요하겠지
만『독립신문』에서 한자가 병기된 2음절 이상의 한자어들은 당대 언중
들의 일반적인 언어 직관으로는 이해하기 어려운 신생 어휘 혹은 난해

어휘에 속했을 가능성이 높다. 반대로 『독립신문』에서 한자 병기 없이 한글로만 표기된 한자어들은 당시 이미 한국어 어휘 체계 속에 안정적으로 자리 잡고 있던 단어들이었다고 볼 수 있을 것이다.

한편, 앞서 살펴본 예들과 달리 한글 표기된 단어와 괄호 안에 병기된 한자가 동의어 관계에 있는 경우도 있었다. 아래의 예에서 '슝례문'에 '南大門'을 병기한 것, '일쥬'에 '七日'을 병기한 것 등이 그러하다.

> ㉠ **슝례문에南大門** 이르러셔는 외국 사룸들이 폭쥬 ᄒᆞᄂᆞᆫ 길이라 매양 깁흔
> 밤에 힐난 ᄒᆞᄂᆞᆫ 일이 만히 잇ᄂᆞᆫ지라
>
> ──「각부 신문」, 『독립신문』, 1897.8.24
>
> ㉡ 데 십ᄉᆞ죠ᄂᆞᆫ매 토요일에 히 **일쥬七日닉**에 판결 홀 안과 미결ᄒᆞᆫ 안을 각
> 각 구별 ᄒᆞ야
>
> ──「법률 데 이호」, 『독립신문』, 1897.11.4

3. 수 표기에 쓰인 한자

이 절에서는 『독립신문』에서 수 표기에 한자가 사용된 예들을 권호 및 발행일 표기, 큰 수의 목록 표기, 일반 수 표기의 세 가지로 나누어 검토해 보고자 한다. 이를 통해 순 국문 표기를 지향했던 『독립신문』의 지면상에서 한자가 '숫자'로서의 새로운 역할을 부여받게 되는 과정을 상세히 살펴보게 될 것이다.[2]

1) 권호 및 발행일 표기

『독립신문』의 수 표기 방식에 변화가 있었다는 점은 권호나 발행일 표기에서도 확인된다. 〈그림 1〉은 창간호 1면의 일부로 "뎨일권", "뎨일호"와 같이 권과 호를 나타내는 수를 한글로 적었고 "ᄉ월 초칠일"과 같이 발행일도 한글로 적었다.

하지만 창간된 지 약 2년 반 정도가 지난 1898년 9월 26일 자부터 권호와 발행일이 한자로 표기되기 시작했고 이러한 쓰임은 폐간 시까지 계속됐다.

〈그림 2〉를 보면 "뎨三권", "뎨百四十八호"와 같이 권과 호를 나타내는 수를 한자로 적었고 "건양 원년 四월 七일", "광무 二년 九월 二十六일"과 같이 창간일과 발행일도 한자로 적었다. 이러한 수 표기 문자의 변화는 권호와 날짜 표시에만 한정된 것이 아니라 전 지면에 걸쳐 일괄적으로 나타났다. 즉, 1898년 9월 26일 이전에는 ㉠과 같이 적던 것을 그날부터는 ㉡과 같이 적게 된 것이다.

㉠ 원산 잇는 일본 인구가 ᄉ월 **삼십**일에 죠슈ᄒ여 본즉 도합이 **일쳔** 이빅 **구십 팔명** 내에 남이 팔빅 이명이요 녀가 ᄉ빅 **구십륙명**인듸 호슈는 이빅 **칠십 칠가더라**

— 「잡보」, 『독립신문』, 1896.7.11

2   19세기 말에 국내에서 발행된 『협성회회보』, 『매일신문』 등은 본문에서 수를 적을 때 한자를 사용하지 않았기 때문에 이러한 현상은 『독립신문』의 특징이었다고 볼 수 있다. 『협성회회보』에서는 항목 번호를 제시할 때에 한자를 쓰기도 했지만 그 외의 본문의 수 표기에는 전적으로 한글을 사용했다. 『매일신문』은 각 면의 상단에 '一, 二, 三, 四'로 면 수를 표시하였지만 본문에서는 수를 한글로 적었다.

ⓛ도합 아디에 一년 릭왕 ᄒᆞᄂᆞᆫ 대한 인민이 一万二千구즘 되ᄂᆞᆫᄃᆡ 샹쇼의

해삼위에 六万여호가 거류ᄒᆞᆫ다 ᄒᆞ엿스니 이ᄂᆞᆫ 아지 못 ᄒᆞᄂᆞᆫ 말이라

— 「논설」, 『독립신문』, 1898.10.18

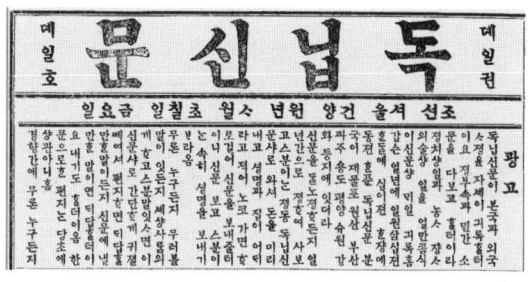

〈그림 1〉『독립신문』제1권 제1호(1896.4.7) 1면 윗부분

〈그림 2〉『독립신문』제3권 제148호(1898.9.26) 1면 윗부분

이처럼 특정 일자를 기준으로 권호와 발행일의 수 표기 문자가 바뀌고 그와 더불어 기사 본문의 수 표기 문자도 일제히 바뀌었다는 것은 수를 나타내는 단어들에 대한 어떤 특별한 인식이 생겼다는 것을 의미한다. 하지만 1898년 9월 26일 무렵의 기사나 사고 등에서 수에 관한 표기 원칙이 변경된다는 언급은 찾아볼 수 없기 때문에 이와 관련된 독립

신문사의 판단에 관해서는 여러 가지 맥락을 고려해 추론할 수밖에 없다. 이어서 살펴볼 숫자의 목록 표기는 하나의 단서가 되어 줄 것이다.

2) 큰 수의 목록 표기

앞서 말한 대로 『독립신문』의 권호, 발행일 표시를 비롯해 기사 본문 내에서의 수 표기에 한자가 일괄 도입된 것은 1898년 9월 26일 자부터였다. 하지만 그 이전에도 일부 기사에 한해 간혹 한자가 수를 적는 데 사용되기도 했다. 이러한 '예외'가 후일 '원칙'이 되었다면 초기의 예외적 현상들은 편집 방침 변경을 위한 일종의 실험이었을 가능성이 있다.

『독립신문』의 본문에서 수 표기에 한자를 쓴 최초의 예는 1897년 12월 16일 자 전보에서 발견되는데 이때 한자는 매우 긴 금액들을 나열하는 데에 쓰였다.

> 일본 전국 세입이 일년에 디세가 三千 八百 六萬 八千 九百 九十 一元이요 부민富民세가 一百 九十萬 五千 六百 九十 六元이요 슐 세가 二千 九百 八十 二萬 三千 八百 五十 二元이요 담비 세가 二百 二十 三萬 四千 一百 四十 六元이요 쟝뺨세가 一百 四十 七萬 九千 九百 九十 四元이요 쟝ᄉ 세가 五百 八十 七萬 四千 一百 六十 八元이요 해관 세가 六百 六十 二萬 六千 八百 二十 九元이라더라

—「전보」, 『독립신문』, 1897.12.16

위의 예를 보면『독립신문』에 쓰인 최초의 한자 수 표기는 '38,068,991', '195,696', '29,823,852', '2,234,146' 등의 큰 단위의 복잡한 금액 표시였다. 이는 큰 수를 적을 때 한글 표기가 그리 효율적이지 않았다는 판단이 있었을 것임을 짐작케 해 준다.[3]

그 다음에 등장한 1898년 4월 14일 3면 관보의 한자 수 표기 역시 앞서와 유사한 종류의 큰 수의 목록이었다.

> 강원도 신지 三百九十六結七負一束허감 구지 四十二結五十九負五束 허감
> 미긔결(未記結)一百二十三結三十二負七束 허감 ○츙쳥 북도 신지 六百九十
> 結七十九負九束 허감 구지 一百三十八結六十七負四束 허감 ○츙쳥 남도 신지
> 二千二百八十七結八十三負三束 허감 구지 六百五十一結七十五負五束 허감
>
> —「관보」,『독립신문』, 1898.4.14

그 후에 나타난 한자 수 표기는 긴 목록이 아니라 한두 줄 정도에 불과하지만 세 자리 이상의 큰 수라는 공통점이 있다.

> ㉠쟉년에 수에쓰 운하 運河로 왕리흔 션쳑 수효가 합 二千九百八十九 쳑
> 인디 영국 빅 수효가 一千九百五쳑인즉 쟉년에 비 흐면 대단히 줄엇다
> 더라
>
> —「외국 통신」,『독립신문』, 1898.7.20

---

3 물론 당시 이러한 표기는 예외적인 쓰임이었고 아래의 예에서와 같이 큰 단위의 복잡한 금액도 한글로 적는 것이 일반적이었다.
예) 쟉년 일년에 일본셔 외국과 쟝ㅅ흐는디 슈립 품은 **일억 삼쳔 만원**이요 슈츌품은 **일억 ㅅ쳔 륙빅 이십 ㅅ만원**이니 **일쳔 오빅 만원가량**이 국중에 더 드러 왓다더라.(「잡보」,『독립신문』, 1896.7.11)

ⓛ **삼십** 년 전에 미국 남북 전징에 죽은 사롬이 九萬七千명인되 그 싸홈 동

안에 병으로 죽은 사롬이 十九萬四명인즉 병이 싸홈 보다도 더 무셔운

일이라더라

— 「외국 통신」, 『독립신문』, 1898.7.30

이때 한자로 표기된 수는 기사의 목적과 직결되는 중요한 정보를 담

고 있다. ⓐ은 수에즈운하를 통과한 선박 수의 증감을 전하는 보도 기사

로 통과 선박의 합계에 해당하는 수와 영국 선박 수에 해당하는 수가 한

자로 표기되어 있다. ⓛ은 남북전쟁 중 전쟁 사망자와 질병으로 인한 사

망자 수를 비교하는 기사로, 사망자 수가 한자로 표기되어 있다. 그런데

ⓛ을 보면, 사망자 수와 달리 '삼십년'은 한글로 적어 기사의 초점이 되

는 수와 그렇지 않은 수에 대한 표기 문자가 달랐음을 알 수 있다.

『독립신문』은 창간 당시부터 가독성을 매우 중요시하였다. 창간호

논설을 보면 기존의 순 한글 표기가 갖는 가독성의 문제를 지적하며 띄

어쓰기의 필요성을 역설하였다. 『독립신문』이 발행되던 19세기 말은

근대 세계로의 본격적 전환이 시작되던 때로, 근대의 세계는 수치화에

근거한 세계라 할 수 있다. 『독립신문』에서는 국내외 자본의 흐름이나

문물의 교류 현황 등을 담은 기사가 상당수를 차지했고 그중에는 수량

적 정보가 기사 전체의 핵심 내용인 경우가 많았다. 이러한 수량적 정보

에 대한 전달의 효율성을 높이기 위해 표음문자 위주의 본문에서 가독

성이 높은 표의문자를 사용해 부분적으로 한자 표기 시험을 해 보다가

후일 전반적으로 편집 방침을 변경하게 된 것으로 짐작된다.

3) 일반 수 표기

『독립신문』이 전 지면에 걸쳐 한자 숫자를 도입하였다 해도 무조건적으로 모든 수를 한자로 적은 것은 아니었다. 한자어 수사는 일괄적으로 한자로 표기했지만 고유어 수사에 대해서는 한글 표기를 유지했던 것이다. 1898년 9월 26일 이후 수 표기에 한자를 전격 도입한 이후로 한자 표기의 대상이 된 것은 한자어 수사였다. 다음은 한자어 수사가 한자로 표기된 예이다.

> ㉠ 광무 二년 十一월 十六일 의정부 의정 셔리 찬정 김규홍 만민 공동쇼 쳡 좌하 정부에서 만민의 四츳 샹쇼 스의를 알외여 직가 물은 됴건을 좌에 긔지 ᄒ노라
> 　　　　　　　　　　　　　　　　　　　　　— 「별보」, 『독립신문』, 1898.11.17
>
> ㉡ 텬하에 반포ᄒᆞ읍신 홍범洪範 十四됴는 이것이 이 즁흥의 관셕 화균關石和ᅀᅵᆨ이어늘
> 　　　　　　　　　　　　　　　　　　　　　— 「논설」, 『독립신문』, 1898.10.8
>
> ㉢ 셔양 유명ᄒᆞᆫ 박스가 구미 여듧 나라에 부요 ᄒᆞᆫ것을 비교 ᄒᆞ엿는뒤 미국은 미국돈으로 八百十七億五千万원이요 영국은 五百九十億三千万원이요
> 　　　　　　　　　　　　　　　　　　　　　— 「외국 통신」, 『독립신문』, 1898.10.3

위의 예에서는 연, 월, 일과 횟수(춧), 법 조항의 번호(됴), 금액(원) 등을 나타내는 한자어 수사가 한자로 표기되었다. 반면, 아래의 예에서와

같이 고유어 수사를 적을 때에는 여전히 한글이 쓰였다.

> ㉠ 우에 등지훈 **여섯** 됴목과 또 황상 폐하씌셔 나리신 죠셔 즁 **다섯** 됴목을
> 국문과 한문으로 번력 ᄒ야 十万쟝을 인츌 ᄒ여 셔울 각쳐와 十三도 각
> 군 인민의게 ──히 젼파 ᄒ여
>
> ―「논셜」, 『독립신문』, 1898.11.1
>
> ㉡ 쳥국 기혁 ᄒ기는 리홍쟝이나 쟝지동 **두** 사름 즁에 맛ᄒ ᄒᄂ것이 죳키
> 로 싱각 ᄒ다더라
>
> ―「외국 통신」, 『독립신문』, 1898.11.4
>
> ㉢ 셔양 이약이에 어린 양 **ᄒᆫ** 마리가 닛물에 가셔 물을 먹을ᄉᆡ 호랑이 ᄒᆫ
> 놈이 와셔 보고 눈을 부릅ᄊᆞ고 ᄶᆞ지져 왈
>
> ―「논셜」, 『독립신문』, 1899.1.13

위의 예를 보면 '다섯/여섯 됴목', '두 사름', 'ᄒᆫ 마리', 'ᄒᆫ 놈' 등과 같이 고유어 수사를 적을 때에는 한글을 사용했음을 알 수 있다. 특히 ㉠을 보면 한 문장에서도 고유어 수사와 한자어 수사의 표기를 철저히 구별했음을 알 수 있다.

당시의 고유어 수사와 한자어 수사의 사용 영역을 오늘날과 비교해 보면 대체로 일치하는 경향을 보이지만 일부 수 표현의 경우는 한자어 수사와 고유어 수사가 모두 쓰였다. 아래의 예에서 ㉠은 한자어 수사의 쓰임을, ㉡은 대응되는 고유어 수사의 쓰임을 보여준다.[4]

---

4 '七시', '二명' 등에 대해 해당 한자가 실제로는 고유어 수사로 발음되었을 가능성도 생
   각해 볼 수 있다. 오늘날에도 이들은 '일곱 시', '두 명'으로 읽는 것이 일반적이지만 표기

시간

㉠ 민일 오전 七시에 써나셔 유현杻峴 七시 六분 우각동 七시 十一분 부평
七시 三十六분 쇼亽 七시 五十분 오류동 八시 十五분 로량진 八시 四十
분에 당도 ᄒ고

—「잡보」, 『독립신문』, 1899.9.16

㉡ 지동 관립 쇼학교에셔 모모 관인들이며 외타 시무에 쥬의 ᄒ는 졔씨들
이 밤마다 **일곱시** 브터 **열시** 신지 일어를 비호는ᄃᆡ

—「잡보」, 『독립신문』, 1899.5.29

인원

㉠ 원쥬 디방ᄃᆡ 참령 권용철씨가 병뎡 二명을 보ᄂᆡ여 돈 四百여량을 쎗셔
갓다니 참 그러 ᄒᆞ지

—「잡보」, 『독립신문』, 1899.1.9

㉡ 어느 ᄆᆞ을 협판 ᄒᆞ분이 남여를 타고 길노 지ᄂᆡ는ᄃᆡ 그 ᄯᆞ라 다니는 쇼위
하인 **두명**이 남여 좌우며 혹 남여 압혜셔 긔셰 잇게 벽뎨를 ᄒᆞ는ᄃᆡ

—「잡보」, 『독립신문』, 1899.3.6

가축의 수

㉠ 물 四필과 라귀 三필과 쇼 二百六十三필이 표실 되얏스며

—「잡보」, 『독립신문』, 1899.11.28

차원에서는 '7시', '2명'으로 쓸 수 있기 때문이다. 하지만 수 표기에 한자가 전격 도입되
기 전에 해당 수를 한글로 적은 아래의 예들을 살펴보면 '칠 시', '십 시', '삼 명', '륙칠
필' 등의 표기가 확인되기 때문에 '七시', '二명'이 '칠 시', '이 명'으로 발음되었을 가능
성이 더 높아 보인다.
예1) 우체시간표 한셩ᄂᆡ외 모히는 시간 오전 **칠 시 십 시**(「광고」, 『독립신문』, 1896.4.7)
예2) 희천 군슈가 이달 륙일에 쟝교 최쥰덕을 보내여 비도 **삼 명**을 잡아 군ᄃᆡ에 보내엿
ᄂᆞᆫ 고로(「잡보」, 『독립신문』, 1896.8.20)
예3) 황단 남쪽 대문 간에다가 청인들이 챠 쓰는 노셔 **륙칠 필**을 밤낫 미여(「잡보」, 『독
립신문』, 1898.7.13)

ⓛ군슈 디봉녕씨가 엄젹 흘슈 업서셔 물 두필를 남졍철씨의게 보닉여 뒤 을 보아 달나 ᄒ고 리병균은 물 혼 필을 심상훈씨의게 보닉엿더니

—「잡보」, 『독립신문』, 1898.11.26

위의 예에서처럼 시간 표현에 한자어 수사가 쓰인 예는 우체 시간표나 철도 시간표 등 시간의 목록을 나열한 기사에 주로 등장하였다. 사람과 가축의 수를 셀 때 한자어 수사가 쓰였는데, 이 두 경우 모두 오늘날에는 수가 10보다 크면 고유어나 한자어 수사를 쓸 수 있지만 10보다 작으면 고유어를 쓰는 것이 일반적이다. 하지만 『독립신문』에는 위와 같이 10보다 작은 수가 올 때에도 한자어 수사를 쓴 예들이 종종 있었다. 동일한 단위성 의존 명사 앞에 한자어 수사와 고유어 수사가 구별 없이 쓰이기도 했지만 이때에도 한자어 수사는 한자로, 고유어 수사는 한글로 표기되었다.

4. 수 표기의 변이 양상

『독립신문』에서 한자로 적힌 수사의 용례를 검토하다 보면 몇 가지 변이 양상이 확인된다. 100이나 1,000을 적을 때 앞에 '一'을 붙이기도 하고 안 붙이기도 하며, 10, 100, 1,000 등 10진법의 단위를 표시하는 방법도 일정치 않았다. 또한 101과 같이 한 자리가 비었을 때 이 빈 자

리의 표시 방법도 여러 가지였다. 이 절에서는 이렇게 세 가지 사항을 중심으로 『독립신문』 한자 수 표기에 나타난 변이 양상을 확인해 보고자 한다.

1) '一百'과 '百'

『독립신문』의 권호가 한자로 표기되기 시작한 이후로 발행호수의 백 단위 수 표기에도 변화가 생겼다. 『독립신문』 각 권의 100호를 비교해 보면 〈그림 3~5〉와 같이 1896년에서 1898년까지는 '빅호'로, 그림 6과 같이 1899년에는 '一百호'로 쓴 것이 확인된다.

발행 호수가 '빅'에서 '一百'으로 바뀌기 전에도 기사 본문에는 '빅'과 '일빅'이 모두 쓰였고, 발행 호수가 '一百'으로 바뀐 이후로도 본문에는 여전히 '百'과 '一百'이 뒤섞여 쓰였다. 하지만 이때 '百'과 '一百'을 아무 원칙 없이 혼용한 것은 아닌 듯하다. 각각의 용례를 분석해 보면 일정한

〈그림 3〉 제1권 제100호(1896.11.24)

〈그림 4〉 제2권 제100호(1897.8.24)

〈그림 5〉 제3권 제100호(1898.7.29)

〈그림 6〉 제4권 제100호(1899.5.6)

경향이 보이기 때문이다.

『독립신문』에서 '백'과 '일백'의 쓰임을 비교해 보면 '일빅一百'은 정확한 수량을 나타낼 때 쓰였고 '빅百'은 어림잡은 수치나 비율을 나타낼 때 혹은 비유적 표현에 쓰였음을 알 수 있다. 다음은 정확한 수량을 나타내는 데 쓰인 '일빅一百'의 용례이다.

⊙ 감옥셔에 증등이 **일빅** 삼십 칠명 한셩 직판쇼 죄인이 **일빅** 두명 고등 직판쇼 죄인이 팔명 합 죄인이 이빅 삼십 칠명이더라

— 「잡보」, 『독립신문』, 1897.4.6

ⓛ 고등 직판쇼에셔 (…중략…) 은화 구빅원을 슈취 혼 죄로 틱 **일빅** 증역 종신에 쳐 ᄒ겟다고 ᄒ엿스

— 「각부 신문」, 『독립신문』, 1897.4.27

ⓒ 아라샤에셔는 이억 팔천 **일빅** 오십 만원이요

— 「논설」, 『독립신문』, 1896.6.4

ⓔ 셰츌 총계 六百四十七万一千一百三十二원

— 「잡보」, 『독립신문』, 1899.3.29

위의 예에서 ⊙은 137명, 102명이라는 구체적인 인원 수를, ⓛ은 태형 100대라는 형량을, ⓒ은 281,500,000원이라는 액수를, ⓔ은 6,471,132원이라는 액수를 나타낸다. 이처럼 구체적이고 정확한 수를 나타낼 때는 '일빅一百'이 쓰였다.

반면 정확한 수치를 나타내지 않을 때에는 '일一'을 떼는 경향이 있었다.

ⓐ미국 셴르누이스란 동리에셔 큰 바람이 니러나 사룸 빅여 명이 죽고

— 「외국 통신」, 『독립신문』, 1896.6.13

ⓑ빅지 학당 학도들이 근 빅여 명이 되는딕 목요일 날이면 독립 신문샤장

이 ᄀᆞ르치는 학문을 잘 빅혼다더라

— 「잡보」, 『독립신문』, 1896.6.6

ⓒ이 뎐긔 긔운은 百 리 밧게도 가고 슈千리 밧게도 가는딕 머나 갓가오나

그 긔운의 힘이 다 ᄀᆞᆺ혼지라

— 「논설」, 『독립신문』, 1899.4.6

ⓓ젼쥬 진위딕에셔 포샤 주인을 챠뎡 ᄒᆞ야 흔달에 쇼외 고기 근 百 근식

육쵸 근 百 병식을 의례히 갑도 아니 주고 공히 들어 쓰고

— 「잡보」, 『독립신문』, 1898.11.4

위의 예에서 ⓐ의 '빅여 명', ⓑ의 '근 빅여 명', ⓒ의 '百 리', ⓓ의 '근 百 근', '근 百 병'에서 '빅百'은 정확히 100이 아니라 그 정도 되는 수를 어림잡아 나타낸 것이다.

또한 어떤 값을 다른 기준으로 환산한 결과나 비율 계산 시에도 '일'을 떼고 쓰는 경향이 보인다.

ⓐ영국 정부에셔 일년에 쓰는 부비가 금젼으로 오억만원인딕 그 돈을 시

간으로 분파 ᄒᆞ야 볼진딕 미분 동안에 **금젼** 빅원식을 쓰는것이라

— 「외국 통신」, 『독립신문』, 1898.4.21

ⓑ여긔 와셔 신문을 가져다가 팔면 열장에 여들쟝만 세음ᄒᆞ고 빅쟝에 여

든쟝만 세음홈

— 「사고」, 『독립신문』, 1896.4.7

ⓒ 전일에 비교 ᄒ면 셔반아 쇽디가 빅분의 일이 못 되고

— 「논설」, 『독립신문』, 1897.1.21

ⓡ 우리는 ᄇ라건디 죠션에 대쇼 인민은 크고 젹은 일 간에 ᄂᆞᆷ을 쇽이지 말
고 거즛말 아니 ᄒ는 힝실을 본 밧으면 태셔 각국 사ᄅᆷ들이 죠션 사ᄅᆷ
들을 빅비나 낫게 알터이요

— 「논설」, 『독립신문』, 1896.6.27

위의 예에서 ㄱ에서 "빅원"은 일 년 소요 비용 오억만 원을 분 단위로
나누어 환산한 값이고 ㄴ에서 "빅쟝"은 신문 값을 계산하는 기준으로서
제시된 것이다. ㄷ의 "빅분의 일"이나 ㄹ의 "빅빈"는 비율을 나타낸다.
이러한 '일—'의 쓰임은 천이나 만 단위에서도 마찬가지였다.

ㄱ 음녁 칠월 이십 팔일 비도 **쳔여** 명이 병졍 복식도 입고 빅의도 입고 홍
희군에 들어 온다 ᄒ기로

— 「잡보」, 『독립신문』, 1896.9.19

ㄴ 오늘이 독립 신문 시쟉ᄒ 데 이회 싱일이라 데 일호가 **일쳔** 팔빅 구십
륙년 ᄉ월 칠일에 처음으로 츌판이 되엿더라

— 「잡보」, 『독립신문』, 1898.4.7

ㄷ 만일 万 명에셔 六千 명믄 상쇼 ᄒ야 엇지 ᄒ니 신용 홀슈 업다ᄂᆞ ᄉᆡᆨ둙
을 분명히 대황뎨 폐하ᄭᅴ 알외거드면

— 「논설」, 『독립신문』, 1898.11.26

ㄹ 한성 우체사에 ᄉ월 우체 물슈가 **일만** 팔빅 ᄉ십 봉인디 삼월 보다 구빅
팔십 삼봉이 더ᄒ다더

— 「잡보」, 『독립신문』, 1896.5.5

위의 예에서 ⊙의 '천여 명'이 정확히 1,000명이 아니라 그에 가까운 수를 말하는 반면, ⓒ의 '일천'은 1896년이라는 구체적인 연도를 나타내는 데 쓰였다. ⓒ의 '만 명'이 정확히 10,000명을 말하는 것이 아니라 대략 그 정도의 수를 나타내는 반면 ⓔ의 '일만'은 10,840봉이라는 정확한 수를 나타내는 데 쓰였다.

이처럼 어떤 수를 정확히 나타낼 때에는 '일'을 붙이고 대략적인 수를 나타낼 때에는 '일'을 붙이지 않았는데 이는 절대적인 원칙이라기보다는 대체적인 경향으로 볼 수 있다. 이상에서 살펴본 내용이 주된 쓰임이긴 하지만 예외도 보이기 때문이다.[5]

2) 자릿수에 따른 십진법 표기

10 이상의 수를 적을 때 아라비아 숫자로 적는다면 십진법의 단위를 별도로 밝힐 필요 없이 자릿수에 맞추어 쓰면 된다. 하지만 한자로 적을 때는 십진법에 따라 10의 자리, 100의 자리, 1000의 자리 등을 명시적으로 밝혀야 한다. 즉, 333은 '三百三十三'으로 적어야 한다.

『독립신문』 발행 당시는 아직 우리말 글쓰기에 아라비아 숫자가 도입되기 전이었고 십진법의 표시 방식 역시 전통적 방식을 따를 때였다.

---

5   아래의 예1)에서는 대략의 수를 나타내면서 '일빅'을 사용했고 예2)에서는 정확한 수를 나타내면서 '빅'을 사용했다.
    예1) 히군 우톄샤에 팔월 경비 **일빅여원**을 흔푼도 주지 아니흔 신둙에(「각부 신문」, 『독립신문』, 1897.10.2)
    예2) 본년 구월 이십 팔일 뎨 **빅십오호** 신문 잡보에(「잡보」, 『독립신문』, 1897.11.16)

그런데 후대로 오며 『독립신문』의 특정 기사에 자릿수에 근거한 수 표기의 예가 나타나기 시작했다. 『독립신문』에는 종종 "우톄 총샤 우톄물 집분 발착표"가 게재됐는데 해당 기사 내의 수 표기에서 십진법 단위 표시 방식에 변화가 생긴 것이다. 먼저 변화 이전의 예를 살펴보겠다.

　ㄱ 광무 원년 십이월 분에 한성 우톄 총샤 우톄물 집신 분젼과 발송 도착
　　 ᄒᆞᆫ 총계가 **삼만 삼빅 오십 삼통**인즉 십일월 분에 비교 ᄒᆞ면 **삼쳔 일빅 오**
　　 십 륙통이 더 부럿더라

— 「잡보」, 『독립신문』, 1898.1.15

　ㄴ 본년 삼월분 한성우톄 총샤 우톄물 집신은 一萬五百이요 분젼은 六千
　　 六百二十三인직 합계가 一萬七千一百二十三이요 발숑은 一萬一千六百
　　 三十七이요 도챡은 七千八百六十二이니 합계가 一萬九千四百九十九
　　 라 총계 ᄒᆞ면 三萬六千六百二十三이니 본년 이월로 비교 ᄒᆞ면 삼월 분
　　 이 六千七百十五통이 더느럿더라

— 「관보」, 『독립신문』, 1898.4.16

　ㄱ에서는 우편물의 수량이 한글로 표기됐고 ㄴ에서는 한자로 표기됐다. 표기 문자는 다르지만 위의 두 예에서는 모두 '십十, 빅百, 쳔千, 만萬'을 명시적으로 표시해 전통적인 방식대로 십진법의 단위를 나타냈다. 하지만 ㄴ이 게재된 지 약 보름 후부터는 변화가 생겼다. 자릿수에 맞춰 해당 숫자를 씀으로써 십의 자리, 백의 자리, 천의 자리를 나타내기 시작했다.

본년 ᄉ월 분 한셩 우톄 총샤 우톄물 집분 발착은 집신은 ——九六零 이고 분견은 六六二八이니 합계 ᄒ면 —八二八이고 발송은 —三八五七이고 도착은 八七七—이니 합계 ᄒ면 二二六二八인즉 총계 ᄒ니 四—二五六이라 본년 삼월도로 비교 ᄒ면 ᄉ월 분이 四六三四 통이 더느럿다더라

―「잡보」, 『독립신문』, 1898.5.7

위의 예에서 '——九六零'은 '11,960'을, '六六二八'은 '6,668'을 나타내며 나머지 수 표기도 마찬가지 방식으로 해석된다. 이처럼 자릿수에 따라 숫자를 배열하는 방식은 우체총사 관련 기사에만 나타났지만 일단 변경된 다음부터는 폐간 시까지 그대로 유지되었다.

하필 우체물의 양을 나타내는 기사에만 자릿수에 따른 수 표기가 도입된 것은 해당 기사에 제시된 수가 큰 단위의 복잡한 수라는 점, 그리고 사칙연산이 사용됐다는 점과 관련이 있는 것으로 보인다. 자릿수에 따라 십진법을 표시하면 긴 수를 적을 때 상대적으로 적은 수의 문자를 사용하게 된다. '124,329'를 적을 때 '一三四三二九'라고 쓰면 '一十三万四千三百二十九'라고 쓸 때보다 간결하다. 또한 우체총사의 기사에서는 항상 합계와 총계를 제시하고 한 달 전의 수치와 비교해 가감된 양을 표시했는데 이러한 연산 시 자릿수에 따른 표기가 가독성이 더 높았을 것으로 보인다. 이처럼 『독립신문』은 숫자로서 한자를 전면에 도입한 뒤로도 기사의 성격에 따라 정보 전달의 효율성을 높이기 위한 시도를 계속해 나갔다.

3) '영零'의 사용

자릿수에 따라 십진법의 단위를 표시할 때에는 '영零'의 사용이 필수적이다. '三百三'과 '303'을 비교해 보면 전자는 십의 자리가 비어 있다는 것이 명시적으로 표시되지 않아도 해석에 문제가 없지만 후자는 '0'이 없으면 자릿수를 제대로 표시할 수 없다.

우체물의 수량을 밝힌 기사에서 자릿수에 따른 표기 원리가 선택된 이후로는 '영'을 사용해 십진법 단위의 빈 자리를 채웠다. 그런데 이때 '영'을 어떤 문자로 적는가에 있어서도 변화가 확인된다. 아래의 예는 우체총사 기사에 '영'이 쓰인 예를 시간 순으로 배열한 것으로 ㉠과 ㉡에는 한자 '零'이 쓰였고 ㉢~㉤에는 기호 '○'이 쓰였다.

㉠ 본년 수월 분 한성 우톄 총샤 우톄물 집분 발착은 집신은 ——九六零 이고 분전은 六六六八이니 (…후략…)

—「잡보」, 『독립신문』, 1898.5.7

㉡ 발송은 二一零四零이요 도착은 八四一七이니 합계 ᄒ면 二九四五七인즉 총계 ᄒ면 五五七一三이라 본년 오월노 비교 ᄒ면 一零三九四통이 더 느럿다더라

—「잡보」, 『독립신문』, 1898.7.14

㉢ 한성 우톄 총샤 우톄물 집분 발착표에 집신은 五五八○○이며 분전은 九四八六인즉

—「잡보」, 『독립신문』, 1899.2.21

㉣ 발송은 五一三○八이고 도착은九七一八이니 합계가 六一○二六이라

—「잡보」, 『독립신문』, 1899.4.3

ⓒ 六월에 한셩 우톄총샤 우톄물긔 집신은 六五○七四요 분젼은 九五七○

이니 합계 ᄒ면 六五六四四요

— 「잡보」, 『독립신문』, 1899.7.19

지금부터 제시할 예들은 『독립신문』 전체로 봤을 때 극히 예외적이지만 기호 '○'의 쓰임과 관련해 매우 흥미로운 현상을 보여준다. '十, 百, 千' 등 십진법 단위가 되는 한자를 사용하면서도 빈 자리를 '○'으로 표시한 것이다. 아래의 두 예는 각각 '한국 무역'과 '국ᄂ 무역'이라는 제목의 기사에서 발췌한 것이다.

ⓐ 무역의 히마다 부러나ᄂ것을 五긔년 간 비교표도 좌에 계지 흐것이 갑

오년에ᄂ 一千一百○五万七千八百九十二방 을미년에ᄂ 一千二빅八十

八万四千二빅三十二방

— 「잡보」, 『독립신문』, 1899.9.22

ⓑ 본년 중에 국ᄂ 무역의 총계가 二百九十三万九千○八十八원인되 각 긔

항쟝과 미 긔항흐 디방을 구별 흘진되 각 긔항쟝의 무역은 二百四十五万

八千五百六十八원이 되고 미 긔항 디방에 무역은 四十八万○五百二十원

이 되ᄂ되 작년 무역에 비교 ᄒ거드면 좌와 갓다더라

— 「잡보」, 『독립신문』, 1899.9.22

위의 예에서 ⓐ의 '一千一百○五万七千八百九十二'는 11,057,892를 적은 것으로 십진법의 단위마다 '十, 百, 千, 万'을 쓰면서도 십만의 자리가 비어 있는 것을 '○'으로 표시했다. ⓑ의 '二百九十三万九千○八十八'

는 2,939,088을 적은 것으로 백의 자리가 비어 있는 것을 '○'으로 표시했다. 한편 ⓛ의 '四十八万○五百二十'은 480,520을 적은 것으로 천의 자리가 비어 있는 것을 '○'으로 표시했지만 마지막의 일의 자리가 비어 있는 것에 대해서는 아무 표시도 하지 않았다.

다음은 '○'의 사용에 일정한 원칙이 없었음을 보여주는 예들이다. 논의의 편의를 위해 논의의 초점이 되는 부분에 ①~⑥으로 번호를 붙였다.

> 병신년에는 ①一千二빅八十四万二千五빅○九방 뎡유년에는 ②二千三빅五十一万一千三빅五十○방 무슐년에는 ③二千四빅七十万○二千二빅三十七방인디 외국 쇼산 각 물품 ④五十九万○四十五원 각 긔항쟝 쟉년 슈츌 한국 쇼산 각 물품 ⑤二十七万五千七원 (…중략…) 외국 쇼산 각 물품 ⑥二十万○六千九百○九원 (…후략…)
>
> ― 「잡보」, 1899.9.22, 3면.[6]

①은 12,842,509를 적은 것으로 십의 자리가 비는 것을 '○'으로 표시하였고 ②는 23,511,350을 적은 것으로 일의 자리가 비는 것을 '○'으로 표시하였다. 일의 자리에 '○'를 쓴 것은 앞에서 살펴본 쓰임과 차이가 있다. 한편 ③과 ⑥은 각각 24,701,237, 206,909를 적은 것으로 만의 자리가 비는 것을 '○'으로 표시했지만, 십만 자리의 7과 2를 한자로 '七十万', '二十万'이라 적었기 때문에 사실상 '○'은 불필요하다. 만

---

6 이 기사의 원문에서 100이 일부는 '빅'으로 일부는 '百'으로 표시됐는데 일관성이 있지는 않았다.

자리가 비어 있을 때 십만 자리의 수를 적으려면 '몇十万' 이외의 다른 방법이 없기 때문에 근본적으로 한자 수 표기 체계에는 '○'이 맞지 않는 것이다. 한편 ④는 590,045를 적은 것으로 백의 자리와 천의 자리가 모두 비어 있지만 '○'을 한 번만 썼다.

『독립신문』의 일부 기사에 나타난 '○'의 이러한 쓰임을 어떻게 해석해야 할까? 『독립신문』의 발행 시기가 서구의 학문이 급격히 유입되던 시기라는 점을 고려하면 전통적 한문식 수 표기와 근대적 아라비아 숫자식 수 표기가 뒤섞인 것이라는 해석도 가능할 것이다. 하지만 이렇게 속단하기 전에 먼저 전통적인 수 표기 방식을 잘 보여주는 역사적 문헌들을 검토해 볼 필요가 있다.

조선시대에 세종의 명에 따라 편찬된 『칠정산내편七政算內篇』은 해와 달 그리고 목성, 화성, 토성, 금성, 수성의 5성의 움직임을 관측하여 기록한 일종의 천체력으로, 여러 관측 값이 제시되어 있기 때문에 전통적인 수 표기 방식을 살펴보기에 적합한 자료이다. 이 책에서는 '3,151,075분'을 "三百一十五萬一千○七十五分"로 적었고 '9,062분 80초'를 "九千○六十二分八十秒"로 적어 백 단위가 비었음을 '○'으로 나타낸 것이 확인된다. 이는 앞서 살펴본 『독립신문』의 예와 일치하는 쓰임이다. 한편, '108,753분 84초'를 "一十○萬八千七百五十三分八十四秒"로 적어 만 단위가 비었음을 '○'으로 나타냈다.[7] 또한 세종대에 복간된 수학책 『상명산법詳明算法』에서도 "一百○二"와 같이 '○'의 쓰임이 확인되는 등[8] '○'은 오래전부터 수 표기에 사용되어 왔다. 이상의 예를 통해 『독립신문』에 나타난 '○'의

---

7   이 단락의 분석은 김용운·김용국(2009:247)에 제시된 원문 이미지를 토대로 한 것이다.
8   이는 김용운·김용국(2009:289~290)에 제시된 원문 이미지를 토대로 한 것이다.

쓰임이 서구식 수 표기의 영향이 아니라 전통적 방식을 따른 것이었음을
알 수 있었다.

5. '숫자'로서의 한자의 재발견

이상에서 살펴본 『독립신문』에서 수 표기에 쓰인 한자는 '숫자'로서
사용된 것이다. 한자 체계 전체가 아니라 수를 나타내는 한자들만 지면
상에 선택적으로 수용된 것이기 때문이다. 숫자는 수를 나타내는 개개
의 글자를 의미하기도 하지만 동시에 수를 나타내는 글자들이 이루는
문자 체계를 의미하기도 한다. 『독립신문』에서 수 표기에 쓰인 한자는
바로 '수를 나타내는 문자 체계'로서 도입된 것이라는 점에서 여타의 국
한문 문헌에 쓰인 한자와 차별성을 갖는다.

『표준국어대사전』(이하 『표준』)에서는 숫자를 "수를 나타내는 글자, 1,
2, 3, …… 또는 一, 二, 三, …… 따위이다"라고 정의하였다. 이에 따르면
오늘날 우리말에서 수를 나타내는 한자와 아라비아 숫자는 숫자로 여겨
지는 것이다. 그렇다면 '일, 이, 삼 ……'은 어떨까? '일, 이, 삼 ……'과
'1, 2, 3 ……', 그리고 '一, 二, 三 ……'은 의미 체계의 관점에서 볼 때
모두 동일한 뜻을 나타낸다. 어휘 체계의 관점에서 볼 때에도 이들은 모
두 수사라는 어휘 부류를 나타내는 단어들이다. 하지만 문자 체계의 관
점에서 볼 때에는 차이가 있다. '一, 二, 三 ……'과 '1, 2, 3 ……'은 한글

이라는 문자 체계로부터 구별되는 독자적인 숫자 체계를 이루지만 '일, 이, 삼 ……'은 숫자 체계가 아닌 한글 문자 체계의 일부인 것이다.

고전 한문이나 현대 중국어를 적는 데 쓰이는 한자 체계 안에서 '一, 二, 三 ……'은 별도의 숫자 체계를 이루지 않는다. 하지만 오늘날 우리 말 수 표기에 쓰이는 한자는 별도의 숫자 체계를 이룬다. 19세기 말에 대부분의 문헌에서는 여전히 한자가 주된 문자로 사용됐지만 『독립신문』에서만큼은 오늘날처럼 한글이 제1의 문자로 기능했다. 그리고『독립신문』에서 다른 모든 어휘는 한글로 적으면서 유독 수 표기에만 한자를 사용한 것은 수를 나타내는 한자들을 숫자 체계로서 활용하기 시작한 결과라 할 수 있다.

『독립신문』 국문판에서의 '한글'과 '한자 숫자'의 관계는 영문판에서의 '로마자'와 '아라비아 숫자'의 관계에 대응된다. 이는 단지 결과를 놓고 볼 때 발견되는 대응 관계가 아니라, 실제로 알파벳과 아라비아 숫자의 혼용이 한글과 한자 숫자의 혼용에 대한 생각으로 이어졌을 가능성이 높다. 숫자로서의 한자가 도입된 것은 윤치호가 주필로 있을 때의 일이지만 그에 앞서 서재필이 주필로 있을 때에도『독립신문』에서는 숫자에 대한 논의가 이루어졌다. 1897년 2월 18일 자에는 외국과의 통상을 위해 세계 만국에서 쓰는 숫자를 배워 둬야 한다는 논설이 게재됐다. 내용에 따라 두 부분으로 나누어 제시한다.

㉠ 세계 각국에서 슈ᄌᄂ 다 맛찬 가지라 통샹이 되야 샹무가 흥황 ᄒ거드면 불가불 외국 산학을 써야 셰음 치기가 쉽고 ᄯᅩ 히 노혼 셰음을 아모가 보아도 알아 볼터이라 그런고로 말은 서로 외국 사름과 통치 못ᄒᆯ지

라도 문셔는 서로 알아 보게 ᄒ여야 죠션사롬들이 ᄎᄎ 태셔 각국 사롬
ᄒ고 쟝ᄉ를 못 ᄒ게 될터인고로 우리가 오늘날 외국 슈ᄌ를 여긔 츌판
ᄒ야 죠션 인민들이 세계 만국에셔 쓰는 슈ᄌ를 알아 보게 ᄒ노라

ⓛ一 ᄒ일ᄌᄂ 1 二 두이ᄌᄂ 2 三 석삼ᄌᄂ 3 四 넉ᄉᄌᄂ 4 五 다ᄉ오ᄌ
ᄂ 5 六 여셜륙ᄌᄂ 6 七 일곱칠ᄌᄂ 7 八 여듧팔ᄌᄂ 8 九 아홉구ᄌᄂ
9 十 열십ᄌᄂ 10 十一은 11 十二ᄂ 12

—「논설」, 『독립신문』, 1897.2.18[9]

　ⓙ은 세계 각국에서 통용되는 숫자가 있음을 언급하고 앞으로 여러
나라와 활발히 통상을 진행하기 위해서는 이 만국 공통의 숫자를 배워
둘 필요가 있다는 내용을 담고 있다. 그리고 그에 이어 ⓛ에서는 한자
숫자에 대응시켜 아라비아 숫자를 하나씩 소개하였다. 창간 때부터 영
문판에는 아라비아 숫자가 쓰였지만 국문판에 아라비아 숫자를 도입하
는 것은 시기상조였을 것이다. 하지만 위의 논설에 드러난 숫자에 대한
관념은 향후 숫자 표기를 위한 별도의 문자를 도입하게 된 배경이 되었
을 가능성이 있다. 그리고 『독립신문』이 선택한 그 별도의 문자는 아라
비아 숫자가 아닌 한자 숫자였다.

　수 표기에 한자가 전면적으로 도입된 것은 윤치호가 주필 자리에 오
른 지 4개월이 지난 때였다. 윤치호는 1898년 5월 12일부터 주필로 활
동하며 신문사의 운영을 총괄했고 신문의 체제와 지면의 편집 방식을
적극적으로 바꿔 나갔다. 1898년 7월 1일부터는 발행 주기를 격일간에

9　세로쓰기 된 원문에서 아라비아 숫자는 오른쪽으로 90도 기운 채 인쇄되어 있다.

서 일간으로 바꾸었고 논설과 잡보에 제목을 달기 시작했으며 보도 태도 역시 중립적이고 객관적인 태도로 변화시켜 나갔다(채백 2006:152). 이처럼 윤치호는 『독립신문』의 지면 개혁에 상당한 의욕을 보였는데 1898년 9월 26일부터 수 표기에 한자를 전격 도입한 것 역시 그가 추진한 지면 개혁 중 하나였던 것이다.

『독립신문』이 수 표기에 한자를 사용하게 된 것을 국문 신문에서 국한문 신문으로의 전환이라고 볼 수는 없을 것이다. 수 표기에 한자를 도입한 것은 한자라는 문자 체계 자체를 선택한 것이 아니라 한자 중 수를 나타내는 문자들만 골라 이를 숫자로서 받아들인 것이기 때문이다. 또한 『독립신문』 스스로가 한자를 구시대의 산물로 규정하였지만, 수 표기를 한글에서 한자로 바꾼 것은 시대를 역행하는 행위도 아니었다. 오히려 이는 수를 나타내는 어휘 부류에 대한, 그리고 문자 체계에 대한 근대적 인식을 반영한 결과였다. 즉, 『독립신문』 수 표기에 쓰인 한자는 당대의 국한문 문헌에 쓰이던 한자와는 전혀 다른 의미를 갖는 '새로운 발견'의 산물이었다.

6. 결론

『독립신문』은 전통 사회가 근대 사회로 변모해 가던 과도기적 시기에 그 변화의 선봉에 섰던 신문이다. 근대 세계의 자본과 물류의 유통, 각종 사건 사고에 대한 기사에서는 수량적 정보가 기사 내용의 핵심이 되는 경우가 많았다. 창간 때부터 순 한글 표기와 띄어쓰기 도입 등 수용자의 관점에서 정보 전달의 효율성을 적극 고려했던 『독립신문』은 수량적 정보에 대한 가독성을 높이기 위해 한글이 아닌 제2의 문자 체계를 도입해 1898년 9월 26일 자부터 한자어 수사를 모두 한자로 적기 시작했다.

『독립신문』에 쓰인 한자 숫자의 사용 양상을 분석해 본 결과 100, 1,000, 10,000 등의 표시에 '一'을 붙이는가의 여부, 십진법의 단위를 '十, 百, 千' 등의 문자로 표시하는가, 아니면 수의 자릿수에 따라 표시하는가, 십진법의 단위 중 빈 자리를 '零'으로 표시하는가, '○'으로 표시하는가, 아니면 표시하지 않는가 등 여러 가지 수 표기 방식의 변이가 확인됐다. 이러한 변이 양상은 기사의 목적과 성격에 따라 일정한 경향을 보여 『독립신문』이 수량적 정보에 대한 전달의 효율성을 높이기 위해 여러 가지 방법을 모색했던 것으로 생각된다.

지금까지 『독립신문』은 최초의 순 한글 신문으로서 주목을 받아 왔지만 이 연구는 후대로 오며 점차 증가한 한자 표기에 대해 분석해 봄으로써 국문 전용을 천명했던 『독립신문』의 방향 전환이 갖는 의미에 대해 고찰해 보았다. 『독립신문』에 쓰인 한자의 거의 대부분은 수 표기에 쓰인 것으로 이때 한자는 조선시대의 문헌에 쓰인 한자와는 전혀 다른 의의를 갖는다. 즉, 『독립신문』은 우리말을 적기 위한 주된 문자 체계로서 한글의 사용을 어느 정도 안정화시킨 뒤에 수량적 정보에 대한 전달력 향상을 위해 숫자 체계로서 한자를 도입한 것이다.

오늘날 수를 아라비아 숫자로 적는 것은 당연시되고 있지만 수를 적는 데에 별도의 문자 체계를 사용한다는 것은 19세기 말까지만 해도 매우 외래적인 생각이었다. 한글과 한자 숫자의 사용은 『독립신문』 영문판에서 실현됐던 알파벳과 아라비아 숫자의 관계에 대응된다. 일찍이 『독립신문』은 논설을 통해 아라비아 숫자의 필요성을 역설하기도 했지만 당장 국문판에 이를 도입하기에는 한계가 있었다. 이러한 상황에서 수 표기에 한자를 전면 도입함으로써 일반 어휘를 적는 문자와 수를 적는 문자를 구별했고 이러한 이중 문자 체계의 사용은 후일 아라비아 숫자의 도입을 위한 징검다리 역할을 한 것으로 보인다.

제3장

표기 규범과 언어 현실의 길항[*]

1. 서론

어문 규범은 언어 현실에 산적해 있는 문제들로부터 출발하며 궁극적으로 언중들의 언어 사용을 일정한 방향으로 변화시키는 데에 그 목적이 있다. 따라서 어문 규범과 언어 현실은 상호 참조 관계이자 상호 영향 관계에 있다. 본 장에서는 역사적인 관점에서 어문 규범과 언어 현실의 관계에 대해 고찰해 보고자 한다.

어문 규범의 역사에 대해서는 비교적 많은 연구가 이루어져 왔지만[1]

---

[*] 이 장의 내용은 안예리(2015b)를 수정하고 보완한 것이다.
[1] 김윤경(1938; 1963), 최현배(1942), 이기문(1963), 이응호(1975), 강신항(1988), 안병희(1988), 신창순(1992), 신창순 외(1992), 이익섭(1992), 고영근(1998) 등이 국어 표기법의 역사적 맥락 속에서 어문 규범에 대해 논의한 반면, 특정 어문 규범의 성격을 집중적으로 분석한 연구들도 지속적으로 이루어져 왔다. 이기문(1972), 이광호(1979), 신창순(2001), 한동완(2006) 등은 국문연구의정안에 대해, 이상혁(2013), 김주필(2014) 등

대부분 규범의 조항 자체만을 연구 대상으로 삼았다는 점에서 규범과 현실의 관계에 대한 관심은 미약했다고 볼 수 있다. 그중 한영목·김덕신(2007)에서 조선어학회의 '한글마춤법통일안'(이하 통일안)이 당대 소설에 수용된 양상을 밝힌 바 있고, 이상혁(2013), 김주필(2014)에서 조선총독부의 '보통학교용언문철자법'이 당대 교과서에 어떻게 반영되었는지를 분석한 바 있어 20세기 초 어문 규범이 언어 현실에 미친 영향을 살필 수 있다. 해당 연구들에서 분석한 언어 현실을 반영한 자료는 규범을 일방적으로 수용하는 성격의 텍스트였지만 본고에서는 규범과 현실의 강한 길항 관계를 보여주는 텍스트를 대상으로 논의를 진행해 보고자 한다.

일제강점기의 어문 규범으로는 조선총독부에서 제정한 '보통학교용언문철자법(1912.4)', '보통학교용언문철자법대요(1921.3)', '언문철자법(1930.2)'과 조선어학회에서 공표한 '통일안(1933.10)'이 주된 연구 대상이 되어 왔다. 하지만 본고에서는 이에 더해 동아일보사에서 자체적으로 제정하여 발표한 철자법(1933.4.1)을 소개하고 이를 '통일안'과 비교함으로써 조선어학회가 주도하던 어문 규범화에 대한 민간 신문사의 반응과 태도를 분석해 보고자 한다.[2]

은 '보통학교용언문철자법'에 대해, 정승철(2005)는 '언문철자법'에 대해, 이희승(1959), 신창순(1984), 한영목·김덕신(2007)은 '한글마춤법통일안'에 대해, 윤석민(2005)는 '언문철자법'과 '한글마춤법통일안'의 관계에 대해 논의하였다.

2 현재 학계에서는 '어떤 문자로써 한 언어를 표기하는 규칙'을 나타내는 말로 '맞춤법', '표기법', '철자법', '정서법' 등의 용어가 사용되고 있다. 본고에서는 '표기법'과 '철자법'이라는 용어를 사용하되, 전자는 실제 표기로부터 귀납적으로 유추되는 '표기의 방식'을 의미하는 용어로, 후자는 뚜렷한 주체에 의해 인위적으로 제정되어 제도적으로 보급된 '표기의 법칙'을 의미하는 용어로 한정하여 사용한다.

2. 동아일보사의 『신철자편람』

동아일보사는 조선어학회와의 긴밀한 협력 속에 한글운동을 전개했던 만큼 '통일안'을 적극적으로 지지하고 반영했던 신문으로 알려져 있지만, '통일안' 발표 이후 『동아일보』 지면상의 표기 양상을 면밀히 관찰해 보면 '통일안'과 불일치하는 부분들이 발견된다. 그중에는 단순한 실수로 보이는 것도 있지만 동아일보사의 자체적인 방침에 따른 것이라 판단되는 부분도 있는데 본고에서는 그중 후자의 문제를 집중적으로 살펴볼 것이다.

스스로 '통일안'을 적극 따르겠다고[3] 공표하였고 또 실제로 대부분의 조항을 충실히 반영하였던 『동아일보』가 끝내 반영하지 않은 조항이 있다면 이는 당시 어문 규범과 언어 현실 사이의 가장 큰 괴리를 보여주는 부분일 수 있다. 동아일보사의 입장이 조선어학회와 충돌되는 지점에 의미를 부여하는 이유는 동아일보사가 이윤 추구를 목적으로 하는 민간 신문사라는 점에서 고객이자 독자인 당대 언중들의 언어 의식을 크게 거스르는 규범은 수용하지 않았을 가능성이 높기 때문이다.

『동아일보』는 표기와 관련해 두 차례의 주목되는 변화를 겪었다. 첫 번째 변화는 창간 13주년 기념일이자 새 활자를 도입한 1933년 4월 1일이었고 두 번째 변화는 '통일안'이 공표된 1933년 10월 29일이었다.

---

3 「한글 統一案대로 本報 綴字도 更新」, 『동아일보』 석간, 1933.10.29.

1) 창간 당시의 표기 양상

첫 번째 변화의 계기를 맞이하기 전까지 『동아일보』의 표기는 당대의 여타 매체들과 마찬가지로 혼란스러운 양상을 보였다. '신지', '까지', '까지'가 혼용되는 등 표기상의 일정한 원칙이 없었던 것이다. 아래의 인용문은 『동아일보』 창간호에 실린 기사의 예로 관습적 표기법에 따라 아래아나 된시옷 등을 쓴 것을 확인할 수 있다.

> 종리 조선의 관습에 의지하야 조선사람에게 힝하든 태형이 폐지된 데 대하야는 일개인으로든지 쏘는 국가의 사법정칙으로든지 실로 깃분 일이요 원리 태형은 문명한 나라 빅성에게는 적용할 것이 안니라 이째까지 조선인에게 힝한 것도 급격히 폐지키 어려운 사정으로 그리되엿든 것이나 조선사람의 문화가 날로 향상하는 오날날 당국에서 태형 폐지한 것은 가장 시긔에 덕당한 조처이라
> ──「文化向上의 産物—태형은 폐지되엿서도 대신 형벌이 만이 잇다」, 『동아일보』,
> 1920.4.1

'종리, 힝하든, 원리, 빅성, 힝한'처럼 'ㆍㅣ'를 사용했고, '쏘는, 이째까지'처럼 된소리를 합용병서(ㅳ, ㅄ)로 표기하였는데 이는 종래의 관습적 표기 경향을 따른 것이다.

2) 자체 철자법의 제정

『동아일보』 지면에 쓰인 전통적 표기가 일신된 것은 1933년 4월 1일자부터였다. 그날은 『동아일보』의 창간 13주년 기념일이었고 『동아일보』는 그날부터 새 활자와 함께 새 철자법을 도입한 것이다.[4] 논의의 편의를 위해 동아일보사가 1933년 4월 1일부터 채택한 새 철자법을 '동아철자법'이라 부르도록 하겠다. '동아철자법'의 골자는 당일 신문 부록으로 배포한 『신철자편람新綴字便覽』이라는 책자에 기술되어 있다.[5]

『신철자편람』의 구성을 살펴보면 "東亞日報 第四千四百十六號 附錄 | 『新綴字便覽』 | 東亞日報社"라고 적힌 표지가 있고, 1면에서 24면까지 18개 조항에 대한 자세한 설명이 있다. 그 뒤에 24~25면에 걸쳐 「항상 그릇 쓰기 쉬운 말들」을 부록으로 제시하였고, 26~27면에는 「신철자법대로 쓰려면 고칠 것이 얼마나 될가」라는 제목의 글을 실었다. 그리고 두 장의 간지 뒤에 덧붙은 27면에는 「主意」라는 짤막한 글이 실려 있다.

'동아철자법' 내용은 대체로 장차 발표될 '통일안'과 일치했다. 화살표를 기준으로 왼쪽은 창간 초기의 표기이고 오른쪽은 '동아철자법' 시행 이후의 표기이다.

---

4 '동아철자법'이 발표된 것은 '통일안'이 공표된 1933년 10월 29일보다 약 반 년 앞선 때였다. 다음은 해당 일자 기사로 'ㅆㄷ, ㅆㅂ, ㅆㄱ' 대신 'ㄸ, ㅃ, ㄲ'를, '·ㅣ' 대신 'ㅐ'를 사용하여 앞서 살펴본 창간 초기와 사뭇 달라진 표기 양상을 확인할 수 있다. "따뜻한 봄 날씨, 사람의 발길을 교외로 이끄는 어제三十日 오후 三시 반경, 어린 아이 더리고 제一 많이 행락의 봄빛을 찾아들은 창경원의 동물원 호랑이가 구경간 어린 아이를 물어 할키어 빈사에 이르게 하고 또 호랑이 발톱에서 제 애를 빼앗으려든 그의 어머니까지 부상을 입은 동물원으로서 처음 잇는 중대한 참변이 생겻다."(「동물원 암 호랑이가 六歲 兒를 할켜 重傷」, 『동아일보』 석간, 1933.4.1)

5 『신철자편람』은 동아일보 신문박물관에 소장되어 있고, 디지털한글박물관에서 원문 이미지를 볼 수 있다.

㉠ 덕당하다 → 적당하다, 뎨일 → 제일, 가뎡 → 가정

㉡ 세상/셰샹 → 세상, 감샤하다 → 감사하다

㉢ 감긔 → 감기, 어듸 → 어디, 이믜 → 이미, 뎌긔압/뎌기압/저긔압 → 저 기압

㉣ 엇다 → 얻다, 꺽다 → 꺾다, 놋다 → 놓다

㉤ 갓갑다 → 가깝다, 깃브다 → 기쁘다

㉠은 구개음화를 표기에 반영하게 된 변화이다. 발음상 'ㄷ', 'ㅌ'이 모음 'ㅣ'나 'ㅑ, ㅕ, ㅛ, ㅠ' 앞에서 'ㅈ, ㅊ'으로 변한 것은 17~18세기 인데 표기 관습으로 인해 '댜, 뎌, 됴, 듀' 등 전통적 표기가 20세기 초까 지 이어졌다. 『동아일보』 창간 초기 지면에는 '덕당', '뎨일', '가뎡' 등 의 전통적 표기가 나타났지만 1933년 4월 1일 자부터는 '적당', '제일', '가정'과 같이 현실 발음을 반영한 표기로 전환하게 되었다. ㉡, ㉢은 단 모음화를 표기에 반영하게 된 변화이다. ㉡은 'ㅅ'에 후행하는 복모음 'ㅑ, ㅕ, ㅛ, ㅠ'가 단모음 'ㅏ, ㅓ, ㅗ, ㅜ'로 변화된 경우로, 발음상 이러 한 변화는 19세기 말 이전에 완료된 것으로 보이지만(남광우 1984:170) 표기의 보수성으로 인해 20세기 초까지 '샤, 셔, 쇼, 슈' 표기가 나타났 다. ㉢은 'ㄴ, ㅇ, ㅎ'을 제외한 다른 자음이 모음 'ㅢ'에 선행하는 경우 'ㅢ'를 'ㅣ'로 바꾼다는 조항에 따른 것으로 'ㄱ, ㄷ, ㅁ' 등의 자음에 후 행하는 'ㅢ'가 단모음화된 것은 20세기 초로 보인다.[6] ㉣은 종래의 7종 성 제한을 폐지한 규정에 따른 변화로 표음주의에서 형태주의 표기로의

---

6 1933년 4월 13일 자 『동아일보』 4면에 실린 이윤재의 「新綴字便覽의 解說(八)」을 보면 당시 '긔' 등의 발음이 노년층에게만 남아 있고 거의 사라졌다는 기술이 있다.

변화와 직결된다. ⓜ은 단어 내부에서 아무 이유 없이 나는 된소리를 각자병서로 적게 한 변화에 해당한다.

이러한 변화 양상을 보면 『동아일보』의 경우 표기의 혁신은 '통일안' 발표 이후가 아니라 그보다 약 반 년 앞선 창간 13주년 기념일에 이루어졌으며 『신철자편람』의 내용은 조선어학회에서 추진하던 표기 개혁의 방향에 합치되는 것이었다. 그동안 동아일보사가 철자법 문제에 있어 조선어학회와 긴밀한 협력 관계를 유지해 왔던 것을 볼 때 '통일안'의 시행에 앞서 일종의 실험적인 무대 역할을 해 주었던 것이 아닌가 생각된다.

『신철자편람』의 배포 이후 동아일보사는 1933년 4월 1일부터 6월 9일까지 총 22회에 걸쳐 「한글綴字法 新綴字便覽의 解說」이라는 기사를 연재하였는데 이는 『신철자편람』의 각 조항에 대한 해설에 해당한다. 흥미로운 점은 이 해설이 조선어학회 회원이자 '통일안' 제정에 참여한 환산 이윤재李允宰(1888~1943)에 의해 이루어졌다는 것이다. 이렇게 볼 때 '동아철자법'은 조선어학회가 당시 제정하고 있던 '통일안'의 중간 단계 모습을 반영했을 가능성이 높다.

당시까지는 아직 '통일안'의 최종안이 확정되기 이전이었기 때문에 '통일안'의 내용은 변경될 여지가 있었다. 『신철자편람』의 27면에 기술된 '여쭐 말씀'에는 장차 표준 철자법이 발표되면 그에 따라 일부 방침이 변경될 수 있다는 언급이 있다. 이때 '표준 철자법'은 조선어학회의 '통일안'을 의미하는 것으로 보인다. 이러한 점 역시 '동아철자법'이 '통일안'의 중간 단계를 반영하는 일종의 시험 안이었을 가능성에 무게를 실어 준다.

3. 조선어학회와 동아일보사의 입장 차이

1) '한글마춤법통일안'과 『동아일보』의 철자법 비교

앞서 살펴본 대로 『신철자편람』의 배포 당시 동아일보사의 기본적인 입장은 '통일안'과 차별되는 독자적 철자법을 고수하려는 것은 아니었던 것으로 보인다. '통일안' 발표 당일에도 "二十九일로 발표될 한글마춤법통일안은 종로 본보에서 채용하든 철자법과는 약간의 증보가 없지 아니하므로 이에 통일상 본보도 二十九일부터 이번 발표된 통일안을 채용하기로 되엇다"라고 밝혔다.[7]

동아일보사는 당사 철자법과 '통일안'의 차이점을 세세히 정리해 지면을 통해 발표하고 해당 항목들에 대해 앞으로 '통일안'을 따르겠다고 하였다. 동아일보사에서 자체적으로 분석한 '통일안'과 '동아철자법'의 차이는 단어 내 된소리 및 거센소리 표기, 일부 단어의 연철·분철 여부, 이중모음 'ㅖ', 어두에서 두음법칙의 제약을 받는 한자음의 비어두 위치 표기, '하'의 'ㅏ' 탈락, 띄어쓰기, 받침 'ㅆ' 등이다. 이러한 차이점에 대해 당일 석간에서도 '통일안'에 따라 철자법을 바꾸겠다고 하였다.[8]

하지만 이러한 선언과 달리 실제로 모든 항목에 대해 일제히 수정이 이루어진 것은 아니었다. '통일안' 발표 이후 조선어학회는 『한글』지 면을 통해 기존 출판물의 잘못된 표기를 분석해 교정안을 제시하였는데

---

7 「한글 統一案대로 本報 綴字도 更新」, 『동아일보』 석간, 1933.10.29.
8 위의 글.

그중 '신문 기사의 교정'이라는 코너에서『동아일보』의 표기 중 교정해
야 할 것으로 다음의 사항들을 지적하였다.

『한글』제2권 제1호(1934.4) : 계속하야→ 계속하야, 언론게→ 언론계,
의복→ 옷감, 하엿다→ 하였다

『한글』제2권 제3호(1934.6) : 시내→ 부내, 잇엇다→ 있었다, 가운데서
→ 가운대서, 가저온→ 가져온, 잇엇을→ 있었을, 잇다→ 있다, 잇어서는
→ 있어서는, 되엇다→ 되었다, 잇는→ 있는, 품위잇는→ 품위있는, 게간
→ 계간, 발행키로→ 발행ㅎ기로, 되엇고→ 되었고, 담당키로→ 담당ㅎ기
로, 되엇다→ 되었다

『한글』제2권 제4호(1934.7) : 게몽운동→ 계몽운동, 열엇습니다→ 열었
웁니다, 열성잇는→ 열성있는, 게몽운동→ 계몽운동, 되엇습니다→ 되었
웁니다

조선어학회는『동아일보』의 '게' 표기를 '계'로 바꿀 것, 'ㅅ' 받침을
'ㅆ' 받침으로 바꿀 것, '하'의 'ㅏ'탈락형을 'ㅎ'으로 표기할 것 등을 지
적하였지만 이러한 사항들은 그 후에도 줄곧 정정되지 않았다. 물론 이
는 같은 코너에 실린『조선일보』교정 예에 비하면 약소한 것이지만,
『동아일보』가 '통일안'의 내용을 대부분 수용했음에도 나름의 원칙에
따라 '통일안'과 다른 표기를 고수했다는 점을 알 수 있다. 그리고 이때
'나름의 원칙'이라 함은 표기에 반영할 발음의 근거를 어디에서 찾을 것
인가 하는 문제와 밀접한 관련이 있었다.『동아일보』에서 거부된 '통일
안'의 '계' 표기와 'ㅆ' 받침에 대한 규정은 '표기의 기준을 서울말에 두

느냐' 아니면 '전국적으로 다수의 말에 두느냐' 하는 문제에 대한 입장 차이를 선명히 드러내 주었다.

2) 'ㅖ'와 'ㅔ'

'통일안'과 '동아철자법'은 'ㅖ' 표기에 대한 규정이 서로 달랐다. 『신철자편람』에서는 '녜, 례, 예, 혜'만 인정한다고 한 반면 '통일안'에서는 '계, 례, 예, 폐, 몌'는 본음대로 적고 '세, 제, 체'의 'ㅖ'는 'ㅔ'로 적는다고 규정하였다. 따라서 '통일안'대로 바꾸려면 당시 『동아일보』 지면에 쓰이던 '게, 페, 메'를 각각 '계, 폐, 몌'로 바꾸어야 했다. '계/게, 폐/페, 몌/메' 중 동아일보 지면에 출현 빈도가 가장 높은 것은 '계/게'였으므로 이 절에서는 '계'와 '게'에 초점을 두고 'ㅖ' 표기를 둘러싼 문제들에 대해 논의보고자 한다.

'게'와 '계'의 혼란은 오늘날에도 역사적 표기의 문제에서 종종 거론되는 부분인데,[9] '게'와 '계'의 표기상의 혼란은 『동아일보』 창간 당시에도 널리 나타나던 현상이었다. '계획'과 '게획'의 예를 통해 표기 양상을 계량적으로 살펴보면, 일단 발행 당시 『동아일보』 지면상에는 'ㅖ' 표기가 'ㅔ' 표기보다 월등히 많았다. 1920년 1년치 『동아일보』 기사에서 '게획'과 '계획'의 비중을 살펴보면, '게' 표기는 14%, '계' 표기는 86%였다.[10] 현실적으로 '계' 표기가 더 널리 나타났음에도 동아일보사

---

9 'ㅖ'와 관련된 역사적 표기에 대해서는 이희승·안병희(1989), 정희창(2011), 연규동 (2014) 등을 참고할 수 있다.

는 '게' 표기를 원칙으로 삼았던 것이다.

하지만 '게'와 '계'의 혼기는 그 후로도 지속되었다. 1930~1940년대 『동아일보』 지면에서는 '게시다/계시다', '게속/계속' 등의 표기상 혼란이 이어졌으며, 1950년 동안의 1년치 발행분에서 '게' 표기는 14%, '계' 표기는 86%로 나타나 1920년의 비중과 일치했다.[11] 이렇게 볼 때 '게/계' 표기는 '동아철자법'의 시행이나 '통일안' 발표의 영향을 거의 받지 않은 채 줄곧 혼란 상태였다고 생각된다. 하지만 동아일보사가 '통일안'대로 'ㅖ'를 'ㅔ'로 철저하게 바꾸지 않은 것 자체만으로도 '통일안'의 'ㅖ' 표기 규정에 대한 거부감을 엿볼 수 있다.

당시 '계' 발음은 서울말에는 있었지만 전국 대부분의 지방에서는 '게'로 발음되었던 것으로 보인다. 창간 당시부터 혼란이 있던 '게'와 '계' 표기를 '동아철자법' 시행 당시 '게'로 통일시키려고 했던 이유는 『신철자편람』의 제3항 비고備考란에 밝혀져 있다.

'계'는 혹 一部에서 發音이 되는 곳도 잇으나 多數를 좇아 쓰지 않기로 한것이며, 「몌, 볘」 等은 適當한 語例가 없으므로 例를 들지 아니함.

—『신철자편람』 제3항 비고.

---

10 1920년 1년치 『동아일보』 기사에서 '게획'은 26회, '계획'은 164회 쓰였다. 『동아일보』에 대한 계량적 분석 시 네이버뉴스라이브러리의 검색 기능을 활용했는데, 이 아카이브의 검색 시스템은 한글로 검색해도 한자 표기가 함께 검색되기 때문에 '계획'으로 찾으면 실제 순 한글로 '계획'으로 쓰인 것과 '計劃'으로 쓰인 것이 모두 검색 결과에 포함된다. 이러한 문제로 인해 일단 '계획'으로 검색하고 검색 결과를 눈으로 하나하나 검토해 한자 표기가 아닌 것을 따로 추려냈다. 이러한 과정은 본고에서 제시한 모든 계량적 분석 결과에 공통적으로 적용되었음을 밝힌다.
11 1950년 1년치 『동아일보』 기사에서 '게획'은 31회, '계획'은 183회 쓰였다.

위의 인용문에서 '계'가 발음되는 곳이 서울이라는 언급은 없고 일부에서 발음이 되는 곳도 있다고만 적었지만 『동아일보』 4월 13일 자 4면에 실린 이윤재의 해설을 보면 해당 발음이 서울말에만 존재한다고 하였다.

우리말을 가장 平易하게 적으면 이러한 發音하기 거북한 글자는 쓰지 아니하는 것이 옳다. 이것은 두 가지로 나눌 수 잇으니, '뎨, 몌, 볘, 셰, 졔, 쳬, 톄' 等은 아주 없어진 소리요, '계, 녜, 켸, 폐, 혜' 等은 장차 없어질 소리다. 아주 없어진 소리는 이제 問題 삼을 것이 없으나 장차 없어질 소리예 對 하야 조금 말하여 보자. '계, 켸'는 서울에서는 그 소리가 잇으나 地方예는 거의 다 없는 모양이다. 그러고 '게집女, 게시다居' 等을 古語예는 '겨집, 겨시다'라 하엿는데, 이것이 變하야 '계집, 계시다'로 되고 또 이것이 變하야 '게집, 게시다'로 된 것이다. '녜'는 대답하는 말 곳 感歎詞로 쓰는 것밖에 다른 말예는 별로 쓰이지 아니한다. 이것도 서울뿐이오 地方예는 거의 없다.

— 이윤재, 「新綴字便覽의 解說(八)」, 『동아일보』, 1933.4.13

위의 인용문은 'ㅖ' 표기 관련 조항에 대한 설명인데, [뎨], [셰], [제] 등의 발음은 당시의 언어에서도 이미 사라진 발음이기 때문에 'ㅖ'를 'ㅔ'로 써야 하는 반면, [계], [녜] 등의 발음은 서울에는 남아 있고 다른 지방에는 없는 소리이기 때문에 "장차 없어질 소리"로 보아 이 역시 'ㅖ'로 써야 한다고 하였다. 이와 같은 이윤재의 주장은 당시 방언 조사 자료를 통해 뒷받침된다. 이진호 외(2009)는 1920~1930년대에 발행된 오구라 신페이小倉進平(1882~1944)의 방언 조사 결과를 모아 각 지역의 발음을 정리하였는데, 이에 따르면 [계]로 발음되는 지역은 경북 상주, 청송 지역을 제외하면 거의 전무했고, 평안남북도, 함경남도, 황해도, 충청남북도와 전라남북도, 경상북도의 서부, 강원도의 대부분 지방에서 [게]로 발음되었다(이진호 외 2009:417~419 · 472).[12]

『신철자편람』의 'ㅖ' 표기 규정이 『동아일보』의 실제 표기에 미친 영향은 미미했지만, 규범 자체에서 드러나는 '동아철자법'과 '통일안'의 차이는 '서울말을 표준으로 삼느냐', '대다수 언중들의 말을 표준으로 삼느냐' 하는 거시적 관점의 차이를 반영하는 것이었다. 이러한 근본적 관점의 차이는 'ㅆ' 받침의 사용 여부로 더욱 첨예하게 드러났다.

3) 'ㅆ' 받침

『동아일보』는 어문 규범에서 명시한 다른 모든 받침은 수용하였지만 1940년 8월 10일 일제에 의해 강제 폐간될 때까지 'ㅆ' 받침만은 철저하게 거부하였다. '통일안' 발표 이후 조선어학회는 『한글』 지면을 통해 『동아일보』의 'ㅆ' 받침 문제를 여러 차례 지적하며 시정을 요구했지만 『동아일보』는 이를 수용하지 않았다. 『동아일보』 지면에서 'ㅆ' 받침이 보이기 시작한 것은 1945년 12월 1일 중간重刊된 이후로, 당해 12

---

12 연규동(2014:155)는 이희승(1946)의 "'계, 례, 몌, 폐, 혜' 등은 역시 그 발음을 용이히 나타낼 수 있다'라는 언급에 근거해 당시까지는 [계]의 발음이 존재했지만 이후 현대에 이르는 과정에서 음운변화가 일어나 오늘날 'ㅖ' 표기를 둘러싸고 역사적 표기법 논란이 발생하게 되었다고 보았다. 하지만 오구라 신페이의 방언 조사 결과에 따르면 당시 전국 거의 대부분의 지방에서 '계' 표기를 [게]로 발음하고 있었기 때문에 경기 태생인 이희승의 언급에만 근거해 당시에는 [계] 발음이 일반적이었다고 볼 수는 없다.

월 중순경부터 '잇다/있다', '-엇/었-', '-겟/겠-'을 섞어 쓰기 시작했다. 이러한 혼기는 1950년 6·25전쟁으로 휴간되기 전까지도 지속됐는데 초기에는 'ㅅ'의 비중이 높다가 점차 'ㅆ' 받침의 비중이 높아졌다.

'통일안' 제5절 제11항에는 'ㅆ'을 포함한 18개 받침을 추가한다는 언급이 있고, 'ㅆ'의 해당 예로 '겠다未來, 았다過去, 었다過去, 있다有'의 네 가지가 제시되어 있다. 국문연구의정안의 종성 제한 폐지 원칙을 계승한 '통일안'의 받침 조항은 음소주의에 입각한 연철표기에서 형태음소주의에 입각한 분철표기로의 전환이라는 거시적 관점의 변화를 반영한 것이다. 어절을 소리 나는 대로 적을 때에는 종성 자리에서 발음되는 7개의 자음(ㄱ·ㄴ·ㄹ·ㅁ·ㅂ·ㅅ·ㅇ)만 사용해도 그만이지만 어간과 어미, 체언과 조사의 본래 형태를 밝혀 적으려면 초성에 쓰이는 자음을 종성에도 사용해야 한다. 원형을 밝혀 적으면 종래에 '낫'으로만 쓰던 것이 '낮晝, 낯顔, 낱個' 등으로 표기상 확연히 구별되게 된다. 주시경과 그 제자들이 줄곧 주장해 온 분철표기와 종성 제한의 폐지는 합리적인 표기를 가능하게 하는 '통일안'의 핵심 내용이었다.

그런데 그중 'ㆆ'과 'ㅆ' 받침에 대해서는 그 합리성 여부에 대한 의혹이 제기됐다. 'ㆆ'에 대한 논쟁은 음가에 대한 내용이 주를 이뤘지만 'ㅆ'에 대해서는 철자법의 표준을 서울말로 할 것인가가 핵심 논점이었다.[13] 최현배崔鉉培(1894~1970)는 1932년 『한글』 제3호에 조선어학회

---

13 'ㆆ'과 'ㅆ'에 대해서는 당대 학자들 사이에서 의견이 분분했는데 그동안 국어학사 논의들은 'ㆆ' 받침 문제에만 초점을 두고 'ㅆ' 받침에 대해서는 논쟁사를 자세히 다루지 않았다. 이는 '통일안' 발표 이후 조선어학회와 조선어학연구회 사이의 핵심 쟁점이 'ㆆ'이었기 때문일 것이다. 하지만 'ㅆ' 역시 국어 철자법의 정착 과정에서 나타난 중요한 문제를 내포하고 있었다.

에서 추진하는 새로운 받침 사용에 대해 한 편의 글을 발표했는데 모든 받침에 대해 품사별 예를 제시했지만 유독 'ㅆ'에 대해서는 아무 예를 들지 않고 "'ㅆ' 받침?"이라고 물음표 표시를 해 두었다.[14]

한편, 그에 앞서 1930년대 『동아일보』에 실린 이윤재의 글을 보면 'ㅆ' 받침에 대한 보다 분명한 입장이 드러나 있다. '있다'와 '잇다' 중 어느 표기가 맞는지를 묻는 독자의 질문에 이윤재는 다음과 같이 답변 하였다.

> '잇다'로 쓰는 것이 좋습니다. (…중략…) '젰, 잇'等字의 ㅆ바침을 나는 아 니 쓰기로 주장합니다. (文法家로 이것을 쓰는 이가 많지마는) ㅆ 바침 되는 '있으니'의 소리가 京城에는 잇으나 地方에는 없는 대가 많으며 또 古書에서 도 '이시니''이서셔'라 썼습니다. 이를 보아도 '잇'이 우리의 原音이 아님을 알 것입니다.
>
> ─ 이윤재, 「한글質疑欄」, 『동아일보』, 1930.11.30

서울말에서는 '-으니'를 붙여 봤을 때 [이쓰니]로 발음되지만 전국 적으로는 [이스니]로 발음되는 지방이 더 많다는 것이 일차적 이유이 고, 고서에도 '이씨니'가 아니라 '이시니'로 적혀 있기 때문에 원음을 '잇'으로 볼 근거도 없다는 것이 이차적 이유이다. 같은 해 12월에도

---

14 외솔은 그에 이어지는 '附言'에 다음과 같은 설명을 덧붙였다. "(1) 括弧안에 넣어 놓은 例는 標準語로 삼을 수 없다고 생각한 것이다. (2) 標準語 問題는 文法과 綴字法 問題하고 關聯은 없지 아니하지마는, 그러나, 한 獨立한 別個의 問題이다. 그런데, 標準語 問題는 한 사람이 能히 決定할 수 없는 것이다. 그러므로, 여기에서 나의 卑見으로써 選擇하여 處理 한 것이 잘못된 것이 없지 아니하리라고 생각한다."(최현배, 「새 받침에 關한 諸 問題의 解決과 實例의 總覽」, 『한글』 3, 한글학회, 1932)

'ㅆ' 받침에 대한 질의응답이 이루어졌는데 이윤재는 다음과 같이 좀 더
상세한 답변을 제시했다.

질문 改正하여 쓰는 新綴字 中에 '있었다''없었다''하겠다''하였다'라고 하
엿으니 '있''없' 等의 二重 바침은 單語標準으로 보아 좋을 줄 아오나
'었''겠''엿' 等에 二重바침 곳 ㅆ을 씀은 무슨 理由인지 알 수 없으니
자세히 가르쳐 주시오. (일본에서 한글 알고저生)

답변 옳은 말슴입니다. '있''없' 等은 單語標準으로 그렇게 쓰는 것이 좋으
나 時相에 관한 말 '었''엿''겠' 等을 그렇게 쓸 까닭이 없다는 당신의
의견에 크게 贊同합니다. 여기에 한 가지 난처한 것은 서울말의 口音
에는 분명히 ㅆ이 잇습니다. 서울말을 標準한다면 '하엿으니''하겠으
니'라고 쓰는 것이 옳습니다. 그러나 全國的으로 標準한다면 '하엿으
니''하겟으니'라고 쓰는 것이 옳습니다. ㅆ의 소리 나는 대를 아직 精
確히 調査하여 보지는 못하엿으나 대개로는 京畿, 忠淸 等 地方을 際한
外에는 거의 全部가 ㅆ 소리를 내지 아니하는 대로 볼 수 잇습니다.
만일 조선말의 標準語 정하자면 京城語로만 標準語를 삼을 것이 아니
요 全國의 口音을 調査하여 多數가 쓰는 것을 標準語로 삼는 것이 가장
合理的일 것입니다. 그러므로 ㅆ소리가 비록 京城에는 잇다 하드라도
그 소리가 없는 많은 대를 標準삼지 아니할 수 없다는 말입니다. 또
ㅆ바침을 쓰는 대는 여간 귀찮은 일이 아닙니다. 았, 었, 엿, 겟 等이
제일 많이 쓰이는 字이므로 얼마나 쓰기에 번거하고 보기에 지저번
합니다. 더욱 '하엿었었다' 같은 것을 볼 때 늘 不快를 느낍니다. 또
歷史的으로 상고하여 보면 ㅆ 소리가 본대 잇든 것이 아니니 옛적에

'이시니''이서셔'라 쓴 것을 보아 알 것입니다. 이러한 여러 가지 理
由로 ㅆ바침을 쓰지 아니하는 것이 좋을 줄 압니다. 한편에서는 ㅆ바
침을 아주 없애 버리지 말고 有에만 限하여 '있다'라고 쓰자 하는 이
가 잇으니 그것은 續의 '잇'과 분간하자 함입니다. 그러나 發音이 꼭
같은 바에는 하필 두 가지로 쓸 理由가 없다고 생각합니다. (李允宰)

—「한글質疑欄」, 『동아일보』, 1930.12.10

위의 글에서 이윤재는 서울말의 구음에는 분명히 'ㅆ' 받침이 있지만
서울, 경기, 충청 일대를 제외한 나머지 지방에는 'ㅆ' 받침이 구음으로
서 존재하지 않기 때문에 표준어를 정하기 위해서는 먼저 전국적으로
조사를 실시한 뒤 다수가 쓰는 것을 표준으로 삼아야 한다고 하였다. 또
한 '았, 었, 였, 겠'은 가장 많이 쓰이는 글자인데 일일이 'ㅆ' 받침을 쓰
기가 번거롭다는 점, 그리고 앞서 지적한 대로 역사적 표기가 'ㅅ'이라
는 점을 추가로 언급하였다.[15]

반면, 'ㅆ' 받침의 사용을 지지한 이갑李甲(1877~1917)은 해당 발음이
나지 않는 지역이 대다수라는 점은 인정하지만 그럼에도 불구하고 'ㅆ'
받침을 썼을 때 이점이 더 크다고 주장하였다. 그는 총독부 학무국의 개
정철자법에 대해 "ㅎ, ㅆ의 終聲을 不許한 것은 가장 缺陷이다"라고[16] 하
며 다음과 같이 'ㅆ' 받침의 채용을 적극 주장했다.

---

15 'ㅆ' 받침에 대한 독자의 질문은 1931년 4월 17일 자 『동아일보』 4면 「한글質疑欄」,
    1931년 5월 13일 자 『동아일보』 4면 「한글質疑欄」에서도 확인되는데 이윤재의 답변은
    위의 인용문과 크게 다르지 않다.
16 「綴字法의 理論과 ㅎㅆ의 終聲問題 —」, 『동아일보』, 1932.3.5.

그런데, 萬一, ㅆ 終聲을 써서 無數한 動詞의 過去時制와 未來時制의 一部를 表示하면 글을 읽을 때에 ㅆ終聲을 붙인 것은 過去時制와 未來時相中와 一部를 表示한 것(있은 말고)으로 判斷되며 ㅅ終聲을 가진 다른 實詞들과 얼른 區別하게 되므로 表意化하기에 얼마나 容易하뇨? 그러므로, ㅆ終聲을 쓰도록 標準語를 定하여 쓰는 것은 現在에 ㅆ終聲의 發音을 안 하는 多數의 民衆에게도 이로 因하여 받는 不便보다 利益이 더 많은 것이다.

— 「綴字法의 理論과 ㅎㅆ의 終聲問題 八」, 『동아일보』, 1932.3.16

위의 인용문에서 이갑은 시상을 나타내는 형태소('-었-', '-겠-')에 'ㅆ' 받침을 사용하면 'ㅅ' 받침을 사용하는 다른 실사들과 금세 구별이 되므로 실제 발음과 다르더라도 표의성의 측면에서 볼 때 효율성이 높다고 하였다.

역시 'ㅆ' 받침의 사용을 지지한 이희승李熙昇(1896~1989)은 종성 위치의 'ㅆ'을 발음하는 지역이 반대파들이 말하는 것처럼 결코 서울을 비롯한 중부지방에 한정되어 있지 않다고 하였다. 이러한 주장은 앞서 살펴본 최현배, 이윤재, 이갑이 'ㅆ' 받침을 중부지방 발음으로 파악한 것과 대조적이다.

'있'으로 發音하는 곳은 京城을 中心으로 한 一部 地域에 限定된 듯이 말하나 나의 적은 經驗으로는 京畿, 忠淸 南北, 江原 各道의 全部, 黃海道의 大部, 全羅南北道의 一部에 分布되여 使用할 뿐 아니라 咸鏡道의 一部와 特히 慶南 固城, 統營 等地에도 '있'으로 發音하는 곳이 있다. 이는 朝鮮의 一部分이 아니라 실로 그 大部分이 'ㅆ' 받침으로 發音한다. 그리고 '있'으로 發音하지 않는 地方

에서도 決코 '잇'과 같이 單 'ㅅ'바침으로는 發音하지 않고 確實히 'ㅅ'과 'ㅆ'과의 中間音 을 發하야 'ㅆ'보다는 弱하나 'ㅅ'보다는 强하게 發音한다. 이 現象은 特히 關西地方에 더욱 顯著하게 나타난다. 생각건대 變遷하여 가는 中途의 現象이 아닐가 한다.

— 이희승, 「'ㅆ'바침의 可否를 論함」, 『조선어문학회보』 5, 1932.9

경기도, 충청도, 전라도, 강원도에서도 'ㅆ'으로 발음되고 황해도, 전라도, 경상도의 일부 지역에서도 'ㅆ'으로 발음되기 때문에 서울을 비롯한 중부지방만이 아니라 사실상 전국적으로 'ㅆ' 발음이 퍼져 있다는 것이다. 또한 'ㅆ'으로 발음되지 않는 지역에서도 그 발음은 'ㅅ'과 'ㅆ'의 중간 발음이기 때문에 'ㅅ'으로 적어야 할 이유도 없다고 하였다.

최현배와 이윤재는 각각 울산과 김해 출신으로 경상남도 방언 화자였고 이갑은 평안남도 출신으로 이들의 모어 발음에는 'ㅆ' 받침이 존재하지 않았다. 반면 이희승은 경기도 광주 출신으로 경기도 방언의 모어 화자였기 때문에 그의 음운체계에는 'ㅆ' 받침의 발음이 존재했을 것이다. 이러한 정황을 볼 때 'ㅆ' 받침에 대한 발음 논란은 언어학자 개개인의 출신 지역과 관련이 있어 보인다. 이희승의 기술대로 'ㅆ' 받침이 실제로 전국 곳곳에 존재했다 하더라도 아래의 인용문을 보면 이희승 역시 'ㅆ' 받침의 채택 여부에서 핵심 쟁점은 서울말을 표준말로 삼는가의 문제라고 파악했던 것으로 보인다. 'ㅆ' 발음의 지역적 분포가 어떠하든 간에 서울말을 표준으로 삼는다면 'ㅆ' 받침을 채택하지 않을 수 없다는 것이다.

또 設或 百步를 讓하야 京城 地方 一部에만 行하는 發音이라 할지라도 京城語를 標準으로 하는 以上 '잇'으로써 標準語를 삼지 않을 수 없다.

─이희승, 「'ㅆ'바침의 可否를 論함」, 『조선어문학회보』 5, 1932.9

이처럼 '통일안'의 제정 과정에서 'ㅆ' 받침의 채용을 둘러싼 논란이 분분했지만 결국 '통일안'의 총론에 따라[17] 서울말을 표준으로 삼아 'ㅆ' 받침을 포함시키게 되었다. '통일안'에 따르면 '있다', '-었-', '-겠-'에 'ㅆ' 받침을 써야 했지만『동아일보』는 이를 받아들이지 않고 종래의 'ㅅ' 받침을 고수해 '잇다', '-엇-', '-겟-'으로 표기하였다.

조선어학회는 식민치하에서 국가권력을 대신하여 전국적으로 어문의 규범화와 표준화를 달성하고자 한 기관이다. 행정적 중심지의 말에 준거해 어문 정책을 시행하는 것은 근대국가체제의 수립 과정에서 나타났던 일반적인 현상이었고 조선어학회 역시 '통일안' 총칙에서 서울말을 표준어로 규정하였다. 하지만 이윤 추구를 목적으로 하는 민간 신문사의 입장에서는 행정적 중심지에 살고 있는 소수의 언어가 아니라 전국적으로 다수가 사용하는 언어를 표기의 준거로 삼을 수밖에 없었을 것으로 보인다. 동아일보사는 조선어학회와의 긴밀한 협력하에 어문운동을 전개해 갔지만 당시는 인쇄자본주의가 본격화된 시기였던 만큼 민간 신문사인 동아일보사는 전국적 판매망의 확보나 판매 부수의 증대, 그리고 이를 통한 이윤의 추구라는 문제로부터 자유로울 수 없었을 것

---

17 '통일안'은 다음과 같이 시작된다. "總論 | 一. 한글 마춤법綴字法은 표준말을 그 소리대로 적되, 語法에 맞도록 함으로써 原則을 삼는다. | 二. 표준말은 大體로 現在 中流 社會에서 쓰는 서울말로 한다. | 三. 文章의 各 單語는 띄어 쓰되, 토는 그 웃 말에 붙여 쓴다."

이다. 이러한 점이 『신철자편람』에서 서울말을 표준으로 삼는다는 총칙을 두지 않은 결정적 이유라고 생각한다.

특히 기존 독자들에게 익숙한 'ㅅ' 받침을 버리고 전국적으로 폭넓은 지지를 받지 못하는 'ㅆ' 받침을 채택하는 것은 당사의 이익, 즉 신문의 판매 부수에 직접적인 악영향을 줄 수 있는 문제였을 것이다. 당대 학자들이 언급했듯이 종래의 'ㅅ' 받침을 'ㅆ' 받침으로 바꾸어야 할 대상은 '잇다(有)'와 과거시제의 '-엇-', 미래시제의 '-겟-'으로, 신문 지면에서 사용 빈도가 매우 높은 형태였기 때문이다. 따라서 'ㅆ' 받침이 발음으로서 존재하지 않는 대다수 지역의 독자들은 'ㅆ' 받침 표기에 거부감을 느끼게 될 것이라는 예측이 이루어졌을 것으로 보인다.

『동아일보』 지면에서 'ㅆ' 받침이 널리 쓰이게 된 것은 광복 이후였다. 이를 계량적으로 확인하기 위해 중의성이 없는 몇 가지 예를 중심으로 1920년부터 1950년까지 5년 단위로 1년치 『동아일보』 기사 중 'ㅅ' 받침과 'ㅆ' 받침이 쓰인 기사의 수를 세어 보았다. 〈표 1〉은 해당 기간 동안 『동아일보』에서 '잇으며(잇스며)', '있으며(있스며)'가 쓰인 기사의 수를 정리하고 연도별 'ㅅ' 받침, 'ㅆ' 받침의 비율을 백분율로 제시한 것이다.

〈표 1〉에서 음영 처리된 백분율 부분을 연도순으로 살펴보면 1945년까지 'ㅅ' 받침이 '98.9→100→99.3→100→100→96.0%'로 절대적으로 우세하다가 1950년에는 갑자기 정반대로 'ㅆ' 받침이 99.8%로 절대다수를 차지했다. 즉, 어문 규범에서 'ㅆ'이 받침 목록에 추가된 것은 1930년대였지만 동아일보에 한정하여 볼 때 실제 표기상 '잇다'에서 '있다'로의 변화가 이루어진 것은 1950년대였다.

'잇다'와 '있다'의 비중 변화

	1920		1925		1930		1935		1940		1945		1950	
	빈도	%	빈도	%	빈도	%	빈도	%	빈도	%	빈도	%	빈도	%
잇으며	1	98.8	0	100	10	99.3	1,130	100	815	100	13	96.0	2	0.2
잇스며	84		251		271		13		13		11		0	
있으며	0	1.2	0	0	2	0.7	0	0	0	0	1	4.0	977	99.8
있스며	1		0		0		0		0		0		0	

'-엇-'과 '-었-'의 비중 변화

	1920		1925		1930		1935		1940		1945		1950	
	빈도	%	빈도	%	빈도	%	빈도	%	빈도	%	빈도	%	빈도	%
하엿다	440	100	5,259	100	454	99.9	11,331	100.0	9,052	100.0	165	75	22	0.7
하얏다	731		199		5,048		185		60		12		0	
하였다	0	0	0	0	6	0.1	1	0.0	1	0.0	59	25	3,057	99.3
하았다	0		0		0		0		0		0		0	

〈표 2〉는 〈표 1〉에서와 같은 방식으로 '하엿다, 하얏다', '하였다, 하았다'의 출현 기사 수를 비교한 것이다.

'-엇-'과 '-었-'의 경우 역시 1945년까지 'ㅅ' 받침이 '100 → 100 → 99.9 → 100.0 → 100.0 → 75%'로 절대다수였다가 1950년에는 정반대로 'ㅆ' 받침이 99.3%로 나타났다. '잇다'에서 '있다'로의 변화와 마찬가지로, '-엇-'에서 '-었-'으로의 변화도 1950년대에 이루어진 것이다. 하지만 '-었-'의 'ㅆ' 받침은 '있다'의 'ㅆ' 받침에 비해 몇 년 앞서 확산되기 시작한 것으로 보인다. 〈표 1〉과 〈표 2〉의 1945년도 백분율 수치를 비교해 보면, 표 1에서는 'ㅅ' 받침의 비율이 96.0%였던 데 비해 표 2에서는 'ㅅ' 받침의 비율이 75%로 상대적으로 낮게 나타난 것이다.

〈표 3〉 '-겟-'과 '-겠-'의 비중 변화

		1920		1925		1930		1935		1940		1945		195
		빈도	%	빈도	%	빈도	%	빈도	%	빈도	%	빈도	%	빈도
ㅅ	하겟다	339	100	799	100	454	98.9	861	100	569	100	21	84.0	248
ㅆ	하겠다	0		0		0		0		5		1.1		0

〈표 3〉은 같은 방식으로 '하겟다'와 '하겠다'의 출현 기사 수를 비교한 것이다.

'-겟-'과 '-겠-'의 경우는 'ㅅ' 받침 표기가 1920년부터 1950년까지 '100→100→98.9→100→100→84.0→86.4%'로 나타나 1950년까지도 'ㅅ' 받침이 우세하였다는 점에서 '-었-'이나 '있다'와 차이가 있다. 'ㅆ' 받침의 '-겠-' 역시 '-었-'과 마찬가지로 '있다'보다 앞선 시기부터 쓰이기 시작했지만 그 확산 속도는 상대적으로 느렸던 것이다. 하지만 얼마 지나지 않아 '-겟-'의 'ㅅ' 받침도 'ㅆ' 받침으로 대체되었다. 1951년 발행분에는 '하겟다'가 쓰이지 않았고 1952년에 일부 기사에서 '하겟다'의 표기가 보이지만 1953년부터는 완전히 사라졌다.[18]

---

18 그 후에도 철자법 관련 기사에서는 '-겟-'이 등장하기도 하지만 이는 일종의 메타술어적 쓰임으로 일반 기사에 쓰인 '-겟-'과는 다르다.

4. 결론

지금까지 'ㅖ' 표기와 'ㅆ' 받침 문제를 중심으로 '통일안'과『동아일보』표기의 갈등 양상에 대해 살펴보았다. 갈등의 주된 원인은 철자법의 표준을 서울말에 두느냐 다수의 말에 두느냐에 있었다. '동아철자법'은 다수의 말을 표준으로 삼은 데 반해 '통일안'은 서울말을 표준으로 삼은 것이다. 언어적 근대화의 과정에서 나타난 어문 규범은 기본적으로 두 가지 속성을 가졌다. 첫째, 언어생활의 '합리화', 둘째, 중앙어의 보급을 통한 '표준화'이다. 식민지 시기『동아일보』는 합리화의 측면에서는 조선어학회의 입장을 적극적으로 지지했지만 표준화의 측면에 대해서는 신문사의 자체적 방침을 우선시했던 것이다.

이 연구의 분석 결과는 그동안 단순히 "'통일안'을 준수한 것'으로 여겨져 오던『동아일보』가 '표준어'와 '방언'이 관계된 특정 사안에 대해서는 조선어학회와 대립되는 관점을 취했음을 보여준다. '통일안'과『동아일보』의 표기 차이는 단순히 기자나 교열자의 실수에 따른 것이 아니라 조선어학회와 동아일보사의 근본적인 입장 차이로 인해 비롯된 정책적인 문제였다는 점에서 중요성을 갖는다. 그동안 국어학계에서 이루어진 철자법에 대한 연구는 주로 각 규범의 조항 자체를 중심으로 하였다. 하지만 어문 규범은 언어 현실과의 상호작용을 떠나서는 존재할 수 없는 것인 만큼 규범과 현실 사이의 관계에 대한 보다 적극적인 연구가 필요할 것으로 생각된다. 이 연구에서는 식민지 시기 일간지의 하나인『동아일보』에만 초점을 두고 어문 규범과 언어 현실의 관계를 분석해 보았지만 분석 자료를 보다 다양화한다면 어문 규범의 수용과 확산 과정에서 나타난 여러 문제들에 대해 보다 입체적인 고찰이 가능해질 것으로 보인다.

제3부
근대어와 문체

제1장

『대한매일신보』 국한문판과
국문판의 문장 비교*

1. 서론

1883년 『한성순보』가 발행된 이후 근대의 신문은 매우 다양한 문체를 선보였다. 초창기의 『한성순보』나 『한성주보』는 비록 한문체가 주를 이루긴 했지만 하나의 지면 안에 한문체, 국한 혼용체, 국문체의 기사를 모두 실었다. 그 후 비식자층을 주된 독자로 설정한 『독립신문』, 『제국신문』, 『매일신문』 등 국문체 신문이 증가하는 한편 식자층을 대상으로 하는 국한 혼용의 『황성신문』이 발행되기도 했다. 이렇게 19세기 말 국내의 신문은 독자층에 따라 문체적 분화를 이루고 있었다. 국문

---

* 이 장의 내용은 안예리(2010)를 수정하고 보완한 것이다.

신문과 국한문 신문이 독자층을 나누어 분리 발행되던 상황은 하나의 신문이면서도 국문판과 국한문판을 동시에 발행한 『대한매일신보』에 이르러 새로운 구도를 갖게 되었다. 『대한매일신보』의 국문판과 국한 문판은 모든 지면에 동일한 내용의 기사를 실은 것은 아니었지만 논설 등 주요 기사들은 같은 내용을 서로 다른 문체로 게재했다.

1904년 7월 18일 창간된 후 약 6년간 발행되다가 경술국치로 인해 강제 매수되어 1910년 8월 28일 자로 종간된 『대한매일신보』는 발행 기간 동안 세 번의 판본 변화를 겪었다. 초기에는 6면으로 된 국영문판 을 발행했는데 그중 4면은 영문, 2면은 국문이었다. 그 후 영문판이 별 도로 분리되어 2개의 판을 발행하게 됐는데 영문판 외의 또 다른 판은 국문판이 아니라 국한문판이었다. 영문판과 국한문판의 이중 판본이 한 동안 유지되다가 종래에는 국문판이 추가되어 세 가지 판을 발행하게 되었다.[1]

국영문판 발행 : 1904.7.18~1905.3.10.

일시 휴간 : 1905.3.11~1905.8.10.

---

1 『대한매일신보』의 판본 변화의 이유는 1907년 5월 23일에 발행된 국문판 창간호의 「사설社說」과 「사고社告」를 통해 상세히 파악할 수 있다. 「사고」에서는 초기에 국문으로 간행한 신문을 남자들이 잘 보지 않았기 때문에 '남자 사회'를 위해 국한문판을 먼저 내게 되었다고 하여 국문판을 없애고 국한문판을 선택한 이유를 밝혔다. 행간의 의미를 짚어 보면 신문을 창간하며 국영문판을 냈을 당시에는 남성 독자들이 국문 신문에 대해 거부 감을 가질 것이라는 점을 예측하지 못했거나 크게 염두에 두지 않았던 것으로 생각된다. 국문 전용의 이상을 가지고 신문을 창간하였지만 한문을 기반으로 한 문어생활의 오랜 전통으로 인해 식자층들이 국문 기사를 읽지 않는 상황에 처하자 『대한매일신보』는 '시 사의 급급함에 응하기 위해' 문체적 전략을 바꾸었던 것이다. 한편, 국문판 창간호 사설 을 보면 오늘날 한국이 자주 독립의 위협을 겪고 있는 원인이 국문을 버리고 한문을 숭 상했기 때문이라는 문제의식에서 이날부터 국문판을 발행한다고 밝혔다.

국한문판과 영문판 발행 : 1905.8.11~1907.5.22.

국한문판, 영문판, 국문판 발행 : 1907.5.23~1910.8.28.

국문판이 발행되기 시작한 1907년에는 국한문판과 국문판의 논설 내용이 겹치는 경우가 별로 없지만 이듬해인 1908년부터는 종종 같은 날짜의 신문에 동일한 내용의 논설 기사가 실렸다. 이 글에서는 같은 내용을 다룬 열흘 치 대응 논설 쌍을 분석 대상으로 삼는다.

〈표 1〉에 제시된 열흘 치 논설 쌍은 문장이 거의 일대일로 대응되는 일종의 번역 텍스트이다. 번역 텍스트의 대응 쌍을 분석하기 위해서는 번역의 방향에 대한 정보가 필수적인데, 『대한매일신보』와 관련된 기록들을 살펴보면 국한문판 기사가 먼저 작성되고 이에 대한 국문 번역

〈표 1〉 분석 대상 논설 기사 목록

분석 대상 논설의 날짜	국한문판 제목	국문판 제목
1907.9.18	地方困難	디방의 곤난
1908.5.16	學界의 花	학계의 쏫
1908.7.9	志氣 鄙陋ᄒ면 天才何爲	지긔가 비루ᄒ면 텬싱 직됴가 잇슨들 무엇 ᄒ고
1908.8.5	名節書感	명절
1908.10.17	韓國의 十二活佛	한국에 열두 활불
1909.2.3	社會의 中軸	샤회의 즁심
1909.6.5	自由神의 飛○[2] 時代	즈유의 신령이 활동ᄒᄂ 시ᄃ
1909.7.2	競爭은 生存의 機	경징은 싱존의 긔관
1909.12.8	再告韓國同胞	두 번 한국 동포의게 고ᄒ노라
1910.8.9	大韓의 過渡時代	대한의 과도시ᄃ

---

2 원문의 글자가 흐려서 잘 보이지 않아 '○'로 입력하였다.

이 이루어진 것으로 보인다.

통감부 문서 제202호(1908.5.27) 「대한매일신보사의 현황大韓每日申報社の現況」이라는 제목의 문서에 따르면, 대한매일신보사는 크게 편집부, 서무회계부, 발송부, 탐방자의 네 부서로 나뉘었으며 그중 기사를 작성한 곳은 편집부였다. 편집부의 구성원에 대한 기록을 옮기면 다음과 같다.

國漢文：論說 申采浩, 編輯 梁起鐸, 時事評論 李章薰, 外報飜譯 梁寅澤

國文：論說繙譯 金演昶, 編輯 梁起鐸, 雜報外報繙譯 俞致兼

英文：論說繙譯 鄭泰齊, 編輯 英人 マルム氏, 雜報繙譯 李穗, 同 黃義性

이 문서에는 국한문판, 국문판, 영문판 각각의 담당자 이름이 기록되어 있는데, 국한문판 논설은 신채호가, 국문판 '논설 번역'은 김연창이 담당했다고 하였다. 이로 보아 내용이 동일한 논설 기사의 경우, 국한문판의 논설이 먼저 작성되고 이를 바탕으로 국문으로의 번역 작업이 이루어졌음을 알 수 있다. 국한문판 논설이 창작물이고 국문판 논설이 번역물이라는 것은 오늘날의 관점으로 보면 그 순서가 뒤바뀐 것 같지만, 수백 년 동안 문자 생활의 중심이 한문과 한자였다는 점을 고려해 본다면 근대 지식인들에게 국한문으로 글을 쓰는 것이 국문으로 쓰는 것보다 훨씬 더 친숙한 방식이었을 것으로 생각된다.

2. 형태론적 비교 분석

1) 어미

국한문 문장을 국문 문장으로 번역하는 과정에서는 어미 선택에 적지 않은 변화가 있었다. 어미 유형별로 번역상의 차이를 보이는지 알아보기 위해, 종결어미, 연결어미, 전성어미, 선어말어미 각각의 대응 양상을 조사해 보았다.[3] 〈표 2〉에서 '동일 형태로'는 국한문 문장의 어미가 국문 문장에 어떤 변화도 없이 그대로 반영된 경우, '이표기로'는 동일한 어미이지만 표기가 달라진 경우,[4] '다른 어미로'는 다른 어미로 바뀐 경우를 나타낸다.

〈표 2〉에 제시된 것과 같이 어미 유형별로 번역 양상에 약간의 차이가 있었다. '동일 형태'와 '이표기'는 모두 문법적으로는 같은 어미로 분류할 수 있는데, 이를 묶어서 생각하면 선어말어미의 경우는 100% 같은 어미로 번역되었다고 볼 수 있다. 다른 어미로 대체된 경우를 살펴보

---

[3] 의역되거나 문장 경계가 달라지면서 그에 따라 어미 사용 양상에 변화가 생긴 경우는 제외하였다.

[4] 이표기 변화는 열흘 치 신문의 매 호에서 고정적으로 발견되는 변화로, ① 아래아 사용 여부에 따른 이표기와 ② 양성모음과 음성모음의 선택에 따른 이표기의 두 유형이 주로 관찰되었다. 각 유형별로 대표적인 예를 제시하면 다음과 같다.(왼쪽이 국한문판, 오른쪽이 국문판에 쓰인 예이다.)
①'ㅏ'형→'ㆍ'형, 예) 者어날→거시어눌, 初訖ㅎ매→처음으로 쉬이미
②-야→-여, 예) 未足ㅎ야→부죡ㅎ여, 締結ㅎ야→톄결ㅎ여
열흘 치 논설 내에서 두 유형 모두 변화의 방향이 뒤바뀌는 경우는 발견되지 않았다. 보다 많은 표본을 대상으로 분석을 할 필요가 있지만 이러한 대응 양상은 국한문판과 국문판에서 특징적으로 나타났던 표기법일 가능성이 있다.

〈표 2〉 어미 유형별 번역 양상(국한문판에 출현한 어미를 기준으로 함)

	동일 형태로		이표기로		다른 어미로		합계	
	빈도	비율	빈도	비율	빈도	비율	빈도	비율
종결어미	112	66.3%	1	0.6%	56	33.1%	169	100%
연결어미	309	58.4%	28	5.3%	192	36.3%	529	100%
전성어미	159	77.9%	0	0%	45	22.1%	204	100%
선어말어미	13	54.2%	11	45.8%	0	0%	24	100%

면 연결어미가 36.3%로 비교적 대체되는 비율이 높게 나타났고 종결어미 33.1%, 전성어미 22.1%의 순으로 나타났다. 전성어미에 대해서는 뒤에서 '절'에 대해 논의할 때 자세히 살펴보기로 하고 이 절의 남은 부분에서는 종결어미, 연결어미, 선어말어미의 번역 양상에 대해 알아보고자 한다.

(1) 종결어미

국한문판과 국문판의 종결어미 번역 대응 양상에서 가장 자주 확인되는 변화는 국한문판의 '-라'가 국문판에서 '-다'로 대체된 것이다. 그런데 이러한 변화는 감탄문과 인용절이라는 제한적 환경에서만 일어났다는 특징이 있다. ㉠은 감탄문, ㉡은 인용절의 해당 예이다.

㉠嗟呼라→슯흐다 (1908.7.9)

噫라→슯흐다 (1909.7.2)

偉哉라 拾貳氏여→장흐다 열두 사룸이여 (1908.10.17)

烈哉라→밍렬흐다 (1908.5.16)

ⓛ曰 [是는 到底不可及이라] 云ᄒᆞ얏도다→ᄀᆞᆯ ᄋ딕 [이는 도뎌히 ᄡᅳ를 수 업다] ᄒᆞ엿도다 (1908.7.9)

陶淵明 詩에 [日月依時至, 擧俗愛其名이라] 云ᄒᆞᆫ ◯⁵句를 吟ᄒᆞᄆᆡ→도연 명의 시에 [졀긔가 ᄲᅢ를 ᄯᅡ라셔 니르니 모든 풍쇽이 그 일홈을 ᄉᆞ랑ᄒᆞᆫ 다] ᄒᆞᆫ 구졀을 읊ᄒᆞᄆᆡ (1908.8.5)

'-라'에서 '-다'로의 변화는 앞선 여러 연구들에서 20세기 초 언문일 치 과정의 중요한 변화로 언급되어 왔는데, 1900년대의 『대한매일신 보』 논설 기사에서는 감탄문과 인용절이라는 제한된 환경에서만 '-라' 에서 '-다'로의 변화가 확인되고 나머지 환경에서는 문체에 상관없이 여전히 '-라'가 널리 쓰였다.

한편 국한문판의 명령문에는 하라체 명령형 어미 '-라'가 주로 쓰였 는데 국문판에서는 '-ㄹ지어다'로 대체되었고, 국한문판의 의문형 어 미 '-오'는 국문판에서 '-ᄂ뇨, -뇨, -ㄴ가' 등으로 번역되는 양상을 보 였다. ⑦은 명령형 어미의 예, ⓛ은 의문형 어미의 예이다. 흥미로운 점 은 이러한 변화가 역방향으로는 성립하지 않았다는 것이다.

⑦語학 天才가 韓人에 不及ᄒᆞᄂᆞᆫ 淸人을 觀ᄒᆞ라→어학 텬ᄌᆡ가 한국 사름만 못ᄒᆞᆫ 뎌 청국 사름을 볼지어다 (1908.7.9)

七協約時에 狂發ᄒᆞ던 氣가 灰ᄒᆞ야 合邦의 聲明셔가 巷谷에 雪飛ᄒᆞ야도 尋 常히 看過ᄒᆞ나 試思ᄒᆞ라→칠협약의 톄결되던 날에 발광을 ᄒᆞ던 긔운이

직가 되여 합방ᄒ자는 선언셔가 쳐쳐에 눈 늘니듯ᄒ여도 심상히 보고 지ᄂ는가 싱각ᄒ여 볼지어다 (1909.12.8)

ⓛ 社會의 中軸은 是何오→ 샤회의 중심은 무엇이뇨 (1909.2.3)

其語學의 天才가 安在오→그 어학의 텬직가 어디 잇ᄂ뇨 (1908.7.9)

今日 社會에 網領 될 자] 其 誰오→오늘날 샤회의 강령 「벼리와 깃」이 될 쟈가 그 누구인가 (1909.2.3)

이처럼 종결어미는 국한문판에서 국문판으로 번역되면서 특정 어미가 다른 특정 어미로 대치되는 일정한 방향성을 보였는데 이는 당시의 문어와 구어의 차이를 반영하는 현상으로 생각된다.

(2) 연결어미

종결어미의 경우는 특정한 어미가 언제나 다른 어미로 번역되는 방향성이 뚜렷했지만, 연결어미의 경우는 국한문판의 A라는 어미가 국문으로 번역되면서 B가 되기도 하지만, 동시에 국한문판의 B라는 어미가 국문판에서 A로 번역되기도 해 양 방향의 변화가 동시에 나타났다. 아래의 예는 연결어미 '-고'와 '-오'가 번역 과정에서 서로 교체되는 양상을 보여준다.

㉠ 進步者가 故步를 擲棄ᄒ고→ 진보를 하고져 ᄒ면 퇴보를 반ᄃ시 아닐 거시오 (1910.8.9)

ⓛ 壹嘉名으로 此日을 名ᄒ니 目上元節이오→이날을 ᄒ 아름다온 일홈을

뎡ᄒ여 닐ᄋᄃᆡ 샹원이라 ᄒ고 (1908.8.5)

ⓒ 會社가 借入ᄒ야 使用ᄒᄂ 土地를 耕作ᄒ며 改良ᄒ야 使用ᄒᄂ 것이고 韓
國人이 適法으로 所有홈이오 → 회샤에셔 빌어 쓰ᄂ 토디를 경작ᄒ고 기
량ᄒ여 쓴다 홈이오 한국인이 법디로 임쟈가 되고 (1908.10.17)

ⓐ에서는 '-고'에서 '-오'로, ⓑ에서는 '-오'에서 '-고'로 교체가 이
루어졌고 ⓒ에서는 한 문장 안에서 '고'에서 '-오', '-오'에서 '-고'로의
변화가 모두 나타났다.

'-고'와 '-오'는 모두 둘 이상의 사실을 나열하는 연결어미이다. 그
런데 각 어미가 출현하는 환경을 관찰해 보면, '-오'는 주로 '-음' 명사
절에 이어지는 지정사 '이다'에 결합된 반면 '-고'는 이러한 환경에서
는 사용되지 않았다. ⓒ의 국한문 문장에서 '-오'는 '-음' 명사절이 쓰
인 "所有홈이오"에 사용되었는데, 이 부분이 국문 문장에서 '임쟈가 되
고'로 번역되면서 용언 자체가 '-음' 명사절의 꼴을 취하지 않게 되었고
그 결과 어미도 '-고'로 교체된 것으로 보인다. 이러한 어미 사용의 경
향은 국한문체와 국문체 자체의 특징으로 보기는 어렵고 해당 어미의
분포 환경과 관련된 문제로 생각된다.

연결어미 '-고'와 '-며' 역시 번역 과정에서 어느 한 쪽이 다른 한 쪽
으로 바뀔 수 있었다. 아래의 예를 보면 국한문 문장에서는 '-며 -고 -며
-고'로 접속절이 이어져 있지만 국문 문장에서는 어미의 순서를 바꾸어
'-고 -며 -고 -며'로 번역하였다.

人民의 生活은 國家에 繫훈 故로 建國紀元의 名節이 有ᄒ며 國家基礎ᄂ 立憲

에 成호 故로 立憲紀念의 名節이 有하고 歷史의 光榮을?호 某月의 名節도 有

ᄒᆞ며 全國의 巨難을 勘定호 某日의 名節도 有ᄒᆞ고

→ 인민의 싱활은 국가에 미인고로 나라롤 창건호 긔원의 명절이 잇고 국

  가의 긔초ᄂᆞᆫ 법을 세우ᄂᆞᆫ 듸셔 셩립이 된고로 립헌 긔념의 명절이 잇스

  며 력ᄉᆞ에 영광을 드리우던 그날의 명절도 잇고 전국에 큰 란을 진뎡ᄒᆞ

  던 그날의 명절도 잇스며 (1908.8.5)

'-고'와 '-며'는 모두 둘 이상의 사실을 나열하거나 둘 이상의 사건이

동시에 일어남을 나타낸다는 점에서 그 의미 영역이 서로 겹쳐 있었고

그렇기 때문에 두 어미 사이의 상호 대체가 가능했던 것이다. 국한문판의

연결어미 '-고'는 국문판에서의 대응 어미가 '-고'(50회, 72%), '-며'(6회,

9%), '-어'(4회, 3%), '-오'(2회, 3%), '-어셔'(2회, 3%), 기타(9%)의[6] 순으

로 나타났다. 즉 같은 어미로 번역되지 않는 경우 '-며' 외에도 여러 다른

어미들로 대체될 수 있었다. 반면 국한문판에 쓰인 '-며'는 국문판에서

'-며'(87회, 78%), '-고'(15회, 17%), 기타(5%)의 순으로 나타나 '-며'로

그대로 번역되는 경우가 아니라면 대부분 '-고'에 대응되었다.

(3) 선어말어미

앞서 살펴봤듯이 국한문판 문장에 선어말어미가 사용된 경우, 해당

어미가 국문판에서 다른 어미로 대체된 경우는 없었다. '국한문판의 'ᄒᆞ

얏도다'가 국문판에서 'ᄒᆞ엿도다'로 바뀐 것처럼 이표기로 나타난 경우

---

6 '기타'는 1회만 나타난 어미를 모은 것이다.

는 드물지 않았지만 이표기는 표기상의 문제일 뿐 어미 자체는 동일한 것이다.

선어말어미의 번역 양상과 관련해 주목해야 할 부분은 아래의 예와 같이 국한문판에 선어말어미가 쓰이지 않았지만 국문판으로의 번역 과정에서 선어말어미가 새롭게 추가된 경우이다.

軍兵들이 婦女 及 幼兒를 **亦殺ᄒᆞᆫ다ᄂᆞᆫ** 報道가 亦有ᄒᆞ나

→일병들이 부인과 ᄋᆞ희들을 ᄯᅩᄒᆞᆫ **죽엿다**ᄂᆞᆫ 말이 잇ᄉᆞ나 (1907.9.18)

神光이 其臂를 斷ᄒᆞ며 保敎의 願이 大하ᄆᆡ 異斯夫가 其頸를 斫ᄒᆞ며

→신광이라 ᄒᆞᄂᆞᆫ 사ᄅᆞᆷ은 ᄌᆞ긔팔을 ᄭᅳᆫ**헛스며** 교를 보젼ᄒᆞᆯ 소원이 크ᄆᆡ 이ᄉᆞ부라 ᄒᆞᄂᆞᆫ 사ᄅᆞᆷ은 ᄌᆞ긔목을 **버혓고** (1908.5.16)

現今에 眞個新現ᄒᆞᆫ 十二活佛이 有ᄒᆞ야 愛國愛同胞의 熱心으로 大東三千里에 大慈悲를 **施ᄒᆞ니**

→이제 열두 활불이 잇셔셔 나라ᄅᆞᆯ ᄉᆞ랑ᄒᆞ고 동포를 ᄉᆞ랑ᄒᆞ야 삼쳔리 동토에 크게 ᄌᆞ비ᄅᆞᆯ **베프럿스니** (1908.10.17)

위의 예문들은 모두 과거의 일에 대해 기술하고 있는데 국한문판의 문장에는 시제 선어말어미가 쓰이지 않은 반면 국문판 문장에는 '-엇-'이 사용됨으로써 과거의 사건이라는 점이 명시적으로 드러나 있다. 이러한 선어말어미 대응상의 차이를 통해 국한문판의 문장이 시제가 중화된 언해문의 문체를 답습하고 있는 반면 국문판의 문장은 시제를 분명히 드러내는 경향이 있었음을 알 수 있다.

2) 조사

국한문판에 쓰인 조사를 격조사, 보조사, 접속조사로 나누어 각각이 국문판에서 어떻게 번역되었는지를 분석해 보았다. 같은 조사로 번역된 경우, 다른 유형의 조사로 번역된 경우, 생략된 경우(∅) 등을 분석했는데 〈표 3〉에 나타난 것처럼 격조사가 같은 격조사로 번역된 비율이 80%, 보조사가 같은 보조사로 번역된 비율이 91%, 접속조사가 같은 접속조사로 번역된 비율이 77%로 대체로 번역 시의 일치도가 높은 편이었다. 이 글에서는 동일 조사로 번역되지 않은 사례들을 중점적으로 살펴보겠다. 한편 〈표 3〉의 제일 아래 칸에 국한문판의 조사가 '∅'로 표시된 것은 국한문판에는 조사가 쓰이지 않았지만 국문판으로 오며 격조사, 보조사, 접속조사가 추가된 경우에 해당한다.

유형별 번역 대응 관계는 아래서 자세히 살펴보기로 하고, 〈표 3〉에서 확인되는 대체적인 경향을 찾아보자면 국한문판에서 일단 실현된 조사는 번역 과정에서 누락되는 일이 거의 없었다는 사실을 알 수 있다. 격조사, 보조사, 접속조사 각각이 국문판에서 '∅'에 대응된 경우는 용례 수로는 7개, 1개, 0개였다. 반면 국한문판에는 조사가 쓰이지 않았지만 번역 과정에서 첨가되는 예는 총 86개로 나타났는데, 첨가된 조사는 대부분 격조사와 접속조사였다.

(1) 격조사

국한문판에 쓰인 격조사가 국문판에서 다른 격조사로 번역된 경우에 대해 살펴보겠다. 이때 동사나 형용사의 격틀이 달라지면서 그에 따라

〈표 3〉 조사 유형별 번역 양상(국한문판에 출현한 조사를 기준으로 함)

국한문판	국문판	빈도	비율	
격조사	→ 같은 격조사	741	80%	100%
	→ 다른 격조사	129	14%	
	→ 보조사	48	5%	
	→ 접속조사	1	0%	
	→ ∅	7	1%	
보조사	→ 같은 보조사	168	91%	100%
	→ 다른 보조사	0	0%	
	→ 격조사	14	8%	
	→ 접속조사	1	1%	
	→ ∅	1	1%	
접속조사	→ 같은 접속조사	10	77%	100%
	→ 다른 접속조사	0	0%	
	→ 격조사	3	23%	
	→ 보조사	0	0%	
	→ ∅	0	0%	
∅	→ 격조사	64	74%	100%
	→ 보조사	6	7%	
	→ 접속조사	16	19%	

격조사가 달리 선택된 것은 조사 자체의 문제라기보다 격틀이라는 관점에서 논의해야 할 부분이므로 이에 대해서는 뒷부분의 통사론적 분석에서 자세히 다루기로 하고, 여기서는 조사와 조사의 대응 차원에서 살펴볼 수 있는 문제에 초점을 두기로 한다.

현대국어에서 '학교, 정부, 기업' 등의 단체명사는 주격 조사로 '에서'를 취하기도 하는데, 격조사 대응 관계를 살펴보면 국한문판에서는 단체명사 '회사, 정부'에 주격 조사 '가'가 결합된 반면, 국문으로 번역되면서 '에서'로 바뀐 예들이 나타났다.

又 會社가 其 營業에 必要훈 土地를 借入코져 홀 時도

→ 쏘 회사에셔 영업에 긴요훈 쌍을 빌어 쓰고져 홀 쌔에도 (1908.10.17)

韓日兩國政府가 會社에 對ᄒ야 決코 不許ᄒᄂ 빈라

→ 한일 량국 정부에셔 결단코 회사에 허락지 아니홀 터이라 (1908.10.17)

이러한 격조사 대체 현상은 주격 조사 '에서'가 구어에서 널리 쓰이고 있었기 때문이라 생각된다.

한편, 국한문판의 문장에서 쓰인 '의'가 국문판에서는 '가'로 대체된 경우도 확인된다.

然이나 余ᄂᄂ [商界人物의 尤然흠]을 切歎ᄒ노라

→ 그러나 나는 [쟝ᄉᄒᄂ 인물들이 우심히 그러훈 거슬] ᄀ절히 탄식ᄒ 노라 (1909.7.2)

義兵의 增加ᄂᄂ 自然훈 結果로다

→ 의병이 더 만하지기ᄂ ᄌ연훈 형셰로다 (1907.9.18)

會社의 成立은

→ 회사가 셩립됨은 (1908.10.17)

이러한 예들은 국한문 문장의 명사구 표현이 국문 문장에서 좀 더 풀어서 번역되며 명사절로 실현되는 과정에서 일어난 조사의 교체에 해당한다.

격조사 대응 양상에서 또 한 가지 살펴볼 점은, 국한문판에서는 격조사가 사용되지 않았는데 번역 과정에서 특정 격조사를 삽입하는 경향이 있었다는 점이다. 이러한 변화는 '가', '에', '의' 첨가가 주를 이뤘다. 아래는 '가' 첨가의 예로, 명사구 단위에 첨가되기도 했고 명사절 단위에 첨가되기도 했다.

島致院은 長 八十里 廣 二十里의 巨野라

→ 됴치원은 **길이기가** 팔십 리오 **광이** 이십구 리 되는 큰 물이라 (1909.7.2)

韓人에는 西文西史에 精通호 者를 壹二人도 **得키** 難호며

→ 한국 사름에는 셔국 글과 셔국 력스에 정통호 쟈를 흔두 사름도 **엇기가** 어렵고 (1908.7.9)

다음은 부사격 조사 '에'가 첨가된 예로, ㉠은 장소 명사구에, ㉡은 시간 명사구에 첨가된 예이다.

㉠ 豊湖里 → 풍호리에

　韓國皇城닉 → 황성 안에

　全南 → 젼라남도에

㉡ 近間 → 근일에

　昔者 → 녯젹에

　數千年 → 수천 년 간에

다음으로 '의'의 첨가를 보여주는 예들을 살펴보겠다.

㉠ 陶淵明 詩에 日月依時至

→ **도연명의 시에** 절긔가 째를 쓰라셔 니르니 (1908.8.5)

ⓛ 前日 老人 土耳其가 忽然 靑年 土耳其가 되고

→ **젼일의 로인** 토이기가 홀연 쇼년 토이기가 되고 (1909.6.5)

ⓒ 國民的 大事業을 經營ᄒ야

→ **국민의 큰** ᄉ업을 경영ᄒ야 (1908.8.5)

ⓔ 自古靑史에 名譽的 紀念碑를 堅ᄒ 英雄兒들이 其誰가 流血中出來ᄒ 者 아니던가

→ **녜로브터 스긔에 명예의 긔념비를** 셰우는 영웅들이 그 누가 피를 흘닌 딕셔 나지 아니ᄒ엿스리오 (1908.5.16)

위의 예에서 ⓣ과 ⓛ은 아무 표지 없이 선행 명사구가 후행 명사구를 수식하는 국한문 문장이 국문으로 번역되는 과정에서 '의'가 첨가된 예이다. 속격을 나타내는 조사 '의'를 첨가함으로써 앞말과 뒷말의 관계를 보다 분명히 나타내기 위한 조치로 보인다. 특히 ⓛ의 경우는 '의'가 없다면 '젼일'이 부사어로도 해석 될 여지가 있으므로 속격임을 분명히 하기 위해 번역 과정에서 '의'를 추가한 것으로 생각된다. 또한 ⓒ과 ⓔ은 국한문 문장의 '的'에 대응되는 표현으로 '의'가 쓰인 것인데 '的'이 명사구 간의 수식을 나타내는 한문의 문법 요소이므로 이를 한국어에 맞게 고친 것이다.

이러한 격조사의 첨가를 통해 문장 내에서 해당 명사구가 담당하던 기능을 보다 명시적으로 나타내 글의 흐름을 매끄럽게 하고 자연스러운 한국어 문장을 구사함으로써 독자들의 이해를 도울 수 있었을 것으로 생각된다.

(2) 보조사

보조사와 관련해 눈에 띄는 점은 국한문판의 격조사가 국문판에서 보조사로 번역되면서 문장의 의미가 보다 분명하게 살아나는 경우가 많았다는 것이다. 이 경우 대부분 주격 조사 '가'가 보조사 '는'으로 번역된 예들이었다.

 ㉠ 吾儕가 心香을 捧ㅎ고 頂祝ㅎ노라

→ 우리는 향ㅅ불을 밧들고 축원ㅎ노라 (1909.2.3)

 ㉡ 彼가 果然 何天에 落來ᄒ 妖魔인가

→ 뎨희는 과연 어느 하늘에서 써러져 느려온 요마ᄒ 마귀인가 (1909.12.8)

 ㉢ 求道의 心이 切ㅎ민 神光이 其臂를 斷ㅎ며 保敎의 願이 大하민 異斯夫가

  其頸를 斫ㅎ며

→ 도를 구ㅎ는 ᄆᆞ음이 근절ㅎ민 신광이라 ㅎ는 사름은 ᄌᆞ긔팔을 ᄭᆞᆫ헛스

  며 교를 보전홀 소원이 크민 이스부라 ㅎ는 사름은 ᄌᆞ긔목을 버혓고

  (1908.5.16)

 ㉣ 當場에는 費用이 多ㅎ고 和益이 少ᄒ지라

→ 당장에는 공비만 만코 리익은 적은지라 (1909.7.2)

㉠과 ㉡은 주격 조사 '가'가 보조사 '는'으로 번역된 예이다. '가'를 '는'으로 번역함으로써 '우리'와 '뎨희'가 문장의 주어라는 것 외에도 문장의 주제임이 드러난다. ㉢은 여러 인물들에 대해 소개하는 부분인데, 국한문판에서는 인물의 이름에 '가'를 결합시켜 '신광'과 '이사부' 각각에 대한 내용을 기계적으로 접속시킨 반면, 국문판에서는 보조사

'는'을 사용해 대조의 의미를 살리며 두 인물 각각의 특징을 부각시켰다. ㉣의 경우 '費用'과 '和益'을 대조하는 맥락에서도 주격 조사 '가'만 사용한 반면, 국문으로 번역되면서는 '공비'에는 '만'이 '리익'에는 '는'이 결합되어 두 대상을 대조하는 의미를 더 잘 살려냈다.

(3) 접속조사

접속조사의 대응 양상에서 살펴볼 점은 국한문판에는 없는 접속조사가 국문판에 추가된 경우이다.

㉠ 全南 金亨玉 朴元奎 咸南 趙根浩 朴熙豊 咸北 孫瑞獻 韓弘석 諸氏가 是也라

→ 전라남도에 김형옥 박원규 씨와 함경남도에 죠근호 박희풍 씨와 함경북도에 손셔헌 한홍셕 씨 등이라 (1908.10.17)

㉡ 個人의 事業, 國家의 事業을 無論ᄒ고

→ 개인의 ᄉ업과 국가의 ᄉ업을 물론ᄒ고 (1908.5.16)

㉢ 軍兵들이 婦女 及 幼兒를 亦殺ᄒ다ᄂ 報道가 亦有ᄒ나

→ 일병들이 부인과 ᄋ희들을 쏘ᄒ 죽엿다ᄂ 말이 잇스나 (1907.9.18)

㉠은 국한문판에서 아무런 표지 없이 명사구가 나열되었는데 국문판에서는 중간에 접속조사를 사용한 경우, ㉡은 국한문판의 쉼표가, ㉢은 '及'이 국문판에서 '과'로 바뀐 경우이다. 이러한 접속조사의 첨가는 앞서 살펴본 격조사의 첨가와 마찬가지로 문장의 의미를 좀 더 정확히 하며 동시에 한국어 문법에 맞는 문장을 작성하기 위한 조치였다고 생각된다.

3. 통사론적 비교 분석

1) 문장 경계

국한문판과 국문판의 문장 경계는 대체로 일치했지만, 일부 경계가 달라진 경우도 있었다. 국한문판에서 하나의 문장이 국문판에서는 둘 이상으로 나뉘기도 했고 또 그 반대의 경우도 있었다. 양 방향으로의 변화가 비슷한 비중으로 나타나 번역 과정에서 문장의 길이가 두드러지게 짧아졌다거나 하는 경향은 보이지 않았다. 문장 경계의 변화와 관련해 특징적이라고 볼 수 있는 현상은 '故로', '然則' 등의 특정한 표지가 있을 때 번역 과정에서 문장 경계를 나누는 경향이 있었다는 점이다.

아래의 예문들에서 '‖'로 표시된 부분들이 이러한 변화를 보여주는데, 국한문판에서는 한 문장이지만 국문판에서는 두 문장으로 나뉘어 있다.

㉠韓人이 外國 學術을 研究코자 하야도 語학을 舍하고는 不能홀지며 外國政治를 考察코자 ᄒ야도 語학을 舍하고는 不能홀지며 其他 壹切 外國文明을 輸入홈에 不得不 語학으로 紹介物을 作홀지 즉 語학의 爲用이 誠亦大흔 바니 ‖ 然則 語학에 天才有흔 韓人이 文明吸收홈에 事半功倍의 效果를 收홀 터인대

→한국 사름이 외국 학슐을 연구코져 ᄒ여도 어학이 업고는 능히 홀 수 업슬 거시오 외국 정치를 샹고코져 ᄒ여도 어학이 업고는 능히

홀 수 업슬 거시며 그 외에 일톄 외국 문명을 슈입코져 ᄒ여도 부득
불 어학으로 쇼개ᄅ를 ᄒ여야 능히 홀 거신즉 어학의 쓰임이 ᄯ흔 크
도다 ‖ **그런즉** 이 어학의 텬직가 잇ᄂ 한국 사ᄅᆷ이 문명을 흡슈ᄒᄂ
ᄃ 슈반 공비의 공효를 엇을 거시어ᄂᆯ (1908.7.9)

㉡ 昔者 高句麗 嬰陽王時에 隋王 楊廣이 東侵ᄒᆯ시 乙支文德 麾下?七個道僧이
有ᄒ야 淸川江水ᄅ를 平地로 幻作ᄒ고 隋兵 壹百三十萬名을 此에 誘入ᄒ야
沒數溺死케 ᄒ야 東國戰史上에 壹大名譽를 貽ᄒᆫ **故로** ‖ 當時에 此七人을
七活佛로 尊奉ᄒ얏다 ᄒ나

→ 녯적에 슈양뎨가 고구려ᄅ를 침범ᄒᆯ 제 고구려 대쟝 을지문덕의 휘하
에 도승 닐곱이 잇셔셔 청천강물을 말녀 평디ᄅ를 ᄆᆫ들고 슈ᄉ나라 군
ᄉ 일빅 삼십만 명이 반쯤 건너올 째에 물이졸디에 ᄂ려오게 ᄒ니
슈ᄉ나라 군ᄉ가 몰수히 ᄲᅢ져 죽은지라 ‖ **이런고로** 당시에 인민들
이 이 닐곱 도승을 닐곱 활불노 존봉ᄒ엿다더니 (1908.10.17)

위의 예에서 ㉠은 "然則"을 기준으로, ㉡은 "故로"를 기준으로 문장의
경계가 달라졌고 국문 번역문에도 "그런즉", "이런고로"와 같이 앞뒤의
논리적 연결 관계를 나타내 주는 표현이 쓰였다.

한편, 아래의 예처럼 국한문판에서는 두 문장이지만 국문판에서는
한 문장으로 합쳐진 경우도 있었다.

㉠ 故로 會社가 定款 第五十二條 第二號에 依ᄒ야 其 營業에 必要ᄒᆫ 土地를 買
入코즈 홀 時ᄂ (…중략…) 其 土地를 買入홈이 强制的의 方法을 用홈이
無ᄒ지라 ‖ **故로** 韓國人은 會社로 因ᄒ야 自己의 所有ᄒᆫ 토地에 侵害를

被홈이 無홀지오

→그런고로 그 회샤는 그 회샤 뎡관 뎨 오십이됴 뎨 이호딕로 그 영업
에 필요흔 토디를 사고져 흐면 (…즁략…) 억지로 흐는 방법을 쓰지
아니홀 **터인즉** ‖ 한국인은 그 회샤로 인흐야 즈긔의 싸를 침해흐는
폐단을 밧지 아니홀 거시오 (1908.10.17)

ⓛ其 希望者는 日本人이나 韓國人이나 其 區別을 設치 아니홈이라 ‖ **然이나**
他所에 移住흐기를 希望흐는 韓國人을

→그 이쥬코져 흐는 쟈는 일본인이나 한국인이나 구별홈이 업스나 ‖
그러나 이곳으로 이쥬코져 흐는 쟈를 (1908.10.17)

이 경우에도 문장의 경계에는 '故로', '然이나'와 같이 논리적 연결 관
계를 나타내는 표지가 있었고 번역 과정에서 '-ㄴ즉', '그러나'로 표현
은 바뀌었지만 인과 관계, 연접 관계를 나타낸다는 점에서는 마찬가지
였다.

그 외에도 '噫라'와 같은 감탄표현을 기준으로 문장 경계가 달라지기
도 했다.

此가 反히 無妨흐다 흐니 ‖ 噫라 是何言 是何言고

→이거시 도로혀 무방흐다 흐는지라 ‖ 슯흐다 이거시 무슴 말이뇨
(1909.7.2)

血의 價値도 不知흐는 一愚人이라 흐노니 ‖ 噫라 此血이 雖微나 熱騰的 奮鬪
的 積極的이오

→피가 귀흔 줄 알지 못흐는 흔 어리셕은 사름이라 ‖ 슯흐다 이 피가 비

록 적으나 쓰겁게 슬는 피오 분발ᄒ야 싸오는 피며 쌋키를 극진히 흘 피라 (1908.5.16)

위의 예에서 국한문 문장의 경우 '噎라' 앞에서 문장이 종결되지 않고 연결어미가 쓰였지만 국문 문장을 보면 '噎라'에 대한 번역인 '슯흐다' 앞에서 문장이 종결되어 문장 경계가 달라진 것을 알 수 있다.

2) 절

국한문판과 국문판의 문장은 모두 접속절이 길게 나열되는 방식으로 작성되는 것이 일반적이었다. 따라서 접속절의 경우는 두 판본 간의 별 다른 차이가 보이지 않지만, 내포절, 그중에서도 특히 명사절과 관형절 의 사용 양상에서는 뚜렷한 차이를 보였다. 일단 사용 빈도를 비교해 보 면, 관형절과 명사절 모두 국문판에서의 사용 빈도가 국한문판에서보다 2배가량 높게 나타났다.

이러한 대응 양상은 두 판본의 논설들이 주제와 내용이 동일하고 거 의 모든 문장이 1대 1로 번역되었다는 점에 비추어 볼 때 매우 특징적인 면이라 할 수 있다. 국문판에서 사용된 모든 관형절에 대해 국한문판의 대응 부분을 조사해 본 결과, 전체 311회 중 167회(53.7%)는 '自然흔' 을 '즈연흔'으로 번역하는 것처럼 국한문판의 관형절을 그대로 번역한 경우였으며, 나머지 144회(46.3%)는 국한문판에 없는 관형절이 새롭게 추가된 경우였다.[7] 이처럼 국문판에 쓰인 관형절의 절반 정도는 국한문

〈표 4〉 국한문판과 국문판의 관형절 및 명사절 사용 빈도

	국한문판	국문판
관형절	175	311
명사절	45	86

판을 그대로 번역한 것이고 나머지 절반은 번역 과정에서 새로 추가된 것이었다.

번역 과정에서 관형절이 생겨난 경우는 주로 국한문판의 한자어 단어나 한문구를 풀어서 번역한 경우였다. 국한문판에서는 한 단어로 사용된 '惡果'가 국문판에서는 '악흔 결과'로 번역되거나,[8] 국한문판의 한문구가 '天才二字'에서 '텬지라 흐는 두 글즈'로 번역되었는데, 이 과정에서 관형절을 사용하게 된 것이다. 아래의 ㉠은 한자어, ㉡은 한문구가 국문판에서 관형절의 수식을 받는 명사구로 번역된 예들이다.[9]

㉠淸光을 → 맑은 빗츨

同盟書를 → 동밍흐는 글을

動機가 → 운동홀 긔틀이

過渡의 → 지나가는 길에

---

7 한편 국한문판에 쓰인 관형절이 국문으로 번역되며 없어진 경우는 총 8회로, 이는 대부분 '明白흔 → 명빅흐고', '不關흔 → 샹관 업고'와 같이 접속절로 바뀌어 번역된 경우였다.

8 한자어의 뜻을 풀어 쓴 경우는 아니지만, 국한문판에서 사람을 지칭하는 고유명사가 순한글판에서는 '-라 흐는 사름'으로 번역되면서 관형절이 추가되기도 하였다.
예) 神光이 → 신광이라 흐는 사름은, 異斯夫가 → 이스부라 흐는 사름은, 吳起가 → 오긔라 흐는 사름은

9 한편 국한문판에 사용된 한자어 중 풀어서 번역하지 않고 '經營 → 경영, 光榮 → 영광, 國家 → 국가, 國民 → 국민, 同胞 → 동포, 文明 → 문명, 商業 → 샹업'과 같이 한자음으로 그대로 번역한 경우도 있었다. 이런 경우는 비식자층이 한글 표기로 읽고도 그 뜻을 바로 알 수 있을 정도로 일반화된 한자어였다고 생각된다.

ⓛ彼嘲侮者의 → 뎌 죠롱ᄒ고 업수히 녁이는 쟈의

詩人墨客이 → 시 짓는 사람과 글 ᄒ는 손들이

盖革新者는 → 대개 혁신을 쥬쟝ᄒ는 쟈는

該會社重役의게 → 그 회샤의 놉흔 임원에게

국한문판과 국문판의 관형절 사용 양상의 차이는 독자층의 분화와 관련된 것으로 보인다. 즉 국한문판의 주 독자층인 지식인들은 한문구나 한자어 단어들을 이해하는 데 문제가 없었지만, 한문을 모르는 일반 대중들을 위해서는 이를 최대한 쉽게 풀어서 번역할 필요가 있었으며, 이 과정에서 관형절의 사용이 증대된 것이다.

한편, 국문판에서는 국한문판에 비해 명사절이 두 배 이상 많이 사용되었다. 국문판에 사용된 명사절을 국한문판의 대응 부분과 비교해 본 결과, 명사절이 나타난 86회의 쓰임 중 국한문판의 명사절이 그대로 명사절로 번역된 경우가 30회(34.9%)였고, 나머지 56회(65.2%)는 국한문판의 대응 부분이 명사절이 아니었다. 국문판에 사용된 관형절의 절반가량이 국한문판의 관형절에 대응되었던 것과 비교해 보면, 명사절의 경우는 국문판의 명사절이 국한문판 명사절에 대응되는 비율이 훨씬 낮은 것을 알 수 있다. 번역 과정에서 새롭게 나타난 명사절은 국한문판의 한자어나 한문구를 번역하는 과정에서 생겨난 것이었다.

국어의 명사절은 명사형 어미 '-음'이나 '-기'로 이루어지기도 하고 관형절의 수식을 받는 의존명사 '것' 구성으로 이루어지기도 하는데, 한자어나 한문구를 번역하는 과정에서 나타난 명사절에는 이 세 유형이 모두 사용되었다. 사용 빈도로 볼 때에는 '것' 의존구성 명사절이[10] 25

회로 가장 많았고, '-음' 명사절이 19회, '-기' 명사절이 11회 사용되었다. 아래의 ㉠은 '것' 명사절, ㉡은 '-음' 명사절, ㉢은 '-기' 명사절이 번역 과정에서 생겨난 예들이다.

㉠ 流派는 → 흐르는 거슨

儲置가 → 싸흔 거시

遠近의 → 멀고 갓가온 것이

商界利害는 → 상업계에 리를 보고 해를 보는 거슨

自國滅亡을 → 나라의 멸망ᄒ 거슬

㉡ 盛衰와 → 셩ᄒ고 쇠흠과

存滅은 → 보존ᄒ고 멸망흠은

交通이 → 교통흠이

進步가 → 진보흠이

㉢ 發達를 → 발달ᄒ기를

修補가 → 슈보ᄒ기는

惟祖國滅亡을 → 조국을 멸망ᄒ기만

---

10 엄밀히 말해 '것'은 명사형 어미가 아니므로 명사절을 이루는 표지로 보기 어렵다. 하지만 학교문법에서 '-음', '-기'와 더불어 '것' 명사절을 설정하고 있으며 실제로 관형절의 수식을 받는 의존명사 '것' 구성이 '-음' 명사절 또는 '-기' 명사절과 대치되는 경우가 많으므로 이 글에서는 '것' 명사절을 분석 대상에 포함시켰다.

3) 격틀

격틀이란 특정 서술어가 하나의 완결된 문장을 이루기 위해 꼭 필요로 하는 논항의 종류와 수, 배열 등을 구조화하여 나타낸 것으로, 문장을 이루는 가장 기본적인 뼈대이다. 교착어인 한국어의 경우는 문장 내에서 논항의 역할이 조사로 표현되기 때문에 한국어의 격틀에는 서술어별로 요구되는 논항과 각 논항에 결합되는 격조사가 포함되게 된다. 이절에서는 국한문판의 동사와 형용사가 국문판으로 번역되면서 그 격틀을 그대로 유지하는지, 아니면 다른 격틀로 변화하는지, 변화할 경우 그원인은 무엇인지에 대해 논의해 보고자 한다.

분석 결과, 번역 과정에서 나타나는 격틀의 변화는 미미한 정도였고거의 대부분 국한문판 문장의 격틀이 국문판에서도 그대로 유지되었다. 분석 대상 645개 격틀 중 623개(96.6%) 격틀이 국한문판과 국문판에서동일하게 나타났고, 나머지 22개(3.4%)에서 격틀의 변화가 확인되었다. 다음은 번역 과정에서 격틀에 변화가 있는 예들이다.[11]

> ㉠NP1이 NP2를 NP3에 驅入ᄒ다→NP1이 NP2를 NP3로 몰아넣다
>
> 全國同胞를 悲境에 驅入ᄒ고→ 전국동포를 비참ᄒ 디경으로 모러넛코
> 도 (1909.12.8)

---

11 아래의 예와 같이 동사가 피동형에서 능동형으로, 능동형에서 피동형으로 바뀌면서 격틀이 달라진 것은 동일한 동사에 대한 격틀이라 보기 어렵기 때문에 격틀 변화의 분석대상에서 제외하였다.
   예) 皇室이 尊崇된다 → 황실을 존숭ᄒ다 (1909.12.8)
   예) 保護의 羞恥가 脫却된다 → 보호국의 슈치를 버셔 ᄇ린다 (1909.12.8)

ⓛ NP1이 NP2에 適ᄒ다→NP1이 NP2로 가다

異國에 適코져 ᄒᄂᆞᆫ 者ᄂᆞᆫ→**타국으로** 가고져 ᄒᄂᆞᆫ 쟈ᄂᆞᆫ (1910.8.9)

ⓒ NP1이 NP2으로 來到ᄒ다→NP1이 NP2로브터 오다

可信ᄒᆯ 報道가 **自地方으로** 來到ᄒᆞᆫ 바→가히 밋을 만ᄒᆞᆫ 쇼식이 **디방으로**

브터 왓ᄂᆞᆫᄃᆡ (1907.9.18)

이러한 경우 중에는 ㉠, ⓛ과 같이 '에'와 '로'의 교체가 대다수를 차지했는데, 장소 명사구에 결합된 부사격 조사 '에'와 '로'가 문맥에 따라 교체되어 쓰일 수 있다는 점은 현대국어에서와 다르지 않다. 그리고 ⓒ과 같이 논항 '地方'이 출처에 해당한다는 점을 보다 분명히 나타낼 수 있도록 번역 과정에서 '으로'가 '으로부터'로 바뀌어 번역된 경우도 한 예가 발견되었다. 이 경우 한문에서 기원을 나타내는 문법 요소 '自'가 '브터'로 번역된 것으로 보인다.

격틀의 측면에서 볼 때에는 국한문과 국문이라는 문체에 따른 특징적인 차이는 발견되지 않았으며, 대부분이 국한문판의 격틀을 그대로 유지하거나, 일부 부사어로 쓰인 논항에서 '에'와 '로'의 교체가 확인되는 정도였다.

4. 결론

근대전환기의 지식인들은 종래의 한문을 대체할 새로운 글쓰기 모델을 찾고자 했다. 당대의 맥락에서 볼 때 순 국문 문장도 국한 혼용 문장도 나름의 한계를 가지고 있었고 그 한계를 보완해 가기 위한 문체적 실험이 지속되었다. 이러한 문체의 실험장에서 동일한 내용의 기사를 국한문판과 국문판으로 동시에 발행한 『대한매일신보』의 시도는 문체사적으로 매우 흥미로운 사례에 해당한다.

이 글에서는 번역 대응 관계를 보이는 여러 논설 중 열흘 치만을 대상으로 일종의 샘플 분석을 시도해 보았다. 형태론적 관점에서 어미와 조사의 대응 관계를 분석해 보았으며 통사론적 관점에서 문장의 경계, 절과 격틀의 실현 양상을 분석해 보았다. 샘플 분석에서 유의미한 결과를 얻지 못한 부분도 있지만 몇 가지 점에서는 1900년대 초 국한문체와 국문체의 특징을 보여주는 결과를 얻기도 했다.

『대한매일신보』 국한문판과 국문판의 번역 대응 문장들을 형태론적 관점에서 분석해 보면, 국한문판에서는 구결문의 토에 가까울 정도로 최소한의 조사와 어미만이 사용된 반면, 국문으로 번역이 이루어지면서 국한문판에는 없던 다양한 문법 형태들이 첨가되는 양상이 보였다. 국문 번역 과정에서 첨가된 문법 형태들은 문장 내 논항들의 의미 관계를 보다 분명히 드러내 주거나 시간적 정보 등 명제 내용의 맥락적 정보를 강화해 주었다. 또한 국문 번역 과정에서 조사나 어미의 형태가 보다 다양화된 것을 볼 때 언해문 투의 전형적인 문어체에는 잘 쓰이지 않았지만 구어에서는 널리 쓰이던 문법 형태들이 국문판 문장에 실현된 것으로 보인다. 이러한 대응 관계로 볼 때 국문으로의 번역 과정에서 문법 형태가 발달되어 있는 국어의 특성을 적극 살리려는 의식적인 노력이 있었음을 짐작해 볼 수 있다.

『대한매일신보』 국한문판과 국문판의 번역 대응 문장들을 통사론적 관점에서 분석해 보면, 문장의 길이나 격틀 측면에서는 문체에 따른 뚜렷한 경향성이 보이지 않았다. 그러나 절의 사용 양상, 특히 명사절과 관형절의 쓰임은 문체에 따라 두드러진 차이를 보였다. 국한문판에 사용된 한자어나 한문구가 국문판에서는 절 단위로 풀어서 번역되었으며 그 과정에서 관형절과 명사절의 사용이 급증한 것이다. 이러한 차이는 국한문체와 국문체 문장의 통사구조상의 특징 때문이라기보다 번역 과정에서 이루어진 한자어 및 한문구에 대한 수용 여부 판단의 결과라 할 수 있다.

제2장

『시문독본』과 시문체*

1. 서론

  '문체의 각축장'이라 불러도 좋을 만큼 다양한 문체적 시도가 이루어지던 20세기 초 한국의 잡지 지면에 '시문時文'이라는 용어가 등장하기 시작했다. '시문時文'이라는 표제어를 게일James Scarth Gale(1863~1937)의 『한영ㅈ뎐』(1931)에서 "Modern writings; contemporary writings"로 풀이한 것이나 문세영文世榮(1888~?)의 『조선어사전』(1938)에서 "당시 일반이 널리 쓰는 글. 그 시대에 쓰는 글"이라고 풀이한 것을 볼 때, '시문'이라는 표현이 쓰였다는 것은 당대인들에게 '일반적'이라 인식될 만한 어떤 문장의 틀이 존재했다는 의미로 해석될 수 있어 보인다.

  그동안 시문체는 "개념어는 한자를 섞어 쓰되 한글로 풀어 서술하는

---

* 이 장의 내용은 안예리(2012)를 수정하고 보완한 것이다.

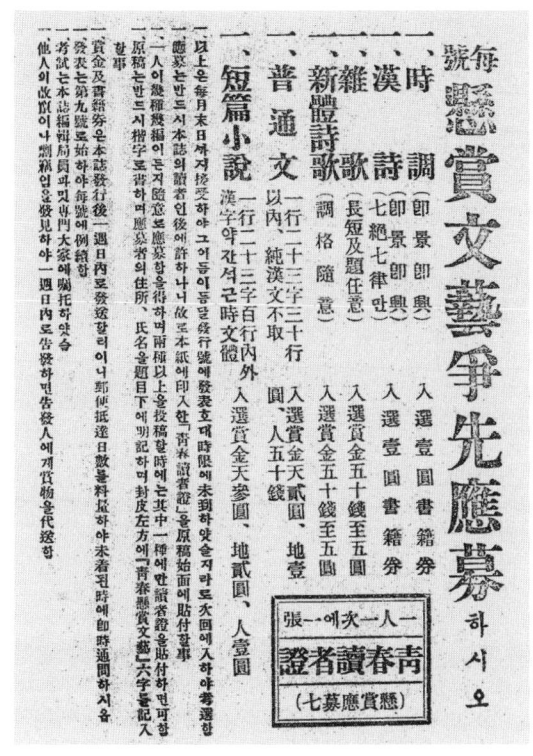

〈그림 1〉『청춘』제7호의 현상문예 공고 (1917.5)

문체"로 알려져 왔는데(구자황 2004:101~102) 이는 잡지사의 현상문예
공모에서 언급된 문체 요건을 근거로 한 것이었다. 〈그림 1〉은 1917년
5월에 발행된『청춘』제7호에 실린 현상문예 공고로, '시조, 한시, 잡가,
신체시가, 보통문, 단편소설'의 여섯 개 부문에 대해 상금을 걸고 글을
모집하였다. 그중 보통문과 단편소설에 대해서는 문체적 요건을 명시하
였는데 보통문에 대해서는 "純漢文不取", 단편소설에 대해서는 "漢字 약
간 석근 時文體"라는 단서를 붙였다.

'시문체'라는 용어는『청춘』의 현상문예뿐 아니라 다른 잡지사의 기고문 공고에도 등장한다. 1922년 1월에 발행된『개벽』제19호의 편집 후기에 실린 기사 모집에 관한 공고를 보면 다음과 같이 문체에 관한 요건으로 '時文體'를 들었다.

寄稿歡迎

본사에 기고하시는 諸氏는 左의 사항을 주의하시웁

一, 투고범위 언론·학술·종교·문예

一, 문체 鮮演文交作時文體

一, 투고기한 매월 10일 이내

一, 편집권한 添削·停載

(투고인이 혹 익명을 하고저 할지라도 본사에까지는 주소 氏名을 명기하야 통지함을 요함)

『개벽』의 경우 문예뿐 아니라 언론, 학술, 종교 등 모든 장르의 기고문에 대해 문체 요건으로 '선연문 교작 시문체鮮演文交作時文體'를 명시하였다. '선연문'은 널리 쓰인 용어는 아니었는데 한자의 의미로 보면 '조선어 연설체 문장'의 뜻으로 이해된다. 그렇다면 개벽시기 기고문 문체로서 요구한 것은 '조선어 연설체 문장을 섞은 시문체'가 된다. 연설은 공적 구어에 해당하므로 사적 대화에서 사용되는 구어가 아니라 불특정 다수를 대상으로 하는 구어체를 잡지 기고문의 표준적 문체로 제시한 것이다.

하지만 이러한 잡지사 공고문만으로는 '시문체'의 구체적인 실체를 파악하기 어렵다.『청춘』에서는 '한자 약간 섞은 시문체'라 하였고『개벽』에서는 '선연문 교작 시문체'라 하였는데 두 경우 모두 '시문체' 자체를 내세운 게 아니라 '어떠어떠한 시문체'라고 하여 단서에 해당하는 수식어를 덧붙였다. 그러니까 따지고 보면 한자를 약간 섞어 쓰라거나 선연문을 교작하라는 것이 구체적인 지시사항이지 '시문체'라는 표현은 실질적인 의미를 갖는다고 보기 어렵다.

'시문'이라는 용어는 1916년에 신문관新文館에서 발행된 육당 최남선崔南善(1890~1957)의 『시문독본時文讀本』이라는 책에서도 확인된다. 『시문독본』의 예언例言을 보면 이 책이 "時文을 배호는 이의 階梯"가 될 법한 글들을 선별해 편찬되었다고 밝혔다. 잡지사의 공고문과 달리 '시문'의 구체적인 예에 해당하는 글들을 수록하고 있으며 발행의 목적 자체가 시문의 작성법을 가르치고 시문체의 모범을 보이기 위한 것이었다는 점에서 『시문독본』에 대한 분석을 통해 '시문체'의 실상을 구체적으로 드러낼 수 있을 것으로 기대된다.[1] 구자황(2004:101~102)은 시문체가 『청춘』의 '현상문예'를 통해 실험되었다면 『시문독본』은 이를 "엄격한 제도적·표준적 준거"로서 모색한 결과물이었다고 평가하였는데, 본고의 연구를 통해 그 '제도적'이고 '표준적'인 측면의 구체적인 실상을 밝

---

1 『시문독본』이 발행되기 이전에도 『신정심상소학新訂尋常小學』(1896), 『국민소학독본國民小學讀本』(1897) 등의 독본이 있었지만 『시문독본』은 유독 "최초의 근대적인 문범文範 입문서"로 평가되고 있다(박진영 2009:386). 이는 그 이전의 독본들이 문해력에 중점을 두었던 반면 『시문독본』은 이를 탈피해 "문해력 차원의 독본에서 표현력 차원의 독본으로 나아가는 지점에" 있었기 때문이다(구자황 2004:98). 최남선은 『시문독본』을 통해 글의 내용 차원에서만이 아니라 문장 작법의 차원에서도 모범을 제시하고자 했던 것이다. 『시문독본』은 1916년에 초판이 나온 이후로 1926년에 이르기까지 10여 년 동안 제8판까지 발행되었을 정도로 널리 읽혔다. 이러한 발행 현황을 볼 때 "한글 문장의 전범典範을 형성·보급시키"(문혜윤 2008:150)려던 육당의 의도, 즉 시문체의 확산은 일정한 결실을 보았을 것으로 생각된다.

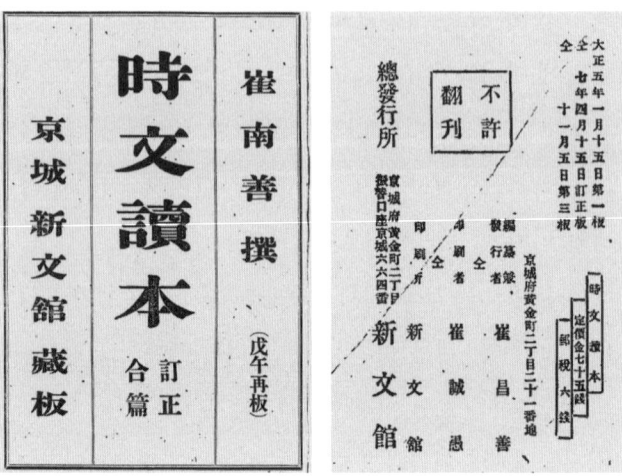

〈그림 2〉『시문독본』 제3판 속표지와 판권지

혀 보고자 한다.

　발행 과정에서 내용상의 큰 변화가 있었던 것은 초판에서 1918년의 정정판訂正版으로의 개찬改撰 과정이며(박진영 2009:388) 그 후에 발행된 4권 1책의 정정 합편訂正合編들은 모두 정정판을 근거로 하고 있다. 이 연구에서 분석 대상으로 삼은 판본은 1918년 11월 5일에 발행된 제3판으로 하버드-옌칭연구소Harvard-Yenching Institute 소장본이다.[2]

2　국내의 경우 『시문독본』 제3판은 서울교육사료관, 이화여대, 전남대(사본)에 소장되어 있다.

2.『시문독본』의 문장 배치

1) 문장의 다양한 변주

『시문독본』에는 100편이 넘는 글이 실려 있는데 그 글을 이루는 문
장들은 한눈에 보기에도 어떤 문체적 특성을 공유한다고 보기 어렵다.
일단 가장 표면적이고 형식적인 요소들을 살펴보더라도 한자의 사용 정
도, 띄어쓰기 여부, 문장부호 사용 여부 등이 글마다 제각각임을 알 수
있다. 아래의 예문들은 『시문독본』에서 발췌한 문장들이다.

⊙ 財物使用의新舊思想을比觀하건대一은時間的이라할것이오一은空間的이
라할것이며一은家門的이라할것이오一은社會的이라할지니라

— 「富人은福을植하라」, 『시문독본』4, 222면.

⊙ 蚯蚓은가장下等가고변변치못한動物로사람에게賤視되지마는촬쓰·짜윈
氏의硏究로意外의功勞가世上에發表되니라

— 「蚯蚓」, 『시문독본』1, 38면.

⊙ 어머님께서는눈물이그렁그렁하시어말슴도別로업스시며누의동생은
어안이좀벙벙한모양이다아버님께서'잘잇섯느냐'하시고갓가이나오시
는데부절업시가슴이메어대답이얼는사뢰어지지안는다

— 「歸省」, 『시문독본』1, 25면.

⊙ 그러면 더말할것업시 自己表彰이라는 마음이 사람치고는 다 잇다는것은
分明한 事實이 되얏소이

— 「自己表彰과文明」, 『시문독본』4, 253면.

㉤ 서울의生命은生長하지아니치못할運命을가젓다

— 「서울의겨을달」, 『시문독본』 4, 245면.

　㉥ 불의함이더욱進步하야鑛物界로侵入하야銅이人類에게利用되게되매石器
　　時代가옴겨銅器時代가되엇

— 「史前의人類」, 『시문독본』 4, 232면.

　㉦ 엇더케生할가 이는人生의큰疑問이로다 그러치마는엇더케死할가는더큰
　　疑問이아닐가

— 「死와永生」, 『시문독본』 4, 240~241면.

　한자 사용 정도를 보면 한자 반, 한글 반 정도의 비중을 보이는 글이 있는가 하면 한자가 거의 쓰이지 않은 글도 있다. 띄어쓰기도 아예 적용되지 않은 글이 있는가 하면 문장성분 단위로 띄어 쓴 글도 있다. 마침표를 찍거나 강조할 내용 위에 점을 찍은 글도 일부 보이지만 대부분은 문장부호를 사용하지 않았다.[3] 이러한 형식적인 부분 외에 문장 구조나 문법 형태, 어휘 등의 사용 양상을 살펴보아도 글마다 편차가 매우 심하다. 자료를 보면 볼수록 육당이 제시하고자 한 문법이 과연 무엇일까 하는 의문이 든다.

　『시문독본』에 나타난 문장의 다양한 변주는 '시문체'라는 것이 어떤 통일된 형식을 공유하는 문체의 명칭이 아니었음을 보여 주기에 충분하다. 그럼에도 이 책이 '시문'을 배우기 위한 독본의 성격을 가졌다면 이때 '시문체'는 어떠한 기준에 따른 문장 배치의 양상을 의미했을 것이라

3　『시문독본』에 실린 대부분의 글에는 띄어쓰기나 문장부호가 적용되지 않고 있다. 위의 예문에 제시된 것과 같이 띄어쓰기가 되어 있거나 문장부호가 찍혀 있는 글들은 4권의 후반부에 집중적으로 실려 있고 1~3권의 대부분의 글은 ㉠~㉢과 유사하다.

생각된다. "문장 배치"는 황호덕(2002)에서 사용한 용어로, 문장을 이루는 요소들이 글쓰기에 관계하던 물적 제도 속에서 분산의 체계를 이루며 배치되어 있는 양상을 가리킨다. 즉 '시문체'라는 것은 문체를 이루는 제반 요소들, 이를테면 한자와 한글, 접속절과 내포절, 고유어와 한자어, '-었다'와 '-더라' 등을 일정한 글쓰기 양식에 따라 적시적소에 배치하는 분산의 체계였다는 것이 본고의 기본 가정이다.

2) 장르에 따른 문장 배치

문장 배치의 기준이 되는 글쓰기 양식이란 '장르'에 해당되었을 가능성이 높다. 『시문독본』에는 운문과 산문이 모두 실려 있고, 그밖에도 동서양의 짧은 경구를 모아놓은 글도 있다. 『시문독본』에 실린 산문을 대상으로 장르를 구분해 보면 교설적 성격의 설명문과, 주장을 펼치는 설득적 성격의 논설문, 감상을 기술하는 수필의 세 가지의 유형으로 나뉘는데 설명문, 논설문, 수필은 표기, 어휘, 문법의 제반 측면에서도 서로 구별되는 특징적인 모습을 보였기 때문이다.

다음은 『시문독본』에 수록된 설명문(㉠, ㉡), 논설문(㉢, ㉣), 수필(㉤, ㉥)의 전형적인 문장이다.[4] ㉠은 사자라는 동물에 대해, ㉡은 수욕水浴의 종류에 대해 설명하는 부분이다. ㉢은 때를 아껴야 한다는 취지의 논설, ㉣은 참다운 용기를 가져야 한다고 주장하는 논설의 일부이다. ㉤은 해운대에서의 정취를 기술한 기행문의 성격을 갖는 수필, ㉥은 방학 때 고

---

4   용례들은 편의상 현대국어 띄어쓰기 원칙에 따라 띄어쓰기 하여 제시한다. (이하 동일)

향에 내려가는 감상을 적은 수필의 일부이다.

㉠獅子는 아프리카와 南아메리카와 아시아 一部에 産하는 猛獸니 身長이 三四 尺이오 길이가 九 尺이나 되는 것도 잇스며 털은 부드럽고 黃褐色이 나며 수는 威嚴 잇는 갈기가 잇스니 늘 深山窮谷 中 굴에 살며 거긔서 새끼를 **치나니라** (설명문, 85면)

㉡沐浴에 種類가 **만흐니라** 溫度로써 말하면 冷水浴, 溫水浴, 湯浴으로 난홀 것이오 成分으로써 말하면 淡水, 礦水, 海水로 **난홀지니라** (설명문, 28면)

㉢이 世上에 잇서 만혼 일을 하고저 하는 이는 몬저 째를 앗겨야 **합내다** (논설문, 95면)

㉣올흠을 함이 큰 **날램이외다** 글흠을 아니함이 쏘한 큰 **날램이외다** 올흔 일에 몸과 목숨을 버리되 실타 아니함은 가장 기다릴 만한 **날램이외다** (논설문, 31면)

㉤'올타 이것 안 되엇구나'하고 나는 장달음으로 뒤고개를 **넘엇다** (수필-72)

㉥車票를 엇더케 삿는지 불이 나케 車에 쮜어올라 한 귀에 자리를 잡고 겨우 마음을 노흐매 새벽 하늘에 汽車 소리가 놉히 울리고 車輪이 슬그면이 **움즉인다** (수필, 24~25면)

위의 예문들에서 강조한 부분을 보면, 종결어미의 쓰임에 있어 각 장르 별로 일관된 경향을 보였다. 설명문에서는 '-나니라, -니라, -ㄹ지니라' 등 의고전 문투의 '-라'체가, 논설문에서는 '-ㅂ내다, -외다' 등과 같이 높임법이 실현된 '-다'체가, 수필에서는 '-었다, -ㄴ다'와 같이 높임법 이 실현되지 않고 대신 시제가 분명히 드러나는 '-다'체가 쓰였다.

설문문의 '-라'체는 초월적 서술자의 존재를 드러내는 종결어미로(권보드래 2000:236~237), '-라'체가 형성하는 초월적인 어투는 독자보다 저자가 독자에게 지식을 전달하는 설명문의 장르적 성격과 부합된다.

한편 논설문에 쓰인 합쇼체나 하오체 어미는, 비록 글로써 표현되어 있지만 마치 저자가 독자에게 연설을 하는 구어 상황을 연상케 한다. 논설문에서 항상 높임법이 실현된 이유는 논설이라는 장르가 저자와 독자의 직접적 관계를 전제로 하는 글쓰기의 유형이었기 때문에 상대를 하대하는 해라체의 '-다'체는 무례하게 여겨졌을 수 있다. 이와 관련해 권보드래(2000:243)에서 근대 초기 '-다'체가 하대의 말투라고 공격을 받기도 했다는 기술이 참고가 된다.

마지막으로 수필에 사용된 '-다'체는 "일상어에서는 있을 수밖에 없는 '관계'의 흔적 자체를 지우려 한" 무색투명한 문체였다(권보드래 2000:244). 주로 문학 장르를 중심으로 이루어진 '-라'체에서 '-다'체로의 전환은 "자기 말고 누구도 알 수 없는 정신적 과정, 다른 사람은 기껏해야 추측할 수 있을 뿐인 사적 영역privacy이 출현한 것"으로(권보드래 2000:248) 평가되기도 했다. 이러한 '-다'체가 수필에서 집중적으로 사용된 것은, 감상을 기술하는 수필의 장르적 성격을 반영한 장치의 하나라고 볼 수 있다.

장르별 문장 배치의 구체적 양상을 밝히기 위해 이 연구에서는 『시문독본』에 실린 글들 중 설명문, 논설문, 수필로 뚜렷하게 분류되는 글 22편을 선별해, 약 10만 어절의 '시문독본 말뭉치'를 구축하였다.[5] 말뭉치의 구성은 〈표 1〉과 같다.

---

5   용례 검색의 편의를 위해 현대국어의 기준대로 띄어쓰기를 하여 입력하였다.

〈표 1〉 '시문독본 말뭉치'의 구성

	설명문	논설문	수필
표본 제목	水浴 콜롬보의 알 獅子 金檀園 世界의 四聖(上) 成吉思汗 古代 東西의 交通 急人錢	勇氣 힘을 오로지 함 째를 앗김 견댈성 내기 自己表彰과 文明	歸省 千里春色 千里春色 二 華溪에서 해 써오름을 봄 물의 가는 바 海雲臺에서 서울의 겨울달 내 소와 개 내 소와 개 二
어절 수[6]	3,554어절	3,702어절	3,547어절
합계	10,802어절		

3. 장르별 문체 특성 분석

1) 한자의 사용 정도

장르에 따라 한자의 노출 정도에 차이가 있었는지 살펴본 결과 설명문은 다른 두 장르에 비해 유독 한자 사용의 비중이 높게 나타났다. '시문독본 말뭉치'에서 한자를 포함하고 있는 어절들을 조사해 보니, 전체 어절에서 한자를 포함한 어절이 차지하는 비율이 논설문에서는 20.5%, 수필

---

6 장르별 표본의 크기를 비슷하게 구축한 것은 계량적 분석 결과의 비교를 용이하게 하기 위함이다.

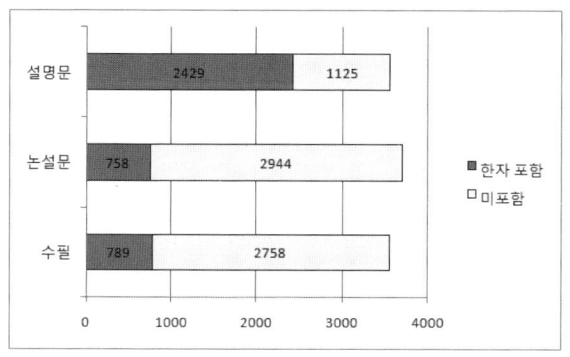

〈그림 3〉 장르별 한자 포함 어절과 미포함 어절의 수

에서는 22.2%였던 데 반해, 설명문에서는 68.3%로 월등히 높았다.

〈그림 3〉에서 볼 수 있듯이 설명문에서는 한자가 주를 이루고 한글이 보조적으로 사용된 반면, 논설문과 수필에서는 한글이 주를 이루고 한자가 보조적으로 사용되었다. 근대전환기의 글에서 한자 혹은 한글의 선택은 단순히 문자 층위의 문제에 그치지 않았다. 한자를 얼마나 사용하느냐는 필자가 지향하는 문장의 모델이 어느 정도 현대화된 문체를 상정하고 있느냐와 직결되는 문제였다(한영균 2009:308~309). 이러한 관점에서 설명문 문장의 몇 가지 예를 살펴보겠다.

㉠孔子ㅣ 時運의 非함을 見하고 五十六歲의 老齡으로써 門下의 高弟를 率하고 四方을 遊說하니 (설명문, 234면)

㉡此 書ㅣ 世에 復出하고 쏘 此 書의 記證으로써 東西交通史上의 重大한 疑題를 解決한 者ㅣ 多하야 (설명문, 250면)

㉢自家의 身世를 여러 번 人의 手에 資賴하려 하니 그 無恥함을 可知오 (설명문, 162면)

ⓔ强은 弱을 食하고 大는 小를 倂하야 權力의 外에 道義ㅣ 有함을 不知하니

(설명문, 235면)

ⓐ에서 볼 수 있듯이 설명문에는 '非하다, 見하다, 率하다' 등의 단음절 한자어에 '하다'를 결합시킨 용언들이 상당수 나타났는데, 이는 '아니다, 보다, 이끌다'라는 고유어 용언들이 있는데도 굳이 한자어 어휘를 사용한 것이다. 그밖에도 '많다, 크다, 없다, 있다, 죽다, 먹다' 등도 '多하다, 大하다, 無하다, 有하다, 死하다, 食하다'와 같은 'X하다'의 꼴로 실현되었다.

그밖에도 설명문에는 한문의 지시어나 문법적 기능어들이 그대로 사용되었다. 논설문이나 수필에는 고유어 지시어 '이'가 쓰인 반면, 설명문에는 '此'가 쓰였다(ⓑ). 그리고 논설문이나 수필과 달리 설명문에서만 한문의 능원동사 '可'가 '可考하다', '可知하다'와 같이 그대로 도입되어 있다(ⓒ). 논설문이나 수필에서는 '-ㄹ 수 있다'가 널리 쓰이고 있었던 점에 비추어 보면 설명문에서 '可'를 한문의 용법 그대로 사용한 것은 논설문의 문체적 특성을 고려한 의도적인 선택과 배치의 결과로 보인다. 이는 부정사 '不'나 '無'의 경우도 마찬가지였다. 설명문에는 '不擇하다, 不行하다, 不知하다, 無有하다, 無恥하다'와 같은 표현들이 등장하는데, '-지 아니하다' 등 우리말 부정 표현 대신 한문의 부정사를 그대로 사용한 것이다.(ⓔ)[7]

---

7 물론 설명문 문장에서 모든 부정법이 '不'나 '無'로 실현되었다는 의미는 아니다. 설명문 문장에도 '-지 아니하다'의 우리말 부정 표현이 널리 사용되었다. 다만 논설이나 수필에서는 '不'나 '無'가 한문의 용법을 그대로 간직한 예들이 보이지 않기 때문에 '不'의 쓰임을 설명문 문장의 특징으로 꼽을 수 있다는 것이다. 연구 대상 말뭉치에서 논설이나 수

2) 문장의 길이

『시문독본』에 실린 설명문, 논설문, 수필을 대상으로 총 어절 수를 총 문장 수로 나누어 문장의 평균 어절 수, 즉 평균 길이를 분석해 보았다. 그 결과 설명문은 28.0어절, 논설문은 15.2어절, 수필은 13.4어절로, 설명문이 다른 장르보다 두 배 가까이 높은 수치를 보였다.

전통적으로 언해문에서는 접속절을 나열해 문장을 이루는 것이 일반적이었고 문장의 길이가 매우 길어져 책이 몇 장이 넘어가도록 문장이 끊어지지 않는 일도 예사였다. 이러한 만연체 문장 작법은 19세기 말까지 그대로 이어졌다(김미형 1997:41). 그러다 언문일치 운동과 함께 호흡의 단위를 고려해 문장을 보다 짧게 분절하는 움직임이 나타나기 시작했다. 이러한 사실들을 참고할 때 설명문의 문장이 다른 두 장르보다 유독 긴 것은 설명문이 아직 전통적 문장의 형태를 답습하고 있었기 때문이라 생각된다.

『시문독본』은 최남선이 당대의 글 중 '시문'의 모범적 사례라 생각되는 글들을 모아 편집한 책이다. 그렇기 때문에 이 책에 포함된 글들은

〈표 2〉 **장르별 문장의 평균 길이**

	문장 수(a)	총 어절 수(b)	평균 길이(b/a)
설명문	127	3,553	28.0
논설문	244	3,702	15.2
수필	264	3,547	13.4

필의 경우 '不'의 용례는 '不過하다'에서밖에 발견되지 않는데, '불과하다'는 이미 단일한 어휘로 인식되어 쓰이고 있었던 것으로 보인다. '無'의 경우, 논설문과 수필에 '無窮하다, 無心하다, 無限하다, 無用하다, 無數하다'의 용례가 보이는데 이 역시 2음절 한자어 구성이 하나의 어휘가 된 것으로 생각된다.

어떤 이유에서든 '시문'의 한 유형으로 여겨져 선택된 것이라 볼 수 있다. 언문일치체 문장의 일반적 경향과 달리 만연체에 한문의 문법 요소들까지 포함한 설명문 문장들이 '문범'으로 제시된 것은 다소 의아한 부분일 수 있다. 하지만 『시문독본』의 편찬이 장르적 특성에 대한 이해를 바탕으로 문체소들을 적절히 배치하는 방침을 따랐다고 가정한다면 만연체 문장 역시 '문장 길이'라는 변수와 관련해 문장 배치의 고려 대상에 포함되었다고 볼 수 있을 것이다.

3) 문장의 구조

통사구조의 관점에서 볼 때 문장은 주술관계가 한 번만 실현되는 단문과 두 번 이상 실현되는 복문으로 나뉜다. 『시문독본』에 실린 설명문, 논설문, 수필의 단문과 복문의 쓰임을 살펴보면 설명문은 단문의 비율이 전체 문장의 6%에 그친 반면 논설문은 12%, 수필은 16%로 상대적으로 높게 나타났다.[8] 하지만 세 장르에서 모두 문장의 주를 이루는 것은 복문이었다.

복문을 이루는 통사 단위 중 가장 큰 단위는 절clause이다. 절은 독립해서 쓰인다면 하나의 문장을 이룰 수도 있는 통사 단위가 어떤 문장의 구성 요소로 참여한 것을 이른다. 절이 문장을 이루는 방식은 크게 두 가지이다. 하나는 통사적으로 대등한 자격을 갖는 둘 이상의 절들이 이

---

8 설명문은 총 127개의 문장 중 8개가 단문, 논설문은 총 244개의 문장 중 30개가 단문, 수필은 총 264개의 문장 중 43개가 단문이었다.

	접속절(a)		내포절(b)		입체도 (b/a)
	빈도	비율(%)	빈도	비율(%)	
설명문	603	64.4	333	35.6	0.6
논설문	396	43.4	517	56.6	1.3
수필	481	54.6	400	45.4	0.8

어지는 접속절에 의한 방식이고, 다른 하나는 통사적으로 상위와 하위의 계층 관계를 갖는 절들이 결합되는 내포절에 의한 방식이다. 후자의 경우 하위 계층에 속하는 절이 상위 계층의 절에 어떤 성분으로 참여하는가에 따라 명사절, 관형절, 부사절, 인용절 등으로 분류된다.

분석 결과 장르별로 절 구성상에 뚜렷한 차이가 보였고 이 역시 일정한 기준에 따른 문장 배치의 결과로 생각된다. '시문독본 말뭉치'에 쓰인 접속절과 내포절의 사용 양상을 장르별로 보이면 〈표 3〉과 같다. 이 표에는 접속절과 내포절의 사용 빈도 및 비율이 나타나 있고, 내포절의 빈도를 접속절의 빈도로 나눈 문장의 입체도가 함께 제시돼 있다. 내포절이 분자이기 때문에 입체도의 수치가 클수록 문장이 입체적이고 수치가 낮을수록 평면적이라 할 수 있다. 분석 결과에 따르면 설명문이 가장 입체도가 낮고 논설문이 입체도가 가장 높으며 수필은 그 중간이었다.

아래의 ㉠은 접속절이 나열되어 문장구조가 가장 평면적인 설명문의 예이고, ㉡은 내포절이 여러 층위로 겹쳐 있어 문장구조가 가장 입체적인 논설문의 예로, 이 둘을 비교해 보면 문장 구조상의 현저한 차이를 확인할 수 있다. 용례를 제시할 때 접속절의 경계에는 '|' 기호를 삽입하였고, 내포절은 '[ ]'로 표시하였다.

㉠ 幼時로부터 學을 好하며 | 禮를 쫩하더니 | 壯年에 至하야 | 魯國에 官할새 | 一邊으로 弟子를 敎하야 | 슈聞이 夙著하고 | 學德이 愈進하니라 (설명문, 234면)

㉡ 싸라서 [[[[自己를 드러내겟다는]관 情緒가 남보다 强한]관 個人을 만히 가진]관 社會는 結局 그 社會의 文明이 [그러치 못한]관 社會의 그것보다 훨신 압설]관 것이오 | 쏘한 [[그러한 個人을 만히 가진]관 時代가 [그러치 못한]관 時代보다 [文明程度에 잇서서]부 훨신 놉흘]관 것은 [論을 기다리지 아니하고도 洞悉할]관 일이외다 (논설문, 257면)

위의 설명문 문장 ㉠은 접속절이 계속 이어지는 평면적 구조인 반면, 논설문 문장 ㉡은 문장 곳곳에 내포절이 쓰였고 내포절들 간에도 복잡한 계층 관계를 이루는 입체적 구조이다. 평면성과 입체성이라는 관점에서 문장 구조를 분석해 보면, 설명문의 문장은 평면성이 높았고 논설문 문장은 입체성이 높았으며 수필은 그 중간적 양상을 보였다.

전통적인 한문체 문장에서는 한 편의 글 안에서 접속절의 비율이 내포절보다 훨씬 높은 것이 일반적이었다. 접속절이 이어가며 문장을 작성하는 방식이 선호되었던 것은 언해 과정에서 한문 원문의 통사구조에 영향을 받은 결과였다. 그러다 19세기 말부터 한문 문법의 영향을 벗어나며 평변적 문장이 보다 입체적인 문장으로 변해왔다(김형철 1997:110~125). 『시문독본』에서 장르에 따라 문장의 평면성과 입체성을 달리한 것은 장르에 따라 전형적인 문체 특성이 있다고 보고 그에 적합한 문장 구조를 적소에 배치한 결과라 생각된다.

4) 용언의 동명사화 표현

앞서 접속절과 내포절의 빈도를 통해 문장의 평면성과 입체성에 대해 살펴보았는데, 여기서 또 한 가지 살펴볼 점은 내포절의 하위 유형에 따른 차이가 있었는가 하는 점이다. 〈그림 4〉는 '시문독본 말뭉치'에 나타난 내포절의 유형별 쓰임을 나타낸 것이다.

장르를 불문하고 가장 많이 쓰인 것은 관형절로, 전체 내포절의 절반 이상을 차지했다. 부사절은 미미한 쓰임을 보였으며, 명사절과 인용절은 장르에 따라 사용 비율이 달랐다. 명사절은 특히 설명문에서 높은 빈도를 보였는데 이는 명사형 전성어미 '-ㅁ'을 사용해 용언을 명사화시키는 용법에 기인한 바가 크다. 이는 문체에 대한 많은 연구에서 동명사화 표현으로 언급되었던 현상으로 한문체 문장의 전형적인 특징 중 하나이다. 명사절의 사용 빈도는 논설문이나 수필에서는 10% 안팎으로 설명문에 비해 절반 이하로 나타났다. 인용절은 설명문에서 빈도가 가장 높았고 수필에서는 가장 낮았는데 이는 문체상의 요인에 의한 것이

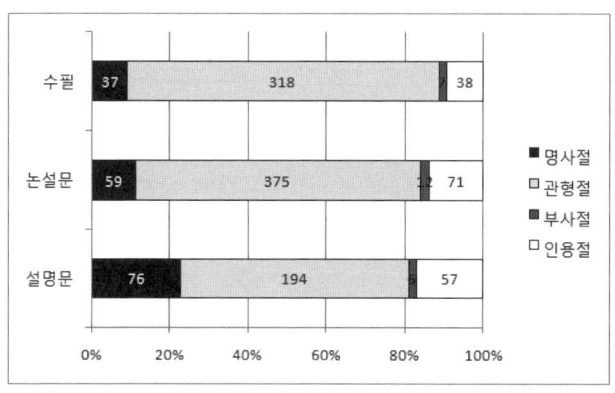

〈그림 4〉 장르별 명사절, 관형절, 부사절, 인용절의 사용 빈도와 비율

라기보다 내용상의 문제라고 생각된다. 자신의 감상을 기술할 때보다 어떤 대상에 대해 설명할 때 인용의 형식을 자주 취하게 되기 때문이다.

이상의 계량적 분석 결과를 바탕으로 이 절의 남은 부분에서는 명사절의 쓰임에 대해 좀 더 자세히 살펴보고자 한다. 명사절은 명사형 어미 '-ㅁ'과 '-기'에 의해 형성되는데, 그중 특히 '-ㅁ'의 쓰임이 한문 통사 구조의 영향을 반영한다는 점이 기존의 여러 연구들에서 지적되어 왔다.[9] 한문구를 번역하는 과정에서 그것이 동사구이든 명사구이든 모두 명사화시켜 번역하고 그 뒤에 '하다'를 붙이는 관습이 중세국어 시기부터 이어져 온 결과 동명사화 구문이 근대 이전 한국어 문장의 전형적인 구조로 자리 잡았기 때문이다.

그런데『시문독본』의 경우 '-ㅁ' 명사절이 쓰인 문장들을 살펴보면 장르에 따라 문장 안에서 명사절이 담당하는 기능에 뚜렷한 차이가 보였다. 설명문과 논설문을 대상으로 '-ㅁ' 명사절의 문장 내 기능을 주어, 목적어, 부사어, 서술어로 나누어 분석해 보았다.

〈그림 5〉에서 주목되는 부분은 목적어와 서술어로의 쓰임이다. 설명문에서는 '-ㅁ' 명사절이 목적어로 쓰인 비율이 25%였던데 반해 논설문에서는 7%에 불과했다. 반면 지정사 '이다'에 결합돼 서술어로 쓰인 비율은 논설문에서는 12%에 그쳤지만 논설문에서는 41%로 높게 나타났다. 아래의 ㉠은 설명문에서 '-ㅁ' 명사절이 목적어로 쓰인 예, ㉡은 논설문에서 서술어로 쓰인 예이다.

---

9   중세국어에서의 '-ㅁ' 명사절의 쓰임을 한문의 영향이라는 관점 하에 논의한 연구로는 김미형(1997:43~45), 김종택(1983:117), 윤용선(2003:191~202) 등이 있다. 그리고 이러한 한문의 영향이 19세기 말~20세기 초기 문장에 미친 영향에 대해서는 김형철(1997:125~132)을 참고할 수 있다.

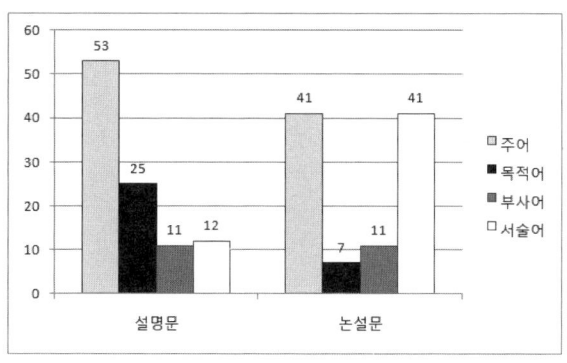

〈그림 5〉 설명문과 논설문에서의 '-ㅁ' 명사절의 성분별 사용 비율(%)

㉠ 이른바 殺戮時代란 것은 [史家ㅣ 恐怖함]ₘ을 勝치 못하야 造出한 語ㅣ니 (설명문, 154면)

孔子ㅣ [時運의 非함]ₘ을 見하고 (설명문, 234면)

[强은 弱을 食하고 大는 小를 倂하야 權力의 外에 道義ㅣ 有함]ₘ을 不知하니 (설명문, 235면)

㉡ [참 날램은 오즉 조흔 일과 올흔 일에만 나타나는 힘을 가리침]ₘ이외다 (논설문, 31면)

[鈍함을 근심하는 이는 매양 힘을 오로지 함]ₘ이외다 (논설문, 56면)

엇더한 것을 째를 앗긴다 합넷가. [아모리 작은 째라도 크도록 씀]ₘ이외다 (논설문, 97면)

㉠에서 '-ㅁ' 명사절을 목적어로 취한 서술어들을 보면 모두 '勝하다', '見하다', '知하다'와 같이 단음절 한자에 '하다'가 결합된 동사들이다. 이러한 '1음절 한자어＋하다' 꼴의 동사들이 '-ㅁ' 명사절을 목적어

로 취하는 현상은 15세기 언해문에서부터 흔히 나타나는 현상이다. 한문구를 번역하는 과정에서 한문의 동사에 '하다'를 붙여 서술어로 번역하고 한문의 빈어를 '-ㅁ' 명사절로 번역하던 관습에서 비롯된 것이다. 설명문의 문장에서 '-ㅁ' 명사절이 목적어로 쓰인 비율이 높게 나타난 것은 이러한 한문 언해문의 문장투를 답습하고 있기 때문이다.

한편 독자를 청자처럼 상정해 높임법 어미들을 사용하고 있는 논설문의 문장에서 ⓛ과 같이 '-ㅁ' 명사절이 '-ㅁ이외다' 꼴의 서술어로 많이 쓰인 것은, 아직 문어에서 합쇼체의 종결어미로 '-습니다'체가 널리 쓰이지 않던 상황에서 '-오이다'의 준말인 '-외다'를 써서 합쇼체 상대높임을 나타내는 것이 더 일반적인 용법이었기 때문인 것으로 보인다.

5) '1음절 한자어＋하다' 용언

앞 절들에서 살펴본 대로 『시문독본』에 실린 글 중에 설명문의 성격을 갖는 글이 문장의 길이나 구조, 명사절의 사용 양상 등에 있어서 전통적인 한문체 문장을 틀을 따르고 있었는데, '1음절 한자어＋하다' 용언의 사용 양상에 있어도 역시 그러한 경향이 보였다. 1음절 한자어에 '하다'가 결합된 용언들은 문체의 현대성을 판별하는 중요한 준거가 된다(한영균 2008). 한문 원문을 언해하는 과정에서 한문구의 서술어로 쓰인 한자를 그대로 가져와 뒤에 '하다'를 붙이던 관습은 수백 년 동안 지속되었고 언해문이 아닌 창작문에까지도 영향을 미쳐 왔다. '있다', '없다' 대신 '有하다', '無하다'를 쓰거나, '가다', '먹다' 대신 '去하다', '食

<표 3> '시문독본 말뭉치'에 나타난 '1음절 한자어＋하다' 용언 목록(가나다순)

설명문	可하다, 感하다, 强하다, 講하다, 去하다, 居하다, 據하다, 擧하다, 乞하다, 見하다, 結하다, 兼하다, 傾하다, 經하다, 繼하다, 考하다, 供하다, 工하다, 恐하다, 控하다, 攻하다, 過하다, 官하다, 關하다, 廣하다, 敎하다, 懼하다, 求하다, 勸하다, 歸하다, 極하다, 近하다, 奇하다, 己하다, 棄하다, 記하다, 起하다, 多하다, 達하다, 談하다, 答하다, 當하다, 大하다, 對하다, 帶하다, 待하다, 倒하다, 到하다, 度하다, 得하다, 樂하다, 力하다, 錄하다, 論하다, 弄하다, 流하다, 罹하다, 吝하다, 立하다, 忘하다, 望하다, 免하다, 目하다, 歿하다, 沒하다, 無하다, 誣하다, 靡하다, 返하다, 發하다, 伐하다, 倂하다, 幷하다, 報하다, 本하다, 富하다, 扶하다, 負하다, 赴하다, 非하다, 死하다, 舍하다, 産하다, 殺하다, 喪하다, 嘗하다, 尙하다, 生하다, 棲하다, 叙하다, 說하다, 成하다, 掃하다, 紹하다, 訴하다, 率하다, 受하다, 垂하다, 手하다, 收하다, 智하다, 升하다, 始하다, 弑하다, 施하다, 食하다, 信하다, 失하다, 悉하다, 甚하다, 押하다, 養하다, 如하다, 歷하다, 懌하다, 擁하다, 曰하다, 往하다, 備하다, 容하다, 遇하다, 位하다, 爲하다, 謂하다, 有하다, 由하다, 隱하다, 應하다, 宜하다, 議하다, 以하다, 異하다, 因하다, 臨하다, 入하다, 作하다, 壯하다, 長하다, 在하다, 傳하다, 轉하다, 戰하다, 定하다, 濟하다, 除하다, 助하다, 遭하다, 阻하다, 足하다, 存하다, 卒하다, 從하다, 終하다, 縱하다, 任하다, 走하다, 卽하다, 志하다, 指하다, 知하다, 至하다, 進하다, 集하다, 慘하다, 唱하다, 策하다, 天하다, 責하다, 處하다, 賤하다, 締하다, 逮하다, 體하다, 趣하다, 出하다, 充하다, 取하다, 就하다, 痴하다, 侵하다, 稱하다, 歎하다, 誕하다, 脫하다, 通하다, 投하다, 破하다, 廢하다, 布하다, 抱하다, 表하다, 下하다, 學하다, 陷하다, 行하다, 向하다, 好하다, 惑하다, 化하다, 還하다, 厚하다
논설문	感하다, 强하다, 緊하다, 念하다, 怒하다, 達하다, 當하다, 對하다, 鈍하다, 命하다, 妙하다, 屬하다, 乘하다, 弱하다, 嚴하다, 辱하다, 優하다, 爲하다, 依하다, 定하다, 取하다, 擇하다, 通하다, 敗하다, 限하다, 合하다, 向하다
수필	兼하다, 窮하다, 急하다, 濃하다, 達하다, 淡하다, 當하다, 對하다, 裂하다, 魅하다, 成하다, 弱하다, 蓮하다, 連하다, 傳하다, 呈하다, 盡하다, 取하다, 醉하다, 親하다, 嘆하다, 吐하다, 恨하다, 向하다

하다'를 쓰는 등이 그러한 예이다.

　'시문독본 말뭉치'에서 설명문에는 '1음절 한자어＋하다' 용언은 총 335회 쓰였고 논설문에는 34회, 수필에는 34회 쓰여 설명문의 경우가 다른 두 장르보다 10배 가까이 높은 수치를 보였다.[10] '시문독본 말뭉치'에 쓰인 단음절 한자어의 목록은 〈표 3〉과 같다.

　'1음절 한자어＋하다' 용언의 빈도와 관련하여 또 한 가지 살펴볼 것

10 　이는 용례 수의 총합인 토큰oken 빈도이며, 이 중 중복되는 목록을 지우고 종수種數, 즉 타입type 빈도를 계산해 보면, 설명문은 200, 논설문은 27, 수필은 24로 나타났다.

은 텍스트 점유율이다. 한영균(2008)에서 중세국어와 근대계몽기, 현대국어의 여러 텍스트들에 쓰인 '1음절 한자어＋하다' 용언의 텍스트 점유율을 분석한 바 있는데 이를 참고하여 『시문독본』의 설명문, 논설문, 수필 문체의 현대화 정도에 대해 알아보겠다. 다음은 한영균(2008)의 분석 결과이다.

> 1908년 『대한매일신보』 국한문 기사 : 14.8%
>
> 1908년 『대한매일신보』 국문 기사 : 5.06%
>
> 1924년 『시대일보』 국한문 기사 : 6.60%
>
> 1924년 『시대일보』 국문 기사 : 0%
>
> 주로 1990년대 텍스트로 이루어진 현대국어 말뭉치 : 1.30%

'시문독본 말뭉치'에 쓰인 '1음절 한자어＋하다' 용언의 텍스트 점유율은 설명문이 9.4%, 논설문이 0.9%, 수필이 1.0%였다. '1음절 한자어＋하다' 용언의 쓰임이 전체 텍스트 중 9.4%만큼의 분량을 차지한 『시문독본』의 설명문은 『대한매일신보』와 『시대일보』의 중간에 해당하지만, 1% 이하의 점유율을 나타낸 『시문독본』 논설문이나 수필은 오히려 현대국어 말뭉치에서보다도 낮은 수치를 보였다. '1음절 한자어＋하다' 용언의 사용 양상으로 볼 때 설명문이 한문 언해문투의 보수적 문체를 유지했던 것과 달리 논설문과 수필은 상당히 현대화된 문체로 작성되었음을 알 수 있다.

6) 시제의 문법 형태

『시문독본』에 실린 설명문과 논설문, 수필은 시제 문법 요소의 사용 양상에서도 현저한 차이를 보였다. 시제란 기준 시점을 정해 놓고 문장이 나타내는 상황이 그보다 선행하는지 후행하는지를 표시하는 문법 범주로 한국어에는 문법 범주로서의 시제는 과거와 비과거의 대립을 이룬다. 과거시제를 드러내는 형태소는 '-었-'이며, '-었-'이 쓰이지 않고 '-ㄴ다, -다' 등으로만 쓰이면 현재나 미래를 나타낸다. 한편, 증거성 evidentiality 표지 '-더-'는 엄밀히 말해 시제를 나타내는 문법요소라고 볼 수는 없지만 주로 과거 상황에 대해 이야기할 때 쓰였고 문체사적으로 볼 때 '-더라'에서 '-었다'로의 변화가 중요한 의미를 갖기 때문에 함께 분석하고자 한다.

문체의 현대화 과정에서 문장은 시제가 명확히 드러나지 않는 '-라'체의 문장에서 시제가 분명히 드러나는 '-다'체의 문장으로 변화해 왔다. 전통적인 '-라'체에서는 서술자가 모든 것을 알고 있는 초월자의 입장에서 서술을 하기 때문에 시공간의 제약도 받지 않았다. 하지만 "과거형 종결어미는 서술자의 존재를 무화시킴으로써 대상과의 객관적 거리를 발생하게" 하고 관찰의 주체로서의 '나'를 가능케 했다(함태영 2005:354). 문장의 시제성과 문체의 관계는 『시문독본』의 장르별 시제 문법 요소의 배치에도 잘 드러나 있다. 『시문독본』의 설명문에서는 거의 대부분의 문장에 시제가 드러나지 않았지만, 논설문이나 수필에서는 현재든 과거든 시제가 드러나는 것이 일반적이었다.

아래의 예는 시제가 드러나지 않은 설명문의 문장들로 문장이 '-니라'로 종결되었다.

> ㉠ 西洋에 '콜롬보의 알'이란 俗談이 잇스니 이 俗談은 '발내기는 어렵고 봇
> 쓰기는 쉽다'란 意味니라 (설명문, 41면)
> ㉡ 釋迦는 西曆 紀元前 凡 六百年 頃, 印度 迦昆羅國 王家에 生하니라 (설명문,
> 233면)

위의 예에서 ㉠은 콜롬보의 알이라는 말의 뜻을 설명하는 문장으로
특별히 시제 표현이 필요하지 않다고 볼 수 있다. 반면 ㉡은 석가의 출
생에 대해 설명하는 문장으로 명제가 나타내는 사건이 과거에 발생했지
만 과거시제 선어말어미가 쓰이지 않았다. 이처럼 '-라'체에서는 명제
의 시간에 구애받지 않고 현재의 상황이든 과거의 상황이든 동일한 방
식으로 표현할 수 있었는데 그중 '-니라'는 진리나 당위적 사실에 대해
선언적으로 이야기하는 효과를 준다.

아래의 예문들 역시 설명문의 문장으로 문장이 '-더라'로 종결되었다.

> ㉠ 콜롬보가 이 말을 겻들엇스나 모르는 체하고 아메리카의 風土 가튼 것
> 을 겻헤 사람에게 **이약이하더라** (설명문, 41면)
> ㉡ 座客이 다 무안하야 아무 말도 못 **하얏더라** (설명문, 42면)

위의 ㉠과 ㉡은 같은 글에서 추출된 용례로, 둘 다 역사적 사실을 설
명하고 있지만 한 문장에는 '-었-'이 쓰이고 다른 문장에는 쓰이지 않
았다. 앞서 살펴본 '-니라'가 교설적인 문체 효과를 갖는다면 '-더라'

는 증거성 표지 '-더-'를 포함하므로 기술의 현장감을 살리는 효과가 있다. 이처럼 '-더라'로 끝나는 문장의 경우 '-었-'의 유무를 통해 과거와 비과거를 명확히 구별했다고 보기는 어렵다.

한편 논설문의 문장은 대체로 '-었-'의 유무로 과거와 비과거를 체계적으로 구별하는 양상을 보였다.

> ㉠그쑌만 아니라 世上 사람들이 至今까지도 이러케 생각하지 안는 것 **아니외다** 다시 말하면 自來 東洋에서는 自己를 드러낸다 하는 것이 무슨 큰 病痛만치 생각하야 **왓소이다** (논설문, 253면)
> ㉡아모리 만혼 金을 가진들 아모리 적은 째라도 살 수 **잇삽냇가** 아모 째 아모 대 아모리 큰 가멸은 사람이 그가 가진 財物을 가지고 얼마나 저의 목숨을 늘이엇단 말슴을 **들으시엇삽냇가** (논설문, 96면)

위의 예문들을 보면 '-었-'의 유무를 통해 선후행 문장의 시제를 달리 표현하였는데 ㉠에서 선행 문장은 지금 세상 사람들의 인식을 나타내므로 비과거로, 후행 문장은 자래 동양의 사고 방식을 나타내므로 과거로 표현하였다. ㉡을 보면 선행 문장에서는 아무리 많은 돈이 있어도 아주 적은 시간조차 살 수 없다는 진리에 대해 의문을 제기하며 '-었-' 없이 비과거로 표현한 반면, 후행 문장에서는 어떠한 말을 들은 적이 있는지, 즉 과거의 경험을 물으며 '-었-'을 사용하여 과거로 표현하였다. 이처럼 논설문에서 과거와 비과거의 시제 구별이 명확히 이루어지는 경향이 있었던 것은 논설문의 문체가 발화자와 피발화자의 대면 상황을 가정하고 있었기 때문이라 생각된다.

다음은 수필의 예이다. 수필에서는 과거의 사건을 '-ㄴ다'로 표현하는 경우가 종종 확인된다.

　　㉠ 그러고는 또 한 번 '나는 죽는고나' 하고 아조 精神을 **일헛다** (수필, 73면)
　　㉡ 소 선 짱은 절반이나 더 올라 **잠겻다** 내가 살려주려니 밋고 소리를 그첫
　　던 소는 앗가보다 더 놉고 슯혼 소리로 영각을 **한다** (수필, 72면)

수필에서 과거의 사건은 ㉠과 같이 '-었-'을 통해 표현되었다. 하지만 ㉡의 '영각을 한다'와 같이 과거의 사건이라도 현재로 표현되는 경우가 있었는데 이는 상황이 마치 눈앞에 전개되듯이 생생하게 전달하기 위한 의도로 볼 수 있다. 이러한 부분은 대체로 내용상 긴장감이 고조되는 부분이었다. ㉡에서 앞 문장의 '잠겼다'에는 '-었-'이 쓰였으나 이어지는 문장에는 '-었-'이 쓰이지 않고 어간에 종결어미 '-ㄴ다'가 결합돼 있다. 소가 서 있는 땅이 물에 잠기는 것은 과거시제로 기술했지만, 소가 슬프게 우는 장면은 그보다 더 현장감 있게 전달하기 위해 현재의 사건처럼 기술한 것이다. 앞서 살펴본 설명문 문장의 '-라'체는 '-었-'을 쓰든 안 쓰든 시제성에 차이가 없었지만 수필 문장의 '-다'체는 '-었-'의 유무로 시제성에 분명한 차이가 드러날 뿐 아니라 특정한 문체적 효과가 동반되었음을 알 수 있다.

4. 결론

'시문時文'의 표본을 보여줄 것이라는 기대를 안고『시문독본』을 넘기다 보면 육당이 생각하던 당시의 대표적 문체라는 것이 도대체 어떤 것을 말하는 것인가 하는 의문을 품게 된다. 어떤 글은 전통적인 언해문과 크게 다르지 않은 의고체로 작성되어 있고 또 어떤 글은 거의 현대식 문장과 비슷한 언문일치체로 작성되어 있기 때문이다. 하지만 수록된 글들을 설명문, 논설문, 수필로 나누어 분석해 보면 장르에 따라 문체적 특성이 분명하게 구별되고 있었음을 알 수 있다. 문법 요소와 어휘 요소가 배치되는 지형을 형성한 이 세 장르는 한문 언해 과정에서 형성된 종래의 문장 관습을 답습하는 혹은 극복하는 정도에 있어서 뚜렷한 차이를 보였다.

설명문, 논설문, 수필 중 설명문이 가장 보수적인 문체를 유지하고 있었다. 여러 잡지나 신문 등을 통해 언문일치체 문장이 확산되어 가던 와중에 만연체에 '-라'형 종결어미를 사용한 문장들을 '시문'의 일종으로 제시한 이유는 무엇일까? 육당 자신도『소년』이나『청춘』을 통해 언문일치가 상당히 진전된 문장들을 사용했었음에도 불구하고 설명문의 문장에서 유독 전통적 언해문의 문체를 유지한 것은 의도적인 선택이었다고 생각된다. 설명문에 계승되고 있는 전통적 문장 형태의 특징들이 논설문이나 수필에서는 철저히 배제되어 있었고, 논설문에서는 독자를 감화시키고 설득하기 위한 장치, 수필에서는 내면의 고백에 적합한 장치들을 사용해 또 다른 문체적 실험을 시도했던 것이다.

이렇게 볼 때『시문독본』이 제시하고자 했던 '시문'의 모범은 어느 한 가지 유형의 표준화된 문체가 아니라 글의 목적과 유형, 주된 독자층에 따라 언문일치의 정도가 적절히 조절되고 선택되는 문체였다고 생각된다.『시문독본』의 예언例言에서 육당은 이 책의 문체를 '과도시기의 일 방편'이라 하며, 이대로 확정하자는 뜻이 아니라 당분간 우리글을 어떻게 작성해야 하는지에 대하여 얼마큼의 암시를 줄 수 있다면 이 책의 목적을 달성한 셈이라고 하였다. 이러한 기술을 보면 내면의 고백과 정서적 감화에 목적을 두는 문예물이나 수필과 달리 지식 전달에 초점을 두는 설명문의 경우는 당분간 전통적 언해문의 문체를 유지할 필요가 있다는 판단이 있었던 것으로 보인다.

이처럼『시문독본』은 "책의 체제 안에서도 '한글 문장의 형태'에 관해 민감하게 사고하려 했던 흔적"(문혜윤 2008:150)을 보여준다.『시문독본』이후로도 1920~1930년대에 여러 독본이 출간되었는데『시문독본』에서 보여준 장르에 따른 문장 배치 원리가 이후의 독본들에 어떻게 계승 혹은 발전되었는지를 추적해 볼 필요가 있을 것이다.

제3장

『동아일보』와『조선일보』
보도 기사의 문체 변화*

1. 서론

신문 기사는 그 목적에 따라 의견 중심의 기사와 사실 중심의 기사로 대별된다. 의견 중심 기사에는 사설과 칼럼이 있는데 초창기 근대적 신문에서는 이러한 유형의 기사를 '논설'로 분류하였다. 한편 사실 중심 기사는 정보 전달을 목적으로 하는 보도 기사를 말하는데 초창기 신문에서는 '잡보, 별보, 외보, 전보, 내보' 등으로 보도 기사의 하위 유형을 분류하여 게재하였다. 문체적 변이가 다양하게 나타났던 근대전환기의 경우 의견 중심 기사와 사실 중심 기사는 언어 사용 양상에서 현저한 차

---

* 이 장의 내용은 안예리(2015a)를 수정하고 보완한 것이다.

이를 보였기 때문에 분석 시 기사의 유형에 대한 고려가 필수적이다. 본고에서는 사실 중심의 기사, 즉 보도 기사를 연구 대상으로 삼아 보도 기사라는 특정 사용역 안에서의 문체 변화 과정을 추적해 보고자 한다.

보도 기사에는 반드시 취재원source이 존재한다. '기자'가 '취재원'으로부터 정보를 수집해 이를 '독자'에게 전달하는 것이 보도의 기본적인 과정이기 때문이다. 기자가 취재한 정보는 인용문으로 기술될 수도 있고 일반 서술문으로 기술될 수도 있는데 어느 쪽이든 보도 기사는 '취재원→기자→독자'의 관계망 속에 위치한다. 보도 기사는 본질적으로 '전언傳言'의 속성을 갖지만 오늘날 보도 기사 작성 시에는 일반적으로 인용 외에는 전언의 속성을 언어화하여 드러내지 않는다. 즉, 타인의 발화 내용 자체가 실릴 때에는 인용의 형식을 취하지만 그 밖의 정보는 별다른 표지 없이 일반적인 서술문으로 기술되는 것이다. 이해를 돕기 위해 현대의 신문에 실린 보도 기사의 한 예를 살펴보겠다.

조선시대 궁중음악을 처음으로 녹음한 일제강점기 음반이 디지털 음원으로 재탄생했다. 국립고궁박물관(관장 이귀영)은 "일제강점기 궁중음악 담당 기관 '이왕직아악부'가 1928년 연주한 궁중음악 26곡을 담은 13장의 유성기음반(SP) '조선아악' 수록 전곡을 디지털 음원으로 되살렸다"며 "되살린 궁중음악 26곡의 MP3음원을 수록한 CD와 이왕직아악부의 당시 조직·활동 내용, 수록 악곡 해설 등을 담은 『이왕직아악부 유성기음반 '조선아악'』을 발간했다"고 9일 밝혔다. 고궁박물관은 이 도록과 음원을 홈페이지(www.gogung.go.kr)에 올려 누구나 활용할 수 있도록 할 계획이다. 디지털화된 음원은 '조선아악' 초판 수록곡으로, 당시 연주는 궁중악사와 출신 악사, 이왕직아악부원 양성소 1·2기 졸업생 출신들이 맡고, 지휘는 아악사였던 김영제(제례악)와 함화진(연례악)이 했다.

— 「조선 궁중음악 첫 음반 디지털 음원으로 재탄생」, 『경향신문』, 2014.12.9

위의 예에서 고딕체로 표시된 부분은 일반 서술문이고 나머지 부분은 인용문이다. 고딕체 서술문의 경우 아무런 전언의 표지가 없지만 기자가 취재원으로부터 얻은 정보를 독자에게 전달하는 내용이라는 점은 분명하다. 일반 서술문과 다르지 않은 문장이라도 오늘날의 독자들은 '취재원→기자→독자'의 관계망을 전제하며 위의 글을 읽는다. 기사를 둘러싼 관계망이 소거된 이러한 문장이 보도 기사의 전형적 문장으로 인식되고 있기 때문이다.

하지만 보도 기사의 장르적 특성이 확립된 것은 그리 오래전이 아니다. 19세기 말, 한국에 신문이라는 근대적 매체가 등장한 이후로 수십 년 동안 보도 기사의 전형적인 문장은 '-다더라'로[1] 종결되었는데 당시 문장에는 기사를 둘러싼 관계망이 언어화되어 있었다. 위 예문의 첫 문장을 19세기 말 보도 기사의 문체로 바꾸어 보면, "조선시대 궁중음악을 처음으로 녹음한 일제강점기 음반이 디지털 음원으로 재탄생했다더라"가 된다. 화자가 청자에게 자신이 들은 내용을 전달해 주는 종결어미 '-다더라'에는 오늘날의 기자에 해당하는 탐방원이 취재원으로부터 들은 내용을 독자에게 전달해 주고 있다는 삼자 간의 정보의 전달 과정이 담겨 있다. 이러한 관점에서 볼 때 20세기 동안 보도 기사 문장에서 일어난 '-다더라'에서 '-다'로의 어미 선택의 변화는 기사를 둘러싼 사회

---

1 이 글에서는 논의의 편의상 '-다더라'를 '-ㄴ다더라', '-다더라', '-라더라' 등을 포괄적으로 지칭하는 용어로 사용하겠다.

적 관계망이 소거되는 방향으로의 변화라 할 수 있다.

언문일치체에 대한 언어학적 설명을 시도한 김병문(2008)은 '-더라'에서 '-었다'로의 전환이 궁극적으로 지향한 것은 문어체의 구어체화가 아니라 문장에서 발화행위의 흔적을 지워버리는 것이라 하였다. 그리고 이러한 설명을 위해 기호학의 '발화기원instance de l'énonciation'이라는 개념을 적용하였다. 발화기원이란 발화자가 텍스트에 남기는 발화의 흔적으로, 인칭대명사, 시제, 서법, 높임법 등 여러 가지 문법적 장치들을 통해 추적이 가능하다는 것이다.

그동안 19세기 말 20세기 초 문체 변화에 대한 연구에서 일반적으로 '-더라'는 '초월적 어투', '-었다'는 '관찰자적 어투'로 분석되어 왔는데(권보드래 2000:236~237), 김병문(2008)은 이 두 종결 표현의 차이를 발화기원의 소거 여부로 설명하였다. 선어말어미 '-더-'는 기본적으로 발화자의 경험을 피발화자에게 전달하는 상황을 전제하기 때문에 '-더라'체 문장에서는 말하는 사람과 듣는 사람이 직접적으로 연상되지만 '-더-'가 사라진 '-었다'체 문장에서는 그러한 연상 작용이 일어나지 않는다는 것이다. 이렇게 보면 이형태 관계에 있는 '-라'와 '-다'의 교체가 아니라 '-더-'의 소거에서 문체 혁신의 핵심을 찾아야 한다는 것도 김병문(2008)의 관점이다.

본고에서는 '-더라'에서 '-었다'로의 전환이 문장에서 발화기원을 삭제함으로써 "발화행위라는 외적 조건과 무관한 자립적 문장"을 가능케 했다는 김병문(2008:92)의 논의를 토대로 신문 보도 기사에 쓰이던 '-다더라'가 후일 '-다고 한다'로, 그리고 다시 '-다'로 변화된 과정을 설명해 보고자 한다.

2. 보도 기사와 발화 기원

1) '-다더라'의 도입

'-다더라'가 보도 기사의 전형적 종결어미로 쓰이기 시작한 것은 『독립신문』에서부터이다.

> ㉠ 이들 열 ᄒ로날 중디쟝 김명환 씨가 군부에 ᄒᆫ 보고에 김화군 대셩산에 숨엇던 비도 괴슈 신찬손을 잡아 샤문ᄒ고 이들 아흐랜날 큰 길거리에셔 총으로 노와 **죽엿다더라**
>
> —「잡보」, 『독립신문』, 1896.5.19

> ㉡ 한셩부에 공립 쇼학교가 잇ᄂᆫ디 본부 관찰ᄉ 유긔환 씨가 닷ᄉᆡ 날마다 나와셔 학원 칠십 여명을 강을 바다 고등된 학원들의게 샹급을 주되 학교 부비로 주는 거시 아니라 ᄌᆞ긔 월급 즁으로 **준다더라**
>
> —「잡보」, 『독립신문』, 1896.5.2

> ㉢ 이번에 강도 죄인 리셩틱이 잡은 이ᄂᆞᆫ 경무 즁셔 슌검 김태연과 **김응직**
> **라더라**
>
> —「잡보」, 『독립신문』, 1896.8.6

'-다더라'는 ㉠의 '이들 열 ᄒ로날 중디쟝 김명환 씨가 군부에 ᄒᆫ 보고'처럼 내용의 출처를 분명히 밝힌 경우에도 쓰였고 ㉡이나 ㉢처럼 출처를 분명히 밝히지 않은 경우에도 쓰였다.

『독립신문』은 논설 기사에서는 '-노라', '-ㄴ이다', '-으리오' 등 종래에 언해문에 널리 쓰이던 종결어미를 사용했지만 보도 기사에서는 이러한 어미들을 철저히 배제하고 '-더라'를 사용했는데 이는 보도라는 장르적 특성에 적합한 문장의 틀을 마련한 결과였다고 생각된다. 어떤 사실을 취재해서 보도하는 글의 유형은 근대적 신문의 등장과 함께 새로 생겨난 장르이다. 창간 당시부터 '외국통신', '잡보' 등 보도 기사의 하위 유형을 지면에 명시적으로 규정해 놓았던 것을 볼 때『독립신문』의 집필진은 보도 기사라는 새로운 장르를 명확히 인식하고 있었다고 생각된다.

'-더라'가 문헌상에 널리 나타나기 시작한 것은 대화문을 반영한 문헌이 급증한 19세기 말부터였다. 그 이전 시기 자료에 '-더라'는 널리 쓰였지만 '-다더라'의 쓰임은 찾기 어렵다. '-다더라'는 19세기 말부터 기독교 자료, 사전, 소설 등에서 그 쓰임을 확인할 수 있는데 해당 용례들은 '-다더라'가 당시 구어를 반영했을 가능성을 시사해 준다. 일단 '-다더라'는 19세기 말 성경에서부터 그 쓰임이 확인되는데 그 용례는 주로 대화문에서 발견된다. 아래의 예에서 '-다더라'는 병자가 유대 사람에게 대답을 하며 예수의 말을 전하는 상황에서 쓰였다. 즉, 구어 상황에서 전언을 할 때 사용된 것이다.

예수 갈오샤되 니러 네 상을 가지고 가라 ᄒ니 그 사름이 곳 나으미 상을 가지고 가니 이 날은 사밧일이라. 고로 유되 사름이 나은 쟈게 갈오되 오날은 사밧일이라 네 상을 지미 합당치 은타 ᄒ니 되답ᄒ되 나를 낫게 ᄒ 쟈가 상을 가지고 **가라더라**. 더 물어 갈오되 너를 명ᄒ여 상을 가지고 가라 한 쟈는 뉘뇨.

— 「요한복음」 5:9~12, 『예수성교젼서』, 1887

'-다더라'의 초기 쓰임은 1895년에 편찬된 국한대역사전 『국한회어』에서도 발견된다. 『국한회어』에는 '한다더라'가 표제항으로 올라 있고 그에 대한 뜻풀이가 '爲之云'이라 되어 있다. 『국한회어』의 서문에 따르면 이 사전은 "우리나라가 외국과의 교류가 많아져 사린四隣이 강화될 때에 언어를 통해서 그 정의의 친소親疎가 결정되므로 통역할 기준과 틀을 결정하는 것이 일차적인 일이라고 여겨"(홍윤표 2013:195) 편찬한 것이다. 이러한 편찬 동기로 볼 때 이 사전의 한국어 표제어는 구어체를 반영했을 가능성이 높다. 실제로 표제항을 살펴보면 "가고 오고하는 동안 去來之間 往返之間", "가고 십우냐 將欲往乎", "가고십소 願往", "가다가 노독 나거든 쉬어 가오 行有路毒休息而去", "가랴다가 欲去" 등 한국어의 구어체 표현을 한문으로 풀이한 것이 상당수이다.

대화문에 나타난 '-다더라'의 용례나 『국한회어』의 표제항으로 '한다더라'가 실려 있다는 점을 보면 '-다더라'가 19세기 말 당시 구어체 어미로 쓰이고 있었다고 보는 데에 무리가 없을 것으로 생각된다. 아래의 예에서처럼 20세기 초 신소설에서도 '-다더라'는 거의 대부분 대화문에 나타나 이러한 생각을 뒷받침해 준다.

㉠ (갑) 그 집이 무엇ᄒᆞᄂᆞᆫ 집이람닛가. 벼살 다니ᄂᆞᆫ 양반의 되인가요.

(부) 벼살ᄒᆞᄂᆞᆫ 집은 안인가 보더라. 그리기에 요사이도 시골을 갓드라지. 셩이 죠가인되 외국도 단녀 **왓다더라**

— 『고목화』, 1907

ⓛ그 디경이 되엿다는듸 지금 세상에는 다 쓸듸업셔. 못된 짓 ᄒᆞ는 사름
이 다 잘 된다더라.

—『빈샹셜』, 1908

ⓒ (졍임) 장가는 무엇ᄒᆞ는 것이오 싀집은 무엇ᄒᆞ는 것이냐.

(영) 장가는 늬가 너ᄒᆞ고 졀ᄒᆞ는 것이오 싀집은 네가 우리집에 와셔 사
는 것이라더라.

—『츄월색』, 1912

이처럼 19세기 말 20세기 초에 구어에서 사용된 것으로 보이는 '-다
더라'는 근대적 매체의 등장 초기 보도 기사라는 특정 사용역의 전형적
인 어미로 자리 잡았다. 각종 범죄와 사고, 국제적인 사건 등 잡다한 소
식을 단편적으로 담고 있는 보도 기사의 주목적은 비식자층인 독자들에
게 국내외 사정을 두루 파악하도록 하는 것이었다. 그리고 『독립신
문』이 발행될 당시 비식자층 독자들의 일반적인 신문 구독 방식은 개인
적인 묵독이 아니라 집단적 낭독이었다(이승원 2005). 여러 사람이 모인
가운데 글을 아는 사람이 기사를 소리 내어 읽는 것이다. 『독립신문』은
애초부터 비식자층 독자들을 위해 창간된 신문이기 때문에 보도 기사에
구어체 전언 종결어미를 선택한 것은 이러한 당대 신문 구독 방식을 고
려한 결과였다고 생각된다.

2) '-다더라'에 전제된 관계망

『독립신문』을 통해 정착된 '-다더라'의 쓰임은 그 후의 신문 보도 기사에서도 확인된다. 국문 신문뿐 아니라 국한문 신문에서도 『독립신문』의 전례를 따라 보도 기사에서 '-다더라'를 사용한 것이다. 아래의 예문들에 나타나 있듯이 『협성회회보』, 『제국신문』, 『대한매일신보』(국문) 등 국문 신문뿐 아니라 『황성신문』, 『대한매일신보』(국한문) 등 국한문 신문도 보도 기사에서 '-다더라'를 사용하였다.[2]

㉠ 영어합교 교수 허치슨씨가 약됴 한이 차셔 가게 되엿더니 정부에서 일
  년을 더 고임ᄒ기로 쇽약을 ᄒ엿다더라

—「내보」, 『협성회회보』, 1898.1.1

㉡ 지나간 陰曆十六日은 惟我大韓開國紀元節이라 某某紳士더리 獨立舘에 來
  ᄒ야 慶宴을 叅席ᄒ고 餘興未盡ᄒ야 西江으로 卽出ᄒ야 五六隻大中船을 上

---

2 보도 기사의 문장은 대부분 '-다더라'로 종결되었지만 일부 '-더라'로 종결된 예들도 확
  인된다. 보도문 자체에 '-더라'가 쓰인 경우도 없지 않았지만 보도 기사에서 '-더라'는
  아래의 예에서와 같이 보통 보도 내용에 대한 기자의 논평을 덧붙인 문장들에서 나타났다.
  예) 명예궁 뒤문셔 군긔쇼 뒤문으로 야쥬기ᄉ지 빅셩의 집들을 헐고 새길을 닥ᄂ다니
    셔슈문안 시고문안 동쇼문안 챵의문안 굿흔 길은 닥지 안ᄒ고 나라와 빅셩의게 유익
    지 안흔 길을 돈을 무슈히 만히 드려 ᄒ니 이일은 무슴 일인지 알 슈 **업더라**(「잡보」,
    『독립신문』, 1896.7.30)
  예) 빅지 학당 학원들이 시로 군복을 ᄒ여 입고 머리을 모도 쌀게 싹고 길에 단일 ᄲ도
    몸이 팔팔ᄒ고 싱긔가 잇셔들 뵈으니 이 학도들이 차차 자라셔 학문을 잘 빅호고 무
    음들이 열니거드면 아마 죠션도 그 ᄲᄂᆫ 외국 갓치 ᄒ번 열닐 **듯**ᄒ**더라**(「잡보」, 『독
    립신문』, 1896.6.16)
  예) 칠월 이십ᄉ일 독립 협회 보죠금 슈립 민영철 십원 정훈교 십원 김영진 ᄉ원 홍명현
    일원 김홍원 합계 삼십 오원이라더라. 이중에 홍명현이란 사름은 젹빈흔 형세로 이
    굿치 츌의ᄒ니 극히 **가샹**ᄒ**더라**(「잡보」, 『독립신문』, 1896.7.25)

下에쓰고쎠셔 歌童舞妓로 終夜토록 樂遊ᄒ다가 將明에 **歸家ᄒ엿다더라**

— 「잡보」, 『황성신문』, 1898.9.5

ⓒ 팔 월 삼십일 일씌 인도국 봄베이 도셩에 관할되ᄂᆞᆫ 각쳐에셔 ᄒᆞᆫ 슈일 동
안에 시질에 죽은 사름이 합 이쳔삼빅 명인듸 그 중에 일빅오십 륙 명
은 셩즁에셔 쥭엇다더라

— 「전보」, 『제국신문』, 1898.9.7

ⓡ 로국 즁츄원 참의관사 프로프 씨ᄂᆞᆫ 힝졍기량위원쟝을 **명ᄒ엿다더라**

— 「전보」, 『대한매일신보(국문)』, 1905.2.18

ⓜ 參政沈相薰氏 疏遞ᄒ 代에 趙秉式氏가 被任하기로 內定이 되고 軍大李容翊

氏ᄂᆞᆫ 觀察使를 被任ᄒ**다더라**

— 「잡보」, 『대한매일신보(국한문)』, 1905.8.11

이처럼 19세기 말 20세기 초 신문 보도기사의 문체적 특징을 이루던
종결어미 '-다더라'에는 발화자의 흔적이 두 층위로 존재한다. 첫째, 기
자와 독자의 관계이다. 증거성 표지 '-더-'는 발화자의 경험을 피발화
자에게 전달해 주기 때문에 '-다더라'에는 정보의 발신자와 수신자로
서의 기자와 독자의 관계가 언어화되어 있다.(발화기원 ①) 둘째, 기자와
취재원의 관계이다. '-다더라'는 '-다고 ᄒ더라'에서 '-고 ᄒ-'가 생략
되며 축약된 형태로,[3] '-다더라'는 해당 발화의 내용이 기자 자신으로
부터 나온 것이 아니라 취재원으로부터 나온 것이며 기자는 이를 전달

---

3 19세기 말에서 20세기 전반기 용례를 검토해 볼 때 '-다더라'는 '-다고 ᄒ더라'로 환원
이 가능하므로 '-다고 ᄒ더라'에 비해 '-다더라'가 새로운 의미를 획득했다고 보기는 어
렵다. 따라서 본고에서는 '-다더라'를 융합형이 아닌 축약형으로 본다. 융합과 축약의
차이에 대해서는 안명철(1990), 이지양(1998) 등을 참고할 수 있다.

하고 있음을 나타낸다. (발화기원②)

초창기 근대적 신문에 사용되던 '-다더라'는 두 단계의 변화를 겪었는데 각 단계마다 발화기원이 하나씩 소거되었다. '-다더라'에서 '-다고 한다'로의 대체 결과 발화기원 ①이 삭제되었고 그 후 '-다고 한다'가 다시 '-다'로 대체되며 발화기원 ②가 삭제되었다. 그 결과 서론에서 살펴봤듯이 오늘날 보도 기사의 전형적인 비인용문은 아무런 발화기원을 드러내지 않은 채 일반 서술문처럼 '-다'로 종결된다.

3. 발화기원의 소거와 종결 표현의 변화

'-다더라'는 1930년경부터는 신문에 거의 쓰이지 않게 되었다. 이러한 사실은 김영화(2008), 이주현(2014)에서도 지적된 바 있지만 변화의 원인에 대한 고찰은 부족했다.[4] 이 절에서는 1920년 3월 5일에 창간된 『조선일보』와 1920년 4월 1일에 창간된 『동아일보』의 용례를 중심으로 보도 기사에 쓰인 종결어미의 변화 과정과 그 원인을 분석해 보고자 한다.

---

4 김영화(2008:17~19)의 〈표 2-4〉를 보면 1910년대까지 '-다더라'가 널리 쓰이다 1930년대가 되면서 그 쓰임이 현저히 줄었고, 반대로 '-다 하다'는 1930년대에 와서 갑자기 증가하였다. 이주현(2014:104)은 네이버 뉴스라이브러리를 활용해 『동아일보』에서 '-다더라'가 1930년을 기점으로 사라졌다는 분석 결과를 제시하였다.

1) 1920년대 '-다더라'의 쓰임

『조선일보』와 『동아일보』는 19세기 말 20세기 초 신문들과 달리 '잡보, 외보, 별보' 등으로 보도 기사의 유형을 따로 분류하지는 않았지만 대체로 2면에 보도 기사들을 배치하였다. 1920년대까지는 두 신문 모

〈표 1〉 1920년대 『동아일보』와 『조선일보』 보도 기사의 종결 표현[5]

『동아일보』(1920.4.1, 2면)		『조선일보』(1920.6.8, 2면)	
기사 제목	종결	기사 제목	종결
佛國首相의 演說	-더라	愛蘭同情決議案	-더라
聯合國과 勞農政府	-다더라	對愛蘭同情訴願	-더라
迷蹤軍常備兵決定	-다더라	愛蘭軍器庫燒失	-다더라
獨立黨市長의 葬儀	-더라	埃及의 新憲法案	-다더라
武力으로 朝鮮人解散	-다더라	印度督召還要求	-더라
唐氏和議電請	-다더라	通商事務所開設	-더라
伊機不時着陸	-다더라	激軍波都占領	-더라
鮮銀金利引上四月一日부터	-더라	土耳其兵動員	-다더라
……	-다더라	希臘戒嚴聲明	-더라
鐵原에 大水利計劃	-다더라	米支飛行借欵	-다더라
東洋文明國의 首班될 ……		和議促進訓電	-더라
		湖南南軍優勢	-더라
		護法政府否認	-더라
		民團을 無視한다고 ……	-더라
		候補大統領排日	-더라
		蘭領支那人排日	-더라
		普選卽行演說	-더라
		蠶絲救濟決定	-다더라
		經濟變動調査	-더라
		麻布共同販賣	-다더라
		總督府分本年度豫算	-더라
		京畿地方費追加豫算	-더라
		公債券賣出要項	-더라

---

5   당시 보도 기사는 하나의 기사가 하나의 문장으로 이루어진 경우가 대부분이었다. 간혹 두 문장으로 이루어진 기사도 있었는데 이 경우 마지막 문장에 쓰인 종결어미를 표에 제시하였다.

두 보도 기사에서 1890~1900년대 신문들과 마찬가지로 '-다더라'나 '-더라'를 썼지만 1930년대에 들어 눈에 띄는 변화를 보였다. 먼저 1920년대의 쓰임을 보이기 위해 『동아일보』 1920년 4월 1일 자 2면 1~2단에 실린 보도 기사와 『조선일보』 1920년 6월 8일 자 2면 1~2단에 실린 보도 기사의 문장들을 분석해 기사 별 종결 표현을 〈표 1〉에 정리해 보았다.

2) 1930년대 '-다 하다'와 '-다'의 도입

발화자와 피발화자의 관계를 직접적으로 드러내는 '-더라', '-다더라'는 1930년대에 들어 보도 기사에서 자취를 감추기 시작했는데 그 시기는 『동아일보』가 『조선일보』에 비해 앞섰다. 『동아일보』의 경우 1930년 1월 7일 자까지는 이전과 마찬가지로 '-다더라'체로 보도 기사를 작성했지만 1930년 1월 8일 자부터는 2면 보도 기사에 한해 돌연 '-다 하다', '-다'를 사용하기 시작했고, 다음날인 1월 9일부터는 3면 보도 기사에도 '-다 하다'나 '-다'를 썼다.[6]

다음은 1930년 1월 8일 자와 9일 자 보도 기사에서 '-다 하다'가 쓰

---

6 1면에서는 '-다'체의 등장 시기가 조금 더 앞섰다. 『동아일보』의 경우, 1920년대 중엽에 1면 논설 기사에서 '-었다'를 사용하였다. 이러한 변화가 나타난 초기에는 한 편의 글 안에서 '-었다'와 '-노라'가 함께 쓰였지만 점차 '-다'체로 통일되어 갔다. 또한 1924년 4월 1일 자부터 3면에 실린 '중앙판' 보도 기사에서는 모든 문장을 '-다고'로 끝맺기도 했다. 한편, 기사 본문에 '-다'체가 확산되기 전에도 1920년대 신문기사 제목에서는 '-다'체 문장이 쓰였다(김미형 1998:140). 이처럼 1920년대에 신문 각 부분에서 여러 변화들이 시도된 끝에 1930년대부터는 보도 기사의 문장들도 일제히 변화를 겪게 된 것으로 보인다.

인 예이다. 비인용문에 쓰인 '-다 하다'는 '-다더라'와 달리 발화기원 ①이 소거된 표현이지만, 여전히 발화기원②는 내포하고 있었다.[7]

> ㉠ 륙 일 오후 여듧 시 이십 분 경에 시내 서사헌정西四軒町 백칠십사 번지 아파근阿波根의 집에서 발화되어 손해 십 원을 내이고 즉시 진화하얏다 는 바 원인은 **실화이라 한다.**
>
> —『동아일보』, 1930.1.8, 2면.
>
> ㉡ **순창** 전북 순창淳昌 지방은 얼마 전부터 홍역紅疫이 류행하야 근일은 점차 로 창궐되어 최근에 일긔가 갑작이 추어지자 환자에 대한 조섭이 불충 분함인지 사망자까지 속출한다는데 한집에 잇는 아이들은 잇는 대로 모 조리 누어 알을 뿐더러 그중에는 두세 명의 사망자를 내인 집도 잇다는 데 아즉도 홍진이 만연되어 감으로 일반은 심히 우려 **중이라 한다.**
>
> —『동아일보』, 1930.1.9, 3면.

흥미로운 점은 ㉠, ㉡의 '-다 하다'는 취재원의 말을 인용한 것이 아 니라 취재한 내용을 전하는 데에 쓰였고 이는 종래에 '-다더라'의 쓰임 과 동일하다는 것이다. 즉 표현상으로는 인용문의 형식을 취했지만 사 실상 그 내용은 인용이 아닌 전언에 해당한다.

다음은 1930년 1월 8일 자와 9일 자 보도 기사에서 '-다'가 쓰인 예 이다. 아래 예문들은 '취재원→기자→독자'의 관계망이 모두 소거된

---

7 발화기원이라는 개념을 사용하지는 않았지만 김미형(1998:143)에서도 20세기 전반기 신문기사에 쓰인 '보앗다 한다', '부치기로 되엇다 한다' 등의 표현이 남의 말을 전달하는 형식으로 쓴 것이고 이는 "기사 작성자의 존재를 그대로 드러내는 방식"이라고 하였다.

문장이다.

　　㉠ **라호르전** 라호르에서는 경찰과 전인도국민회의 소속인 의용대 사이에
　　　중대한 충돌이 일어날 번하얏스나 깐디 씨의 중재로 겨우 무사함을 어
　　　덧다

—『동아일보』, 1930.1.8, 2면.

　　㉡ **평양** 지난 삼 일 오후 일곱 시 부내 수옥리水玉里 로광윤盧光潤 방에서 평양
　　　위걸구제회총회痿乞救濟會總會를 열고 다음과 가튼 임원을 **개선하얏다**

—『동아일보』, 1930.1.9, 3면.

　　위의 문장들에서 '-다'는 보도기사를 둘러싼 발화기원이 모두 소거
된 결과를 보여주는데 후일 이러한 쓰임이 결국 보도 기사 비인용문의
전형적 문장으로 정착하게 된다.

　　한편 『조선일보』는 1930년 4월 5일 자까지는 보도 기사에서 '-다더
라' 체를 전면적으로 사용했다. 그러다 4월 6일 자부터 2면의 일부 기사
에서 '-다' 체를 시도해 해당 면에는 '-더라', '-다더라', '-다 하다'가
모두 확인된다. 이러한 쓰임이 수일간 지속되다가 4월 말경에는 『조선
일보』의 지면에서도 '-더라'나 '-다더라'가 사라지고 '-다'와 '-다 하
다'가 혼용되는 쓰임이 보인다.[8]

　　〈표 2〉는 이러한 변화가 이루어진 이후 2면 보도 기사의 문장 종결

8　김영화(2008:43)에서도 '-다더라'가 『조선일보』 1930년 3월 발행분까지는 '-다'에 비
　해 월등히 많이 쓰이다가 4월말부터 '-다더라'의 쓰임이 줄어들었고 7월경부터는 '-다
　더라'가 사라졌다고 하였다.

〈표 2〉 1930년대 『동아일보』와 『조선일보』 보도 기사의 종결 표현

『동아일보』(1930.1.1, 2면)		『조선일보』(1930.4.30, 2면)	
기사 제목	종결	기사 제목	종결
開成男女中高校生 ……	-다	設備不完全으로 ……	-다 하다
四校男女學生餘名檢擧	-다 하다	少總全國大會準備	-다 하다
學生檄文事件關係 ……	-다	上海市電從業員 ……	-다 하다
緊急教員會父兄會召集	-다	白石盟罷工六名 ……	-다고 하다
動搖된七校再試를決定	-다 하다	佐野學만은改正治維法 ……	-다 하다
五十錢僞造貨평양에류행	-다 하다	新幹京東支會臨時大會 ……	-다고
千葉縣同胞新年懇談會	-다 하다	速力違反者에就業停止 ……	-다 하다
急行列車에서飛降타가 ……	-다 하다	日本共産黨事件幹部等 ……	-다
西氷庫에 棄兒	-다 하다	言論과集會自由의制限 ……	-다
平壤女高普火災 ……	-다 하다	獎忠壇에서活躍할男女 ……	-다 하다
受業中火光衝天 ……	-다 하다	榮州檄文判決	-다 하다
絹紗會社侵入 ……	-다 하다		

표현을 정리한 것으로, 1930년 1월 10일 자『동아일보』와 1930년 4월 30일 자『조선일보』 2면의 상단 1~2단의 기사를 분석 대상으로 하였다.

〈표 1〉과 〈표 2〉를 비교해 보면 1920년대와 1930년대 신문 보도 기사의 문장의 차이가 분명하게 드러난다. 1920년대 보도 기사 문장에는 '-더라'와 '-다더라'가 쓰였지만 1930년대의 특정 일자 이후로는 '-다', '-다 하다'로 바뀐 것이다. 〈표 2〉에 나타난 것처럼 1930년대 보도 기사에서 가장 많이 쓰인 종결 표현은 '-다 하다'였는데 이는 거의 대부분 비인용문에 쓰인 것이다. 비인용문의 '-다 하다'에는 '-다더라'가 표시하던 두 가지 발화기원 중 '기자→독자'의 발화 흔적은 소거되었지만 여전히 '취재원→기자'의 발화 흔적은 남아 있다.

3) 1950년대 '-다'로의 통일

보도 기사의 비인용문에서 '-다'와 '-다 하다'가 혼재하는 양상은 1940년대까지 확인되다가 1950년대부터는 보도 기사의 비인용문에서 '-다'의 쓰임이 일반화되었다. 다음은 1950~1960년대 보도 기사의 비인용문이다.

㉠ (런던 二十九日發 U피大韓) 二十八日 처칠 首相은 美國으로부터 歸還하여 卽時 深刻한 英埃 危機에 關하여 檢討에 着手하였다.

―『동아일보』, 1952.1.30

㉡ (서울 二十九日發 PANA大韓) 李承晚 大統領은 二十八日 『코린스』 陸軍參謀長과 서울에서 約 二十分間 要談하였는데 『크라-크』 將軍과 『배ㄴ・프리-트』 大將도 同 會談에 參席하였으며 韓國 陸軍參謀長 白善엽 中將도 參席하였다. 그리고 『코린스』 將軍 一行은 二十八日 空路 UN軍 各 部隊를 巡察하였다.

―『동아일보』, 1953.1.30

㉢ 二九일 새벽 二시경 楊洲군 隱懸면 上牌리에 사는 趙福順(42) 씨는 정부 金方星(48) 씨와 술에 만취되어 동침 중 무연탄 「가스」 중독으로 사망하였다.

―『동아일보』, 1961.1.30

㉣ 外務部는 지난 21차 「유엔」總會에서의 韓國問題討議 경과를 분석하고 올해의 제22차 「유엔」總會에 臨할 대책을 마련, 곧 대통령에게 報告할 예정이다

위의 예문들은 기자가 취재원의 말을 인용하지 않은 채 독자에게 전언을 하는 비인용문이다. 1950년대부터는 위와 같이 보도 기사의 비인용문은 '-다'로 종결되는 것이 일반화되었다. 위의 문장들에는 발화자인 기자도, 피발화자인 독자도, 정보의 출처인 취재원도 드러나 있지 않다.[9] 이상의 논의를 통해 1930년대부터 신문 보도 기사 문장에서 '-다더라' 체가 사라졌지만 발화기원의 소거라는 관점에서 볼 때 보도 기사 문장이 현대화된 것은 1950년대부터였다고 볼 수 있다.

4. 결론

1910년대부터 소설에서 시도되던 문체적 변화는 신문 보도 기사에도 영향을 주었다. 소설의 담화 공간에는 발화자인 작가와 피발화자인 독자가 존재하지만 보도 기사의 담화 공간에는 발화자와 피발화자 외에도 취재원이 존재한다. 19세기 말 20세기 초 보도 기사에는 '기자→독

---

[9] 이 장의 연구 주제에서는 벗어난 것이지만 1950년대부터 보도 기사의 인용문에서도 변화가 있었다. 종래에는 인용절을 내포한 상위문의 동사가 거의 '하다'로만 쓰였던 것과 달리 상위문 동사 자리에 '말하다, 보도하다, 강조하다, 경고하다, 밝히다, 시사하다, 전망하다, 전하다, 제의하다, 주장하다, 증언하다, 지시하다, 지적하다, 추측하다, 칭찬하다' 등 발화 행위의 구체적 속성을 드러내는 다양한 동사가 쓰이기 시작했다.

자'의 관계를 반영한 발화기원①과 '취재원→기자'의 관계를 반영한 발화기원②가 모두 언어화되어 있었다. '-다더라'는 당시 구어에 쓰이던 전언의 종결어미로, 『독립신문』에서부터 보도 기사의 전형적 종결어미로 쓰이기 시작했다. '-다더라'는 증거성 표지 '-더-'로 인해 발화자(기자)와 피발화자(독자)의 발화 흔적을 내포하는 한편 '-다 ㅎ더라'의 축약형으로서 취재원과 발화자의 발화 흔적 또한 내포하고 있었다.

초창기 보도 기사에 노출되던 발화 흔적 중 먼저 소거된 것은 기자와 독자의 관계를 드러내 주는 발화기원①이었다. 1930년 상반기에 『동아일보』와 『조선일보』는 보도 기사 문장에서 '-다더라'를 버리고 '-다 하다'를 전격 도입하기 시작했다. 이들 종결 표현은 오늘날의 관점에서 볼 때 인용의 형식에 해당하지만 당시에는 인용문뿐 아니라 비인용문에도 널리 쓰여 전언의 표지로서 기능했다. 보도 기사 비인용문의 문장에서 '-다 하다'가 사라지고 '-다'가 정착된 것, 즉 발화기원②가 소거된 것은 1950년대에 이르러서였다. 발화기원①의 소거가 소설을 비롯한 여러 장르의 공통적 변화였던 반면 발화기원②의 소거는 삼중의 관계망을 전제하는 보도 기사의 특징적 변화였다.

제4부
근대어와 문법

제1장

근대어와 문법 개념*

1. 서론

근대어로서의 한국어는 자연 상태의 언어를 규범화하고 표준화한 결과물이었다. 그리고 그 과정에서 문법의 개념은 언어적 변이들을 일정한 방향으로 변화시키는 구심점 역할을 했다. 문법의 개념은 근대적 언어관과 함께 싹텄다. 그리고 근대적 언어관의 발달 과정과 함께 문법의 개념도 지속적으로 변화해 왔다. 이 장에서는 20세기 초의 문법서들을 통해 근대어로서의 한국어에 대한 인식과 문법의 개념이 긴밀한 관계 속에서 함께 변화해 온 과정을 살펴보고자 한다.

20세기 초에는 '문법^{文法}'[1] 외에도 '문전文典', '어전語典', '어법語法', '말

---

* 이 장의 내용은 안예리(2016b)를 수정하고 보완한 것이다.
1 이 장에서는 문법 개념을 나타낼 때에는 작은따옴표를 사용하지 않고, '문법'이라는 용어 자체를 나타낼 때에는 작은따옴표를 사용한다.

본', '글틀' 등 문법 개념을 나타내는 여러 가지 용어가 쓰였다. 강복수(1975:48~65)는 문법 개념 관련 용어의 사용 추이에 따라 세 시기를 설정하였는데 이에 따르면 1908년부터 1929년까지의 제1기는 '문전, 문법, 어법, 글틀, 말과 글의 본, 어전, 말본' 등 다양한 용어가 혼재하던 시기로 문법 연구의 목표가 언문일치言文一致와 교육에 맞추어져 있었다. 제2기는 1930년부터 1945년까지로 '어법, 말본, 문법'의 세 용어가 주류를 형성하게 되었고 연구의 내용도 말의 법칙을 찾는 데에 초점을 두게 되었다. 제3기는 1945년 이후로 '말본'과 '문법'의 두 용어만 남게 되었는데 '말본' 계열은 제2기처럼 말의 법칙을 탐구한 반면 '문법' 계열은 연구 대상을 한정하여 '문장 구성의 법칙'을 밝히는 데에 주력하였다. 본고에서는 강복수(1975)에서 설정한 시기들 중 제1기를 중심으로 하되 현대국어의 문법 체계에 가장 큰 영향을 준 외솔 최현배의 『우리말본』(1937)까지를 연구의 대상으로 삼아 문법 개념의 형성 및 발달 과정을 고찰해 보고자 한다.

2. 개념어로서의 문법

문법의 의미는 얼핏 생각할 때에는 자명한 것으로 여겨질 수 있지만 곰곰이 따져보면 그 정의가 결코 간단치 않다. 문법 개념은 태동 이후 오늘에 이르기까지 지속적으로 변화되어 왔기에 문법 개념 형성사의 흐름 속에서 어느 시점의 기준을 적용하느냐에 따라 문법의 내포와 외연

이 달라지기 때문이다. 현대의 국어사전에 나타난 '문법'의 정의만 살펴보아도 이러한 점을 알 수 있다.

　ⓐ 말의 구성 및 운용상의 규칙. 또는 그것을 연구하는 학문

———『표준국어대사전』.

　ⓑ 말소리, 단어, 문장 등을 쓰는 일정한 규칙. 말의 일정한 규칙을 학문적 또는 교육적으로 기술한 체계

———『연세현대한국어사전』.

　ⓒ 1. [언어] 언어의 구성 및 운용상의 규칙 2. 또는 그것을 체계적이고 기술적으로 연구하는 학문 3. 좁은 의미로는 작은 언어 단위인 단어를 결합하여 큰 단위인 문장이나 글을 이루는 통사론적 법칙이나 체계를 가리키나, 넓은 의미로는 음운에 관한 현상이나 어휘, 의미에 관한 기술 등 언어 전반을 포함하기도 한다.

———『고려대한국어대사전』.

ⓐ과 ⓑ의 사전은 문법을 '말'의 규칙이라 정의하였다. 그런데 문자 그대로의 의미로 보자면 문법은 '말'이 아니라 '글'의 법칙이어야 한다. 용어 자체에 담긴 의미와 그 용어의 쓰임으로부터 추출한 의미 간의 불일치는 문법 개념의 태동 배경과 밀접한 관련이 있다. 근대적 문법 개념은 '글을 적기 위한 말의 법칙'을 찾아야 할 필요 속에서 등장했기 때문이다.

또한 현대의 사전적 정의와 관련해 문법의 외연 문제도 생각해 볼 필요가 있다. ⓐ에서는 '말의 구성 및 운용상의 규칙'이라 하여 그 범위를

모호하게 제시한 반면 ⓛ에서는 '말소리, 단어, 문장'에 적용되는 규칙으로 보아, 음운, 형태, 통사의 제 영역을 포괄하는 의미로 기술하였다. 한편 ⓒ의 경우는 좁은 의미로는 통사적 규칙에만 해당하지만, 음운, 어휘, 의미 등 언어 전반에 해당하는 넓은 의미로도 쓰임을 밝혔다. 현대 국어 화자들이 일반적으로 떠올리는 문법은 ⓒ에서 말한 좁은 의미의 문법일 것이다.

문법 개념의 유동성과 모호성은 개념사 연구에서 말하는 '기본 개념'의 속성에 해당한다. 특정 시기 특정 사회에서 통용되는 가치관과 세계관은 그 세계를 이루는 기본 개념들에 토대를 두고 있다. 기본 개념들은 그 세계의 필요와 요청에 부응하여 생겨난 것인 동시에 그 세계를 일정한 방향으로 변화시키는 추동력을 가지고 있었다. 그렇기에 기본 개념은 본질적으로 변화 가능성을 내포하고 있고 현실과 개념과의 상호작용 속에서 지속적인 변화를 거친 결과 의미적으로는 모호성을 갖게 되는 것이다. 코젤렉Reinhart Koselleck은 '단어'와 '개념'을 구별하여 단어는 명확히 정의될 수 있지만 개념은 정의가 불가능하며 오직 해석만이 가능하다고 보았다. 모든 개념은 단어의 형태로 존재하지만 일반적인 단어와 달리 개념은 특정한 역사적, 사회적 맥락 속에서 끊임없이 의미의 재구성 과정을 거쳐 왔기에 모호하고 다의적이라는 것이다(나인호 2011).

문법 개념은 근대 세계를 이루는 여타의 기본 개념들과 마찬가지로 언어를 규범화하고 표준화하기 위한 당대의 필요 속에서 생겨났으며, 20세기 초 한국의 역사적이고 사회적인 맥락 속에서 지속적으로 의미적 재구성 과정을 거쳐 왔다. 문법 개념의 변화에 따라 언어 연구의 대상과 방법도 달라져 왔다는 점에서 20세기 초 문법서에 나타난 문법 개념의 변이와 변화를 살펴보는 것은 근대적 분과학문으로서의 국어학의 정립 과정을 살펴보는 일이기도 할 것이다.

3. 문법 개념을 나타내던 용어들

20세기 초 문법의 개념은 '문법'이라는 하나의 용어에 고착되어 있지 않았다. 1900~1930년대에 발행된 문법서들의 제목만 살펴보아도 문법 개념을 나타내기 위해 다양한 용어들이 사용되고 있었음을 알 수 있다. 〈표 1〉은 분석 대상으로 삼을 31종의 문법서 목록과 제목에 사용된 문법 개념 관련 용어를 정리한 것이다.[2]

〈표 1〉에 제시된 문법서들의 제목을 살펴보면 '문법'이라는 용어를 사용한 것이 11종, '문전'이 9종, '말본'이 4종, '어전'이 2종, '어법'이 1종, '글틀'이 1종이었다. 이처럼 20세기 전반기에 발행된 국어 문법서에는 문법 개념을 나타내는 다양한 용어들이 쓰였지만 그중 '문법'과 '문전'이 주를 이루었으며 '文' 계열과 '語' 계열 중 전자 쪽이 우세하였음을 알 수 있다.

---

2 〈표 1〉의 목록은 『역대한국문법대계』에 수록된 문법서 중 선별하여 작성한 것이다. 선별 기준은 다음과 같다. 『역대한국문법대계』에 같은 제목의 유인본 또는 필사본과 인쇄본이 모두 포함된 경우 인쇄본을 분석 대상으로 삼았다. 또한 1910년 이후 책 제목의 '국어', '대한' 등을 '조선어', '조선' 등으로 변개하여 재출판한 책의 경우 1910년 이전 발행본을 검토 대상으로 삼았다. 안확(1917)은 정승철 외(2015)를, 최현배(1929), 최현배(1937)의 경우 연세대 출판문화원에서 발행한 외솔 최현배 전집(2012)의 영인본을 참고하였다.

〈표 1〉 분석 대상 문법서

번호	연도	저자	제목	제목의 용어
①	1906	주시경	(유인) 대한국어문법	문법
②	1908	주시경	(필사) 말	—
③	1908	주시경	國語文典音學	문전
④	1908	최광옥	大韓文典	문전
⑤	1909	유길준	大韓文典	문전
⑥	1909	주시경	(유인) 高等國語文典	문전
⑦	1909	김규식	(유인) 大韓文法	문법
⑧	1909	김희상	初等國語語典	어전
⑨	1910	주시경	국어어문법	문법
⑩	1911	김희상	朝鮮語典	어전
⑪	1913	남궁억	(필사) 조선 문법	문법
⑫	1914	주시경	(석판) 말의 소리	—
⑬	1916	김두봉	조선말본	말본
⑭	1917	안확	朝鮮文法	문법
⑮	1920	이규영	現今 朝鮮文典	문전
⑯	1921	강매	朝鮮語文法 提要(上)	문법
⑰	1922	리필수	鮮文通解	—
⑱	1922	김두봉	깁더 조선말본	말본
⑲	1922	김원우	朝鮮正音文典	문전
⑳	1922	이규방	新撰 朝鮮語法	어법
㉑	1923	안확	修正 朝鮮文法	문법
㉒	1923	리필수	정음문전	문전
㉓	1925	이상춘	朝鮮語文法	문법
㉔	1927	김희상	울이글틀	글틀
㉕	1927	홍기문	朝鮮文典要領	문전
㉖	1929	이완응	中等學校 朝鮮語文典	문전
㉗	1929	최현배	우리말본 첫째매	말본
㉘	1929~1930	이병기	朝鮮文法講話	문법
㉙	1930	강전	精選朝鮮語文法	문법
㉚	1937	박승빈	簡易朝鮮語文法	문법
㉛	1937	최현배	우리말본	말본

1) '文' 계열 용어

〈표 1〉에 제시된 용어 대부분은 당대 일본의 문법서에서 널리 쓰이던 것이다. 일본의 경우 메이지 초기에는 주로 '文典'으로 쓰다가[3] 1900년 대에 들어 '文法'의 쓰임이 증가하였고 일부 문법서에서 '語法'을 사용 하기도 했다(윤영민·서상규 2016).[4] 일본에서 '文典'이라는 단어는 한동 안 '문법'의 의미와 '문법서'의 의미로 혼용되어 쓰이다가[5] 오오츠키 후 미히코大槻文彦의 『廣日本文典』(1897)에서부터 '文典'은 문법서의 의미 로, '文法'은 문법의 의미로 구별되어 쓰이기 시작했다(오오이 히데아끼· 서상규 2015).

한국의 경우는 어떠했을까? 다음은 유길준의 『대한문전』(1909)에 나 타난 '문전'의 용례이다.

---

3   일본에서 '文典'이라는 용어는 에도시대에 편찬된 네덜란드어 문법서 『和蘭文典前 篇』(1842)에서 처음 쓰였고(袁広泉 2013:138) 그 후 메이지시대에 이르러 널리 확산되 었다.

4   윤영민·서상규(2016:37~38)는 1812년부터 1942년까지 일본에서 발행된 문법서 43 종의 목록을 제시하였는데, 해당 목록을 토대로 '문전'과 '문법'의 사용 추이를 분석해 보았다. 1812~1900년 사이 발행된 21종의 문법서 중 표제에 '文典'을 쓴 것은 13종, '文 法'을 쓴 것은 1종, '語法'을 쓴 것은 1종이었던 반면, 1901~1942년 사이 발행된 22종 의 문법서 중 표제에 '文典'을 쓴 것은 6종, '文法'을 쓴 것은 9종, '語法'을 쓴 것은 3종이 었다. 19세기 말까지는 '文典'이 주를 이루었으나 20세기로 오며 '文法'의 비중이 높아 진 것이다.

5   이러한 혼용은 초기 번역에서부터 확인되는 부분이다. '文典'의 최초 쓰임을 보여주는 『和蘭文典 前篇』(1842)의 네덜란드어 제목은 'Grammatica of Nederduitsche Spraakkunst'로, 직역하 면 '네덜란드어 문법의 문법서'이다. 네덜란드어에서 'Grammatica'와 'Spraakkunst'는 둘 다 '문법서, 문법'의 의미를 갖는데 이 책의 제목에서 'Grammatica'는 '문법서', 'Spraakkunst' 는 '문법'의 의미로 쓰였다. 그런데 일본어로 번역될 때 '문법서'와 '문법'이 구별되지 않고 '文典'의 개념 속에 통합되었던 것이다.

㉠ 文典이라 ㅎᆞ는 者는 人의 思想을 正確히 發表ㅎᆞ는 法을 記載ㅎᆞᆫ 學問이라

㉡ 故로 我國에는, 漢字의 用은 有ㅎᆞᆫ대, 漢文은 其用이 無ㅎᆞ야, 我의 一補助物

이며 附屬品되기에 止ㅎᆞ는 者인즉, 其讀法은, 音讀을 由ㅎᆞᆫ든지, 訓讀을 主

ㅎᆞᆫ든지, 我의 文典에 依ㅎᆞ야 成立ㅎᆞ는 外에는, 他道가 無ㅎᆞ고녀

㉠을 보면 '문전'을 '사람의 사상을 정확히 발표하는 법을 기재한 학문'이라 하였는데, 이러한 정의에서 '사람의 사상을 정확히 발표하는 법'이 문법 개념에 해당하는 것이라고 본다면 '이를 기재한 학문'은 '문법을 기재한 학문'이라는 의미에서 문법서로 해석될 수 있다. 그런데 한편으로 ㉠에서 '문전'을 '-한 학문'이라 하여 추상적 의미로 파악한 것을 보면 문법서보다 문법에 가까운 의미라고 볼 수도 있기 때문에 ㉠에 쓰인 '문전'이 문법인지 문법서인지는 명확하지 않은 부분이 있다. 하지만 ㉡을 보면 유길준이 '문전'을 문법의 의미로 사용했음이 보다 분명히 드러난다. 우리나라에서 한자를 널리 사용하긴 하지만 음독을 하든 훈독을 하든 한문이 아닌 우리말의 '문전'에 따라 사용함을 주장한 부분으로, 이때 '문전'은 문법서가 아닌 문법의 의미임이 분명하다.

주시경의 경우 '문전'과 '문법'이라는 용어를 서로 다른 뜻으로 사용하였는데, 이는 『대한국어문법』(1906)의 기술을 통해 확인할 수 있다.

至今 歐美에 隆盛ㅎᆞᆫ 나라들은 各各 그 나라 말과 글을 根本으로 崇尙ㅎᆞ고 修正ㅎᆞ여 그 人民을 어릴 째붙어 發音ㅎᆞᆷ을 바르게 ㅎᆞ며, 國語를 가르치되 讀本・文法・字學・音韻・解式・作文 等科를 二三十ᄭᅵ지 줄곳 가르치며, 各種 字典 文典 教科書가 極히 具備ㅎᆞ되 오히려 不足ㅎᆞᆯ가 念慮ㅎᆞ여 옛것을 곳치고 새

것을 더하며 (…후략…)

—주시경 1906:3b.[6]

위의 인용문을 보면 주시경은 구미의 융성한 나라들은 국민들에게 자국어의 독본, 문법, 자학, 음운 등을 성인이 될 때까지 줄곧 가르치며, 이를 위한 각종 자전, 문전, 교과서가 잘 구비되어 있다고 기술하였다. 여기서 '문법'은 가르치는 내용을 말하고 '문전'은 이를 위한 교수자료, 즉 문법서를 말한다.

한국의 경우 '문전'이라는 용어는 근대 초기의 문법서 제목에 사용되기는 했지만, 문법서의 본문에서는 거의 사용되지 않았고, 사용될 경우에도 앞서 살펴본 주시경의 기술에서와 같이 '문법'과는 구별되는 의미로 쓰였다. 이처럼 20세기 초 한국의 문법서에서 '문전'과 '문법'은 일본의 초기 문법서들에서와 달리 혼용되어 쓰이지 않았는데, 이는 1897년 이후 일본에서 이미 그 의미가 명확히 변별된 이후에 각각의 용어가 한국어에 수용되었기 때문이라 생각된다.

2) '語' 계열 용어

문법 개념 관련 용어와 관련해 또 한 가지 관심 있게 살펴볼 부분은 '문文'이 아닌 '어語'에 초점을 둔 용어들이다. 김희상의 '어전', 이규방

---

6   이 인용문은 문답식으로 된 본문 뒤에 덧붙여진 6장짜리 국한 혼용문에서 발췌한 것이다. 면수는 유인본에 표시된 것을 기준으로 삼았다.

의 '어법', 김두봉의 '말본'은 당시 널리 쓰이던 '문법'과의 차별화를 강조한 용어들인데, 해당 용어들이 사용된 맥락을 살펴보면 문법 개념의 발달과정에서 제기된 중요한 문제들을 확인할 수 있다.

김희상은 『초등국어어전』(1909) 및 『조선어전』(1911)에서 '어전'이라는 용어를 사용했는데, 『조선어전』의 본문 1면 시작 부분을 보면 「語典의 定義」라는 제목 아래 "朝鮮語典은 朝鮮語를 適當히 語ㅎ고 書홈을 敎ㅎ는 바 規矩이니라"라고 설명하였다. 책 제목에서는 '어전'이라 하여 '어語'를 강조했지만 그 내용은 '말과 글' 모두에 해당하는 것으로 보았다는 점은 당대의 '문전'류와 다르지 않다.[7] 그렇다면 굳이 '어전'이라는 용어를 사용한 이유는 무엇일까? 이는 『조선어전』 본문 앞에 실린 범례 중 마지막 항에 보다 분명히 밝혀져 있다. 이를 인용하면 아래와 같다.

一 本書는 朝鮮語의 語音 及 語法의 正則을 指ㅎ는바 語典이오 文典은 안이기로 本書의 用言 中 朝鮮 文字 及 漢字의 音은 現時의 語音에 基ㅎ야 記혼 者

—김희상 1911:1.

조선어의 어음과 어법의 정칙에 관한 책이기 때문에 '문전'이 아니라 '어전'이며, '어전'이기 때문에 표기의 기준을 '현시의 어음'에 두겠다

---

7 그런데 1927년에 오면 김희상은 더이상 '어전'이라는 용어를 쓰지 않고 '글틀'이라는 용어를 사용하였고, '글틀'을 '말을 바르게 옮기고 바르게 쓰기를 가르치는 틀'로 정의하였다. 『조선어전』에서는 '말'과 '글' 모두에 해당하는 법칙이라 하여 문법 개념 속에 포함된 말과 글의 관계가 분명히 드러나지 않았지만, 『울이글틀』에서는 '말을 글로 올바르게 적기 위한 법칙'을 표상하고 있어 말과 글의 관계를 더욱 긴밀하게 상정하게 되었음을 알 수 있다.

고 한 것이다. 이러한 설명에 따르면 김희상이 '어전'이라는 용어를 택한 것은 '실제 발음을 반영한 표기'를 취한다는 의미로 생각된다. 기존의 문전들은 '말'의 법칙을 기술한다는 대원칙을 따르긴 했지만 표기 시 실제 발음이 아닌 표기상의 관습을 따르는 경우가 많았는데 김희상은 이를 바로잡고자 한 것이다. 실제로 『조선어전』 곳곳에서 기존에 발행된 문법서들과는 다른 현실음 표기가 확인된다.

김희상이 관습적 표기가 아닌 현실음 표기를 선호했다는 점은 종래에 '뎌'로 표기되던 대명사 표기가 김희상의 저술에서는 '저'로 나타난다는 점을 통해서도 알 수 있다. 〈표 2〉는 김희상의 『조선어전』이 발행되기까지의 국어 문법서들에 나타난 대명사 '저', '뎌' 표기를 정리한 것이다.

〈표 2〉에 나타난 것처럼 최광옥, 유길준, 김규식의 저술을 보면 주로 '뎌'형이 선택되었고 일부 '져' 표기가 나타난다. 반면 주시경은 '저것', '저기'로 적어 현실음을 반영하였고 뒤이어 김희상도 '저것, 저긔, 저이'로 표기하였다. 그밖에도 김희상의 저술에서는 '댜, 뎌, 됴, 듀, 쟈, 져, 죠, 쥬' 등 당시의 관습적 표기 대신 '자조, 가장, 좋다, 걱정, 적은, 장차, 이제' 등과 같이 구개음과 단모음을 사용했다. 또한 'ㅅ' 뒤에서 이중모음으로 표기되던 '어셔, 발셔' 등도 현실음에 맞게 '어서, 발서'로 표기하였다.[8] 범례의 기술과 본문에서의 표기 양상을 두루 고려할 때 김희상

---

8 인용한 범례에서 김희상은 조선 문자와 한자의 음 모두에 대해 현실음 표기를 하겠다고 밝혔지만 실제 본문에서의 표기 양상을 보면 이러한 원칙은 고유어에 한해 지켜졌다고 생각된다. 한자어의 경우 '산슐, 디지, 력사'(김희상 1911:144) 등과 같이 종래의 표기 관습대로 적은 것이 확인되기 때문이다. 한편 김희상이 1927년에 지은 『울이글틀』을 보면 고유어 발음은 서울말의 발음을 따랐지만, '腫'의 음은 '죵', '宋'의 음은 '숑', '先'의 음은 '션'이라 하는 등(김희상 1927:17) 한자음 표기 시에는 전통 한자음 표기를 따름을

<표 2> 근대 문법서의 대명사 목록(일부 발췌)

연도	저자	제목 (쪽수)	대명사 목록
1908	최광옥	『대한문전』 (16~19면)	(지시) 이 그 뎌 (사물) 이거 그거 뎌거 (처소) 여게 거게 뎌게 (인칭) 이이 그이 져이
1909	유길준	『대한문전』 (23~26면)	(지시) 저거 더긔 뎌편 (인칭) 이이 그이 뎌이
1909	김규식	『대한문법』 (14~17면)	(지시) 이것, 그것, 뎌것 (인칭) 이이, 그이, 뎌이
1910	주시경	『국어문법』 (69~72면)	(몬) 이것, 저것, 그것 (곳) 여기, 저기
1911	김희상	『조선어전』 (28~30면)	(사물) 이것, 그것, 저것 (처소) 여긔, 거긔, 저긔 (인칭) 나, 너, 그이, 저이, 이이

이 '문전' 대신 '어전'이라는 용어를 사용한 것은 관습적 표기가 아닌 현실의 발음을 표기에 반영하겠다는 의지의 표현이라 생각된다.[9]

한편 이규방의 경우 『신찬 조선어법』(1922)에서 '어법'이라는 용어를 사용했는데 이는 범례에서 "本書는 朝鮮 口語法을 主說하되"라고 밝힌

밝히고 있다. 이처럼 김희상에게 발음의 현시성은 고유어에 한정된 문제였다.

[9] 이러한 점을 고려할 때 김희상이 『조선문전』에서 아래아나 ㅅ계 합용병서 표기를 고수한 이유가 궁금해지는데, 아래아의 경우 'ㅏ'와는 발음이 구별된다고 인식하고 있었던 것으로 생각된다. 『조선문전』에서 모음의 발음을 설명한 부분을 보면 『훈민정음』의 기술대로 'ㆍ'는 한자 '튜(튼)'에서 'ㅌ'과 'ㄴ'을 제외한 음이라고 하였고(김희상 1911:7), 한국어에서 이 발음이 남아 있는 글자는 'ㅎ-'에 한정되어 있다고 하였다(김희상 1911:35~36). 합용병서에 대해서는 원래 글자는 각자병서로 쓰지만 세속에서 간편하게 된시옷을 쓴다고 하여(김희상 1911:12) 관습적 표기를 완전히 버리지 않았음을 알 수 있다. 그런데 이후 『울이글틀』로 오면 본문에서 아래아도 된시옷도 찾아볼 수 없게 되었다. 『울이글틀』의 본문 앞에 제시된 "編輯의 內容"을 보면 한자음은 본음대로 적지만 'ㆍ'만은 'ㅏ'로 바꾸어 적는다고 따로 밝혀두어 아래아에 대한 인식이 『조선말본』 집필 당시와 달라졌음을 확인할 수 있다. 된소리 표기의 경우 본문에서는 각자병서자만을 사용하였고 된소리의 음가를 설명한 부분을 보면 세속에서 된시옷을 쓰기도 한다는 보충설명을 달아두어 현실음에 맞지 않는 관습적 표기를 보다 철저히 제거하려는 인식을 볼 수 있다.

대로 문어와 구어의 차이를 드러내기 위한 것으로 보인다. 『신찬 조선어법』의 내용과 표기를 두루 고려할 때 이규방이 말한 구어법은 여러 측면에서 해석될 수 있다. 일단 이규방의 구어법에는 앞서 김희상이 주장한 것과 같은 현실음의 표기가 함의되어 있었다고 생각된다. 이규방은 아래아의 음이 한자어에서는 대체로 'ㅏ'로 고유어에서는 'ㅡ'로 변화되었다고(이규방 1922:27) 보았고 본문의 표기에도 아래아를 사용하지 않았으며 관습적인 된시옷을 쓰지 않고 된소리를 각자병서로 표기하였다. 또한 종성에서의 'ㄷ'과 'ㅅ'의 혼용 및 받침 문제를 중심으로 음리音理에 맞지 않는 관습적 표기의 문제점을 조목조목 지적하기도 했다(이규방 1922:54~58 · 207~209).

그런데 이규방이 추구하던 '구어법'은 단지 철자법의 문제에 한정된 것이 아니라 문체의 층위까지도 적극 고려한 것이었다고 생각된다. 『신찬 조선어법』의 내용 중 통사론에 해당하는 "第十二章文"은 "文의 成分", "文의 成分의 排列과 省略", 그리고 "口語文과 文語文"의 세 개의 절로 구성되어 있어 문장 성분 및 구조의 문제 외에 문체까지도 문법의 영역으로 보고 있었는데 이 부분에 기술된 '구어문'과 '문어문'의 정의를 살펴보면 다음과 같다.

> 口語文이라 함은 純全한 朝鮮語의 文을 謂함이오, 文語文이라 함은 漢文에 朝鮮文을 交入함을 謂함이라. (…중략…) 純全한 朝鮮文과 朝鮮文에 漢文을 交用한 者는 其 形式에 多少 差異가 有할 뿐 아니라, 大槪 漢文의 語句 中 動詞, 形容詞 等字는 皆 一次 名詞의 格을 作하고, 更轉하여 此에 「하」(本 ᄒᆞ니 爲字의 訓)의 動詞를 添附하여, 비로소 動詞, 形容詞 等으로 用하나니, 此는 元來 朝鮮語의

本性과 外國語를 區別코져 하는 自然한 形勢에 基因됨이니라.

—이규방 1922:203~204.

〈표 3〉 이규방(1922:205)에서 제시한 구어문과 문어문의 예

口語文	文語文
꽃은피고, 새는우는데.	花는映**하**고, 鳥는啼**하**는데.
해는점을고, 길은멀다.	日은暮**하**고, 途는遠**하**다.
孝子는歲月을앗긴다.	孝子은日을愛**한**다.
袁世凱가大總統이되엇다.	袁世凱ㅣ大總統이되다.
달빛이거울과같다.	月色이鏡과如**하**다.
모진바람에, 복숭아꽃이다지엇고나.	暴風에桃花가盡落**하**엿도다.

위의 기술에 나타난 대로 이규방은 구어문을 순전한 조선어의 문장으로, 문어문을 한문에 조선문을 섞어 쓴 문장으로 구별하였다. 특히 문어문에 대해서는 한문의 어구를 따다가 '하'를 결합시켜 동사나 형용사로 활용하는 특징이 있음을 지적하였다.

이규방(1922:205)에서는 〈표 3〉을 제시하여 구어문과 문어문을 비교하였다. 이규방이 제시한 구어문과 문어문의 예를 비교해 보면 일단 문자 사용 양상에 차이가 있다. 구어문의 경우 고유어는 모두 한글로 적었지만 '孝子', '歲月'와 같은 한자어, '袁世凱'와 같은 중국 인명, '大總統'과 같은 중국 직명은 한자로 적었다. 한자의 사용 여부 자체는 구어문과 문어문의 판별 기준이 되지 않는다고 본 것이다.[10] 하지만 한자어만을

---

10 이처럼 이규방은 국어의 어휘 중 한자어를 한자로 표기하는 것도 '순전한 조선문'으로서의 '구어문'에 해당한다고 보았지만, 남궁억은 "무삼 설명함에던지 범례를 베풀 때에다 조선 글로 긔록함이 맛당하거늘 글내 조선 문전이나 어전을 지은자가 혼이 한문을 석거 썼스니, 이는 근본을 니져바린 루습이라 할만한지라. 그러므로 이 조선 문법은 순전히 조선 글로 써서 세속의 그릇됨을 바로잡고져 하노라"(남궁억 1913:1)라고 하여 한자를 섞어 쓴 글은 순수한 조선문이 아니라고 보았다. 김두봉(1916) 역시 '알기'에서 "이 글은 가장 널리 알아보도록 하랴고 맨 조선말로만 만들었으되"라고 밝힌 대로 『조선

한자로 표기한 구어문의 예와 달리 문어문의 예를 보면 '꽃' 대신 '花'를, '새' 대신 '鳥'를 써 훈독식 표기를 하였다. 이는 용언의 경우도 마찬가지여서 '피다' 대신 '哎하다', '울다' 대신 '啼하다'를 썼으며, '1음절 한자어+하' 부분에 특별히 강조를 해 문어문의 특징이 거기에 있음을 표시하였다.

마지막으로 살펴볼 용어는 김두봉이 사용한 '말본'으로, 이는 이후 최현배의 『우리말본』에도 쓰였다. 김두봉이 '말본'을 통해 나타내려 한 문법 개념은 그 이전까지의 문법 개념과는 차별적인 부분이 있었다. 김두봉이 '말본'이라는 용어에 담아내고자 했던 개념은 종래의 문법 개념에 표준어 의식이 더해진 것이었다. 김두봉의 『조선말본』(1916) 이전까지의 문법서들은 아래와 같이 문법을 나름의 방식으로 정의하였지만 어디에서도 표준어 의식이 명시적으로 드러나지 않는다.

㉠ 文典은 人의 思想을 書出ᄒᄂᆫ 法을 敎ᄒᄂᆫ 者니 言語論과 文章論의 二篇으로 分ᄒ니

— 최광옥 1908:1.

㉡ 文典이라 ᄒᄂᆫ 者ᄂᆫ 人의 思想을 正確히 發表ᄒᄂᆫ 法을 記載ᄒ 學問이

— 유길준 1909:1.

㉢ 文法이라 ᄒᆷ은 思想을 言語로 發表ᄒ거나 文字로 記錄ᄒᄂᆫ 듸 整齊ᄒ 規例를 定ᄒ야 論理ᄒ 것을 云ᄒᆷ이

— 김규식 1909:3.

말본』 전문을 순 국문으로 작성하였다.

ⓔ 朝鮮語典은 朝鮮語를 適當히 語ᄒ고 書홈을 敎ᄒᄂ 바 規矩이니

—김희상 1911:1.

ⓜ 대저 조선 문법은 조선 글로 조선 말을 기록한 것이

—남궁억 1913:1.

ⓖ~ⓜ의 정의를 살펴보면 공통적으로 국어에 존재하는 하나의 추상화된 법칙을 문법으로 상정하고 있지만, 표준어에 관한 인식은 확인되지 않는다.[11] 이러한 당대의 일반적 인식에서 변화를 보여준 것이 김두봉의 '말본'이다. 김두봉의 문법 개념은 『조선말본』의 본문 앞에 제시된 '알기'를 통해 파악할 수 있다.

알기

ⓖ 이 글은 **이제에 두로 쓰이는 조선말 가온대에 그 바른 본**을 말한 것이니라.

ⓛ 이 글은 가장 널리 알아보도록 하랴고 맨 조선말로만 만들엇으되 그 잘못 쓰는 것은 바로잡아 쓰엇노니 이를터면 소리에 'ᄉᆞ ᄯᆞ ᄴᆞ ᄽᆞ' 들을 'ᄭᆞ ᄯᆞ ᄲᆞ ᄶᆞ'로 바로잡고 말에 '업스면'을 '없으면'으로 바루어 쓴 따위니라. 그러나 이도 또한 한끝까지는 아니하엿노니 이를터면 '하야'를 '하아'로 든지 또 한 걸음 더 내키어 '하어'로 바로잡지 아니한 따위니라.

---

11 최경봉(2016:101)에서는 김규식의 문법 개념에 표준어에 근접한 의식이 담겨 있었다고 하였는데, 이는 『대한문법』 서문에 나타난 "今에 此 大韓文法은 現時言語나 文章에 普通體勢를 依ᄒ여 法例를 定ᄒ거시니라"라는 기술에서 '현시언어', '보통체세'라는 표현에 토대를 둔 해석이었다. 현재 언어의 일반적 양상을 따랐다는 것은 어떤 표준형을 가정하고 있었다는 것으로 해석될 수 있기 때문이다. 하지만 위에 언급한 '보통체세'가 표준어로서의 서울말을 말한 것인지가 분명치 않아, 본고에서는 표준어로서의 서울말을 분명히 언급하고 있는 김두봉의 저술에서 초기 표준어 의식이 나타난 것으로 보았다.

ⓒ이 글은 **서울말**을 마루로 잡앗노라. 그러나 이도 본에 맞지 아니한 것은 좇지 아니하엿노니 이를터면 '더우니'를 아니 좇고 '덥으니'를 좇은 따위니라.

ⓔ이 글은 말에 알아보기 좀 거북한 것을 옆에 한문으로 달앗노니 이를터면 '부하^{肺臟}' '소리청^{聲帶}' 이렇게 적은 따위니라

ⓜ이 글은 조선말을 으뜸 삼으므로 한문^{漢文}음에는 맞지 아니할지라도 말에만 맞게 하엿노니 이를터면 '됴선^{朝鮮}'이라 아니하고 '조선'이라 한 따위니라.

ⓗ이 글은 「말모이」에 쓰라고 그그게 여름에 열물 앞, 무원 어른 시골집에서 만들엇던 것인데 지난 가을붙어 이를 좀 더 다스리어 이제에 마친 것이니라.

— 김두봉, 「알기」, 1916:1~2.

ⓐ에서 김두봉은 '말본'을 '조선말 중에 바른 본'이라 하였는데 이때 '본'은 앞서 살펴본 '법'과는 의미가 다르다. 그 전까지의 문법서들에서 정의한 '법'이 총체적이고 추상화된 존재로서의 조선어의 법칙이라면 김두봉이 말한 '본'은 조선어의 여러 변이 중 표준으로 삼을 만한 바른 본보기를 말한다. ⓑ~ⓗ은 ⓐ에서 말한 '바른 본'을 구체화한 것으로 여기서 주목하는 것은 '서울말'을 바른 본의 기준으로 삼은 ⓒ이다. 김두봉의 '말본'은 표준어에 대한 인식을 포함한 것으로 향후 문법 개념의 변화에 중요한 계기를 마련했다고 판단된다. ⓗ을 보면 『조선말본』이 원래 말모이 편찬을 위한 것이었다는 기술이 있는데, 이처럼 김두봉은 국어사전 편찬 작업에 참여하고 있었기 때문에 언어의 지역적 변이와

표준어 선정의 문제에 대해서도 일찍이 관심을 두었던 것으로 보인다.

그밖에 ⓛ은 앞서 관습적 표기가 '음리'에 맞지 않을 경우 실제 발음을 우선시하겠다는 것이고, ⓔ은 한글을 전용하되 한글만으로 의미 파악이 어려울 경우 한자를 작은 활자로 병기한다는 것이며, ⓜ은 실제 발음과 관습적 표기 간에 괴리가 있을 경우 고유어든 한자어든 상관없이 실제 발음에 따라 적는다는 것이다.

4. '文法'과 'grammar' 사이

1) '文法'의 전통적 쓰임

앞서 살펴본 한국어 문법의 개념은 근대에 들어 생겨난 것이었지만 '文法'이라는 용어 자체는 전근대 시기에도 한문 전적에서 널리 쓰였다. 하지만 한문맥에서의 '문법'이란 '한문의 문장 작법'이라는 의미로 근대 국어학의 문법 개념과는 다소 거리가 있다. 하지만 그럼에도 '문법'이라는 용어의 전통적 쓰임이 근대적 용법으로서의 '문법'과 전혀 무관했다고는 볼 수는 없다.

일단 근대 초기 언어에 관한 담론에서 'grammar'로서의 '문법'과 '문장 작법'으로서의 '문법'의 쓰임이 혼재하는 양상이 보인다. 전통적 용어에 근대적 개념을 담아내는 과정에서 생겨난 혼란은 비단 '문법'에 한정된 것이 아니라 근대의 많은 개념어들에 공통적으로 나타난 현상이다. 따라서 어떤 개념의 태동 및 초기 발달 과정에 대해 논의할 때에는 해당 용어의 전통적 쓰임 또한 살필 필요가 있다.

근대적 분과학문 체제가 도입되기 이전, '문법'이라는 용어의 전통적 쓰임을 고찰하기 위해『조선왕조실록朝鮮王朝實錄』에 쓰인 '文法'의 용례를 분석해 보았다.[12] 실록에 나타난 '文法'의 전통적 용법은 '문서화된 법'으로서의 쓰임과[13] '문장 작법'으로서의 쓰임으로 분류되는데, 이 중 본고의 논의에서 검토해야 할 대상은 후자의 용법으로 쓰인 용례들이다. 아래의 인용문에 나타난 것처럼 '문장 작법'으로서의 '文法'은 한문의 문장 작법 일반을 나타냈고, 경우에 따라 개인의 개성을 드러내는 문체의 개념으로 쓰이기도 했다.

> ㉠叔舟曰 : 策內全用古語, 而文法亦踈, 是以不中
>
> —『세조실록』권45, 세조 14.2.15

신숙주申叔舟가 말하기를, "대책 속에 고어古語를 전용全用한데다 문법文法도 또한 소홀하여, 이 때문에 합격시키지 않았습니다".

---

12 본고에 제시한 실록의 원문과 번역문은 국사편찬위원회 한국사데이터베이스 조선왕조실록DB에서 인용한 것이다. (http://sillok.history.go.kr/main/main.do).

13 『세조실록』권5, 세조 2.8.11. ○傳旨刑曹曰 : 獄囚三限之法, 雖累申明, 官吏視爲文具, 或因事故, 或托辭證不明, 牽連歲月, 且有情理曖昧, 終涉疑獄, 而拘於文法, 未卽決遣, 令諸道觀察使, 遣首領官于諸邑, 辨理滯囚, 其曖昧冤枉者及笞以下囚人, 竝皆放免, 具辭以聞 (옥수獄囚 삼한三限의 법을 비록 여러 번 거듭 밝히었으나, 관리官吏들이 문구文具로 보아서 혹은 사고로 인하고, 혹은 사증辭證이 분명치 못하다고 칭탁하여 세월을 끌고, 또 정리情理가 애매하여 끝내 의옥疑獄에 가까운데, 문법文法에 구애되어 곧 결단을 하지 못하는 것이 있으니, 여러 도의 관찰사觀察使로 하여금 수령관首領官을 여러 읍에 보내어 체류滯留된 옥수獄囚를 변리辨理하여 애매하고 원통하고 억울한 자와 태笞 이하의 옥수를 아울러 모두 방면放免하고 글을 갖추어 아뢰라.)

ⓛ 且倭人不深解文法, 修答書契, 作文不關, 唯以辭順理直, 而易解見爲切

— 『선조실록』 권143, 선조 34.11.27

그리고 왜인은 문법^{文法}을 깊이 알지 못하니 답하는 서계^{書契}를 작성할 때에는 문장의 꾸밈새는 그다지 중요하지 않고 오직 말이 조리가 있고 사리가 곧으면서 알기 쉽게 하는 것이 절실합니다.

ⓒ 今此榜文, 稱議政府, 又踏印塡日月, 粘付鍾樓, 使國人, 通知其筆迹文法分明,
見者皆知思順之所爲, 非暗投匿名書之類

— 『중종실록』 권72, 중종 26.11.1

이번 방문 역시 의정부라 칭하고 또 도장을 찍고 월일을 써서 종루^{鍾樓}에 붙여 백성들로 하여금 모두 알게 하였는데 그 필적^{筆迹}과 문법^{文法}이 분명하여 보는 사람들 모두가 심사순의 짓임을 알았으니, 몰래 익명서를 던져 넣은 것과는 같지 않습니다.

ⓐ은 신숙주가 문과 초시에 합격한 대책^{對策}을 올리자 세조가 유자광을 불합격시킨 이유를 묻는 대목이다. 신숙주는 유자광이 고어를 전용한 데다 '문법'이 소홀하여 합격시키지 않았다고 답변하였는데 이때 '문법'은 한문 작법을 의미한다. ⓛ은 이덕형이 선조에게 왜인과 강화할 때의 주의사항에 대해 아뢰는 장면으로, '왜인은 문법을 깊이 알지 못하므로' 화려한 수사보다는 알기 쉽고 명쾌하게 의미를 전달할 필요가 있다고 조언한다. 이때 '문법' 역시 한문 작법을 뜻한다. ⓒ은 문제가 되고 있는 익명서를 보면 그 필적과 '문법'이 심사순의 것이 분명하므로 심사순을 잡아 들여야 한다는 내용이다. 이때 '문법'도 문장 작법이라는 의미에 해당하는데, 일반적인 작법이 아니라 개인의 개성을 드러내는 문

체적 특징에 가까운 의미로 파악된다.

이처럼 한문 전적에 쓰인 '문법'은 문서화된 법으로부터 문장의 작법, 그리고 개인의 문장 작법상의 특징까지 두루 나타내, '文'과 '法'이라는 한자의 결합을 통해 나타낼 수 있는 포괄적인 의미를 지녔다. 또한 조선 시대까지의 맥락에서 '文'과 관련된 논의는 어디까지나 한문의 범위 내에서 이루어졌기에 '문장 작법' 혹은 '문체'의 의미로 쓰일 때 이는 한문의 문장 작법이나 한문의 문체를 나타냈다고 봐야 한다.

19세기 말 20세기 초에 '문법'이 나타내는 범위는 한문의 테두리를 벗어나기 시작한다.

> ㉠ 本社에셔 其間 新聞機械와 鑄字를 新貿運來ᄒ야 事務가 擴張ᄒ기로 本月五
> 日브터 發刊하옵ᄂᄃᆡ 日曜日外에ᄂ 每日刊行ᄒ고 新聞紙本은 現樣과 同
> ᄒᆫ 四面이오 文法은 國漢文을 交用ᄒ고
>
> ― 「본사광고」, 『황성신문』, 1898.9.5
>
> ㉡ 文法은 國漢文으로 簡明홈을 必要홀 事
>
> ― 「본회회보」, 『대한자강회월보』 1, 1906.7.31

㉠은 『황성신문』 기사의 일부로, 인쇄기계와 주자를 새로 도입한 뒤 앞으로의 발행 방침을 소개한 대목이다. 인용문을 보면 '문법은 국한문을 교용한다'라는 표현이 보이는데 '국한문 교용'의 방식, 즉 서사書寫 방식에 따른 문체를 '문법'이라 지칭하였다. ㉡은 대한자강회가 기관지 창간호를 내며 국한문체를 사용하겠다고 밝힌 기사의 일부로, 역시 '문법'을 문체의 의미로 사용하였다. 위의 인용문에 나타난 '문법'의 쓰임

은 기존의 '한문 문장 작법'과는 조금 다른 맥락이지만 '文'과 '法'의 결합으로서 '글을 적는 방법'을 나타낸다는 점에서는 여전히 전통적 의미의 자장 안에 있는 것으로 볼 수 있다.

한편 19세기 말 자료에서는 '문법'이 '문자'의 의미로 쓰인 예도 확인된다.

> 世界各國에 現行文法이 大槪二種이라 一種은 象形文字니 淸國에 行用ᄒᄂᆫ 漢文이오 一種은 發音文字니 我東反切字와 歐西各國에 近行ᄒᄂᆫ 羅馬字라
>
> ―「國文漢文論」, 『황성신문』, 1898.9.28

위의 인용문은 『황성신문』에 실린 논설의 일부로, 세계 각국에 현행 '문법'이 두 가지가 있는데 하나는 한문과 같은 상형문자이고 다른 하나는 우리의 반절자나 서구의 로마자 같은 발음문자라고 하여 '문법'을 문자의 의미로 사용하였다. 문자는 '文'을 적는 방편이 된다는 점에서, 문장 작법을 나타내던 전통적 문법 개념의 연장선으로 볼 수 있다.

지금까지 한문 전적에 쓰이던 '문법'이라는 용어의 전통적 쓰임에 대해 살펴보았다. 근대적 문법 개념의 태동 이전에도 문장에 일정한 원리와 법칙이 존재한다는 인식은 확인되지만, 논의의 맥락이 말이 아닌 글의 영역에 한정되어 있었고 시대적 정황상 '文'은 곧 한문을 의미했다는 점에서 근대적 문법 개념과는 확연한 차이가 있다. '문법'이라는 용어는 근대전환기에 들어 이러한 전통적 의미로부터 근대적 의미로 변화되어 갔는데, 이 과정은 곧 '文'과 '法'의 느슨한 결합이던 '文法'이 한자 각각의 의미로 분할될 수 없는 하나의 단일한 개념어로 발달해 간 과정이기도 했다.

연도	저자	제목	표제어	뜻풀이
1880	F. Ridel	『韓佛字典』	문법 文法	règles de l'écriture, des caractères, du style
1890	H. G. Underwood	『韓英字典』	문법 文法	Grammar, rules of grammar
			Grammar	문법
1891	J. Scott	English-Corean Dictionary	Grammar	문법
1897	J. S. Gale	『韓英字典』	문법 文法	(글)(법) Rules and methods of composition - grammar. see 문리
1911	J. S. Gale	『韓英字典』	문법 文法	(글)(법) Rules and methods of composition - grammar. see 문리
1914	G. H. Jones	『英韓字典』	Grammar	문법(文法)
1924	J. S. Gale	『三千字典』	Grammar	문법론 文法論, 문뎐 文典
1925	H. G. Underwood	『英鮮字典』	Grammar	문법 文法, 문뎐 文典
1931	J. S. Gale	『韓英大字典』	문법 文法	(글)(법) Rules and methods of composition－grammar. See 문리

2) 근대의 이중어사전에 나타난 '문법'

근대적 개념어로서 '문법'이라는 단어를 문법서의 제목으로 처음 사용한 것은 주시경이다. 주시경은 '문법'에 대해 별도의 정의를 내리지는 않았지만 이때의 '문법'이 앞서 살펴본 한문 전적의 '文法'과 다른 의미였음은 분명하다. 주시경의 문법서는 한문의 작법이 아니라 당대 우리말에 내재된 법칙을 기술한 것이었기 때문이다. 그런데 주시경이 '문법'을 근대적 의미로 사용하기 전, '문법'이라는 단어는 외국인이 저술한 이중어사전에도 'grammar'의 대응어로 등장한다. 흥미로운 점은 이중어사전에 나타난 '문법'의 쓰임이 한문맥에서의 전통적 '文法'과 서구식

'grammar' 사이를 오기는 과도기적 양상을 보인다는 것이다.

〈표 4〉에 나타난 것처럼 19세기 말 20세기 초 이중어사전에서 서구의 'grammar'에 대응되는 용어로 가장 널리 쓰인 것은 '문법'이었다.[14] 그런데 이중어사전에서 '문법'이 'grammar'의 대응어로 쓰였다고 해서 '문법'이 곧 근대적 개념어로 쓰였다고 단정할 수는 없다. 사전 기술을 표제어가 한국어인 경우와 외국어인 경우로 나누어 그 풀이 양상을 검토해 보겠다.

〈표 4〉에서 한국어 표제어를 외국어로 풀이한 한불사전이나 한영사전의 경우, '문법'을 전통적 의미의 문장 작법으로 풀이한 것을 볼 수 있다. 『한불자전』에서는 '쓰기의 법칙, 특징, 문체'로 풀이하였는데 이는 전통적 의미의 '문장 작법'에 해당한다. 게일의 1897년 『한영자전』과 1911년 『한영자전』, 1931년 『한영대자전』에서도 '문법'은 '작문의 규칙과 방법'으로 풀이되었다. 게일 사전들의 경우 '문법'의 관련어로 '문리文理'를 들었는데 해당 사전들에서 '문리'는 '작문의 고전적 문체, 문자에 대한 지식(The classical style of composition. A Knowledge of characters. See 문법)'으로 풀이되어 있어 이 역시도 한문 전적에 쓰인 전통적인 '문법'의 의미임을 알 수 있다. 이처럼 한국어 문법에 대한 탐색이 본격화되기 전 외국인들이 저술한 이중어사전에서 전통적 의미의 '文法'은 근대적 의미의 'grammar'와 하나의 쌍을 이루었다. 이러한 대응 관계는 사실상 기표記標 간의 대응일 뿐 기의記意가 합치되는 대응은 아니었다.

---

14 이중어사전의 표제항과 뜻풀이에 '문전'이라는 단어가 등장한 것은 1920년대부터로, 1924년에 발행된 게일의 『三千字典』에서 'Grammar'가 '문법론', '문전'으로 풀이되었고 그 후 1925년 언더우드의 『英鮮字典』에서도 게일의 뜻풀이가 참고된 것으로 보인다.

한편 외국어 표제어를 한국어로 풀이한 사전들의 경우, 표제어 'grammar'를 한국어로 풀이했다기보다 대응어로서 '문법'이라는 단어를 제시한 정도이기 때문에 이때의 '문법'이 전통적 의미로 쓰인 것인지 근대적 의미로 쓰인 것인지는 알 수 없다. 다만 1920년대에 발행된 게일의 『三千字典』과 언더우드의 『英鮮字典』에서는 'grammar'를 '문법론, 문전, 문법' 등으로 풀이했는데 이는 근대적 의미에 해당한다.

5. 20세기 초 국어 문법서에 나타난 문법 개념

1) '언문일치'와 문법

전통적으로 '한문 문장 작법'의 뜻으로 쓰이던 '문법'이 서구어의 'grammar' 대응되는 근대적 의미로 변화된 배경에는 언문일치라는 시대적 과제가 존재했다.[15] 근대적 의미의 문법 개념은 우리말의 법칙에 따라 글을 적기 위한 필요에서 발생하였기에 근대적 의미의 '문법'은 '文'과 '法' 사이를 '語'가 매개하는 구도를 갖게 된 것이다.

---

15 백채원(2014)는 20세기 초 신문 및 잡지에 나타난 언문일치 관련 기술을 검토하여 당대의 '언문일치'의 의미를 네 가지로 분류하였다. 첫째는 우리말을 국문으로 표기하는 것, 둘째는 구어를 문장에 반영하는 것, 셋째는 실제 발음을 표기에 반영하는 것, 넷째는 규범에 맞는 올바른 문장을 쓰는 것이다. 이 장에서 검토한 문법서들에서도 이러한 네 가지 의미로 쓰인 용법들이 모두 확인된다.

초창기의 근대적 문법 개념은 언문일치를 위한 규범적 성격을 가졌다. 근대의 문법서 서문을 보면 많은 경우 언문일치가 실현되지 못한 현실을 개탄하며 이를 해결하기 위해 문법서를 지었다고 그 저술의 동기를 밝혔다.

㉠ 本之以國文ᄒ고 絫之以漢字ᄒ야 使閱之者로 條理詳明ᄒ고 心竇洞開ᄒ야 以是而敎導國民ᄒ면 **言語焉文章焉不歧不貳ᄒ야** 收其放而合其散ᄒ야 驅衆心於一團之中이 必有其日ᄒ리니 然則此書之功이 豈止于此而已哉아

— 이상재, 「大韓文典 序」, 최광옥 1908:1~2.

㉡ 우리 民族이 檀君의 靈秀ᄒ 後裔로, 固有ᄒ 言語가 有ᄒ며, 特有ᄒ 文字가 有ᄒ야, 其 思想과 意志를 聲音으로 發表ᄒ고, 記錄으로 傳示ᄒ매, 言文一致의 精神이, 四千餘의 星霜을 貫ᄒ야, 歷史의 眞面을 保ᄒ고, 習慣의 實情을 証ᄒ도다. (…중략…) 然ᄒ 中 幾百年 漢文 崇拜ᄒ는 風이, 全國을 靡ᄒ야, (…중략…) 盖彼字는 象符라, 我의 音符字와 其性質이 異ᄒᄌ, 到底, 同體의 用을 成ᄒ기 能치 못ᄒ 故로, 文이 言을 **載치 못**ᄒ고, 言이 文에 配치 **못ᄒ야, 判然 二致의 結果를 生ᄒ매**

— 「大韓文典自序」, 유길준 1909:1~2.

㉢ 然ᄒ나 至于今字典을 未修하여 由來의 文字와 今日의 行用함이 다 正音의 原訓과 國語의 本體를 未得하고 其連發의 音만 僅搆하매 此音을 彼音으로 記하고 彼語를 此語로 書하며 二音을 一音으로 合하고 一音을 二音으로 分하며 上字의 音을 下字에 移하고 下字의 音을 上字에 附하며 書書不同하고 人人異用하여 一個言을 數十種으로 記하며 文字를 誤解하는 獘가 語音에 及하고 語音을 未辨하는 害가 文字에 至하여 文言이 不同하며

㉠은 최광옥의 『대한문전』에 실린 이상재의 서문으로, 본문에는 언문일치에 관한 언급이 없지만 이상재의 서문을 보면 이 책의 의의가 언문일치의 실현에 있다고 밝혔다. ㉡은 유길준의 『대한문전』에 실린 서문으로 단군 이래 4천여 년간 한민족은 고유의 언어와 문자로서 언문일치의 정신을 가졌으나 근래 몇백 년 동안 한문을 숭배한 결과 '언'과 '문'이 '이치'하는 상태에 이르게 되었다고 하였다. 이러한 상황에서 다시 언문일치의 정신을 회복하기 위해 문법서를 지었다는 것이 유길준이 작성한 서문의 주된 내용이다. ㉢은 주시경의 『국어문법』 서문으로 주시경은 문법서가 없어서 한글을 쓸 때 일정한 원칙이 없고, 글자가 소리를 제대로 반영하지 못해 '文言이 不同'하다고 지적하였다.

근대의 지식인들은 한문에 대한 숭배와 그로 인한 국문의 방치가 언문 불일치의 현 상황을 초래했다는 인식하에 문법을 통해 이러한 문제적 상황을 타개해 가고자 했다. 김규식이 『대한문법』(1909) 서문에서 '文法이라 홈은 思想을 言語로 發表ᄒ거나 文字로 記錄ᄒᄂ 딕 整齊ᄒ 規例를 定ᄒ야 論理ᄒ 것을 云홈이니'라고 한 것처럼 당대의 문법은 '사상을 언어로 발표'하거나 '문자로 기록'하기 위한 규칙으로서 입말과 글말을 연결시켜 주며, 동시에 '정제한 규례를 정한 것'으로서 규범적 성격을 가졌다. 언문일치를 위한 규범문법으로서의 문법 개념은 20세기 초 국어 문법서에서 공통적으로 확인되는 지향점이었다.

2) 문법의 범위 설정

언문일치를 위한 규범문법으로서의 초창기 문법 개념은 당대에 '문법'이라는 이름으로 진행되던 연구의 범위를 결정지었다. 오늘날 국어학에서는 문법론이라고 하면 형태론과 통사론을 뜻하지만 근대 초기 문법서의 경우, 문자, 소리, 문체 등의 문제까지도 두루 다룬 것이 대부분이다. 〈표 5〉는 20세기 초 국어 문법서의 목차를 정리한 것으로, 당대문법론의 범위를 파악할 수 있다.

〈표 5〉 근대 문법서의 목차 구성

문법서	목차
주시경(1906) 『대한국어문법』	말과 글, 소리(음학), 사람의 말소리, 국문을 만들심, ㅈㅁ음의 분별 셩질, 졉변(接變), 우리 국어에 例習
주시경(1908) 『말』	音學, 字學, 變體學
유길준(1909) 『대한문전』	言語論, 文章論
주시경(1909) 『고등국어문전』	發音法, 語學
김규식(1909) 『대한문법』	自體, 聲, 音, 韻, 詞字學, 文章法
주시경(1910) 『국어문법』	國文의 소리(音聲學), 기난갈(品詞論), 짬듬갈(構文論), 기갈래의난틀(品詞下位分類), 기몸박굼(品詞變成), 기몸헴(品詞複合), 기뜻박굼(品詞意味變成)
김희상(1911) 『조선어전』	聲, 詞, 句語
남궁억(1913) 『조선문법』	총론(언문의 근원, 음성), 조선 말법
김두봉(1916) 『조선말본』	소리갈, 씨갈, 월갈
안확(1917) 『조선문법』	총론(문법의 정의, 조선어의 지위, 언문, 성음, 연음의 변화), 원사론(元詞論), 문장론(文章論)
이규영(1920) 『현금조선문전』	글씨(文字), 씨(字), 월(文)
김원우(1922) 『조선정음문전』	品詞, 音學, 語體, 格學, 變體
안확(1923) 『수정조선문법』	총론(문법의 정의, 조선어의 지위, 언문, 음성, 음의 전변), 원사론(元詞論), 문장론(文章論)
이상춘(1925) 『조선어문법』	音, 字, 文

문법서	목차
김희상(1927) 『울이글틀』	솔애, 詞, 말
최현배(1937) 『우리말본』	말소리갈(音聲學), 씨갈(詞論), 월갈(文章論)

〈표 5〉의 목차 구성에서 볼 수 있듯이 근대 초기 국어 문법서에서는 문자나 음성의 문제 역시 문법의 일부로 다루는 것이 일반적이었다. 우리말을 우리 글로 적는 당대의 시대적 과제를 달성하기 위해 가장 먼저 해결해야 할 문제가 문자와 음성을 일치시키는 것이었기 때문이다.

주시경의 『국어문전음학』은 이러한 문제의식을 보다 구체적으로 보여준다.

> 記音文字는 言語를 本ᄒ여 그 言語대로 記ᄒ는 것이니 記흔 文字가 言語와 相同흔 後에야 可히 文을 成흘 것이어늘 以來의 國文 諸籍을 觀ᄒ면 語體와 音理의 如何홈은 不究ᄒ고 僅々히 連發의 音만 强搆홈이 多흘 쑨더러 連發音도 不合홈이 不少ᄒ여 言語와 文字가 相左됨으로 記文이 其言과 不同ᄒ여 全히 爲文의 道를 失흔지라
>
> ─주시경 1908:59.

주시경은 우리 글자는 소리를 적는 글자이므로 어체語體와 음리音理가 맞아야 문장을 올바로 적을 수 있는데, 문자가 음리를 제대로 반영하지 못하는 문제는 해결하지도 않고 문장을 적으려 하는 것을 비판하였다. 어체와 음리의 문제에 대한 보다 구체적인 기술은 『국어문법』에서 확인할 수 있다.

(…전략…) 此音을 彼音으로 記하고 彼語를 此語로 記하며 二音을 一音으로 合하고 一音을 二音으로 分하며 上字의 音을 下字에 移하고 下字의 音을 上字에 附하며 書書不同하고 人人異用하여 一個言을 數十種으로 記하며 文字를 誤解하는 弊가 語音에 及하고 語音을 未辨하는 害가 文字에 至하여 言文이 不同하며 (…후략…)

―주시경, 「서」, 1910:2.

이 음을 저 음으로 적고 두 개의 음을 한 개의 음으로 적거나 거꾸로 한 개의 음을 두 개의 음으로 나누어 적으며 위 글자의 음을 아래에 혹은 아래 글자의 음을 위에 붙여 쓰는 등 무질서한 문자생활로 인해 책마다 그리고 사람마다 쓰는 법이 다 다르다는 것이다.

주시경의 저술들이 발표된 때는 각종 매체와 저작들에서 이미 십여 년 이상 국문 글쓰기를 진행해 오고 있던 시점이었다. 『독립신문』을 필두로 『매일신문』, 『제국신문』, 『협성회회보』, 『대한매일신보』 등 국문 신문의 발행이 이어지고 있었고 신소설의 출판 또한 활성화되어 있었다. 그런데 이들 자료에 사용된 국문 문장은 위 인용문에서 지적한 대로 일정한 규범 없이 혼란스러운 표기 양상을 보였던 것이다. 당대 국문 문장의 표기 실태를 확인하기 위해 『대한매일신보』 국문판에 게재된 기사의 일부를 살펴보겠다.

사름의 몸으로 말홀진딕 밧그로 스지빅톄와 안으로 오쟝륙부가 잇셔셔 안과 밧기 셔로 응ᄒ여야 일신의 활동이 민활ᄒ고 긔력이 강건ᄒᄂᆫ지라 스지빅톄와 오쟝륙부가 또혼 각각 맛흔칙임이 잇스니 눈은 보ᄂᆫ것을맛고 귀ᄂᆫ

듯는것을맛고 입은 말ᄒᆞᆫ것을 맛고 코는 내음식를맛고 손으로 잡으며 발
노 거러셔 범빅힝동에 ᄒᆞᆫ가지라도 결뎜이 업슨연후에 완젼ᄒᆞᆫ 사름이라ᄒᆞᆯ지
오 만일 ᄒᆞᆫ가지가 부죡ᄒᆞ여도 완젼ᄒᆞᆫ 사름이라 ᄒᆞ기 어려운지라

—「논설」, 『대한매일신보』, 1910.6.22

위와 같은 문장은 한문 언해투를 벗어난 새로운 문체적 실험으로서
그 자체로서도 큰 의미를 갖는다. 하지만 한문이 아닌 우리말을 우리 글
자로 적고자 한다면 무엇보다도 각각의 글자가 우리말의 소리를 정확히
반영하는가를 검토해야 한다는 것이 주시경의 지적이다. 위의 인용문에
쓰인 '발노'에서와 같이 '로'를 '노'로 적고 '결점', '부족', '완전'을 '결
뎜', '부죡', '완젼'으로 적어 이 음을 저 음으로 적는다든지, '맑은'을
'맛혼'으로 적어 한 개의 음을 두 개의 음으로 적는다든지, 혹은 '걸어
서'를 '거러셔'로, '없은'을 '업슨'으로 적어 위 글자의 음을 아래에 붙
여 쓰는 것은 언문일치의 완성이라고 볼 수 없다는 것이다. 어체와 음리
가 맞아야 한다는 주시경의 주장은 언문일치에 대한 국어학적 문제의식
을 반영한 것이었다.

오늘날과 달리 20세기 초 국어 문법서의 거의 대부분이 '음학音學'을
문법의 일부로 다룬 것은 이와 같은 맥락에서 이해할 수 있다. 문법 개
념이 언문일치라는 시대적 과제를 배경으로 태동한 것인 만큼 우리 글
자로 우리말 문장을 적기 위한 '어체'와 '음리'에 대한 연구는 문법 연구
의 필수적인 부분으로 여겨졌던 것이다.

3) 근대적 시간관과 문법 개념

근대적 문법 개념에서 확인되는 또 하나의 특징은 근대적 시공간에 대한 인식이다. 당시 문법가들은 말의 법칙을 찾아감에 있어 시간의 흐름 그리고 공간의 지평에서 하나의 점을 상정하고 있었다. 즉, '지금 여기'의 우리말에 대한 분명한 인식을 가지고 있었던 것이다. 이러한 인식에 대한 검토가 중요한 이유는 시공간에 대한 근대적 인식이 언어관과 결부되면서 '문법적인 것'과 '비문법적인 것'의 경계가 확립되었기 때문이다. 여기서는 먼저 근대적 시간관과 문법 개념의 관계에 대해 살펴보고 이어지는 부분에서 공간의 문제에 대해 논의하겠다.

전통적 문법 개념은 시간이나 공간상의 제약을 받지 않았다. 한문의 문장 작법은 고대로부터 당대까지 이어져 오는 고정불변의 진리이자, 그 당시의 개념으로는 '세계'에 해당하던 공간 전체에 걸친 공통의 진리였다. 하지만 근대적 세계관에 따라 '지금 여기'를 중심으로 한 사고 체계가 확산되면서 언어를 바라보는 관점에도 변화가 생겼다.[16] 근대적 문법 개념에서 언어는 변화하는 것으로 상정되어 있었다. 그렇기 때문에 지금의 문법은 과거의 문법과 다른 것으로 여겨졌다. 아래의 인용문에서 볼 수 있듯이 근대 초기 문법서들은 문법이 "현재"에 속한 것임을

---

16 서구의 경우도 중세적 세계관이 근대적 세계관으로 바뀌면서 시공간에 대한 인식적 전환이 이루어졌다. 발터 벤야민Walter Benjamin은 순간적인 현재에 과거와 미래가 동시에 나타나는 전근대적 시간 개념을 '메시야적 시작Messianic time'이라 하였다. 즉, 신의 눈으로 볼 때 '지금 여기'는 언제나 있어 왔고 또 앞으로도 영속할, 이미 완성된 어떤 것이라는 말이다(Anderson 2006:22~31). 하지만 근대인들은 시간은 과거에서 현재로 그리고 미래로 흘러가는 객관적이고 측정 가능한 물리적 존재로 보았다. 언어가 갖는 시간과 공간의 좌표에 대한 인식 역시 이러한 근대적 시공간 개념과 무관하지 않았다.

명시하고 있었다.

㉠ 수에 此 大韓文法은 現時言語나 文章에 普通體勢를 依호여 法例를 定호거
시니라

—김규식 1909:3b.

㉡ 本書는 現今에 通行호는 바 朝鮮語의 語音 及 語法에 基호야 編纂한 者

—김희상, 「범례」, 1911:1.

㉢ 이 글은 이제에 두로 쓰이는 조선말 가온대에 그 바른 본을 말한 것이니라

—김두봉, 「알기」, 1916:1.

㉣ 말이라 하난 것은 시대의 변천變遷됨과 문화의 진보됨을 좇아 쓰어지나
니 그런고로 이 책은 현대現代에서 통행되난 말로 근본을 정하니라

—리필수 1923:서-1.

문법이 현재의 말에 대한 것이라는 전제는 바꾸어 말하면 현재에 속
하지 않은 말은 비문법적이라는 의미이기도 한데 실제로 많은 문법서에
서 '이제말'과 '옛말'을 구별하고 '이제말'을 사용할 것을 주장하였다.
〈표 6〉은 강매·김진호의 『잘 뽑은 조선 말과 글의 본』(1925)에 실린 부
록의 일부로 옛말과 이젯말을 대응시킨 것이다.

근대적 문법을 기술한다는 것은 당대 언어에 혼재되어 있던 옛말과
이젯말을 구별하는 작업이기도 했다. 오늘날의 관점으로 본다면 이는
너무나 당연한 것으로 여겨지겠지만, 언어가 갖는 시간성에 대한 분명
한 인식은 당대로서는 새로운 것이었다. 문법 의식이 확립되기 이전 여
러 저작들과 매체 자료에서는 고어형과 당대의 구어형이 뒤섞여 쓰인

〈표 6〉 강매·김진호(1925)의 옛말과 이제말

'녜ㅅ말'	'이제말'
서르	서로
글왈	글월
하	많
엄	엄니
입시울	입술
하다가	만일
찰히	차라리

모습을 쉽게 볼 수 있는데, 그러한 사용 자체를 문제시한 것은 언어의 시간성에 대한 분명한 인식이 확립된 결과인 것이다.

4) 근대적 공간관과 문법 개념

언어를 시간 축 위에서 변화해 가는 것으로 바라보는 관점은 언어를 공간 축 위에 펼쳐진 변이로서 바라보는 관점과 함께 '지금 여기'를 향한 근대적 문법관을 형성하였다. 근대적 공간 개념은 두 가지 측면에서 문법관에 영향을 주었는데 첫째는 확장된 지리 관념 속에서 언어 일반과 개별 언어에 대한 인식이 확립된 것이고, 둘째는 특정 언어의 사용권 내에서 중심과 주변에 대한 인식이 확립된 것이다.

먼저 첫 번째 측면을 잘 보여주는 기술들을 살펴보겠다.

㉠ㅡ 이 글은 수世界에 두로 쓰이는 文法으로 읏듬을 삼아 꿈임이라. 그러

하나 우리나라 말에 맞게 하노라 함이라

—주시경 1910:117.

ⓛ이제 세계 각국에서 각기 쓰는 글자의 체제를 의론컨대, 대개 두 가지
에 난호엿스니, 一은 음부자니 글자마다 제 음성이 따로 잇서 천백 소
리로 변하야도 형상과는 관계가 업고, 一은 상형자니 글자마다 제 뜻이
따로 잇고 음성과는 관계가 업나니, 음부자는 우리 언문과 인도글자와
영어 등속이오, 상형자는 지나의 한문 같은 것이라

—남궁억 1913:1.

ⓒ大韓國語 는 大凡ᄒ게 言ᄒ자면 — 투라니아 各種 言語 中 一 分子로 認定
ᄒ는되 (…중략…) 所謂 漢文은 大韓語의 根本이 아니오 (…중략…) 大
韓語를 他國語와 比考컨되 투라니아 言語 中 滿洲語와 近似ᄒ고 印度 南部
言語와 近理혼 句段이 最多ᄒ며 語法으로 論컨되 日本語法과 幾爲同一ᄒ
다 홀 슈 잇스니 此는 無他라 此等 諸語가 原來 투라니아 人種의 言語인
緣由요 漢文과 比較혼즉 原語만 漢文과 大□不同홀 쑨 아니라 語法에 互相
近似혼 句節이 都無ᄒ다 홀 슈 잇ᄂ니라

—김규식 1909:1.

ㄱ에서 주시경은 자신의 문법서에 담긴 문법의 내용이 세계 여러 나
라에서 두루 쓰이는 문법의 틀을 따르되 우리나라의 말에 맞게 변형한
것임을 밝혔다. 이처럼 근대의 문법 개념은 일반언어학적 원리와 개별
언어의 특수성을 전제로 하고 있었다. ⓛ에서 남궁억은 세계 여러 나라
의 문자를 '음부자'와 '상형자'로 나누고 우리 글자가 음부자에 속함을
논하였는데, 세계의 문자를 유형화하고 그 안에서 우리 문자가 속한 부

류를 논한 것은 확장된 지리적 정보에 입각한 새로운 인식이었다. ⓒ에서 김규식은 보다 구체적으로 우리말이 투라니아 어족(우랄알타이어족)에 속한다고 하며 비교언어학적 인식을 보여 주었다.

그런데 이처럼 근대적 공간 인식 속에 자리한 문법관은 표면적으로는 국어에 대한 객관적인 시각을 보여주는 듯하지만, 근대 초기 문법서 곳곳에서는 일반언어학적 인식을 통해 종래의 중국 중심적 세계관을 극복하고자 하는 의지를 표출하였다. 세계의 문자를 유형화하고 우리 문자가 서양의 알파벳과 같이 표음문자에 속한다는 학술적 결론은 표음문자가 표의문자보다 우수하며 따라서 우리 문자가 한자보다 우수하다는 논의로 이어지곤 했다. 이는 근대 초기 문법 개념이 탈중화와 그 실천적 방편으로서의 언문일치라는 맥락 속에서 태동했다는 점을 다시금 상기시켜 준다. 앞서 살펴본 김규식 역시 비교언어학적 인식을 토대로 한문에 대한 종속적인 태도를 근절하고자 했다. 위의 ⓒ에서 볼 수 있듯이, 우리말은 한문과 언어 계통적으로 거리가 있을 뿐 아니라 어법상으로도 유사점이 없으며 이를 근거로 한문은 대한어의 근본이 아니라고 주장한 것이다.

문법에 대한 공간적 인식의 또 다른 측면은 표준어와 방언에 대한 인식이다. 국어가 사용되는 공간적 범위 내에서 중심과 주변을 구별하고 중심부의 언어, 즉 서울말을 표준으로 삼아 전국의 언어적 통일을 도모하고자 하는 의식은 김두봉의 저술에서부터 분명히 드러난다. 앞서 살펴본 대로 1916년 『조선말본』의 '알기'에서 김두봉은 이 문법서를 지을 때 서울말을 기준으로 삼았음을 밝힌 바 있다. 그 후에 출간된 문법서들 중 이규영의 『현금 조선문전』(1920), 강매의 『조선어문법 제요』(1921), 김원우의

『조선정음문전』(1922), 이규방의『신찬 조선어법』(1922)에서는 표준어에 관한 언급이 확인되지 않지만, 안확, 리필수, 이상춘, 김희상 등은 서문에 해당하는 부분에서 서울말을 표준으로 하였음을 밝혔다.

㉠이 글은 **서울말을 마루로 잡앗노라**. 그러나 이도 본에 맞지 아니한 것은 좇지 아니하엿노니 이를터면 '더우니'를 아니 좇고 '덥으니'를 좇은 따위니라.

　　　　　　　　　　　　　　　　　　　　　　　　—김두봉 1916:알기-1.

㉡故로 本書의 標準한 바는 **京城言의 發音을 依하야** 雅言으로써 其法則을 述하고 特히 新例는 言치 안하며 또한 言語 變遷의 大旨도 說치 안함

　　　　　　　　　　　　　　　　　　　　　　　　—안확 1917:저술요지-1.

㉢本書는 **京音을 主体로 한 故로** 漢字의 音도 現代의 京音에 基하야 텬디天地를 천지라 력스歷史를 력사라 덕슈敵手를 적수라 뎐션電線을 전선이라 뎡거쟝停車場을 정거장이라 됴춍鳥銃을 조총이라 모다 記하니라

　　　　　　　　　　　　　　　　　　　　　　　　—리필수 1922:범례-1.

㉣이 책은 **서울말을 주체로 정한고로** 한문의 음도 현대現代에서 쓰난 서울말에 의지하여 텬디天地를 천지라 력스歷史를 력사라 덕슈敵手를 적수라 뎐션電線을 전선이라 모다 긔록하니라

　　　　　　　　　　　　　　　　　　　　　　　　—리필수 1923:범례-1.

㉤種種의 文典에는 사투리를 用하야 決裂에 近함이 만혼지라. 然이나 本書는 **京城言의 發音 및 그 雅音에 標準하야** 其 法則을 述하고 同時에 言語統一을 目的함이라

　　　　　　　　　　　　　　　　　　　　　　　　—안확 1923:서술요지-1.

Ⓗ 이 책은 **서울말을 標準하얏노라.** 그러하나, 본에 맞지 아니하는 것과, 또 사투리까지는 좇지 아니하얏나니―'추워' '건너'라 하지 않고, '춥어' '건느어'라 쓰었으며, '니깐두루' '둔' '대리'라 하지 않고, '니까' '돈' '다리'라 쓰었노라

—이상춘 1925: 알기-1.

Ⓐ **말의 標準은 서울 말로 한 것**

—김희상 1927: 편집의 내용-6.

위의 기술들에서 확인되듯이 조선어학회의 '통일안' 제정이나 표준어 사정이 이루어지기 전인 1910년대 후반과 1920년대에 이미 국어 문법서에서는 서울말을 표준으로 삼아 문법을 기술해야 한다는 의식이 공유되고 있었다.

6. 결론

앞서 살펴본 바와 같이 20세기 초에는 문법의 개념이 여러 용어들로 표현되었는데, 해당 용어들은 '글'을 강조하느냐 '말'을 강조하느냐 따라 두 부류로 나눌 수 있다. 당대에 '文'류와 '語'류의 용어들이 공존했던 것은 문법 개념의 등장이 말과 글의 일치 문제, 즉 언문일치라는 시대적 과제를 배경으로 하였기 때문이다. '말'의 법칙을 찾아 기술하는

작업은 바로 '말'의 법칙대로 '글'을 써야 하는 필요에 기인한 것이었다. 즉, 글을 말에 일치시키기 위해서는 글에 적용할 말의 규칙을 찾아야 했고 그 과정에서 문법 기술의 필요성이 대두되었던 것이다.

이러한 문법 개념의 태동 배경은 문법의 범위 설정에도 직접적 영향을 미쳤다. 오늘날 '문법'이라고 하면 보통 형태론과 통사론을 말하지만, 근대 초기 문법 개념은 음성과 문자, 그리고 경우에 따라서는 문체까지도 포함했다. 우리말을 우리글로 적기 위해서는 먼저 각각의 글자가 우리말의 소리와 음운 현상을 제대로 반영해야 했다. 특히 주시경은 언문일치의 실현을 위해 무엇보다도 어체와 음리의 문제부터 해결해야 하지만 이러한 점이 간과되고 있음을 비판하였는데, 이는 국어학자의 관점에서 본 언문일치의 선결 과제를 보여준다.

우리말에 존재하는 추상화된 법칙을 의미하던 초창기 문법 개념은 시공간에 대한 근대적 인식과 더불어 '지금 여기'를 향한 근대적 문법관으로 발전되어 갔다. 언어의 시간성에 대한 인식과 함께 '이제말'과 '옛말'을 구별해 현시의 언어를 문법 기술의 표준으로 삼아야 한다는 주장들이 제기되었고, 언어의 공간성에 대한 인식은 지역적 변이 속에서 서울말을 본보기로 삼아야 한다는 표준어 의식으로 발달되었다. 또한 일반언어학적 인식, 비교언어학적 인식을 토대로 확장된 지리적 관념 속에서 우리말의 좌표를 설정하는 작업 역시 이루어졌는데, 우리말이 속한 유형적, 계통적 특징을 밝히는 과정에서 한문에 대한 종속적 인식을 단절시킬 논리적 기반도 더욱 강화되었다.

제2장

근대어와 문법적 변이*

1. 서론

20세기 초 자료에 나타난 문법 현상들은 정연한 문법 체계에 따라 설명하기 어려운 경우가 많다. 어떤 자료에는 중세국어 구결문 혹은 언해문의 특징이, 어떤 자료에는 현대국어 구어의 특징이 나타나 같은 시기의 자료라 보기 어려울 만큼 편차가 컸기 때문이다. 이처럼 여러 시대에 걸친 문법 현상들이 동시대 자료에 산재한 양상이 보이기 때문에 20세기 초 국어는 '과도기적 혼란'으로 묘사되는 경우가 많다.

'과도기적 혼란'에서 '혼란'의 실체는 사용역register과 밀접한 관련이 있다. 사용역이란 텍스트 유형을 가리키는 용어로, 어휘 문법적 요소가 텍스트의 소통 목적을 달성시키는 데에 어떤 역할을 하는지를 분석하기

---

* 이 장의 내용은 안예리(2013b; 2016a)를 수정하여 통합한 것이다.

위해 사용되는 개념이다(Biber · Conrad 2009:2). 20세기 초 자료의 사용역에 대한 분석에서는 문체와[1] 장르에 대한 복합적인 고려가 필요하다. 어떤 글이 한문문장체 국한문체로 작성되었는가, 한문구절체 국한문체로 작성되었는가, 한문단어체 국한문체로 작성되었는가,[2] 혹은 국문체로 작성되었는가 등에 따라 어휘나 문법 형태의 쓰임이 확연히 달랐기 때문이다. 또한 지식인들이 주로 읽던 논설류의 글에서는 국한문체가 선호되었고 부녀자들이 주로 읽던 소설류에서는 국문체가 선호되는 등 문체의 선택은 장르와도 밀접한 관련이 있었다. 이러한 사용역별 문체의 선택은 어휘나 문법 요소들의 선택을 동반하였고,[3] 20세기 초 자료의 경우 사용역에 따른 어휘 문법적 변이의 폭이 매우 컸기 때문에 당대의 국어를 연구할 때에는 사용역에 대한 세밀한 고려가 필요하다.

한편, 앞서 말한 '과도기적 혼란'에서 '과도기'의 의미에 대해서도 생각해 볼 필요가 있다. 언어는 끊임없이 변화하고, 그렇기 때문에 특정

---

1 여기서 말하는 문체는 개인의 언어 사용 습관이 아니라 한 시대에 공유되는 글쓰기의 기본 틀, 즉 시대적 문체(김홍수 1988:67)를 말한다.
2 임상석(2008:125~143)은 20세기 초 국한문체를 '한문문장체', '한문구절체', '한문단어체'로 나누고 유형별 특징을 다음과 같이 기술하였다.
　　a. 한문문장체 : 한문 접속어와 종결어미를 그대로 사용하여 한문 문장이 거의 완결된 형태로 실현된다(漢主國從의 양상). 예) 世之學者ㅣ 類多好古之病ㅎ야 每論政治道德이 必稱唐虞나 然愚未知其將擧古道而能行於今世耶아
　　b. 한문구절체 : 한문 문장은 해체된 상황이지만 구절들은 그대로 남아 있어 한문의 통사구조와 수사법이 직접적으로 문면에 나타난다(國主漢從의 시도). 예) 凡物이 孤ㅎ면 危ㅎ고 群ㅎ며 强ㅎ며 合ㅎ면 成ㅎ고 離ㅎ면 敗홈은 古然之理라
　　c. 한문단어체 : 한문 구절들도 단어 수준으로 분절되어, 국문의 통사구조가 문장을 구성하는 원리가 된다(國主漢從의 양상). 예) 國家의 聚團中에난 儒敎도 有ㅎ고 耶蘇敎도 有ㅎ고 天道敎도 有ㅎ고 天主敎惑 佛敎가 有함а 何敎을 信仰함은 各人의 自由요
3 김형철(1997:63)은 문체를 이루는 요소를 표기요소, 어휘요소, 구문요소로 구분하고, "표기요소가 국한자 혼용이면 어휘요소에 한자어 또는 한문투의 어휘가 많이 나타나게 마련이고, 따라서 구문요소에도 한문구조의 영향이 많이 남게" 된다고 하여 문체소들 간에 긴밀한 관련성이 있다고 하였다.

언어 현상에 주목하여 그 발달과정을 살펴보면 어느 시점에나 과도기는 존재하기 마련이다. 언어는 끊임없이 변화하기 때문에 "공시적 언어 상태는 새로이 생겨나는 요소와 없어져 가는 요소의 혼합체"(권재일 2005: 3~4)이며 그런 의미에서 현재는 언제나 "역사적 현재"(홍종선 2000:9)이다. 하지만 20세기 전반기 국어에 대해 유독 이러한 점이 강조되어 온 이유는 이 시기의 언어 변화가 다른 시기보다 훨씬 더 급격했다는 인식에서 비롯된 것이라 생각된다.

20세기 초 국어를 기술할 때 쓰이는 '과도기'라는 용어는 자연적으로 진행된 언어 변화에서 나타나는 변이형의 공존 현상을 말하는 것이 아니다. 이 시기에는 국어에 대한 전례 없는 인위적 정비와 통일 작업이 이루어졌고, 이 시기의 변화로 인해 20세기 후반의 국어는 19세기까지의 국어와 질적인 차이를 갖게 되었다. 이러한 관점에서 본고는 20세기 초 국어의 과도기적 성격은 순수 문법사적 발달선상에서의 '근대국어'와 '현대국어'의 과도기가 아니라, '규범으로서의[4] 문법이 존재하지 않던 시대'에서 '문법을 세우고 그에 따라 언어를 정비해 가는 시대'로의 이행이란 의미에서의 과도기로 바라봐야 한다고 생각한다. 즉, 문법사적 관점에서 볼 때 근대국어와 현대국어의 본질적 차이는 규범화의 여부에 있다고 보는 것이다.

---

4 언어와 관련해 '규범'이라는 말은 좁은 의미로 볼 때는 철자법 규정이나 표준어 규정과 같이 언어정책의 근거가 되는 규정 일체를 말하지만, 이 글에서는 넓은 의미로 언중들의 어문생활을 일정 방향으로 계도해 가기 위한 규범적 성격을 지닌 '문법서, 철자법, 교과서, 사전' 등을 포괄적으로 지칭한다.

2. 신구 요소의 갈등과 공존

1) 문법적 변이와 문체

언어적으로 볼 때 20세기 초는 "새로운 언어요소들의 등장에 따른 신·구 요소의 갈등과 공존"(김형철 1997:11)의 시기였다. 그런데 이때 새로운 언어요소가 등장한 배경에는 신문이나 잡지 등의 근대적 매체의 등장과 소설 문체의 변혁과 같은 언어 외적 요인이 크게 작용하였다. 20세기 초의 어휘 문법적 신·구 요소의 갈등과 공존 양상은 자료 자체의 보수성 정도와 긴밀한 관련이 있었다. 즉 전통적 글쓰기의 방식을 계승한 자료인가, 문체의 혁신을 추구하던 자료인가에 따라 그 안에 반영된 어휘나 문법 요소의 쓰임도 달랐다.

20세기 초는 한문 글쓰기를 벗어나 속어 글쓰기를 실천하려는 지향은 존재했지만 실질적으로 그 방식이 확립되지는 못한 상황이었다. 따라서 한문의 해체 정도나 속어의 반영 정도에서 다양한 편차가 있었고 이는 20세기 초 문어 자료에 여러 시대에 걸친 국어의 어휘 문법적 특징이 나타나는 이유이기도 했다.

구시대의 문체를 벗어나려 하지만 새로운 시대적 문체는 부재했던 상황은 당대의 기록을 통해서도 확인해 볼 수 있다. 신채호는 1908년에 『기호흥학회월보』제5호에 '文法을 宜統一'이라는 글을 발표하였는데, 이 글에서 같은 내용을 적을 때 사람마다 문법이 다 달라서 청년들이 글을 쓸 때 어떤 것을 따라야 할지 알 수 없다는 문제를 지적하였다. 여기서 '문법'은 근대적 의미의 문법grammar은 아니고 '문장 작법'의 의미로 볼 수 있는데, '學而時習之不亦悅乎'를 우리말로 쓸 때 어떤 사람은 '學而時習之면 不亦悅乎아'로 쓰고 어떤 사람은 '學ᄒᆞ야 此를 時習ᄒᆞ면 不亦悅乎'라고 쓴다는 것이다.

당시는 신소설 발행이 이미 활성화된 상태였고 19세기 말 『독립신문』 이후로 순 국문 신문도 여럿 발행되고 있던 때였지만 한문의 통사 구조가 지배적인 문장들도 여전히 널리 쓰이고 있었다. 신채호가 지적한 문장 모델의 부재 상태는 단기간에 해결될 수 있는 문제가 아니었는데, 18년 뒤인 1926년에 김윤경은 『동광』 제5호에 "조선말과 글에 바루 잡을 것"이라는 글을 실어 신채호와 같은 문제를 제기하였다. 당시 조선말에는 '본보기글標準文'이 없다고 하며 다음과 같이 다섯 유형의 문장 중 어느 것이 기본이라 할 수 없을 정도라고 지적한 것이다.

　　㉠배우어서 때로 익히면 또한 즐겁지 아니하냐

　　㉡學하여 時로 習하면 亦 悅하지 아니하냐

　　㉢學어서 時로 習면 亦한 悅지 느냐

　　　(배우) (때) (익히) (또) (즐겁) (아니하)

　　㉣學而時習之면 不亦悅乎아

　　㉤學而時習之 不亦悅乎

물론 ㉠을 제외한 나머지 문장들은 당대에도 구어로는 실현되지 않았을 것으로 생각되지만, 문어에 한정된 쓰임이라 해도 이 역시 국어 어휘 문법의 역사를 반영하는 것이다. ㉠의 '學하다', '習하다', '悅하다'의 경우는 현대국어에서 사용되지 않지만, 동일한 형태적 구성을 가진 '請

하다', '向하다', '求하다', '願하다' 등은 오늘날도 널리 쓰인다. ㉠에서
'또한'의 의미로 쓰인 한문의 접속어 '亦'은 오늘날은 쓰이지 않지만, 당
대 문헌에서 흔히 발견되는 '但', '卽' 등은 지금도 부사로 널리 쓰인다.
그렇기 때문에 ㉠과 같은 문장들, 특히 한문의 통사구조가 해체된 ㉡과
같은 문장들은, 비록 한문의 영향을 상당 부분 반영하고 있다 해도 20
세기 초 국어 연구에서 함께 검토해야 할 부분이다. 이를 통해 20세기
초 자료에서 확인되는 한문의 영향을 반영한 어휘 중, 어떤 것이 현대까
지 이어졌고 어떤 것이 사라졌는지를 밝히는 작업이 필요한 것이다.

2) 접속절과 내포절의 배치

어휘뿐 아니라 문법적으로도 사용역에 따라 뚜렷한 차이가 있었다.
국한문체 자료에 사용된 문장의 경우 대체로 접속절이 이어지는 복문인
경우가 많은 반면, 국문체 문장의 경우 내포절의 구조가 여러 겹으로 나
타나는 복문인 경우가 많았다. 다음은 국한문체 논설문(㉠), 설명문(㉡),
소설(㉢), 잡지(㉣) 등에 사용된 복문의 모습을 보여준다.

㉠ 民이 爲重이오 社稷이 其次며 君이 又 其次라

—『대한자강회월보』 3, 1906.9.25

㉡ 智ᄂᆞᆫ 惡乎開오 開於學이며 學은 惡乎立고 立於敎니 學校之制ᄂᆞᆫ 惟吾三代가

爲最備라

—『서우』 2, 1907.1.1

ⓒ 又 一權臣이 有ᄒ니 姓은 希露曼이오 名은 倪土勒이라

—『서사건국지』, 1907

ⓡ [婦를 娶홈]은 [佳兒를 育코져 홈]이니 容顔의 美를 何取ᄒ리오

—『호남학보』 19, 1908.7.25

이들 문장은 대체로 접속절이 열거된 양상을 보이는데, 이는 한문 언해문에서 전형적으로 나타나던 문장 구조이다. 이러한 국한문체의 접속절에서는 나열의 연결어미 '-오', '-며', 전제를 나타내는 '-니' 등으로 연결어미가 제한적으로 나타났다.

반면, 같은 시기의 국문체 자료에서는 접속 구조로만 이루어진 문장은 드물었고, 접속절과 내포절이 복합적으로 실현된 복문이 일반적이었다. 또한 연결어미의 목록이 국한문체 자료보다 훨씬 다양하게 나타났다. 다음은 20세기 초 국문 소설(ⓖ, ⓛ)과 신문(ⓒ, ⓡ)에 쓰인 문장이다.

ⓖ 금년이는 [남딕문 밧게셔 급보가 들어온] 줄 알고 급히 나갓다가 들어오며 곡지룡을 닉 놋는다

—『목단화』, 1911

ⓛ 나는 아모리 [그 집 양녀와 혼인홀] 마음이 업셔도 참셔가 부덕부덕 [거긔와 혼인을 허깃다] ᄒ기에 닉가 나혼 자식도 아니닛가 위기기 어려워셔 [[져 허자는] 딕로 닉버려 둔] 것이 닉 잘못이다

—『재봉춘』, 1911

ⓒ [[[호남 각군에 잇는] 역둔토 중 결복이 잇는] 둔토는 원릭 민유디로 몃빅년 셔로 매믹ᄒ던] 바인딕 진쥬 직무 감독국에셔 역둔토를 관활ᄒ

되 [국유와 민유를 분간치 아니ᄒᆞ고 모다 넘겨간다]고 그 토디 쥬인들
의 원망이 챵텬ᄒᆞ다더라

—『대한매일신보』, 1910.4.1

ᄅ 시흥 박달니란 동니에 니슉쟝이란 사름이 [겨오 굼지 안는] 터힌듸 화
적 십여명이 와셔 결박 란타ᄒᆞ면셔 돈을 달나ᄒᆞ거늘 삼빅냥을 구쳐ᄒᆞ
여 준즉

—『독립신문』, 1896.4.21

위의 문장들은 접속절과 내포절이 뒤섞인 다층적 복문 구조를 이루고
있으며, 접속절에 사용된 연결어미도 '-고', '-다가', '-며', '-어도', '-
기에', '-닛가', '-어셔', '-ㄴ듸', '-되', '-면셔', '-거늘', '-ㄴ즉' 등으
로 국한문체 문헌에서보다 훨씬 다양했다. 이처럼 같은 시기 자료라 해도
문체의 보수성 정도에 따라 그 안에 사용된 문법 형태와 구문 구조에 큰
차이가 있었다.

3) 종결어미의 배치

종결어미의 쓰임도 사용역에 따른 차이가 현저했다. 20세기 초 국어
종결어미에 대해서는 그동안 비교적 많은 연구가 이루어졌는데, 주로
높임법 등급에 연구의 초점이 맞추어져 왔다. 〈표 1〉은 앞선 연구에서
제시된 20세기 초 평서형 종결어미 체계이다.[5]
〈표 1〉에 나타난 20세기 초 평서형 종결어미 체계에는 수많은 어미들이

제시되어 있는데, 이 중에는 20세기 후반으로 오며 실제적으로는 쓰이지 않게 된 것이 많다. 〈표 1〉에 나타난 합쇼체 종결어미 중 '-습ᄂᆞ이다'는 '-습니다'의 형태로 그 쓰임이 이어지고 있지만, '-니이다', '-소이다', '-외다' 등의 합쇼체 어미, '-로소이다', '-오이다' 등 하오체 어미, '-ㄹ지니라', '-ㄹ러라', '-노라' 등 해라체 어미는 현대에는 쓰이지 않는다.

〈표 1〉의 목록들 중 현대의 관점에서 볼 때 고식古式으로 여겨지는 어미들은 20세기 초 공시태에서 특정 사용역에 편중되는 경향이 있었다. 역사적 발달과정을 보여주는 '-습ᄂᆞ이다'와 '-습니다'의 경우도, 당대의 공시태 전반으로 보면 공존 양상을 보였지만, 사용역에 따른 분포는 확연히 달랐다. 예를 들어, '-습ᄂᆞ이다'는 주로 다음과 같이 고전소설류에 사용되었다.

어셔 밧비 도라ᄀᆞ셔 부친과 함게 **먹게습ᄂᆞ이다**.

— 『심청전』, 1911

소싱이 년전에 그리로 지나며 안부를 대강 **들엇삽나이다**.

— 『소운전』, 1918

이럿틋 엄숙히 무르시니 엇지 하신 연고인지 **모르겟삽나이다**.

— 『박씨부인전』, 1925

하인이 고왈, "죄수 김공필의 집 근처에 **잇삽나이다**".

— 『십생구사』, 1930

---

5 각 연구에서 사용한 용어나 높임법 등급 설정상의 차이 때문에 약간의 조정이 필요했다. 보다 많은 연구들에서 적용한 '합쇼체, 하오체, 하게체, 해라체, 해요체, 해체'의 6등급으로 표를 구성한 뒤, 개별 연구에서 이와 다른 등급을 설정한 경우 각 등급의 가장 전형적인 어미를 기준으로 대응 등급을 찾아 어미 목록을 적었다. 이때 각 연구에서 사용한 용어를 각괄호 안에 표시하였다.

〈표 1〉 20세기 초 평서형 종결어미 체계

	강윤호(1975)	이경우(1998)	김동언(1999)	정길남(2002)
합쇼체	**극존대** -ᄂ이다, -ᄂ이다, -니이다, -니다, -여이다, -노이다, -ㄹ지니이다, -리이다, -오리이다	**하소서체** -ᄂ이다, -습/읍ᄂ이다, 오이다, -외다, -온다, -왼다, -소이다, -ᄉ오리다, -오니다 **합쇼체** -ㅂ니다/습니다, -ㅂ디다/습니다, -옵짓습니다, -ㅂ지오/습지오, -ㅂ니다그려, ㅂ디다그려	-이다, -올시다, -외다, -습/읍ᄂ이다, -읍ᄂ이다, -습/읍니다, -옵니다, -습니다, -슴니다, -소이다, -오리다, -ᄂ이다, -니이다	**아주 높임** -ᄂ이다, -ㅂ니다, -ㅂ니다그려, -ㅂ듸다, -올시다, -ᄂ다, -리다, -니이다, -더이다, -소이다, -오이다
하오체	**보통존대** -오, -요, -올시다, -욜시다, -소, -소이다, -로소이다, -오이다, -외다, -리다, -오리다, -더이다	-오/소, -리다, -소그려, -오그려	-오/소	**예사 높임** -오이다, -왼다, -오(소), -요, -구려
하게체		-네 -데, -네그려, 데그려, -ᄂ베, -이	-네, -일세, -데	
해라체	**비대** -다, -ᄂ다, -라, -로라, -니라, -ᄂ니라, -노라, -지, -더라, -러라, -리라, -ㄹ러라, -더니라, -지니라, -ㄹ지라, -ㄹ지니라, -여지리라, -ㅁ, -옴	-노라, -로다, -다, -라, -더라, -라라, -어라, -고ᄂ, -ㄹ다	-라, -다	**낮춤** -다, -이라, -더라, -러라, -지라, -니, -노라, -니라, -리라, -일세, -네/세그려, -네, -ㄹ라구, -지, -치, -이야, -ᄂ, -나뵈, -케, -군, -구, -셔, -데, -마, -리, -려
해요체		-어요, -지요, -구요, -게요, -듸요, -데요, -가요, -ᄂ가요, -요, -요그려	-어요, -아요	
해체		-어/아, -지, -걸, -면, -게, -데, -ᄂ걸, -야	-아/어, -게, -지	

위의 예들은 1910~1930년대에 출판된 고전소설에 쓰인 '-습ᄂ이다'의 용례이다. 같은 시기에 간행된 신소설에서는 '-습ᄂ이다'의 용례가 일부 확인되기는 하지만 전반적으로 '-습니다'가 선호되는 경향이 있었고, 근대소설에서는 '-습니다'만 쓰였다. 아래의 예들은 1910~1930년대에 출판된 신소설과 근대소설에 쓰인 '-습니다'의 쓰임을 보여준다.

> 소인이 오늘이야 ᄌ근아씨와 금년의 일을 **알엇습니다.**
>
> —『목단화』, 1911
>
> 한참이나 부댓기다가 홀 일 업시 으아 ᄒ고 소리를 내어 **울엇습니다.**
>
> —『무정』, 1918
>
> 오늘 저는 P, C에 보내일 原稿를 쓰고 **잇섯습니다.**
>
> —『별을안거든우지나말걸』, 1922
>
> 세상이 내 앞에서 꺼져 없어진 것 **같습니다.**
>
> —『젊은그들』, 1930

이처럼 20세기 초에는 역사적 발달 단계가 서로 다른 변이형들이 공존하고 있었는데, 현대국어 종결어미 체계의 형성이라는 관점에서 볼 때 20세기 초기의 공시태에서 각 변이형의 쓰임을 결정하는 요인이 무엇이었는지를 파악하는 것이 중요하다. 〈표 1〉에서처럼 '-습ᄂ이다'와 '-습니다'의 공존 양상을 밝히는 것에서 더 나아가 각각의 형태의 구체적인 실현 환경을 고려해 사용역별 분포를 기술할 필요가 있는 것이다. 변이형이 아닌 별개 어미들의 경우도 사용역에 따른 분포적 특징이 확인되는데, 20세기 초 공시태에서의 사용역별 분포는 해당 어미들의 현대국어 정착 여부와도 밀접한 관련이 있어 보인다. 합쇼체 어미 중 '-로소이다'는 20세기 초에 주로 고전소설류에 한정된 쓰임을 보였고, '-ㄹ지니라'는 고전소설과 교과서류에 집중적으로 분포하였다. 다음은 20세기 초 '-로소이다'와 '-ㄹ지니라'의 전형적 용례이다.

㉠ 쥬인다려 무러 왈 예셔 황성이 샹거 얼마나 되는다 쥬인이 답 왈 예셔 황성이 오빅오십 **리로소이다**

—『김진옥전』, 1920

㉡ 모친으로 하야금 도적에게 이란 욕을 당하게 함은 다 자식에 **죄로소이다**

—『녀장군전』, 1923

㉢ 萬一 戰爭이던지 商業이던지 以上 數事를 行치 아니ᄒ면 반다시 敗흠을 見홀**지니라**

—『초등소학』, 1906

㉣ 무릇 樵童(쵸동)과 牧竪(목슈)된 쟈ᄂ 自抛自棄(ᄌ포ᄌ기)치 말고 영웅 ᄉ업을 ᄌ긔ᄒ야 이 긔개인으로 스승을 숨을**지니라**

—『초목필지』 上, 1909

㉠, ㉡은 1920년대에 출판된 고전소설의 용례인데, 같은 시기에 출판된 근대소설류에는 '-로소이다'가 쓰이지 않았다. '-로소이다'라는 어미의 운명은 문법사적 발달과정의 결과가 아니라 근대소설류의 문체가 소설 문체의 전형으로 확립되면서 나타난 문체 개혁의 결과라 생각된다. 또한 ㉢, ㉣은 1900년대 국어교과서의 용례인데, 당위적 사실에

대한 진술을 나타내는 '-ㄹ지니라'는 교서류에 적합한 종결어미로 여겨져 특히 교과서에 집중적으로 사용된 것으로 보인다. 교과서의 문체는 후대로 오며 '-다'체로 통일되어 가는데, '-ㄹ지니라'가 현대 문어에서 일반적으로 쓰이지 않게 된 데에는 문법사적 요인이 아닌 문체적 요인이 더 결정적이었다고 생각된다. 이처럼 20세기 초 국어의 문법적 변화를 설명할 때에는 순수 문법사적 관점뿐 아니라 사용역에 따른 문체 변화도 중요시되어야 한다.

한편 평서형 해라체 종결어미 중 '-다더라'는 19세기 말 신문 보도 기사에 처음 등장했는데 그 쓰임이 다른 사용역으로 확산된 것은 1920년대 이후로 생각된다. 다음은 1900~1930년대 '-다더라'의 용례이다.

㉠ 영국 의회원에 외부 대신 커-손씨가 하원에셔 말ㅎ기를 남방 익프리가 일과 아메리가 일이 아직도 결말이 안나스나 그러나 풍파는 면흘듯 ㅎ**다더라**

—「외국통신」, 『독립신문』, 1896.4.11

㉡ 안즁근 씨를 심문ㅎ는딕 통변ㅎ기 위ㅎ야 려슌에 갓던 닉부 경시 경희 명은 본월 십일 밤에 **도라왓다더라**

—「잡보」, 『대한매일신보』, 1910.2.13

㉢ 재영이가 아직 살아 있는 것 같아. 명한 여복이있다기에 가서 물어보니깐, 아직 분명히 살아 **있다더라.**

—『젊은그들』, 1930

㉣ 더구나 당숙은, '오늘밤 물참에 떠나야 한다. 낼 모레는 선편이 **없다더라**' 하고 눈을 커다랗게 뜨고 두리번 거린다.

—『영원의미소』, 1933

'-다더라'는 1890~1900년대까지는 ㉠, ㉡처럼 신문 기사 중에도 보도의 성격을 갖는 기사에서만 쓰였는데, 1920년대 근대소설에서 일부의 용례가 확인되다가 1930년대가 되면 근대소설 여러 작품에 두루 쓰였다.

3. 문법적 변이와 문법서

1) 문법서와 언어 현실의 간극

국어 문법사 연구는 필연적으로 당대의 문헌 자료에 나타난 언어 현실로부터 특정 문법 형태의 의미나 기능을 귀납적으로 도출해 내는 방식으로 진행된다. 그런데 20세기 초는 역사적으로 당대의 국어 화자가 당대의 국어의 문법을 상세히 기술하기 시작한 시기라는 점에서, 문헌 자료를 중심으로 한 연구와 문법서를 중심으로 한 연구로 방법론이 양분될 수 있다. 물론 오늘날에도 문법서의 기술과 실제 언어 사용 양상이 일치한다고 볼 수는 없지만, 앞서 살펴본 대로 20세기 초의 상황은 변이의 스펙트럼이 오늘날보다 훨씬 컸기 때문에 자료로부터 귀납적으로 도출된 문법과 당시의 문법서로부터 연역적으로 파악된 문법의 차이는 상당한 것이라 하겠다.

앞서 살펴본 대로 20세기 초 국어 문법의 실현 양상은 자료의 성격에 따라 판이하게 달랐다. 하지만 당대에 기술된 국어 문법서들은 대체로 질서정연한 문법 체계를 제시하고 있다. 20세기 초 국어의 문법적 특징은 자료를 통해 귀납적으로 도출되는 문법 현상에서 찾아야 할까, 아니면 당대 국어 문법서에 제시된 문법 체계에서 찾아야 할까? 이 문제에 대한 답은 어느 한쪽을 선택하는 데 있다기보다 양자 간의 관계를 이해하고 이로부터 20세기 초 국어의 특수성을 파악하는 데에 있다고 생각한다. 따라서 이 절에서는 규범적 인식이 태동한 20세기 초, 실제 자료에 나타난 국어 문법과 문법서에 기술된 국어 문법의 차이를 어떠한 관점에서 이해해야 할지, 그리고 양자 간의 관계를 고려하여 어떤 방향으로 연구가 이루어져야 할지에 대해 논의해 보고자 한다.

2) 대명사

먼저 대명사의 실제 쓰임과 대명사에 대한 문법서의 기술을 비교해 보겠다. 20세기 초 문어 자료들을 보면, 사용역에 따라 한자어 대명사와 고유어 대명사의 쓰임에 뚜렷한 차이가 있었다. 국한문체 자료에는 1인칭 대명사로 '吾, 吾人, 我, 吾等, 吾輩, 我等', 2인칭으로 '汝, 爾, 汝等', 부정칭으로 '誰', 지시대명사로 '此, 其, 彼, 何' 등이 널리 쓰였지만 국문체 자료에는 일반적으로 '나, 너, 우리, 너희, 누구, 이것, 그것, 뎌것, 무엇' 등 고유어 대명사가 쓰였다. 고유어 대명사의 쓰임은 오늘날과 크게 다르지 않기 때문에 국한문체 문헌에 쓰인 한자어 대명사의 용례만 보이겠다.

㉠吾人이 法國을 愛慕ᄒᆞᄂᆞᆫ 情은 赤者와 慈母에게 如ᄒᆞ야 其 情은 片時라도 能忘치 못ᄒᆞᆯ지라

—『애국정신』19, 1908

㉡我等의 居生ᄒᆞᄂᆞᆫ 家屋의 建築材料와 日用汁物은 其 類가 數多ᄒᆞ나 精細히 此를 觀察ᄒᆞ면 金石의 占有ᄒᆞᆫ 部分이 最多홈을 發見ᄒᆞᆯ지라

—『기호흥학회월보』2, 1908.9.25

㉢汝는 隣人의 十個 過失을 發見ᄒᆞᄂᆞᆫ 것보다 汝의 自身之一個過失을 發見ᄒᆞᆯ 지어다

—『대한자강회월보』3, 1906.9.25

㉣엇지 天이 此를 興ᄒᆞ고 彼를 覆ᄒᆞ며 此를 弱ᄒᆞ고 彼를 强ᄒᆞ게 ᄒᆞᄂᆞᆫ 優劣 이 有ᄒᆞ리요

—『대조선독립협회회보』7, 1897.2.28

㉤入人之國ᄒᆞ야 其 國의 開未開를 知ᄒᆞ랴면 何를 先察이 可ᄒᆞ뇨

—『대한자강회월보』3, 1906.9.25

위의 예를 보면, '나'에 해당하는 '吾人', '우리'에 해당하는 '我等', '너'에 해당하는 '汝', '이것', '저것'에 해당하는 '此', '彼', '무엇'에 해당하는 '何'가 쓰였다. 이들 한자어 대명사는 20세기 초 국한문체 문헌에서 널리 사용되고 있었다. 이는 국어 문법서에서도 예외가 아니었다. 유길준의『대한문전』에 나타난 대명사 관련 본문 내용을 보면, "指示代名詞ᄂᆞᆫ 其 指示ᄒᆞᄂᆞᆫ 位置의 遠近에 由ᄒᆞ야 四稱으로 分ᄒᆞ니라", "此等語는 皆言者自己에게 近接ᄒᆞᆫ 位置에 在ᄒᆞᆫ 者를 指示ᄒᆞ미라" 등과 같이 '其'나 '此'를 사용한 것을 볼 수 있다.

〈표 2〉 20세기 초 문법서에 제시된 대명사 체계

	유길준(1909)	김규식(1909)	주시경(1910)	김두봉(1916)
인칭	나, 너 이이, 그이, 뎌이 누구, 어느이	이이, 그이 이이들, 그이들 누구	나, 너, 우리 누구, 아모	나, 너, 제 우리, 너이, 저이 누구
지시	이거, 여긔, 이편 그거, 거긔, 그편 뎌거, 뎌긔, 뎌편 어느거, 어대, 어느편 므엇, 어느편, 언제	이것, 뎌이, 그것 뎌것 이것들, 뎌이들, 그것들, 뎌것들 무엇, 어딕, 언제	여기, 저기 이것, 저것, 그것 얼마, 무엇,	이, 그, 저 여긔, 거긔 무엇, 얼마, 어대

하지만 『대한문전』을 비롯한 20세기 초 국어 문법서들은 당대에 문어에서 널리 쓰이던 한자어 대명사를 국어 대명사에 포함시키지 않았다. 〈표 2〉는 유길준의 『대한문전』, 김규식의 『대한문법』, 주시경의 『국어문법』, 김두봉의 『깁더 조선말본』에 기술된 대명사 중 인칭대명사와 지시대명사에 해당하는 부분을 정리한 것이다.

〈표 2〉에 제시된 대로, 20세기 초 문법가들은 고유어 대명사만을 국어 문법의 항목에 포함시켰다. 유길준이 제시한 대명사 체계와, 이를 설명하기 위해 본문 문장에서 사용한 대명사의 목록에서 확인되는 불일치는, 당시 지식인들이 가지고 있던 언문일치의 지향과 당대 언어 현실 사이의 격차를 잘 드러내 준다. 그런 면에서 볼 때, 1900년대 문법서에 기술된 국어 문법이 장차 국어가 나아가야 할 미래상을 반영하는 측면이 다분했다면, 1900년대 일반 자료에 나타난 국어 문법은 언어생활이 일정한 방향으로 계도되기 이전, 일종의 자연 상태로 존재하던 국어 문법의 실태를 보여준다.

3) 시제 문법 형태

문학사적으로 볼 때 근대소설을 통한 언문일치체의 확립을 현대의 한국어 문장을 가능케 한 핵심적 변화로 평가되어 왔는데, 문단에서의 노력과 더불어 당대 국어학자들이 한문의 영향을 걸러내며 속어 중심으로 국어의 문법을 기술해 나갔던 작업 역시 현대국어의 형성 과정에서 핵심적 역할을 했다는 점이 강조될 필요가 있다. 당대의 국어학자들이 국어 문법 기술 시 한문의 영향을 철저히 배제했던 것은, 문헌어가 아닌 당대의 속어를 중심으로 언어생활의 통일을 도모했기 때문이다. 20세기를 지나는 동안 속어 중심의 국어 문법은 국어 교육의 보편화에 힘입어 현대인들의 언어생활의 근간을 형성하게 되었다.

1930년대 무렵이 되면 그간 축적된 연구 성과가 있어 문법 기술의 틀이 어느 정도 확립되고 내용도 상세해졌는데, 1937년에 발행된 최현배의 『우리말본』에는 속어의 문법을 기술하는 과정에서 부딪혔던 문제들이 기록되어 있다. 그중 한 부분을 인용하면 다음과 같다.

우리말의 본을 풀이함에 있어서 가장 그 본이 整然하지 못한 것은 움직씨의 입음법被動法과 때매김법時制法이다. 이는 곧 입음법과 때매김법이 우리말에서 아직 잘 發達되지 못한 것을 보임이다. 이 때매김법에 있어서, 마침법의 때매김은 比較的 整齊하게 發達되었으나, 어떤꼴의 때매김은 매우 不完全할 뿐 아니라, 또한 複雜하야, 열두 가지의 때매김에 各各 첫재꼴과 둘재꼴의 두 가지씩 있어, 말하자면 스물네 가지의 말모양이 있는 셈이다. 그러나 다시 생각하건대, 그 열두 가지의 때매김 혹은 스물네 가지의 말모양은 다만 語法的

論理에 依하야 整頓한 것이요, 그 各各의 말몽양이 實地로 다 쓰히는 것은 아니다. 어떤 것은 쓰히고, 어떤 것은 쓰히지 아니하야, 一定한 準則이 없다. 그러므로, 다만 오늘날의 말씨言語使用로써만 그 법을 삼는다면, 그것이 넘어도 不完全 不整齊하여서 足히 法이 있다 할 것이 못 된다. 그래서, 다음과 같이, 그것을 規則的으로 排列하여 놓았다. 그러므로, 元來 말본이란 것은 實際로 使用되는 말의 뒤를 좇아가야 할 것인데, 여기에서는 도리어 얼마큼 말본이 말 그것보다 앞선 봄觀이 없지 아니하다. 그렇지마는, 오늘의 우리의 생각은 이미 높은 程度로 發達되어서, 그러한 正確한 때매김있는 發表를 要求하게 된 것도 또한 事實이다. 그래서, 一邊에서는 實地의 使用을 보고, 他邊에서는 法的으로 實地 使用의 可能性을 參照하야, 다음과 같이, 整理한 것이다. 要ㅎ건대, 이 어떤 꼴의 때매김은 나의 우리말본 가운대에서 가장 마뜩지 못한 部分임을 여기서 사뢰어 두지 않을 수 없는 바이다.

— 최현배 1937:619~620

외솔은 당대의 국어 문법 중 언어 현실로부터 일정한 운용 원리를 도출해 내기가 특히 어려운 부분이 어떤꼴의 때매김법과 입음법이라고 하였다. 그중 특히 어떤꼴의 때매김법은 『우리말본』 가운데 가장 마뜩지 못한 부분이라고 하였는데, 위의 기술로 볼 때 그 주된 이유는 두 가지로 정리된다. 관형사형 어미의 경우 12가지의 시제 기능을[6] 나타내는 형태가 두 가지씩 있는데, 이 둘 사이의 의미적 구별이 뚜렷하지 않다는 것이 첫 번째 문제이고, 또한 문법 체계로서는 12가지 시제 기능을 설

---

6   으뜸때原時 이적, 지난적, 올적, 끝남때完了時 이적, 지난적, 올적, 나아감 때進行時 이적, 지난적, 올적, 나아가기 끝남 때進行完了時 이적, 지난적, 올적을 말하는 것이다.

〈표 3〉 최현배(1937)의 어떤꼴 때매김법 체계

씨몸		으뜸때		끝남때	
		① 적게 쓰임	② 많이 쓰임	① 적게 쓰임	② 많이 쓰임
이적	자 잡		ㄹ 을	} 았는	ㄴ 은
	주 집		ㄹ 을	} 었는	ㄴ 은
지난적	자 잡	} 았는	ㄴ 은	} 았었는	} 았은
	주 집	} 었는	ㄴ 은	} 었었는	} 었은
올적	자 잡	} 겠는	ㄹ 을	} 았겠는	} 았을
	주 집	ㄹ 을	} 었겠는	} 었을	

씨몸		나아감 때		나아가기 끝남 때	
		① 적게 쓰임	② 많이 쓰임	① 적게 쓰임	② 많이 쓰임
이적	자 잡 주 집	} 고 있는 (상당히 쓰임)	} 는	} 고 있었는	} 고 있은
지난적	자 잡 주 집	} 고 있었는	} 고 있은	} 고 있었었는	} 고 있었은
올적	자 잡 주 집	} 고 있겠는	} 고 있을	} 고 있었겠는	} 고 있었을

정할 수 있지만 12가지가 실제로 다 실현되지는 않는다는 것이 두 번째 문제이다.

〈표 3〉은 『우리말본』에 기술된 어떤꼴 때매김법 중 으뜸때原時와 끝

남때完了時, 나아감 때進行時와 나아가기 끝남 때進行完了時의 체계이다. 각 칸에서 ①의 꼴은 ②의 꼴보다 적게 쓰였다는 설명이 추가되어 있는데, 예외적으로 나아감 때의 ①은 상당히 쓰인다고 하였다. 그리고 적게 쓰이는 ①의 꼴을 첫째꼴로 제시한 이유는 '법으로서는 그것이 ②의 것보다는 공통하는 것이기 때문'이라고 하였다. 즉, 실제 쓰임을 생각하면 ②가 으뜸이 되어야 하지만, 규칙의 측면에서 볼 때에는 비록 잘 쓰이지 않더라도 ①의 꼴이 적합성을 갖는다는 것이다.

실질적으로 ①에 제시된 대부분의 형태는 당대 국어에서 일반적이라기보다 예외적인 쓰임에 가까웠는데도 문법 체계를 잡을 때 ①과 ②의 꼴을 모두 아우른 것은, ①에 따르면 대체로 서로 다른 형태가 서로 다른 의미를 나타낼 수 있지만 ②에 따르면 하나의 형태가 여러 의미를 두루 나타내기 때문에 합리성이 떨어진다는 판단이 있었을 것으로 생각된다.

또한 외솔은 매김꼴의 지난적 끝남을 나타내는 '-았었는/었었는'과 '-았은/었은'을 설정하였으나 실제로는 잘 쓰이지 않는다고 기술하였는데, 1920~1940년대 자료에서 해당 예를 찾아보면 『우리말본』의 예문에 제시된 '보았은 구경', '읽었은 책'과 같이 보통명사를 수식한 예는 확인되지 않고, '-었은즉', '-었었는고로', '-었었는바' 등과 같이 의존명사 구성에서만 해당 형태가 확인된다.

> ㉠ 如何튼지 그들이 한가지로 동일한 元祖 동일한 이상을 **포부하엿슨즉** 각
> 각 偏見固執을 버리고 원만한 조화를 圖하야 唯一의 종교되기를 望하는
> 바이다
>
> ―『개벽』 1, 1920.6

ⓛ 평균 70, 80에도 석차가 첫재 둘재가 **되엇슨즉** 동급생의 低劣은 덥허줄
수가 업는 일이엇다.

—『삼천리』 1-2, 1929.9

ⓒ 이러한 악습이 朝鮮人의 腦髓에 **들어왓섯는고로** 노동은 有爲의 人士가 감
히 할 바 안이라 자처 하얏섯다.

—『개벽』 2, 1920.7

ⓔ 養正이 승리를 하고 東光이 敗北한 뒤에 徽高 培材의 격전이 **열니엿섯는**
바 培材가 무참히 패하

—『개벽』 41, 1923.11

위의 예에서 볼 수 있듯이 20세기 초에 '-었었는'과 '-었은'은 일반
명사 앞에는 쓰이지 않았고 의존명사에만 선행하였다.

그밖에도 일상 회화에서 지난적 나아감 '-고 있었는', '-고 있은'은
잘 쓰이지 않고 그 대신 도로생각 때매김의 '-고 있었던'이나 이적 나아
감 '-고 있던', 혹은 이적 으뜸때 '-던'을 쓰는 일이 많다는 기술 등을
보면, 설정해 둔 체계와 실제의 쓰임 사이에 적지 않은 불일치가 있었음
을 알 수 있다. 그럼에도 '말보다 앞선 말본'을 제시한 이유는 일정한 원
리와 법칙에 따른 합리적인 문법을 제시하여 언어 현실을 계도해 가고
자 했던 의지 때문이었을 것이다.

4. 결론

지금까지 논의한 것처럼 20세기 전반기는 한국어의 역사에서 그 어느 시기보다 언어적 변이가 다양하게 나타나던 시기였지만 그와 동시에 그 어느 시기보다도 정연한 언어적 체계를 정립하기 위한 활동이 적극적으로 전개되던 시기이기도 했다. 당시의 언어 사용 양상을 살펴보면 언어를 둘러싼 여러 층위의 알력이 교차하는 모습을 볼 수 있다. 한문이 아닌 우리말을 우리글로 적고자 하는 새로운 쓰기의 욕망이 터져 나오는 한편으로 한문 글쓰기의 관습이 여전히 막강한 영향을 미치고 있었다. 말하는 대로 적고자 하는 욕망과 언어를 일정한 규범의 틀 안에 가두고자 하는 욕망이 동전의 양면처럼 마주 닿아 있는 모습도 확인할 수 있다. 머릿속으로 구상하던 이상적인 언어와 실제로 구사하는 현실적인 언어 사이에도 적지 않은 괴리가 보인다.

그렇기 때문에 20세기 전반기의 한국어에 대한 연구에서는 언어 내적 요인들과 언어 외적 요인들로 인해 발생한 복잡다단한 변이의 층위들을 세심하게 살필 필요가 있다. 자료의 특성에 따라 전혀 다른 언어 사용 양상을 보여준다는 점도 주의해야 할 부분이다. 이 장의 논의를 통해 이야기하고 싶었던 핵심은 결국 20세기 전반기의 한국어는 안정적인 체계보다는 역동적인 변이에 초점을 두고 기술될 필요가 있다는 점이다. 당시의 자료들에 나타난 변이의 스펙트럼은 자연적인 언어 변화에 의한 것보다는 인위적인 선택과 배제의 결과인 경우가 많다. 문체적 혁신을 이루는 과정에서 보다 진보적인 문체를 선택한 경우와 보수적인 문체를 선택한 경우의 언어 사용 양상은 매우 큰 차이를 보였다. 합리적으로 설명이 가능한 정연한 체계의 문법을 상정하고 있던 문법서와 당대의 자연스러운 언어 사용을 반영한 신문, 잡지 등의 자료 간에도 적지 않은 차이가 있었다. 하지만 이러한 차이를 단지 이분법적 도식으로만 파악하는 것도 곤란하다. 문체적 기준에 의해서든 문법적 기준에 의해서든 취사선택된 언어 요소들은 결국 언중들의 언어 의식에 영향을 미쳤고, 자연 상태의 언어는 점차 일정한 문체적, 문법적 틀에 맞도록 변화되어 왔기 때문이다.

제3장

『삼천리』에 나타난 문법적 변이*

1. 서론

『삼천리三千里』는 1929년 6월 12일부터 1942년 1월 1일까지 발행된 월간 종합지로, 파인巴人 김동환金東煥에 의해 창간되었다. 13년 동안 총 152호가 발행된 『삼천리』는 당대의 잡지들 중 보기 드물게 오랜 기간 동안 지속적으로 발행된 잡지이다.[1] 천정환(2008)은 『삼천리』를 일제강점기 최대의 잡지로 꼽으며 "거의 유일하게 1930년대 전체를 관통하

---

* 이 장의 내용은 안예리(2013b)를 수정하고 보완한 것이다.
1 정진석 외(1995)의 「한국잡지 100년」에 정리된 연표를 참고로 『삼천리』와 같은 시기, 즉 1929~1942년 사이에 발행된 잡지들의 발행 기간을 조사해 본 결과, 총 406개의 잡지 중 10년 이상 발행된 잡지는 28개로 약 6%에 불과했다. 또한 총 152호가 발행되었던 『삼천리』보다 발행 호수가 많았던 잡지들은 5개뿐이었다. 『天道教會月報』가 296호, 『青年』이 185호, 『活泉』이 241호, 『아희생활』이 218호, 『新人間』이 189호 발행되었는데 이들 잡지는 모두 종교 단체에서 특정 독자층을 위해 간행한 잡지였다. 이렇게 볼 때 대중종합지로서 『삼천리』의 발행 기간 및 총 발행 호수는 독보적이라 할 수 있다.

분류	장르	백분율	어절 수
문학 (44%)	소설	12%	348,041
	수필	14%	414,489
	기행문	6%	164,436
	회고 및 수기	12%	343,813
비문학 (56%)	논설	25%	706,355
	보도	15%	441,679
	비평	6%	180,144
	설문 조사	5%	132,283
	사고 및 편집 후기	1%	16,151
	기타	4%	121,740
총합		100%	2,869,131

여 발간된 잡지로서 1930년대 조선 사회 제 영역의 변화가 다 담겨 있는 매체"라고 평하였다.[2]

일제강점기의 언어 사용 양상을 보여주는 대표적인 언어 자료로서『삼천리』는 표기, 음운, 어휘, 문법 등 제반 측면에서 당대의 언어적 변이를 가감 없이 보여준다. 13년 동안 총 152호가 발행된 방대한 양의 월간 잡지『삼천리』에서 언어 사용 양상의 패턴을 분석해 내기 위해 84호 분량 기사들을 전자화하고 일정한 형식으로 가공하여 '삼천리 말뭉치'(이하 '삼천리')를 구축·활용하였다. 원칙적으로는 잡지에 개제된 모든 기사들을

2　일제강점기 언어 연구 자료로서『삼천리』가 갖는 가치는 필진의 대표성과 폭넓은 독자층이라는 두 가지 관점에서 특히 두드러진다. 김동환은『동아일보』,『시대일보』(중외일보),『조선일보』등 여러 신문사에서 기자로 활동하다가『삼천리』를 창간했는데, 언론계에서 쌓은 폭넓은 인맥 덕분에 당대 사회의 각 분야를 대표하던 필진을 두루 섭외할 수 있었던 것으로 보인다. 필자들의 연령대에 있어서도『삼천리』는 다른 잡지들에 비해 넓은 폭을 보였다. 유석환(2009:258)에 따르면『삼천리』와 동시대에 발행되었던『신동아』,『비판』의 경우 필자들이 주로 30대 신진 문인들이었던 데 반해『삼천리』는 30대 문인들과 40대 이상의 문인들이 골고루 섞여 있었다.

대상으로 하였지만 전문이 일본어로 작성된 기사나[3] 이미지 위주의 기사, 한시와 시, 광고,[4] 전화번호 목록 등은 제외하였다. 이렇게 해서 구축된 '삼천리'는 3,064개 기사로 구성되어 있으며 2,869,131어절이다.

종합 잡지를 바탕으로 한 만큼 '삼천리'에는 여러 장르의 텍스트가 골고루 포함돼 있다. 〈표 1〉은 '삼천리'에 포함된 텍스트를 크게 문학과 비문학으로 분류하고 각각을 세부 장르로 나눈 구성표이다. 전반적으로 문학 텍스트와 비문학 텍스트의 비중에 큰 차이가 없었지만 후자 쪽의 분량이 좀 더 많았다.

'삼천리'에 사용된 문장들을 분석해 보면 주로 다음의 세 가지 요인들로 인해 문법적 변이가 발생했음을 알 수 있다. 첫째, 재래의 언해문 및 구결문 문체의 영향, 둘째, 일본어의 영향, 셋째, 한국어의 내적 변화이다. 이어지는 본론에서 각각에 대해 차례대로 논의해 보고자 한다.

---

3 전문이 일본어로 작성된 기사는 1940년대부터 급증하였는데, 1941년 9월에 발행된 13권 9호의 경우에는 거의 대부분의 기사가 일본어 기사여서 말뭉치에 포함시킬 수 있는 기사의 수가 매우 적었다.
4 광고를 말뭉치에 포함시키지 않은 이유는, 같은 광고가 여러 호에 반복적으로 실리기 때문에, 용례 검색 시 같은 용례가 수십 번 중복되는 문제가 있기 때문이다.

2. 언해문 문체의 영향

글을 통한 세대 간 지식 전달의 과정에서는 지식만이 아니라 이전 세대의 언어 관습도 전승된다. 정인승이 1937년 『한글』 제48호에서 "자연히 뒷사람들의 글도 앞사람의 글에 영향을 많이 받게 되어, 당시의 말을 적으면서도 전대의 문체를 본떠서 쓰는 일"이 많아지고 "이것이 말체와 글체가 다르게 되는 한 까닭"이라고 한 것처럼 20세기 초에도 여전히 재래의 언해문 및 구결문 문체가 당대인들의 문장 작법에 영향을 미치고 있었다.

김미형(1997:37~38)에서 "국어 문장의 문자 정착의 첫 시기에 언해문이 왕성하게 쓰여졌고 이 문장 습관이 우리 옛 문장의 유형을 형성하는 데에 다분히 영향을 끼쳤"다고 한 것처럼 언해문의 문장은 수백 년 동안 국어 문장의 전형을 이루었다. 언해문 문장의 특징은 번역문이 아닌 창작문에도 널리 나타났으며 그 영향은 20세기 전반기까지도 지속되었던 것이다.

언해문은 한문을 직접 우리말로 옮긴 게 아니라 구결문을 매개로 하는 것이 일반적이었다(김완진 1960; 남풍현 1972; 김상대 1985; 윤용선 2003; 홍윤표 2004; 박진호 2007).[5] 〈표 2〉는 홍윤표(2004:43)에서 『능엄경언해』 발문

---

5 『능엄경언해』의 김수온 발문이나 『금강경언해』 한계희의 발문에 이러한 사실이 나타나 있다. "恭惟我主上殿下 (…中略…) 特徹乙覽 親加口訣 正其句讀 命工曹參判臣韓繼禧及臣守溫 悉以國語依文而譯(우리 전하께서 (…중략…) 철저히 보시고 친히 구결을 더하여 그 句讀을 바르게 하고 공조참판 한계희와 신 수온에게 명하여 모두 우리말로 번역하도록 하였다"(윤용선 2003:41), "於是親定口訣 臣敬依口訣宣譯 孝寧與僧海超等 更加研究 凡五日告成 命刊經都監 鏤板印布(이에 (전하가) 친히 구결을 정하시고 신은 그 구결에 따라

〈표 2〉 언해의 10단계(홍윤표 2004:43)

순서	언해 과정	참여자 수
1	구결을 단다	1인
2	그 구결을 확인한다	1인
3	한문과 구결을 소리내어 읽으면서 교정을 한다	1인 이상
4	한글로 번역한다	1인 이상
5	이 번역을 여러 사람이 서로 비교하여 고찰한다	1인 이상
6	예를 일정하게 한다	1인
7	한자음을 단다	1인 이상
8	번역을 교정한다	1인 이상
9	번역을 일정하게 한다	1인
10	번역을 소리내어 읽으면서 확인한다	1인 이상

을 토대로 제시한 언해의 과정이다.

구결문은 한문의 구두점이 찍힐 자리에[6] 국어 조사나 어미 등 문법 요소에 해당하는 구결 형태를 첨가한 것으로 〈표 2〉에 정리된 것과 같이 구결문을 토대로 언해문이 작성되었기 때문에 언해문의 문법 형태와 통사 구조에는 구결문의 영향이 두루 반영되곤 했다.

1587년에 교정청에서 간행한 『소학언해小學諺解』의 예를 통해 언해문의 문법 형태에 미친 구결문의 영향에 대해 보다 구체적으로 살펴보겠다. 『소학언해』는 주자朱子의 『小學』을 우리말로 번역한 것으로 조선 시대 사대부 집안의 자제들이 유학儒學의 초보 단계에서 보던 학습서였다. 장차 사대부로 자라날 아이들이 이 책을 통해 유학의 도를 익혔을

번역하였고, 효령과 승 해초 등이 더 연구하여 5일에 완성을 고하고 간경도감에 명하여 인쇄하고 배포하였다".(윤용선 2003:42)

6 김상대(1985:27~46)에 따르면 구결은 대개 한문의 구두점이 찍힐 자리에 나타나지만 그밖에도 한문의 기능어가 나타날 때나 한문 구절에서 국어 어순과 일치하는 부분이 있을 때도 첨가되었다.

뿐 아니라 글을 읽어 나가며 자연스럽게 문장의 기본 틀을 익히게 되었
으리라고 짐작해도 무리가 아닐 것이다. 문헌을 통한 교육은 지식 전달
의 통로이지만 동시에 그 시대, 그 사회의 표준적인 문장이 학습되고 전
승되는 통로이기 때문이다. 아래의 예는 『소학언해』의 구결문과 그에
대응되는 언해문을 옮겨온 것이다.

구결문 孔子ㅣ 曰 弟子ㅣ 入則 孝ᄒᆞ고 出則 第ᄒᆞ며 謹而信ᄒᆞ며 凡愛衆호ᄃᆡ 而
親仁이니 行有餘力이어든 則以學文이니라

언해문 孔子ㅣ ᄀᆞᄅᆞ샤ᄃᆡ 弟子ㅣ 드러ᄂᆞᆫ 곧 효도ᄒᆞ고 나ᄂᆞᆫ 곧 공슌ᄒᆞ며 삼가
고 믿비ᄒᆞ며 모든 사ᄅᆞᆷ을 넙이 ᄉᆞ랑호ᄃᆡ 仁ᄒᆞ니를 親히 홀디니 行홈
애 남은 힘이 잇거든 곧 ᄡᅥ 글을 ᄇᆡ홀디니라

위의 문장은 인용절을 내포한 복합문이다. 구결문을 보면 원문에서
인용 대상이 되는 ‘공자’에 주격조사를 달았고 ‘왈’ 뒤에 이어지는 인용
절의 구조를 주부인 ‘제자’와 나머지 술부로 분석하였다. ‘제자’ 뒤에 주
격조사가 현결되었고 술부는 의미에 따라 분절하여 ‘ᄒᆞ고’, ‘ᄒᆞ며’, ‘ᄒᆞ
며’, ‘호ᄃᆡ’, ‘이니’, ‘이어든’, ‘이니라’와 같은 구결을 달았다. 이에 대
응되는 언해문을 보면 구결문에 쓰인 ‘ㅣ’, ‘ᄒᆞ고’, ‘ᄒᆞ며’, ‘호ᄃᆡ’가 그
대로 반영되어 있다. 또한 구결문의 ‘이니’는 ‘-ㄹ디니’로, ‘이어든’은
‘-거든’으로, ‘이니라’는 ‘-ㄹ디니라’로 반영되어 구결문과 언해문의
문법 형태가 완전히 일치하지는 않지만 그 영향 관계는 충분히 드러난
다고 볼 수 있다.

이처럼 오랜 언해의 전통으로 인해 근대까지의 한국어 문장은 한문

번역 투로 작성되는 것이 일반적이었다. 언문일치 운동이 활발하게 전
개되던 20세기 초에도 이러한 문체적 전통은 여전히 산재해 있었고 양
극단의 문체가 공존하는 가운데 어휘와 문법 요소들도 전례 없이 다양
한 변이를 이루게 되었다. 이어지는 부분에서는 '삼천리'의 용례들을 통
해 1930년대 대중 잡지에서 확인되는 문법적 변이와 그 배경이 되는 문
체적 변이에 대해 살펴보고자 한다.

1) '得하다'와 '얻다', '無하다'와 '없다', '有하다'와 '있다'

언해 과정에서는 한문의 동사에 '-ᄒᆞ다'가 결합되는 것이 일반적이
었고 '1음절 한자어＋하다' 용언의 빈출은 20세기 초 한문 언해 투의
문체를 대표하는 특징적 현상이었다고 볼 수 있다. 그런데 한문에서 어
휘적 의미를 지니는 동사뿐 아니라 동사를 보조하는 문법 요소들 역시
'1음절 한자어＋하다'의 꼴로 수용되어 한문 문장도 아니고 한국어 문
장도 아닌 혼종적인 양상을 보이는 구문들을 산출했다. 그 대표적인 예
로 '삼천리'에 나타난 '得하다', '無하다', '有하다'의 쓰임에 대해 알아
보고자 한다.

(1) '得하다'와 '얻다'

한문 문장에서 문법적 기능을 갖는 '得'은 문장이 나타내는 명제 내용
의 실현 가능성을 나타내는 가능 보어이다. 하지만 언해 과정에서 '得'
은 가능 보어에 대응되는 한국어의 문법 형태로 치환되기보다는 여타의

일반 동사들처럼 '하다'와 결합되어 '得하다'로 쓰였다. 간경도감에서 1461년에 간행한 『능엄경언해』의 예를 통해 한문의 가능 보어 '得'이 구결문과 언해문에 어떻게 받아들여졌는지 살펴보겠다. 『능엄경언해』는 불교 경전인 『楞嚴經』을 언해한 것으로 세조가 직접 한글로 구결을 달았으며 간경도감 설치 후 최초로 간행된 불경 언해서이다.

원문 優遊趣證得無艱險

구결문 優遊趣證호딕 得無艱險ᄒ리니

언해문 優遊히 證에 나ᅀᅡ가딕 艱險 업수믈 得ᄒ리니

위의 예를 보면, 한문 원문의 문장이 구결문에서는 두 개의 구절로 나뉘었고 각 구절에 구결 형태 "호딕", "ᄒ리니"가 첨가되었다. 구결문의 두 번째 구절에서 "得"은 아직 네 자로 구성된 한문구 안에 포함돼 있지만 언해문에 가면 해당 구절이 국어의 어순에 맞게 해체되면서 "得ᄒ다"라는 동사로 번역되었다. "得無艱險"라는 한문 구절이 서술어 "得ᄒ다"가 "간험 업수믈"이라는 명사절을 목적어로 취하는 복문으로 언해된 것이다.

언해 과정에서 나타난 이러한 특징적 구문은 언해 자료가 아닌 '삼천리'에서도 확인된다.

㉠他軍은 東門 及 東門외 直近의 空舍를 經하여 遂히 3시부터 4시까지의 사이에 同촌락에 達함을 得하엿다.

—『삼천리』 4-12, 1932.12

㉡그 再犯을 방지하기 위하야 그 사상 及 행동을 관찰하야 適富한 처치를

執함을 得하는 제도다.

—『삼천리』 8-11, 1936.11

㉠의 '達함을 得하다', ㉡의 '執함을 得하다'는 각각 '도달할 수 있다', '취할 수 있다'의 의미이지만 언해문의 문장 쓰기 관습에 따라 '명사절 +得하다'의 구조를 취했다. '삼천리'에 쓰인 문장들이 한문 문장을 언해한 것이 아니라 한국어로 창작한 것이라는 점을 고려할 때 종래의 한문 언해문 투의 문장이 당대 화자들의 언어적 직관에 미친 영향이 상당했음을 짐작할 수 있다.

한문 언해의 영향으로 나타난 통사 구조는 '得'하다를 고유어 동사인 '얻다'로 바꾼 문장에서도 그대로 유지되었다. 다음은 '삼천리'에 쓰인 '명사절+얻다' 구문의 예이다.

㉠ 오전 10시부터 원내에 參列하여 人山人海 속에서 시달니다가 오후 1시 정각에 방청석 제1 前列에 安坐케 되여 기분 좋게 **참관함을 얻었다.**

—『삼천리』 13-3, 1941.3

㉡ 그 후 일본유학생界는 右記 諸先覺者의 노력에 의하여 그 단체의식이 向進하여 1906년(明治39년) 冬에 드듸여 東京유학생의 統一體되는 유력한 단일 기관을 **형성함을 어덧다.**

—『삼천리』 5-1, 1933.1

㉠의 '참관함을 얻다', ㉡의 '형성함을 얻다'는 중세국어 언해문의 '명사절+得ᄒ다'와의 연관을 떠나서는 설명이 불가능하다. '참관할 수

있었다', '형성할 수 있었다'라고 표현해도 충분한 것을 언해문의 문투로 표현한 것은 한 개인의 독특한 습관은 아니었다. 이는 역사적으로 형성되어 온 문장 쓰기의 관습이 전승된 결과로, '得하다'가 고유어인 '언다'로 바뀌었다 해도 이는 여전히 언해문 문장의 틀을 따른 것이다. '삼천리'에는 '~음을 얻다' 구문, 즉 재래의 한문투 구문과 과 '~ㄹ 수 있다' 구문, 즉 자연스러운 한국어를 반영한 구문이 공존하여 구문 층위에서도 언어적 변이가 확인된다.

(2) '無하다'와 '없다'

한문에서 '無'는 동사 앞에 쓰여 부정소로 기능한다. 언해 과정에서 한문의 '無＋동사'는 '-음이 없다'로 언해되는 경향이 있었다. 다음은 『소학언해』의 예로 한문의 '無怨'이 '원망홈이 없다'로 언해된 것을 볼 수 있다.

> **구결문** 父母ㅣ 惡之어시든 懼而**無怨**ᄒ며 父母ㅣ 有過ㅣ 어시든 諫而不逆이니라
>
> **언해문** 父母ㅣ 외오녀기거시든 저허호ᄃᆡ **원망홈이 업스며** 父母ㅣ 허믈이
> 잇거시든 諫ᄒ오ᄃᆡ 거스리디 아니홀디니라

한문 언해 과정에서 생긴 위와 같은 부정문은 '삼천리'에서도 확인된다.

> ㉠ 一切를 岐視함이 無한 眞意를 揭示함이요.
>
> — 『삼천리』 7-11, 1935.12
>
> ㉡ 그러나 想涉으로 대표된 제2기의 문단에는 人道를 說하고 이상을 고취

함이 **업섯다**.

ⓒ 본령에 잇서서는 병적 편입 후의 신분 취급상 內地人과의 간에 하등 차
별을 設함이 **업다**.

—『삼천리』 10-5, 1938.5

위의 ⓐ의 '一切을 岐視함이 無한'은 '一切을 岐視하지 않는'의 의미이
고 ⓑ의 '이상을 고취함이 없었다'는 '이상을 고취하지 않았다'의 의미
이며 ⓒ의 '하등 차별을 設함이 없다'는 '하등 차별을 설하지 않는'의
의미이다. 위의 예에서 볼 수 있듯이 '無하다'와 '없다'는 문장에서 명제
의 내용을 부정하는 기능을 했다.

(3) '有하다'와 '있다'

앞서 살펴본 '無하다'와 '없다'가 부정문을 만든 것에 대응하여 '有하
다'와 '있다'는 긍정문을 만드는 기능을 했다. 한국어에서 긍정문은 별
도의 장치 없이 일반 서술문으로 표현되지만 한문의 영향과 고정적 언
해 습관으로 인해 '~음이 有하다' 혹은 '~음이 있다'로 쓰는 경우가 많
았다.

윤용선(2003)에서는 특히 한문에 대한 직역의 성격이 강한 문헌에서
이러한 경향이 현저하다고 하며 『소학』을 직역한 『소학언해』와 의역한
『번역소학』의 예를 비교한 바 있다. 윤용선(2003:191~202)에서 제시한
예는 다음과 같다.

302　제4부_ 근대어와 문법

한문 豈有不動得人

직역 엇디 사룸을 感動티 몯홈이 이시리오

—『소학언해』 5, 1587

의역 엇디 사로믈 感動티 몯ᄒ리오

—『번역소학』 7, 1518

위에서 볼 수 있듯이 직역 문헌에서는 한문의 "有"가 '있다'로 번역되었지만 같은 원문에 대한 의역 문헌에서는 이러한 구문이 나타나지 않았다.

'삼천리'에서도 이러한 문장 관습의 영향으로 '有하다'와 '있다' 구문이 쓰였다.

　㉠ 결핵균이 混在한 음식물을 먹은 사람은 소화관내에 결핵균이 침입되여 (…중략…) 腸粘膜淋巴爐胞에 침입되여 그 곳에서 발병함도 有하고

—『삼천리』 7-8, 1935.9

　㉡ 지도자는 시대의 변천을 따라 대중을 엇더케 지도하여야 할가 함에 관심함이 잇슬 뿐이다.

—『삼천리』 4-10, 1932.10

　㉢ 그러한 그도 또한 袁世凱의 暴狀에 불평을 갖어 명치 21년 淸韓論China and Corea를 저서하야 淸國의 간섭을 비난함이 있었다.

—『삼천리』 10-8, 1938.8

㉠의 "발병함도 有하고"는 '발병하기도 하고'의 의미이고 ㉡의 '관심

함이 잇슬 뿐이다'는 '관심을 둘 뿐이다'의 의미이며 ㉢의 "비난함이 있었다"는 '비난하였다'의 의미로, 이때 '有하다'와 '있다'는 명제에 대한 긍정을 나타낸다.[7]

2) 인용문의 어순

한문에서는 인용절을 내포한 복문이 '주어+問曰+내포절'과 같이 인용동사가[8] 내포절에 선행하는 구문으로 실현되지만 한문과 어순이 다른 한국어에서는 동사가 내포절 뒤에 쓰인다. '삼천리'에 쓰인 인용문에서는 한문 어순과 한국어 어순이 모두 확인되는데 이는 크게 세 가지 유형으로 나누어 볼 수 있다.[9] 첫째, 인용동사가 인용절에 선행한 유형,

7   기존의 문체사적 연구에서 20세기 전반기 자료에 나타난 '1음절 한자어+하다' 용언을 일본어의 영향이라고 하였지만 이러한 주장은 재고가 필요하다. 논설문 문장 모델을 중심으로 근대적 글쓰기의 정착 과정을 분석 배수찬(2008:284~285)에서는 당시 문장에 '있다', '없다' 등의 기본 동사를 '有하다', '無하다'로 쓰거나 '얻다'를 '得하다'로 쓰고, '그'를 '其'로, '이'를 '此'로 쓰거나 '만약'을 '若'으로 쓰는 등 "쉬운 대명사 · 기본 동사 · 기본 부사 등의 자국어화가 진전되지 못"했음을 지적하고 이는 "심각하게 외국문, 특히 일본문의 영향을 받았다는 증거"라 하였다. 하지만 앞서 살펴봤듯이 이러한 쓰임은 15~19세기 국어 문장에 흔히 나타났던 현상으로, 언해문의 문장 쓰기 관습이 20세기까지 전승된 결과이지 당시에 일본 문장의 영향으로 생겨난 현상이 아니었다.
8   인용동사는 동사가 지시하는 행위의 내용이 인용의 형식으로 구체화될 수 있는 동사를 말한다. 인용동사의 전형은 '말하다, 대답하다, 묻다' 등의 발화동사이지만 '쓰다, 기록하다, 약속하다, 부탁하다' 등 그 행위의 내용이 인용절로 구체화될 수 있는 동사들도 인용동사의 범위에 속한다. 그리고 '상상하다, 생각하다, 의심하다, 간주하다' 등의 인지동사도 그것이 지시하는 행위의 내용이 인용의 형식으로 구체화될 수 있기 때문에 인용동사로 볼 수 있다.
9   아래와 같이 '인용동사+인용절+인용동사'의 예도 보이지만 용례의 수가 극히 적어 유형 분류에는 포함시키지 않았다.
    예) 그러나 내가 가장 조와하는 사람 또는 나와 가장 친한 사람이 **말하되** ["그대가 권투를 조와하는냐?"]고 **뭇는다면**, 나는 서슴지 안코, "나는 그다지 권투를 조와하지 안는

둘째, 인용동사가 인용절에 선행하고 인용절 뒤에 '하다'가 쓰인 유형, 셋째, 인용동사가 인용절에 후행한 유형이다.[10]

제1유형 : 인용동사+[인용절]

제2유형 : 인용동사+[인용절]+하다

제3유형 : [인용절]+인용동사

역사적으로 볼 때 제1유형과 제2유형은 중세국어 때부터 이어져 내려온 구문이고 제3유형은 19세기 말부터 널리 쓰이게 된 구문이다. 제1유형은 한문의 어순을 그대로 반영한 것이고 제2유형은 한문의 어순에 구결문의 영향이 함께 반영된 것이며 제3유형은 국어의 어순에 따른 것으로 오늘날 일반적으로 쓰이는 구조이다.

다음은 '삼천리'에 나타난 제1유형의 예이다.

㉠陳君이 突然 **말하기를** [지금 胡漢民先生이 도라온 모양이니 만나볼 생각이 업느냐]

—『삼천리』 3-4, 1931.4

㉡이때에 대사는 **말슴하되** [전일에 석가래 배개를 가릴때에는 참례치 못하엿으나 오늘날 들뽀하니를 쓸때에는 오직 내 혼자로구나.]

—『삼천리』 7-6, 1935.7

다'라고 대답하지 안을 수 업는 사실입니다. (『삼천리』 7-9, 1925.10)

10 인용절의 앞뒤로 상위문의 주어, 목적어 등 다른 성분들, 그리고 인용 표지가 나타날 수 있지만 여기서 논의의 초점은 인용동사의 위치에 있기 때문에 논의 사항이 되는 성분들을 중심으로 문장의 구조를 단순화하여 제시하였다.

ⓒ 古人이 云하되 ['懸崖에 勒馬'라 함은 곳 가장 艱難할 공작이라 함인데

세계 정치사상에서 그러케 많이 볼 수 없는 것이다.]

—『삼천리』 9-1, 1937.1

위의 예를 보면, '말하다', '말씀하다', '云하다'가 인용절 앞에 쓰였
고 인용절이 끝나는 부분에서 상위문도 종결되었다. 한문에서는 동사가
목적어 앞에 쓰이기 때문에 한문의 인용 구문에서는 '曰, 謂, 云' 등의 발
화 동사가 발화 내용을 나타내는 구절에 선행한다. 언해 과정에서 한문
의 어순을 그대로 우리말에 적용해 'ᄀᆞᆯ샤되, ᄀᆞᆯ오되' 등의 인용동사가
인용절에 선행하는 구조가 발생한 것이다.[11]

제2유형은 제1유형과 마찬가지로 인용동사가 인용절에 선행하지만,
그와 더불어 인용절 뒤에 '하다'가 쓰인 구조이다. 다음은 '삼천리'에 나
타난 제2유형의 예이다.

ⓒ 孫中山先生은 유언하되 [세계에서 우리를 평등으로 대하는 민족을 연합

하여 共同奮鬪하라!] 하였다.

—『삼천리』 9-1, 1937.1

---

11 '인용동사＋인용절'의 제1유형은 중세국어나 근대국어 인용문에서도 흔히 발견된다.
아래의 두 예는 중세국어의 제1유형 인용문을 제시한 것으로, 한문 원문과 언해문을 비
교해 보면 한문에서 인용동사가 쓰인 위치가 언해문에서도 그대로 유지된 것을 볼 수
있다.
예) 한문 弟子職曰[先生施教弟子是則溫恭自虛所受是極]
　　언해문 弟子職에 ᄀᆞᆯ오되 [先生이 ᄀᆞᄅ치물 베프거시든 弟子ㅣ 이예 법 바다 온화ᄒᆞ며
　　공손ᄒᆞ야 스스로 허심ᄒᆞ야 비호ᄂᆞᆫ 바롤 이예 극진히 홀디니라](『소학언해』 1, 1586)
예) 한문 曲禮曰[子之事親也三諫而不聽則號泣而隨之]
　　언해문 曲禮예 ᄀᆞᆯ오되 [ᄌᆞ식이 어버이 셤굠애 세 번 諫호되 듣디 아니커시든 블으지져
　　울며 조츨디니라](『소학언해』 2, 1586)

ⓛ 그들은 **말하기를** [이것이 獨逸兵士의 節制와 寬大를 謝禮하는 것이다] **하얏다.**

—『삼천리』 7-5, 1935.6

ⓒ 그런고로 孟子께서 性善를 일카라 말삼마다 堯舜을 반다시 일크르사써 實證하야 **가라사되** [사람이 다-可히써 堯舜이 될 수 있다] **하셨다.**

—『삼천리』 11-4, 1939.4

ⓔ 그러자 밤 자정 경에 牧溪 갓든 李君이 돌아왓다. 고등과장에게 **曰** [당신네들이 그처럼 모든 것을 비밀히 하야 (…중략…) 그러케 비밀히 할 것 가트면 우리에게도 좀 편의를 보아 주구려] **한다.**

—『삼천리』 4-5, 1932.5

위의 예들을 보면, 인용동사 자리에 '유언하다', '말하다', '가라사되', '曰'이 쓰였는데, 인용절 뒤에 또 다시 '하다'가 쓰였다. 제2유형은 상위문이 두 개의 서술어를 갖는 특이한 구조를 취하는 것이다. 하지만 실질적으로 어휘 의미를 갖는 것은 인용절에 선행하는 인용동사이고, '하다'는 형식적 요소라 할 수 있다.[12]

제3유형에서는 우리말의 어순을 따라 인용절이 인용동사에 선행한다. 다음은 '삼천리'에 쓰인 제3유형 인용문의 예이다.

㉠ 蔣介石보고 [그러면 네가 왜 컴무니스트가 못되느냐]고 反問할 수도 잇

---

12 중세국어의 제2유형 인용문에 나타난 '하다'에 대해서는 이현희(1986), 권재일(1998) 등에서 논의된 바 있다. 이현희(1986:207)은 인용문에 나타난 '하다'가 '니르다' 등의 인용동사에 대한 대동사 역할을 한다고 하였고, 권재일(1998:63)은 [주어＋인용동사 ＋인용절＋하다]와 같은 구문에서 [주어＋인용동사] 부분을 도입절이라 하고 맨 뒤의 '하다'는 앞의 인용동사를 대치한 것이라고 하였다.

을지나 그는 別問題이외다.

—『삼천리』 6-8, 1934.8

ⓛ 역에 나와서 스가-렛드는 아슈레를 물그럼이 처다보면서 [몸조심 하시고 잘 단여 오세요]라고 겨우 **말하였다.**

—『삼천리』 10-12, 1938.12

ⓒ 길진이는 (…중략…) [하지만 그것도 그럴게다!]고 혼자 속으로 **생각하였다.**

—『삼천리』 10-10, 1938.10

위의 예를 보면, 인용동사 '반문하다', '말하다', '생각하다'가 인용절 뒤에 쓰였다. 이러한 제3유형 인용문은 '삼천리'에서 가장 널리 쓰인 인용문의 유형이었다.

20세기 전반기에는 이처럼 한문의 영향을 반영한 구문, 구결문의 영향을 반영한 구문, 한국어 어순을 반영한 구문 등이 뒤섞여 쓰이고 있었는데 이러한 구문적 변이는 언어 내적 변화에 의한 것이라기보다 문체사적 변화 과정에서 나타난 과도기적 양상이었다.

앞서 살펴본 세 가지 어순 중 제3유형은 언문일치 과정에서 일반화된 것으로 20세기 이후 확산된 것인 반면 제1유형과 제2유형은 15세기부터 쓰여 왔다. 제1유형과 제2유형은 인용동사가 내포된 인용절에 선행한다는 점에서 한문의 어순을 따른 것이지만 내포절 뒤에 '하다'가 출현하는가의 여부에서 차이가 있었다.

제1유형과 제2유형은 한문에 구결을 다는 과정에서 분화된 것으로 보인다. 구결문과 언해문이 나란히 실려 있는 중세국어 자료들을 살펴보면 구결문에서 인용절 뒤에 첨가된 '하다'가 언해문의 '하다'로 그대로 반영된 것을 볼 수 있다. 다음은 중세국어의 제2유형 인용문의 예이다.

㉠ **구결문** 子思子ㅣ 曰 [天命之謂性이오 率性之謂道ㅣ오 修道之謂敎ㅣ라] ᄒ시니

　　언해문 子思子ㅣ ᄀᆞ르샤ᄃᆡ [하ᄂᆞᆯ히 命ᄒ신 거슬 닐온 性이오 性을 조ᄎᆞ믈 닐온 道ㅣ오 道를 닷고믈 닐운 敎ㅣ라] ᄒ시니

—『소학언해』 1, 1586

㉡ **구결문** 人이 或 曰 [可以去矣라] ᄒ야ᄂᆞᆯ 箕子ㅣ 曰 [爲人臣ᄒ야 諫不聽而去ㅣ면 是ᄂᆞᆫ 彰君之惡而自說於民이니 吾不忍爲也ㅣ라] ᄒ시고 (…중략…) 故로 傳之 曰 [箕子操ㅣ라] ᄒ니라

　　언해문 사ᄅᆞᆷ이 或 닐오ᄃᆡ [可히 ᄡᅥ 갈 거시로다] ᄒ야ᄂᆞᆯ 箕子ㅣ ᄀᆞᆯᄋᆞ샤ᄃᆡ [사ᄅᆞᆷ의 신해 되여셔 諫ᄒ야 듣디 아니ᄒ거든 나가면 이ᄂᆞᆫ 님금 사오나옴을 나토고 스스로 ᄇᆡᆨ셩의게 깃김이니 내 ᄎᆞ마 ᄒ디 몯ᄒ노라] ᄒ시고 (…중략…) 그러모로 傳ᄒ야 ᄀᆞᆯ오ᄃᆡ [箕子ㅅ 곡되라] ᄒ니라

—『소학언해』 4, 1586

㉢ **구결문** 門巷果木을 必方列ᄒ야 曰 [無苟亂也ㅣ라] ᄒ더라

　　언해문 문 오래며 과실 남글 반ᄃᆞ시 방졍히 버럿게 ᄒ야 ᄀᆞᆯ오ᄃᆡ [구챠히 어즐업게 아닐 거시라] ᄒ더라

—『소학언해』 6, 1586

위의 예를 보면, 모두 구결문에서 인용절 뒤에 'ᄒ시니, ᄒ야ᄂᆞᆯ, ᄒ시

<표 3> 『소학언해』(1586) 권1～권6의 구결문과 언해문에 쓰인 인용문의 대응 관계

		구결문	
		[제1유형] 동사＋인용절	[제2유형] 동사＋인용절＋하다
언해문	[제1유형] 동사＋인용절	295	0
	[제2유형] 동사＋인용절＋하다	6	86

고, ᄒᆞ니라, ᄒᆞ더라'가 첨가되었고 해당 구결이 언해문에 그대로 반영된 것을 알 수 있다. 구결문에 첨가된 '하다'는 절과 절의 관계나 문장의 문법적 정보를 표시해 주는 역할을 하였다. 고립어인 한문에서는 문맥의 의미 속에 잠재돼 있는 정보들도 교착어인 한국어에서는 구체적인 문법 형태로 드러나야 하는데 인용절 뒤에 첨가된 '하다'는 바로 그러한 언어 유형적 차이를 매개해 주는 장치로 쓰인 것이다.

언해문에서의 제1유형과 제2유형의 쓰임이 구결문의 절대적 영향하에 있었다는 점은 계량적 분석 결과를 통해서도 뒷받침된다. 〈표 3〉은 『소학언해』 권1에서 권6에 쓰인 인용문을 대상으로 구결문의 어순과 언해문의 어순 간의 일치도를 분석한 것이다.

분석 시 한문에 '曰, 云, 言, 問' 등의 인용동사가 쓰인 문장을 대상으로 언해문의 대응 부분을 확인하였는데, 구결문에 쓰인 제1유형 문장은 언해문에서도 거의 대부분 제1유형으로 쓰였다. 예외적으로 6개의 용례에서 언해문에 '하다'가 추가됐는데 해당 용례들에서 모두 인용동사가 '謂'가 쓰였다는 특징이 있었다. 한편, 구결문에서 제2유형으로 쓰인 문장은 단 하나의 예외도 없이 모두 언해문에서 그대로 제2유형으로 쓰였다. 즉, 구결문에서 인용절 뒤에 '하다'를 현결했느냐의 여부가 곧 언해문에 쓰인 인용문의 구조를 결정한 것이다.

3) 접속 표지의 중첩

『삼천리』를 비롯한 20세기 전반기의 문헌들에는 접속부사가 유사한 의미를 갖는 조사 또는 어미와 중첩되어 출현한 예들을 심심치 않게 볼 수 있다. 'NP와 그리고 NP'처럼 나열의 의미를 갖는 접속조사와 접속부사가 공기한 경우, '-나 그러나'처럼 역접의 의미를 갖는 연결어미와 접속부사가 공기한 경우 등이다.

이경호(2000:320~321)은 20세기 초 자료에서 동일한 기능의 연결어미와 접속부사가 연쇄하는 현상이 있었음을 지적하고 이러한 현상이 나타난 원인을 "긴 문장을 사용하면서 오는 접속된 절들 사이의 논리적 관계의 불명확성을 해소하기 위해"서라고 하였다. 의미 기능이 같은 두 문법 형태가 연이어 나타나기 때문에 읽는 사람의 입장에서는 나열이나 대조, 인과의 의미가 강조되는 듯한 느낌을 받게 된다. 하지만 이는 어디까지나 현대국어 화자의 직관에 따른 판단이라 생각되며 이경호 (2000)의 지적과 달리 당시 자료를 보면 연결어미와 접속부사의 연쇄 현상이 긴 문장뿐 아니라 짧은 문장에서도 얼마든지 나타났다.

접속부사가 유사한 의미를 갖는 조사 또는 어미와 중첩되어 쓰이는 현상은 의미상의 강조를 위한 것이 아니라 전통적으로 이어져 온 문장 쓰기의 관습에 의한 것이라 생각된다. 김형철(1997:147~148)은 19세기 말 20세기 초 문헌에 나타난 접속 표현의 중복이 한문의 영향이라고 지적하며 "한문을 번역할 때 국어 문맥에 따라 용언의 접속 어미를 연결시키고, 여기에 한문에서 접속 기능을 담당하는 자립 형태소를 번역하여 덧붙이기 때문에 결국 중복 표현이 되고 만다. 이러한 중복 사용 현상은 언해문뿐만 아니라 창작문에도 그대로 사용되어 문어체적 성격을 나타내는 징표가 된다"라고 하였다. 본고에서도 이러한 견해에 동의하며 '삼천리'에서 접속부사가 접속조사나 어미와 공기한 예들을 자세히 살펴보고자 한다.

먼저 '삼천리'에서 접속조사와 접속부사가 같은 명사구의 접속에 관여한 예들을 살펴보겠다.

㉠ 따라서 금일 [중국의 국제적 지위와 밋 그 곤란]이란 가히 짐작할 것이다.

—『삼천리』 7-10, 1935.11

㉡ 그의 유약한 [외교정책과 及 국내정책]으로 말미아마 팟쇼단체로부터 배척을 밧고 잇다.

—『삼천리』 7-7, 1935.8

㉢ 그의 절친한 동지는 [아직 亞米利加에 가 잇는 김마리아와 그리고 10월 6일 서울에 도라온 朴仁德 여사]다.

—『삼천리』 3-11, 1931.11

㉣ '프레멜' 정거장의 뿌랏트폼에는 사람들로 어수선한 물결을 치고 잇섯다. '영광스러운 조국을 직히는 용사'라는 일홈 아래에 싸홈터로 향하여 가는 만흔 병정들과 또 그네들을 전별하는 부모 처자 형제들]의 물결이다.

—『삼천리』 2-5, 1930.9

㉠은 'NP와 및 NP', ㉡은 'NP와 及 NP', ㉢은 'NP와 그리고 NP', ㉣
은 'NP와 또 NP'의 예로, 이때 접속조사와 접속부사는 같은 기능을 수
행해 사실상 불필요하게 중첩된 것이라 볼 수 있다. 이러한 접속조사와
접속부사의 중첩 현상은 아래의 예문들에서 볼 수 있듯이 한문 언해문
에서 흔히 나타나던 현상이다.

㉠ 卽時예 觀世音菩薩이 [모든 四衆과 쏘 天龍 人非人들]흘 어엿비 너기샤
—『법화경언해』 7, 1463

㉡ [道國王과 및 舒國王]은 實로 親흔 兄弟니라
—『두시언해』 8, 1481

㉢ 이 禮 [諸侯와 태우와 및 土와 庶人]의게 達ᄒ니
—『중용언해』, 1590

㉣ 成祖 [黃의 妻 雍氏와 및 女]로써 象奴ᄅᆯ 配ᄒ야
—『여사서언해』 4, 1736

의미가 유사한 두 문법 형태가 중첩되어 쓰인 것은 한문 언해 과정과
밀접한 관련이 있다. 한문 원문에 접속사가 쓰였을 때 구결 단계에서 접
속조사를 현결하고 이 구결문을 토대로 언해를 할 때 접속조사를 그대
로 받아들이면서 동시에 한문의 접속사를 접속부사로 언해한 것이다.
한문 원문, 구결문, 언해문을 비교해 보기 위해 『소학언해』의 예를 살펴
보겠다.

한문 八年 出入門戶 及 卽席飮食 必後長者 始敎之讓

구결문 八年이어든 出入門戶와 及 卽席飮食애 必後長者ᄒ야 始敎之讓이니라

언해문 여듧 ᄒ이어든 門과 戶애 나며 드롬과 밋 돗ᄭᅴ 나아가며 飮食호매 반ᄃ시 얼운의게 후에 ᄒ야 비로소 ᄉ양ᄒ기를 ᄀᆞᄅ칠디니라

　　　　　　　　　　　　　　　　　　　　　　　　　—『소학언해』 1, 1586

　한문 원문을 보면 접속사 '及'이 '出入門戶'와 '卽席飮食'를 연결한다. 구결문을 보면 '出入門戶' 뒤에 접속조사 '와'가 현결되었다. 구결문의 '와'는 언해 과정에 그대로 반영되어 '出入門戶'에 대한 언해 부분인 '門과 戶애 나며 드롬' 뒤에 '과'가 쓰였다. 우리말 문법만 고려한다면 '門과 戶애 나며 드롬과 돗ᄭᅴ 나아가며 飮食홈'으로만 언해했어도 충분했을 것이다. 하지만 한문의 '及'을 직역해 '밋'으로 언해함으로써 '-과 밋'의 중첩 현상이 나타나게 된 것이다. 20세기 전반기 자료에 나타난 접속조사와 접속부사의 중첩 현상은 이러한 언해 관습이 전승된 결과라고 할 수 있다.

　다음으로 '삼천리'에서 접속부사와 연결어미가 중첩되어 나타난 예들을 살펴보겠다.

　　㉠ 이 애를 안해로 삼고 **그리고** 벌어먹고 지나면 안 조흔가.

　　　　　　　　　　　　　　　　　　　　　—『삼천리』 7-1, 1935.1

　　㉡ 그럿케까지 할 熱도 나지 안으며 **그리고** 시간도 업다.

　　　　　　　　　　　　　　　　　　　　　—『삼천리』 5-4, 1933.4

　　㉢ 기술적 교육은 과거에 잇서서는 극단으로 빈약하엿스나 **그러나** 徐徐로

발달하게 시작되엇다.

—『삼천리』 3-7, 1931.7

ⓒ 만일 억지로 된다고 하면 물론 그것은 매우 좋을 바겠**지만 그러나** 사실

상 참말 그렇게 될까?

—『삼천리』 12-6, 1940.6

ⓓ 爲先 돈이 업서서 **그래서** 어느 때는 백화점의 貨物 運搬 人夫로 되여 멋

푸랭의 삭전을 어더 쥐고 멋철씩 주우린 배에 **빵조각**을 뜨더 너헛고

—『삼천리』 3-1, 1931.1

ⓔ 그러나 재원의 錮渴 물자의 결핍은 구출할 방책이 업**스니 그럼으로** 공채

밋 정부증권의 남발을 단행치 아니할 수 업다.

—『삼천리』 7-7, 1935.8

ⓐ과 ⓑ에서는 연결어미 '-고'나 '-으며'만으로 충분히 선후행절의
의미 관계를 나타낼 수 있음에도 접속부사 '그리고'를 덧붙였다. ⓒ과
ⓓ에서는 '-으나'나 '-지만'만으로도 역접의 의미를 전달할 수 있지만
'그러나'를 덧붙였다. ⓔ과 ⓕ에서는 '-어서'나 '-으니'만으로도 인과
의 의미를 나타낼 수 있지만 그에 더해 접속부사 '그래서'나 '그러므로'
를 사용했다.

의미 기능이 동일한 연결어미와 접속부사의 연쇄가 어떤 어미 혹은
어떤 접속부사에서 주로 나타났는지 알아보기 위해 '삼천리'에 나타난
해당 용례들을 계량화해 보았다.[13] 〈표 4〉는 각각의 접속부사 앞에 나

---

13 아래의 예와 같이 의미 기능이 동일하지 않은 연결어미와 접속부사가 연달아 쓰인 예는
분석 대상에서 제외하였다. 예1)에서 '그리고'는 '-니까'에 이끌리는 앞뒤의 절을 연결
하는 기능을 한다. 예2)에서도 '그리고'는 '-면'에 이끌리는 앞뒤의 절을 연결하는 기능

<표 4> 의미 기능이 같은 연결어미와 접속부사의 연쇄

연결어미＼접속부사	그리고	그러나	그래서	그러므로
-고	349			
-으며	48			
-으나		214		
-지만		31		
-으니			3	17

타난 연결어미 중 비교적 빈도가 높은 것을 제시한 것이다.

〈표 4〉에 나타난 것처럼, '-고 그리고'가 가장 높은 빈도를 보였고 '-으나 그러나'도 상대적으로 높은 빈도를 보였다. 그밖에도 '-으며 그리고', '-지만 그러나', '-으니 그러므로', '-으니 그래서' 등의 쓰임이 보였다.[14]

접속부사와 연결어미의 중첩 현상은 역사적으로 보면 역접의 의미를 갖는 일부 형태들에서 나타나던 현상이다. 다음은 중세국어에 나타난 연결어미와 접속부사 연쇄의 예이다.

    ㉠비록 ᄒ나콰 여슷괘 업슨 ᄠ들 아**나 그러나** 순지 圓通本根을 아디 몯ᄒ
    노니

                      —『능엄경언해』 5, 1461

    ㉡第二 時中에 비록 徧計所執을 브트샤 諸法의 空을 니르시**나 그러나** 依他와

    을 한다. 이런 경우에는 연결어미와 접속부사의 의미 기능이 동일하지 않은 것이므로 연결어미와 접속부사의 중첩의 예로 보지 않았다.
    예1) 안해는 별안간 자기에게 경어를 쓰게 되니**까 그리고** 아조 점잔을 **빼니까** 엇전 영문인지도 모르고 우스면서 힐끗 치여다 보면서 대답이 업다. (『삼천리』 2-2, 1930.4)
    예2) 그 때에 어머님이 게섯드**라면— 그리고** 옵바가 게섯드**라면** 그이와 나 사이에는 첫사랑의 고혼 싹이 움트지 안엇을 것을 (『삼천리』 4-5, 1932.5)
14 접속부사 중 '그러니까'는 연결어미에 후행한 예가 없었다.

圓成에 스직 有를 니르디 아니ᄒ시니 곧 諸部般若라

—『원각경언해』 2, 1465

ⓒ 비록 鄧禹의 功이 업스시나 **그러나** 平生애 義를 時急히 ᄒ더시니

—『내훈언해』 2, 1475

ⓓ 中國夫人이 性이 嚴ᄒ고 法度 이셔 비록 심히 公을 ᄉ랑ᄒ나 **그러나** 公을 ᄀᄅ츄ᄃ 미스를 規矩를 조차 넓드듸게 ᄒ더라

—『소학언해』 6, 1586

위의 예들과 같이 중세국어에서는 주로 대조의 연결어미와 '그러나'가 역접의 어미 '-으나'와 연쇄형을 이루었는데, 이러한 구조가 후대까지 이어졌고 새로 생겨난 여타의 접속부사도 이러한 용법을 얻게 된 것으로 보인다.

3. 일본어의 영향

『삼천리』가 발행되던 일제강점기 동안 한국어는 지배 언어이던 일본어로부터 직간접적인 영향을 받았다. 어휘적 영향과 문법적 영향을 고려할 때 전자가 보다 두드러졌다고 볼 수 있지만 문법적 차원에서도 몇 가지 눈에 띄는 현상들이 확인된다. 이 절에서는 명사구 구성에 한정하

여 일본어 문법의 영향에 대해 논의해 보고자 한다.

1) '-적'의 유입과 정착

먼저 살펴볼 부분은 일본어에서 유입된 접미사 '-적'이다. 전통적으로 한문에서 '적的'은 어휘적 의미를 가지거나 명사와 명사를 연결하는 기능어로 쓰였다.[15] 하지만 19세기 말부터 파생 접미사 '-적的'이 한국, 일본, 중국의 문헌에 두루 나타나기 시작했는데 그 시작은 일본이었다. 広田(1969:283~303)에 따르면, 일본어 파생 접미사 '-的(てき)'는 메이지明治 10년을 전후로 학술적 글에서 널리 사용되었는데[16] 이는 영어를 비롯한 서구의 형용사를 번역하는 과정에서 나타난 새로운 용법이었다. 'objective'를 '客觀的'으로, 'passive'를 '受動的'으로, 'rational'을 '合理的'으로 번역한 것이다.[17] 초기에 주로 학술적인 글에서 쓰이던 '-的'은 메이지 20년경에는 잡지나 소설 등 비학술적 글로 확산되었는데 이렇게 볼 때 일본에서 파생 접미사 '-的'가 일반적으로 쓰이게 된 시기는 1880년대 후반이라 할 수 있다. 일본의 종합지 『太陽』의 1895년 발행 호만 살펴봐도 아래와 같이 '계속적, 소크라테스적, 과학적, 주관적'

---

15 정영숙(1994:34)는 한문에 쓰인 '的'의 전통적 용법을 다섯 가지로 정리했다. ① 표적이라는 의미, ② '적확하다, 선명하다'의 의미, ③ 명사와 명사를 연결하는 용법, ④ '的'字句를 만드는 명사적 용법, ⑤ 사람이라는 의미.

16 広田(1969:289)에서는 일본어의 경우 니시아마네西周의 문장에서 '현대적 용법의 '-的'의 최초 용례가 보인다고 하였다. 広田가 인용한 니시아마네의 문장에는 '觀察的, 実行的, 外物的, 貪知的'이 쓰였다.

17 이는 広田(1969:296~297)에서 제시한 『哲學字彙』(1881) 예의 일부를 재인용한 것이다.

등 파생 접미사로 쓰인 '-的'의 용례가 수천 개 이상 나온다.[18]

國初より繼續的に習用し來れる階級制の撤去は

—『太陽』1, 1895

所謂るソクラテス的滑稽である

—『太陽』2, 1895

科學的に駢列せる美文は

—『太陽』3, 1895

主觀的意衷を越えて

—『太陽』12, 1895

　정영숙(1994)는 한국어 문헌 중에는 1896년에 발행된 『친목회회보』에서 파생 접미사 '-적'의 최초 용례가 발견된다고 하였다. '진보적, 퇴보적, 국민적, 소극적, 물질적, 정신적' 등이 그 예이다. 『친목회회보』는 '대조선 일본 유학생 친목회'에서 발행한 학회지로 일본어에 일상적으로 노출되어 있던 재일 유학생들이 만든 잡지이다.

　국내에서 발행된 자료에도 19세기 말부터 '-적'의 용례가 보이지만 그 쓰임이 급격히 확대된 것은 20세기 전반기에 와서이다.[19] 20세기 전반기 한국 자료에 쓰인 '-적'의 용례를 보면 그것이 결합되던 어기 명사

18　이 용례는 일본 국립국어연구소에서 구축한 '태양말뭉치太陽コーパス'에서 검색한 것이다. 이 말뭉치는 1895년부터 1928년까지 발행되었던 종합지 『太陽』을 토대로 구축된 것으로, 자세한 내용은 田中(2005)를 참고할 수 있다.

19　한영균(2009)는 1890년대, 1909년, 1920년대, 1930년대 신문 논설을 분석해 각 시기의 특징을 비교하였는데, '-적'의 쓰임이 본격화된 것이 1920년대부터였다고 하였다(한영균 2009:320~321).

의 종류도 지금보다 훨씬 다양했고[20] "우리는 朝鮮 농업의 **자본주의적** 발달의 **진보적, 발전적** 역할을 **과정적으로** 평가하지 아니하면 안 된다"(『삼천리』 3-2, 1931.2)의 예에서처럼 한 문장 안에 '-적'이 여러 번 쓰인 것도 흔히 볼 수 있다. 당시 자료에 나타난 '-적'의 용례를 보면, 결합된 어기 거의 대부분 2음절 한자어 명사였다.

'삼천리'에 나타난 '-적'의 용법 중 오늘날과 가장 큰 차이를 보이는 부분은 '-적' 뒤에 속격조사 '의'가 결합된 것이다. 오늘날 '-적' 파생명사가 후행 성분을 수식할 때에는 '○○적 NP'로 쓰이거나 '이다'와 결합하여 '○○적인 NP'로 쓰인다. '삼천리'에서도 이와 같은 쓰임이 대부분이긴 했지만 일부의 예에서 '○○적의 NP'의 쓰임을 확인할 수 있다.

ㄱ'朝鮮民族의 대표'라 하면 對外的의 성질을 띄는 경우와 또한 對內的의 성질을 띄는 두 가지 경우가 잇는 줄 안다.

—『삼천리』 3-1, 1931.1

ㄴ이것은 絶對的의 要件이 아니다.

—『삼천리』 3-5, 1931.5

ㄷ그러나 이것은 表面的의 現象이다.

—『삼천리』 3-6, 1931.6

ㄹ英, 獨, 米, 等의 代表的의 大國家에서도 **파시스트的의** 獨裁政治가 現實되

---

20 '가능적, 건강적, 노력적, 다양적, 동등적, 반대적, 살균적, 숙녀적, 찬성적, 철저적' 등과 같이 오늘날에는 '-적'이 결합되지 않는 어기에 '-적'이 결합된 예들이 다수 발견된다. 파생 접미사 '-적'의 용법은 20세기 전반기에 들어 급격히 확장되었다가 후대로 오며 점차 축소되었다. 이와 관련해 어떤 '-적' 파생 명사가 사라지게 됐는지, 사라진 이유는 무엇인지 등에 대한 연구가 이루어져야 할 것이다.

고 잇으며

―『삼천리』 6-9, 1934.9

위의 예를 보면 '대외적의 성질', '대내적의 성질', '절대적의 요건', '표면적의 현상', '대표적의 대국가', '파시스트적의 독재정치'와 같이 '-적' 파생 명사에 '의'가 결합된 쓰임을 확인할 수 있다. 이러한 쓰임은 일본어에 쓰이던 '-的の'의 영향일 가능성이 높아 보인다. 広田(1969:295, 299)는 일본어에서 '-的'가 쓰이기 시작한 메이지 10년경에 '-的'는 주로 'の'와 결합되어 쓰였다고 하였는데 속격조사에 해당하는 'の'가 한국어에서 '의'로 치환되었던 것으로 보인다. 이처럼 일부 예에서는 일본어의 용법 그대로 '-적의'로 쓰이기도 했지만 '-적'이 한국어의 문법 형태로서 정착하는 과정에서 '의'는 결국 탈락하게 되었다.

2) 명사구 수식 구성

두 번째로 살펴볼 부분은 조사 '의'에 의한 명사구 수식 구성이다. 'NP의 NP'와 같이 선행 명사구가 '의'를 매개로 하여 후행 명사구를 수식하는 용법은 한국어에서 어느 시기에나 널리 나타났지만 20세기 전반기에는 하나의 명사구 수식 구성 안에 세 개나 네 개의 명사구가 수식 관계로 얽혀 있는 경우가 많았고, '이 땅의 문화사상의 有爲의 인물의 하나로서의 朱耀翰'(『삼천리』 8-8, 1936.8)과 같이 최대 여섯 개의 명사구가 수식 관계를 이루기도 했다. 17~18세기에도 세 개의 명사구가 '의'나

'ㅅ'을 매개로 이어지는 구성이 나타났지만(홍윤표 1994:462)[21] 네 개 이상의 명사구가 속격조사로 이어진 쓰임은 흔치 않았다. 이러한 쓰임은 오늘날에도 일반적이지 않기 때문에 이는 20세기 전반기 명사구의 특징적 쓰임이라 할 수 있다.

이처럼 '의'를 매개로 확장된 명사구 수식 구성에 대해서는 일본어 조사 'の'의 영향을 생각해 볼 수 있을 것이다. 한국어의 '의'에 대응되는 일본어 조사 'の'는 '의'보다 그 쓰임의 폭이 더 넓기 때문이다. 하지만 앞서 살펴본 '-적'과 달리 '의'의 반복적 출현이 일본어의 영향인지는 확신할 수 없기에 이에 대한 판단은 일단 유보해 둔 채 '삼천리'에 나타난 'NP의 NP의 NP' 구성과 'NP의 NP의 NP의 NP' 구성의 내적 구조와 명사구 간 의미 관계를 기술하는 데에 주력하고자 한다.[22]

오늘날 세 개의 명사구가 수식 관계로 이어질 때 '의'는 명사의 의미나 명사구 간의 관계에 따라 출현에 제약을 받기도 한다. 셋 이상의 명사구가 수식 구성을 이룰 때 '의'의 생략에 관여하는 제약은 세 가지로 정리할 수 있다. 첫째, 서술성 명사 뒤에는 '의'가 쓰이지 않는다. 둘째, 동격 관계의 명사구 사이에는 '의'가 쓰이지 않는다. 셋째, 명사구 사이에 의미

---

21 근대국어에서도 'NP의 NP의 NP' 구성은 흔히 사용되었다. 홍윤표(1994:462)에서는 근대국어에서 'NP의 NP의 NP', 'NP의 NPㅅ NP', 'NPㅅ NP의 NP', 'NP의 NP의 NP'의 네 가지 구성이 가능했는데 이는 형태의 차이일 뿐 실질적 기능은 크게 다르지 않았다고 하였다. 본고에서는 미처 다루지 못하였지만 향후 근대국어 자료에 나타난 'NP의 NP의 NP' 구성의 명사구 간 의미 관계를 분석하고 이를 본고의 분석 결과와 비교해 본다면 20세기 전반기 'NP의 NP의 NP' 구성이 근대국어의 명사구 수식 구성으로부터 비롯된 것인지 아니면 이 시기에 새로 생겨난 것인지 알 수 있을 것이다.

22 '의'가 네 번이나 다섯 번 쓰인 예도 있었지만 용례 수가 많지 않아 분석 대상에서는 제외하였다. '삼천리'에서 'NP의 NP의 NP의 NP의 NP' 구성은 본문에서 제시한 하나의 예에서만 나타났고, 'NP의 NP의 NP의 NP의 NP' 구성은 19개의 예에서 나타났다.

상의 주술 관계가 성립할 경우 '의'의 쓰임이 제한된다. 하지만 '삼천리'에 나타난 용례들을 분석해 보면 20세기 전반기 'NP의 NP의 NP' 구성에서는 이러한 문법적 제약이 성립되지 않았던 것으로 생각된다.

첫째, 서술성 명사에 관한 제약에 대해 살펴보겠다. 정희정(2000:74)은 '입원, 투쟁, 체포, 재현'과 같은 "서술성 명사가 관형어로 쓰이면 관형 기능의 명사구와 뒤의 보문 명사 사이에 '의'가 쓰이지 않는다"라고 하였다. '어머니의 입원의 소식'이나 '어머니 입원의 소식'으로는 쓸 수 없고 서술성 명사 뒤의 '의'를 생략해 '어머니의 입원 소식'으로 써야 한다는 것이다. 하지만 20세기 전반기에는 아래의 예에서처럼 서술성 명사 뒤에도 '의'가 쓰였다.

㉠ 합법성의 이용이란 미명하에 **노동자 계급의 투쟁의 의식**을 저하 내지 말살 식힌 것과 갓치

— 『삼천리』 3-12, 1931.12

㉡ 朝鮮人의 社會 生活의 記錄에 비추어

— 『삼천리』 6-9, 1934.9

㉢ 月香의 自殺의 이유를 보이지 아니하였음에 因함인가 하나이다.

— 『삼천리』 11-7, 1939.6

㉣ 우리는 以上과 같은 朝鮮 공업의 躍進의 원인을 찾기 위해서도 爲先 最近 年의 全 일본경제의 동향을 살펴보지 않으면 안 될 것이다.

— 『삼천리』 11-7, 1939.6

위의 예를 보면, '투쟁, 생활, 자살, 약진'과 같은 서술성 명사 뒤에도

조사 '의'가 결합됐다. 오늘날이라면 '노동자 계급의 투쟁 의식', '조선인의 사회 생활 기록', '월향의 자살 이유', '조선 공업의 약진 원인'과 같이 서술성 명사 뒤의 '의'를 생략하는 것이 일반적이다.

둘째, 동격 관계에 있는 명사 사이의 제약에 대해 살펴보겠다. 20세기 전반기에는 아래의 예에서처럼 동격 관계에 있는 명사들도 '의'로 연결되었다.

> ㉠ 따라서 **나의 자신의 주관**을 제목과 같은 범주에다가 맞추어 보려는 것은 더욱 아니다.
>
> —『삼천리』 10-12, 1938.12
>
> ㉡ 이것은 **崔氏의 자신의 표준**으로 충분 불충분을 판정하는 것이 너무 眼下無人의 主視中心的 오만한 태도 일것입니다.
>
> —『삼천리』 5-4, 1933.4
>
> ㉢ 流浪하는 **찝시의 무리의 생활**이며
>
> —『삼천리』 3-1, 1931.1
>
> ㉣ 또는 **간부의 개개인의 활동량**을 비교함으로써
>
> —『삼천리』 3-1, 1931.1
>
> ㉤ 그가 數 **개인의 자본가의 助力**을 어더 한 방적공장을 경영하게 되매
>
> —『삼천리』 3-10, 1931.10

'나의 자신의 주관', '최씨의 자신의 표준', '찝시의 무리의 생활', '간부의 개개인의 활동량', '수 개인의 자본가의 조력'에서 앞뒤 명사구는 동격 관계이다. 오늘날이라면 선행 명사구 뒤의 '의'가 생략되는 것이

일반적이다.

셋째, 의미상의 주어에 관한 제약에 대해 살펴보겠다. 오늘날에는 'NP₁의 NP₂의 NP₃' 구성에서 NP₁이 NP₃의 의미상의 주어일 때 NP₂에 조사 '의'가 결합되지 않는다. 정희정(2000:72)은 주어의 지위를 갖는 명사구가 관형어로 쓰일 때 '의'의 중복은 어색하다고 하였다. 즉, '여성의 사회에의 진출'과 같은 예는 자연스럽지 않다고 지적하였지만 20세기 전반기에는 의미상의 주어가 관형어로 쓰여도 '의'가 중복 출현했다.

㉠ 新幹會의 解消는 **회원의 조합에의 편입**을 단행 완료함으로 될 것이오

—『삼천리』 3-2, 1931.2

㉡ **금융패권의 米國에의 이동**을 보게 되엇섯고

—『삼천리』 8-2, 1936.2

㉢ 新疆과 蒙古에서는 **蘇聯의 中央亞細亞의 進出** 工作이 完成되고

—『삼천리』 7-2, 1935.2

'회원의 조합에의 편입', '금융패권의 미국에의 이동', '소련의 중앙아세아의 진출'에서 NP₁은 NP₃의 의미상의 주어이고 NP₂는 의미상의 부사어이다. 각각을 온전한 문장으로 바꾼다면 '회원이 조합에 편입하다', '금융패권이 미국에 이동하다', '소련이 중앙아세아에 진출하다'가 될 것이기 때문이다. 한편, 아래의 예는 NP₁이 NP₃의 의미상의 주어인 것은 마찬가지이지만 NP₂가 목적어라는 점에서 차이가 있다.

㉠ 고로 우리는 **그들의 문제의 제기**에서 우리가 문제로 할 문제의 범위를

결정하는 방법을 발견할 수가 잇다.

—『삼천리』 3-2, 1931.2

ⓛ印度人의 自治의 要求에 대한 閣下의 正當適切한 措置가

—『삼천리』 6-7, 1934.6

ⓒ독일 군사의 고사포의 발사와 소총의 사격과 비행기의 반격 가튼 것을
줄 새가 업시

—『삼천리』 6-8, 1934.8

‘그들의 문제의 제기’, ‘인도인의 자치의 요구’, ‘독일군의 고사포의 발
사’에서 NP₁은 의미상의 주어, NP₂는 의미상의 목적어이다. 오늘날이라
면 ‘그들의 문제 제기’, ‘인도인의 자치 요구’, ‘독일군의 고사포 발사’와
같이 의미상의 목적어인 NP₂ 뒤에 ‘의’가 쓰이지 않는 것이 일반적이다.

‘NP의 NP의 NP’ 구성과 더불어 ‘삼천리’에 널리 쓰이던 ‘NP의 NP의
NP의 NP’ 구성도 명사구의 의미 관계는 앞에서 논의한 것과 크게 다르
지 않지만, 명사구가 하나 더 추가된 만큼 내적 구조는 더 복잡하게 나
타났다. ‘삼천리’에 쓰인 ‘NP₁의 NP₂의 NP₃의 NP₄’의 용례를 모두 분석
해 본 결과 다섯 가지의 결합 양상을 발견할 수 있었다.

제1유형은 NP₁과 NP₂가 수식 관계로 상위 명사구를 이룬 뒤 NP₃를
수식하고, 이 세 명사구가 다시 한 덩어리로 NP₄를 수식하는 구조이다.

제1유형 : [[[NP₁의 NP₂의]_NP NP₃의]NP NP₄]_NP

예) [[[愛蘭 文藝 運動의 建設者로써의] 예이츠의] 評價]_NP

—『삼천리』 6-11, 1934.11

위의 예는 '[애란 문예 운동의 건설자] → [[애란 문예 운동의 건설자]로써의 예이츠] → [[[애란 문예 운동의 건설자]로써의 예이츠]의 평가]'로 분석된다. 즉, 제1유형은 NP_1부터 NP_4까지 어순을 따라 점차 확장되는 구조이다.

제2유형 : $[[N_1의\ N_2의]_{NP}\ [N_3의\ N_4]NP]_{NP}$

예) $[[사람의\ 生活로서의]_{NP}\ [貴婦人의\ 生活]_{NP}]_{NP}$

―『삼천리』 1-3, 1929.11

제2유형은 NP_1과 NP_2가 하나의 단위를 이루고, 그와 별도로 NP_3와 NP_4가 하나의 단위를 이룬 다음, [NP_1의 NP_2]의 결합체가 [NP_3의 NP_4]의 결합체를 수식하는 구조이다. 위의 예에서는 '[사람의 생활]'이 '[귀부인의 생활]'을 수식한다.

제3유형 : $[[NP_1의\ [NP_2의\ NP_3의]_{NP}]_{NP}\ NP_4]_{NP}$

예) $[[삼각형의\ [3개의\ 內角의]_{NP}]_{NP}\ 和]_{NP}$

―『삼천리』 1-2, 1929.9

제3유형은 먼저 NP_2와 NP_3가 하나의 단위를 이룬 다음 그 앞의 NP_1과 결합되고, 이 세 명사구가 합쳐져 NP_4를 수식하는 구조이다. 위의 예는 '[3개의 내각] → [삼각형의 [3개의 내각]] → [[삼각형의 [3개의 내각]]의 화]'로 분석된다.

제4유형 : [NP$_1$의 [[NP$_2$의 NP$_3$의]$_{NP}$ NP$_4$]$_{NP}$]$_{NP}$

　예) [左의 [[印度의 농업 인구]$_{NP}$의 추세]$_{NP}$]$_{NP}$

제4유형은 먼저 NP$_2$와 NP$_3$가 하나의 단위를 이룬 다음 그 뒤의 NP$_4$와 결합되고, 이 세 명사구가 합쳐져 NP$_1$의 수식을 받는 구조이다. 위의 예는 '[인도의 농업 인구] → [[인도의 농업인구의] 추세] → [좌의 [[인도의 농업인구의] 추세]]'로 분석된다.

제5유형 : [NP$_1$의 [NP$_2$의 [NP$_3$의 NP$_4$]$_{NP}$]$_{NP}$]$_{NP}$

　예) [그의 [고등법원의 [최후의 공판]$_{NP}$]$_{NP}$]$_{NP}$

—『삼천리』 4-5, 1932.5

제5유형은 첫 번째로 살펴본 제1유형과 정반대로 NP3와 NP4가 통합되고 점점 앞으로 거슬러 올라오며 명사구가 확장되는 구조이다. 위의 예는 '[최후의 공판] → [고등법원의 [최후의 공판]] → [그의 [고등법원의 [최후의 공판]]]로 분석된다.

이처럼 20세기 전반기에 'NP$_1$의 NP$_2$의 NP$_3$의 NP$_4$' 구성은 다섯 가지의 서로 다른 내적 구조를 가질 수 있었다. 이 다섯 가지 유형 중 어떤 유형이 당시 가장 널리 쓰이던 구조인지 알아보기 위해 '삼천리'에 쓰인 각 유형의 출현 빈도 분석하였다. 그 결과, 제1유형과 제2유형이 용례의 대부분을 차지했고 제3~5유형은 비중이 상대적으로 낮았다.

〈표 5〉의 분석 결과를 보면, 어순에 따라 순차적으로 확장되는 제1유

〈표 5〉 [NP₁의 NP₂의 NP₃의 NP₄]ₙₚ의 내적 구조

유형	구조	빈도	백분율
제1유형	[[[NP₁의 NP₂의]ₙₚ NP₃의]ₙₚ NP₄]ₙₚ	67	38%
제2유형	[[NP₁의 NP₂의]ₙₚ [NP₃의 NP₄]ₙₚ]ₙₚ	48	27%
제3유형	[[NP₁의 [NP₂의 NP₃의]ₙₚ]ₙₚ NP₄]ₙₚ	27	15%
제4유형	[NP₁의 [[NP₂의 NP₃의]ₙₚ NP₄]ₙₚ]ₙₚ	16	9%
제5유형	[NP₁의 [NP₂의 [NP₃의 NP₄]ₙₚ]ₙₚ]ₙₚ	19	11%
총합		177	100%

형이 가장 높은 비중을 차지했고, 앞의 두 명사구와 뒤의 두 명사구가 각각 수식 관계로 묶인 뒤 두 덩이의 명사구 사이에 다시 수식 관계가 성립되는 제2유형이 그 다음으로 높은 빈도를 보였다.

이상에서 살펴본 명사구 수식 구성을 통해 현대국어에서 출현이 제약되는 환경에서도 속격조사가 빈출한 것을 볼 수 있다.

4. 한국어의 내적 변화

1) '아니하다 〉 안하다 〉 않다'의 재구조화

20세기 전반기 자료에 공존하던 부정의 보조용언 '아니하다', '안하다', '않다'는 역사적으로 볼 때 순차적 발달과정을 보여주는 형태들이다. 부정부사 '아니'가 '안'으로 축약되며 부정의 보조용언 '아니하다'

가 '안하다'로 축약되고, 다시 '하-'가 어간 말 모음 'ㅎ'으로 변화해 '않다'가 된 것이다. '삼천리'에서 부정문에 '아니하다', '안하다', '않다'가 뒤섞여 쓰인 것은 한국어의 문법적 변화로 인한 변이에 해당한다.

이지영(2008b:51)에서는 18세기 이전에 '아니ㅎ다〉안ㅎ다'로의 1단계 변화가 일어났고 18세기 후반에 '안ㅎ다〉않다'의 2단계 변화가 일어나 '안ㅎ다'와 '않다'가 18세기 후반부터 20세기 초까지 공존하였다고 하였다. 그리고 2단계 변화는 비슷한 시기에 '만ㅎ다'가 '많다'로 재구조화되는 등 형태가 유사한 다른 용언의 변화에 유추되었을 가능성이 있다고 보았다. 한편 20세기 소설 자료를 10년 단위로 계량적으로 분석한 남윤진(2011)은 '않다'가 '아니하다'의 빈도를 앞지르기 시작한 것이 1920년대부터라고 하여 20세기 전반기에 '않다'와 '아니하다'가 쓰인 비중이 크게 변화했다고 하였다.

다음은 '삼천리'에 쓰인 보조용언 '아니하다', '안하다', '않다'의 빈도를 비교한 것이다.

〈표 6〉에 나타난 것처럼 '아니하다, 안하다, 않다' 전체 용례 중 '않다'가 85%였고, '아니하다'가 14%, '안하다'가 1%를 차지했다. 즉, 오늘날 가장 널리 쓰이는 '않다'가 『삼천리』에서도 가장 우세한 쓰임을 보였고 '아니하다'도 일부 용례에서 쓰임을 유지하고 있었다. '아니하다'에서 '않다'로 오는 중간적 형태에 해당하는 '안하다'는 1%로 매우 적은 쓰임을 보였고 결국 후대로 오며 사라지게 되었다.

이러한 변화 과정에서 흥미로운 점은, 변화 이전의 형태와 변화가 종착된 이후의 형태는 오늘날에도 남아 있는데 그 중간 다리 역할을 한 '안하다'는 사라졌다는 점이다. 『삼천리』를 비롯한 20세기 전반기 문헌들은

<표 6> 부정 보조용언 '아니하다', '안하다', '않다'의 빈도 및 백분율

	빈도	백분율
-지 아니하다	2,092	14%
-지 안하다	98	1%
-지 않다	12,250	85%
합계	14,440	100%

문법적 발달과정에서 '아니하다'와 '않다'의 매개 역할을 '안하다'의 용례들을 보여준다는 점에서 부정법의 역사적 고찰에서 중요성을 갖는다.

㉠ 畓은 이와 가치 增加되엇스되 自作畓의 增加는 겨우 1천3백4십2 町步밧게 되지 안하고

—『삼천리』 3-5, 1931.5

㉡ 예서 말하려는 殖産은행을 눌녀갈 재벌이 이즉까지는 **생겨나지 안하얏다.**

—『삼천리』 4-4, 1932.4

㉢ 우리는 이에 대하야 가장 면밀한 주의와 정확한 분석을 **파악하지 안하**면 아니 될 줄로 자신한다.

—『삼천리』 4-5, 1932.5

㉣ 그 후 얼마 **되지 안하야** 第一 중요한 左手에 激熱한 神經痛이 생겨

—『삼천리』 4-12, 1932.12

㉤ 세계 엇던 민족에 비겨도 **북그럽지 안할** 만한 문명의 생활을 하야왓다는 유일의 증거품이오 과장품이다.

—『삼천리』 1-1, 1929.6

㉥ 나는 여긔 대해서 **대답하고 십지 안햇지만**

—『삼천리』 3-4, 1931.4

ⓧ 엇더한 상태가 전쟁이냐 아니냐 하는 의문을 生하는 實例도 **적지 안하다.**

― 『삼천리』 7-10, 1935.11

위의 예에서 볼 수 있듯이, '안하다'는 '생겨나지 안하얏다'와 같이 동사를 부정하기도 하고 '적지 안하다'와 같이 형용사를 부정하기도 했다. 또한 '안햇다'와 같이 종결형으로 쓰일 수도 있었고 '안햇지만', '안햇스나'와 같이 연결형으로 쓰일 수도 있었으며 '안하는', '안한', '안할'과 같이 관형형으로도 쓰이기도 했다. 그리고 과거 시제 선어말어미 '-었-'과 결합해 '안하얏다', '안햇다' 등으로 쓰일 수도 있었다. 이러한 다양한 활용형을 볼 때 '안하다'는 그 용례가 상대적으로 적긴 하지만 '아니하다'나 '않다'와 마찬가지로 당대 화자의 직관 속에 살아 있던 문법 형태였다고 생각된다. '-지 아니하다', '-지 안하다', '-지 않다'는 분포 환경에 있어서 뚜렷한 차이가 없었다.

2) 상 보조용언의 결합 제약

현대국어에서 일부 보조용언들은 사건에 관계된 시간의 내적 구조를 나타내는 상 표현의 문법적 기능을 한다. '-고 있다', '-어 있다', '-어 가다', '-어 오다' 등과 같이 특정 연결어미에 후행하며 사건의 진행이나 결과의 지속, 과정적 변화 등을 나타내는 것이다. 그런데 오늘날 이러한 상 보조용언들은 아무 용언에나 후행하는 것이 아니라 그 의미에 따라 일정한 제약을 가지고 있다. 진행상을 나타내는 '-고 있다'는 형용사나 지정사처럼 원칙적으로 동작 진행의 의미를 갖지 못하는 용언과는 결합될 수 없다. 즉, '그녀는 예쁘고 있다'나 '이것은 사과이고 있다'와 같은 문장은 비문이다. 결과지속상을 나타내는 '-어 있다'는 타동사와의 결합이 제약된다. 즉, '밥을 먹어 있다'는 비문이 되는데, 타동사는 목적어에 미치는 행위를 나타내기 때문에 행위의 결과가 지속되는 상태를 나타내는 결과지속상으로는 쓰이지 않는 것이다. 한편, '-어 가다'와 '-어 오다'는 어떤 동작이 계속해서 진행됨을 나타내는데, 이때 특정한 방향성이 전제된다. '-어 가다'는 기준 시점 이후에 동작이 진행되는 과정을 나타내고, '-어 오다'는 기준 시점 이전에 동작이 진행된 과정을 나타낸다. '-어 가다'와 '-어 오다'는 동작이 특정 방향으로 진행되는 모습을 나타내기 때문에 형용사나 지정사와는 결합되지 못하고 동사와만 결합되어 쓰인다. 즉, '날씨가 좋아 가다'나 '이것은 꽃이어 오다'와 같은 문장은 성립될 수 없는 것이다. 그런데 『삼천리』를 비롯한 20세기 전반기 자료에는 이러한 상 보조용언이 현대국어와 다소 다른 용법으로 쓰인 예들이 종종 눈에 띈다.

(1) '-고 있다'

첫 번째로 살펴볼 보조용언 구성은 현대국어에서 진행상을 나타내는 '-고 있다'이다. 아래의 예와 같이 20세기 전반기에도 '-고 있다'는 동사에 결합되어 동작의 진행을 나타내었다.

ㄱ 壁에 부친 예수에 그림을 **바라보고 있었다.**

—『삼천리』 6-8, 1934.8

ⓛ 적은 배에 옹기종기 모여 앉은 세 남매는 세차게 나리는 비속에서도 그
들의 부모와 오빠의 올라앉은 포푸라 나무를 번갈아 처다 보느라고 얼
굴 정면에 억센 비줄기를 **맞고 있었다.**

—『삼천리』 7-3, 1935.3

ⓒ 그 어머니는 부엌문 앞에 서서 아들을 흘겨보며 치마귀에 손을 **씻고 있다.**

—『삼천리』 7-3, 1935.3

하지만 위의 예들과는 달리 '-고 있다'가 결과지속상을 나타내는 용
법도 확인된다.

㉠ 그 하늘 아레 멧만 년 동안이나 아모 말 업시 **서고 잇는** 北岳!

—『삼천리』 3-10, 1931.10

ⓛ 그리로 오른쪽으로 꼽으러지는 곳에 목제 2층의 큰 건물이 웃둑 **서고
잇스니** 이것이 대동학교大東學校요.

—『삼천리』 4-3, 1932.3

ⓒ 그리로 어두운 길을 패어 드러가노라면 빈집 가튼 조용한 집 한 채가 **서
고 잇다.**

—『삼천리』 5-9, 1933.9

㉣ 층층대를 너머서면 目前에 약 20尺가량 될 것 같은 크다란 石碑가 **서고
있는데**

—『삼천리』 11-4, 1939.4

위의 문장들은 '서다'가 '-고 있다'와 결합된 예로 그 주어가 '북악

(산), 건물, 집, 석비'인 것을 볼 때 '서다'라는 동작이 진행 중인 것으로
는 해석하기 어렵다. 상적 의미로 볼 때 위의 문장들에는 진행상이 아니
라 결과지속상이 실현되어 있는데도 '-어 있다'가 아닌 '-고 있다'가 결
합된 것이다. 이러한 용례 중에 '서고 있다'가 가장 높은 빈도를 보였지
만 아래와 같이 다른 자동사의 용례에서도 이러한 용법이 관찰된다.

㉠ 첫재는 운동에 지친 남편의 몸이 아조 起居하지도 못하야 병석에 오래
　 드러눕고 잇다 합시다.

—『삼천리』 2-7, 1930.11

㉡ 이 뒷날 三南街路 큰 길가 버들방축 미테 한줌 흙이 되어서 **눕고 잇는** 이
　 몸의 무덤을 보시거든

—『삼천리』 3-4, 1931.4

㉢ 조선의 하늘 우에 떠서 明滅하든 만흔 별 중에는 이미 자최를 감춘 것도
　 잇고 그대로 **뜨고 잇는** 것도 잇다.

—『삼천리』 3-6, 1931.6

㉣ 한쪽 편에는 저절로 난 꼿인지 화초가 반조고레 적막하게 **피고 잇다.**

—『삼천리』 6-5, 1934.5

㉤ 그 때 아직도 세인의 기억에 **남고 잇는** 저 유명한 許憲씨로부터 제기된
　 控訴不受理의 판결도 亦 立川재판장이 판결내린 것이엇다.

—『삼천리』 7-3, 1935.3

㉥ 猶太人은 돈 모이는 天才로써만 **알녀지고 잇지마는** 그들의 文化的 社會的
　 活動을 無視하는 것은 큰 冒瀆이다.

—『삼천리』 7-2, 1935.2

㉠의 '드러눕고 있다'는 병자가 오랫동안 병석에 누워 있는 상황을 나타내는 것이지 눕는 동작 자체가 오랫동안 진행되는 상황을 나타낸 것이 아니다. ㉡은 자신이 나중에 죽었을 때의 상황을 말하는 것이므로 죽은 사람이 눕고 잇다는 것은 역시 눕는 동작이 아니라 누워 있는 상태를 나타내는 것이다. ㉢의 '뜨고 있는'은 별이 그대로 떠 있는 상황을 나타내며 ㉣의 '피고 있다'도 꽃이 피는 동작 자체가 아니라 피어 있는 상태를 나타낸다. ㉤의 '남고 있다'도 기억에 남아 있는 상황을 나타내며 ㉥의 '알려지고 있다' 역시 알려져 있는 상황을 나타낸다. 이처럼 위의 용례들은 결과지속상으로 표현되어야 할 상황에 '-고 있다'가 쓰인 경우이다. 이러한 용례들을 통해 볼 때 20세기 전반기의 '-고 있다'는 진행상을 나타내는 문법 요소로서 아직 완전히 정착되지 못했던 것으로 생각된다.

(2) '-어 있다'

두 번째로 살펴볼 보조용언 구성은 '-어 있다'이다. 오늘날 '-어 있다'는 형용사에 결합되지 않지만 '삼천리'에는 형용사에 '-어 있다'가 결합된 예가 종종 보인다.[23] 다음은 '삼천리'에 쓰인 '형용사+어 있다'의 예이다.

㉠ 떠러지는 꼿만 **붉어 잇도다**

—『삼천리』 8-1, 1936.1

---

[23] 최현배(1937:507, 728)에서도 보조용언의 갈래를 설명하며 '있다'를 동사와 형용사에 모두 결합될 수 있는 것으로 분류하였고 '-어 있다'가 형용사와 결합된 예들을 제시하였다.

ⓛ 지붕 우으로 긔숙사 울타리인 백양나무 가지가 반공중에 **푸르러 잇섯다.**

　　　　　　　　　　　　　　—『삼천리』 4-9, 1932.9

ⓒ 욱어진 가을 풀에 달빗만 **붉아 잇는** 반면으로

　　　　　　　　　　　　　　—『삼천리』 3-12, 1931.12

ⓡ 하늘은 언제나 흐리터분하게 **흐려 있지** 않으면 濛濛하게 小雨가 내리고
　　있다.

　　　　　　　　　　　　　　—『삼천리』 12-7, 1940.7

　'삼천리'에서 형용사가 '-어 있다'와 결합된 예들은 ㉠과 같은 운문
이나 ㉡~㉣ 같은 수필에서 주로 발견된다. 사실 전달을 목적으로 하거
나 설득을 목적으로 하는 글이 아니라 상황에 대한 묘사와 감정 전달에
중점을 두는 글에서 주로 '붉어 있다', '푸르러 있다'와 같은 표현이 사
용된 것이다. 이러한 쓰임은 중세국어에서 형용사에 '-어 있다'가 결합
되던 용법이 이어진 것으로 보인다. 박진호(2006:236)는 중세국어 문헌
중에 특히 『두시언해』에서 이러한 용례가 많이 발견된다는 점을 지적하
며 "시인이 보고 느끼는 상태를 현장감 있게 표현"할 때 주로 이런 쓰임
이 나타났다고 하였다.

　'삼천리'에 나타난 '-어 있다'의 용례들 중에는 '-고 있다'가 쓰일 자
리에 '-어 있다'가 쓰인 경우도 있었다. '-고 있다'는 시간의 폭이 전제
되지 않는 순간적 동작을 나타내는 동사들에 결합될 때에 한해 순간적
동작이 완료된 후 그 결과가 지속되는 상황을 나타내는데, 이는 결과지
속상에 해당하지만 예외적으로 '-고 있다'가 쓰이는 것이다. 다음의 예
는 '삼천리'에서 순간적 동작을 나타내는 동사들에 '-고 있다가 결합되

어 결과지속상을 나타내는 경우로 이러한 쓰임은 오늘날에도 이어지고 있다.

　㉠ 그러나 당시 정부를 **형성하고 잇는** 內閣各省中에서는

—『삼천리』 3-5, 1931.5

　㉡ 그 판매도 150만 부를 **돌파하고 있는** 바

—『삼천리』 12-10, 1940.12

　㉢ 최근 수년 래에 朝鮮의 민족주의자는 점차 급속한 보조로 좌우兩翼의 대립을 **이루고 잇섯다.**

—『삼천리』 4-10, 1932.10

　㉣ 과거 우리 사회에는 여러 방면으로 보와 文學이 발전될 만한-상당한 條作을 **구비하고 잇슨** 것이 분명하다.

—『삼천리』 7-8, 1935.9

　㉤ 동양사 강의에 잇서서는 학생들의 인기를 혼자 **독점하고 잇다.**

—『삼천리』 2-7, 1930.11

　㉥ 내부의 반봉건제와 외부로부터 오는 歐米의 帝國主義가 긴밀한 결탁을 **짓고 있는** 데 그 기본 원인이 있읍니다.

—『삼천리』 12-4, 1940.4

　㉦ 이럿케 된 오날에 잇서 교원된 자는 학생들에게 정신적 師表가 되지 못하고 거기에는 오즉 팔고 사고 하는 商取引이 잇서 **연결식키고 잇다.**

—『삼천리』 7-7, 1935.8

위의 예에 쓰인 '형성하다', '돌파하다', '이루다', '구비하다', '독점

하다', '짓다', '연결시키다'는 모두 어휘 의미에 시간의 폭이 전제되지 않는 순간적 동작을 나타낸다. 이 동사들에 '-고 있다'가 결합되면, 상태의 전환점을 지나친 후에 그 결과가 지속되는 상황을 나타내게 된다.

그런데 20세기 전반기에는 바로 이런 경우에 '-고 있다'가 아닌 '-어 있다'도 쓰일 수 있었다. 다음은 위의 예문들에 쓰인 '형성하다', '돌파하다', '이루다', '구비하다', '독점하다', '짓다', '연결시키다' 등의 동사가 '삼천리'에서 '-어 있다'와 결합한 예이다.

㉠ 人家가 잇는 곳에는 반드시 조고만 마을을 形成하여 잇다.

— 『삼천리』 2-5, 1930.9

㉡ 이상으로 畓이 155만3천여 町步, 田이 278만4천 町步를 **돌파하여** 잇고

— 『삼천리』 5-1, 1933.1

㉢ 米國 加奈陀 濠太利 알젠틴 등 지방은 농산물의 산액이 너머나 만허서 곤궁한 농민의 생활과 이상한 대조를 닐우어 잇스며

— 『삼천리』 5-1, 1933.1

㉣ 중학교만 마치면 대개의 상식을 **구비하여** 잇슬 터이니까

— 『삼천리』 7-1, 1935.1

㉤ 王福壽 嬢은 지금 장안 안의 인긔를 **독점하여** 잇지 안는가.

— 『삼천리』 7-5, 1935.6

㉥ 그들은 멸망함이 업스리라 하는 新約의 말로서 결말을 **지어** 잇다.

— 『삼천리』 12-4, 1940.4

㉦ 米國의 해군근거지는 米國本洲로부터 시작하여 하와이, 꾸암, 마닐라를 **연결시켜** 있스며

각 문장의 동사들은 순간적 동작이 이루어진 후에 그 결과가 지속되는 상황을 나타낸다. 위의 예문들을 오늘날의 쓰임대로 고쳐 본다면 '-어 있다'는 모두 '-고 있다'로 바꾸어야 한다. 하지만 논리적으로 볼 때 이 동사들에는 '-고 있다'가 아니라 위의 예에서처럼 완료상의 '-어 있다'가 결합되는 것이 오히려 합리적이다. 순간적 동작을 나타내는 특정 타동사와의 결합이 아닌 일반적인 쓰임에서 '-고 있다'는 진행상을 나타내고 '-어 있다'는 결과지속상을 나타내기 때문이다.

역사적으로 '-고 있다'는 '-어 있다'보다 후대에 발달되었으며 점차 '-어 있다'의 영역을 침범해 왔고 이 과정에서 '-어 있다'는 결합 가능한 선행 용언에 제약을 받게 되었다(고영근·구본관 2008:415). 이러한 변화를 참고할 때 20세기 전반기에 동사의 동작이 순간적인 전환점을 나타내는 동사 부류에 한해서는 '-고 있다'가 '-어 있다'의 영역을 완전히 침범하지 못한 상태였다고 볼 수 있다. 이상에서 살펴본 대로 20세기 전반기 문헌에서 '-고 있다'와 '-어 있다'는 오늘날처럼 분명한 경계를 갖지 못한 채 뒤섞여 쓰이는 일이 있었고, 이러한 문법적 변이는 상 보조용언의 내적 변화를 반영한 현상이었다.

(3) '-어 가다'와 '-어 오다'

마지막으로 '-어 가다'와 '-어 오다'의 보조용언 구성에 대해 살펴보겠다. 현대국어에서 '-어 가다'와 '-어 오다'는 일정한 방향성에 따른 동작의 진행 과정을 나타내기 때문에 동사에만 결합될 수 있다. 하지만

'삼천리'에는 아래와 같이 동사가 아니라 형용사에 결합된 예가 다수 나타났다.[24]

　　㉠ 당신이 가진 가슴 속의 '情熱'만은 더욱 더욱 猛烈해 **가고** 젊어 **가고** 아름다워 **가** 주섰으면 합니다.

　　　　　　　　　　　　　　　　　　　　　　—『삼천리』 13-1, 1941.1

　　㉡ 오호라. 거칠어 **가는** 이 땅에는 그만한 일꾼도 진일 복이 업섯든가?

　　　　　　　　　　　　　　　　　　　　　　—『삼천리』 2-4, 1930.7

　　㉢ 먼 산에는 난데업는 불山火이 나서 어두어 **가는** 밤 속에 샛밝안 색채가 선명하게 피여올낫다.

　　　　　　　　　　　　　　　　　　　　　　—『삼천리』 5-1, 1933.1

　　㉣ 朝鮮내 자본가의 투자가 많어 **가는** 것은 기뿐 현상이외다.

　　　　　　　　　　　　　　　　　　　　　　—『삼천리』 12-9, 1940.10

　　㉤ 그러나 차차 그를 만나게 될수록 '동지'라는 늣김은 엷어 **가고** '녀자'라는 늣김이 그에게서 밧는 늣김의 거의 전부이엿다.

　　　　　　　　　　　　　　　　　　　　　　—『삼천리』 4-3, 1932.3

　　㉥ 제 가장 가깝고 사랑하든 언니가 차차 제게서 멀어 **가는** 것 같어서

　　　　　　　　　　　　　　　　　　　　　　—『삼천리』 6-9, 1934.9

　위의 예에서 '-어 가다'는 형용사 '맹렬하다', '젊다', '아름답다', '거

24　최현배(1937:520)에서는 "늙어 간다", "도로 젊어 온다"와 같이 어떻씨에 '-어 가다', '-어 오다'가 결합되는 것 같기도 하지만 이때 용언은 어떻씨가 아니라 움직씨로 보아야 한다고 하였다. 즉, 보조용언을 기준으로 선행 용언을 형용사가 아닌 동사로 보고자 한 것이다.

칠다', '어둡다', '많다', '엷다', '멀다' 뒤에 쓰여 상태가 계속해서 변화해 가는 모습을 나타낸다. '-어 가다'에 비해 용례 수가 많지는 않지만 '-어 오다' 역시 형용사에 직접 후행할 수 있었다. 그 예를 보이면 다음과 같다.

㉠仁淑의 용태가 점점 **위중해 오니** 明燁는 난산과, 모체의 위험을 생각하야
— 『삼천리』 9-1, 1937.1

㉡그랫더니 한참 잇다가 사내의 소근거리는 소리가 들닌다. 처음에는 모긔소리만치 가늘더니 점점점 **굵어 오는데**
— 『삼천리』 2-4, 1930.7

위의 예에서 '-어 오다'는 형용사 '위중하다', '굵다'에 결합돼 각 형용사가 나타내는 상태가 점점 심화되는 과정을 나타낸다.

오늘날의 관점에서 본다면 형용사에 먼저 '-어 지-'를 결합해 동사로 만든 다음에 '-어 가다'나 '-어 오다'를 붙여야 한다. 하지만 '삼천리'에서 '-어 가다'나 '-어 오다'가 '형용사+'-어 지-'' 구성에 결합한 예는 아래와 같이 1940년대 발행분에서만 극히 드물게 나타났을 뿐이다.

㉠햇빛이 차츰 누렇게 **엷어져 갑니다.**
— 『삼천리』 12-6, 1940.6

㉡그는 30의 고개를 半이나 넘은 어깨가 떡 벌어지고 네모진 얼굴에 차차 몸이 **부대하여져 가고** 있는 女人이었다.
— 『삼천리』 12-6, 1940.6

ⓒ 점점 기색이 **달라져 가는** 안해의 얼굴을 바라보자, 一洙는 또 한번 저절로 수첩이 들어있는 오른편 양복바지 주머니로 손을 가져갔다.

—『삼천리』 12-9, 1940.10

ⓔ 新體制에 則하여 國民 各自의 마음의 訓練이 더욱더 **健全해져 가는** 過程을 描寫하는 것도 現下의 文學의 한가지 任務가 아닐까 생각합니다.

—『삼천리』 13-1, 1941.1

위의 예들은 '삼천리'에서 형용사에 '-어 지-'가 결합된 뒤에 상 표시를 위해 '-어 가다'나 '-어 오다'가 결합된 거의 모든 예이다. 빈도를 고려할 때 이러한 쓰임은 일반화된 쓰임이라기보다 오히려 예외적이었다고 생각된다.

'-어 가다'나 '-어 오다'가 형용사에 직접 결합되는 쓰임은 15세기 자료에서도 확인된다. 중세국어에서 보조동사 '가다'는 동사보다도 주로 형용사에 후행하여 형용사의 상태 변화의 지속을 나타냈는데(손세모돌 1994:193) 이러한 쓰임이 20세기 전반기까지도 지속된 것이다.

5. 결론

지금까지 일제강점기에 발행된 대중잡지『삼천리』의 용례들을 중심으로 문법 형태 및 통사 구조의 변이 양상을 살펴보았다. 20세기 전반기는 문체사적으로 볼 때 한국어의 문장이 종래의 한문 언해문의 영향을 벗어나 개신을 이뤄가던 시기였다.『삼천리』에 반영된 언어는 주로 1930년대의 한국어였고 당시는 이미 소설 등을 중심으로 문체의 현대화가 상당 부분 진행된 상태였다. 하지만 그럼에도 대중잡지에 쓰인 문장들은 한문 언해문을 통해 형성된 전통적 문장 관습의 영향을 완전히 벗어나지 못하고 있었다. 그런 한편 일본어가 지배 언어로 군림하고 있던 사회적 여건상 어휘적으로뿐 아니라 문법적으로도 일본어의 영향을 받고 있었다. 한문의 영향과 일본어 및 기타 외국어의 영향으로 인해 당시의 언어는 매우 혼종적인 양상을 보여주었지만 한편으로는 한국어의 내적 변화로 인한 구형과 개신형의 공존 양상이 나타나기도 했다. 이처럼 언해문 문체의 영향, 일본어의 영향, 한국어의 내적 변화라는 다양한 요인으로 인해 일제강점기 문헌들은 폭넓은 언어적 변이를 노출시키고 있었다.

제4장

기술과 규범 사이의『우리말본』*

1. 서론

앞 장에서 살펴본 대로『삼천리』에는 언해문 문체와 언문일치체가 공존하고 있었고 한국어 문법과 일본어 문법이 혼재해 있었으며 구형과 개신형의 문법 형태가 뒤섞여 쓰이는 등 여러 층위에서 폭넓은 언어적 변이를 보여주었다. 당시의 대표적인 대중종합지가 이러한 언어적 혼란 상을 여과 없이 노출시킨 것과 달리 당시의 문법서들은 매우 질서정연한 체계로서의 한국어를 표상하고 있었다. 이 장에서는『삼천리』와 같은 시기에 발행된 1937년 외솔 최현배의『우리말본』초판을 통해 언어 현실과 언어 규범 사이의 관계의 한 측면에 대해 논의해 보고자 한다.

외솔은『우리말본』초판의 일러두기에서 "이 책은, 오늘날의 조선말

---

*　이 장의 내용은 안예리(2013b)를 수정하고 보완한 것이다.

의 큰 것, 작은 것을 빼지 않고, 그 본을 풀어서, 다 말본에서의 一定한 자리와 그 運用을 밝히고자 하였다"라고 밝혔다. 이러한 언급은 당시 언어의 실제 쓰임을 면밀히 관찰해 기술문법적 태도로 문법서를 펴냈다는 의미로 읽히기도 하지만 '그 본을 풀어서'라고 한 대목을 보면 역시 규범적 입장을 견지하고 있었다고 해석되기도 한다.

기술과 규범 사이에서 적절한 위치를 잡고자 했던 외솔의 시도는『우리말본』본문에서도 드러난다. 문법의 각 항목에 대해 질서정연한 체계를 제시한 뒤 '잡이'라는 공간을 통해 해당 문법 형태의 쓰임과 관련해 당시에 어떤 언어적 변이가 나타났고 그중에 왜 특정 형태, 혹은 특정 용법을 문법 체계에 포함시켰는지를 상술한 것이다. 이 장에서는『우리말본』의 본문과 잡이의 기술을 분석해 당대의 언어적 변이에 대해 외솔이 어떠한 기준으로 각각을 '문법적' 혹은 '비문법적'으로 판정하였는지 살펴보도록 하겠다.

2. 1형태 1기능

외솔은『우리말본』곳곳에서 하나의 문법 형태에 하나의 문법적 기능을 부여하고자 하는 의식을 보였다. 하나의 문법 형태가 둘 이상의 문법적 기능을 담당한다거나, 둘 이상의 서로 다른 형태가 동일한 문법적 기능을 수행한다는 것은 근대적 합리성에 위배되기 때문이다. 외솔은 특히 관형사형 전성어미와 피동, 사동 접미사와 관련해 비합리적인 쓰임을 바로잡고자 했다.

1) 관형사형 전성어미

『삼천리』에 쓰인 용례를 분석해 보면 관형사형 전성어미 '-는'은 오늘날과 달리 그 앞에 선어말어미 '-었-'이 쓰인 경우가 많았다.

> ㉠ 더구나 [전면 벽은 전부 유리로 깔었는] 것이 이색이다.
>
> —『삼천리』 6-5, 1934.5
>
> ㉡ [이상야릇한 결과를 짓고 말었는] 것을 생각하매
>
> —『삼천리』 9-1, 1937.1
>
> ㉢ 島山 安昌浩씨는 (…중략…) 이제는 [완전한 자유의 人, 해방의 人이 되 엇는] 바
>
> —『삼천리』 7-11, 1935.12
>
> ㉣ 牛鼻井은 牛頭上峯 山頂에 있다. [푸른 이끼가 끼었는] 天水바지의 옹달 샘이다.
>
> —『삼천리』 12-6, 1940.6

위의 예에서 선어말어미 '-었-'은 관형절이 나타내는 사건이 시간적으로 기준 시점보다 앞서 일어났다는 것을 나타내 준다. 그렇기 때문에 '-었-'과 '-는'이 같이 쓰였을 때 그 기능은 전성어미 '-은'과 같아진

다. 당시 '-은'도 널리 쓰이고 있었고 위의 예문에 쓰인 '깔엇는, 말었는, 되엇는, 끼었는'은 모두 '깐, 만, 된, 낀'으로도 대치가 가능했다.

'-었는'은 위의 예에서처럼 관형절의 서술어가 동사일 때 가장 많이 나타났지만 아래와 같이 관형절의 서술어가 형용사나 지정사일 때도 있었다.[1]

　㉠ 항쟁하는 때마다는 [성공이 **만엇는**] 반면에 실패도 잇섯다.

—『삼천리』 3-5, 1931.5

　㉡ [그 가정이나 사회가 병들지 않을 수 **없었는**] 것인즉

—『삼천리』 8-2, 1936.2

　㉢ [本來 朝鮮에서 이 파시즘文學을 指摘한 것은 누구도 아니고 **내 自身이엇는**] 까닭에

—『삼천리』 8-6, 1936.6

　㉣ [최초의 大臣에 임한 것은 **명성 분분한 '힌덴부루히'이엇는**] 바 이때를 —新紀念으로 獨逸 식민정책이 다시 광채를 발한 것은 누구나 知悉하는 일이다

—『삼천리』 3-11, 1931.11

'-는' 관형절에 과거 시제 선어말어미 '-었-'이 쓰인 예는 15세기 이후의 한국어 문장들에서 흔히 발견되데, 『삼천리』에 나타난 '-었는'은 이러한 역사적 쓰임이 계승된 결과였다.

1　'삼천리'에 쓰인 '-었는'의 총 용례 203개 중 동사 뒤에 쓰인 예는 158개(77.8%), 형용사 뒤에 쓰인 예는 31개(15.3%), 지정사 뒤에 쓰인 예는 14개(6.9%)였다.

이러한 문법적 변이에 대해 『우리말본』은 시공간적 인식에 따라 문법성을 판정하였다. 현재에 일반적으로 널리 쓰이는 '-은'과 달리 '-었는'은 과거에 널리 쓰이던 형태이며 현재는 일부 지역에서만 쓰이므로 비문법적이라고 본 것이다. 『우리말본』의 '어떤꼴의 지난적' 항목을 보면, '죽었는 범'에서처럼 '-었는'을 쓰는 첫째꼴과 '죽은 범'처럼 '-은'을 쓰는 둘째꼴이 있다고 기술하고 그 뒤의 '잡이1'에 "이 두 가지 꼴 가운데에서 첫째꼴은 옛적법古法이니, 시방 쓰이는 곳慶尙道이 적고, 둘째꼴은 이제법今法이니, 그 쓰히는 얼안範圍이 넓으니라"라는 설명을 덧붙였다. 결국 '-었는'이 아닌 '-은'의 사용을 장려한 셈인데 그러면서도 '-었는'의 용법을 상세히 기술하며 잘 쓰이는 용법에는 (+) 표시를, 잘 안 쓰이는 용법에는 (-) 표시를 남겨 두었다.

> 그건 내가 밭서 **보았는** 것이어. (-)
>
> 저 사람도 한 마리 **잡았는** 걸. (+)
>
> **죽었는** 범을 **살았는** 줄로만 알았지요. (-)
>
> —최현배 1937:618~619.

2) 시간명사 앞의 '-은/는'과 '-을'

오늘날 관형사형 어미 '-을'은 보통은 사건시가 기준시 이후임을 나타내지만 수식하는 명사가 '때', '적' 등과 같은 시간 관련 명사일 경우에 한해 현재의 사건을 나타낼 수 있다. 이는 20세기 전반기에도 마찬가지였다.

　　㉠ [덜덜덜 떨며 부자ㅅ집 대문깐에서 찬밥뎅이를 어더먹을] 때 그들의
　　　가슴은 쓰리고 압헛다.

—『삼천리』 7-3, 1935.3

　　㉡ 나는 그것을 [22년 전 日本에서 中學校 다닐] 때에 처음 읽엇다.

—『삼천리』 3-1, 1931.1

　　㉢ 그러나 우리 一行은 [월헤름스하펜을 출발할] 때에 줄곳 따따넬스를 目
　　　的地로 定하고 一念으로 오즉 그 目的을 到達하기에만 전력하얏소.

—『삼천리』 7-5, 1935.6

　　㉣ 나는 [조선을 떠날] 때에 노자와 학비로 800원을 어더 쥐엇다.

—『삼천리』 4-1, 1932.1

　　㉤ [제가 결혼할] 때는 8년 전 겨우 17살이엿슴으로 무엇이 무엇인지도
　　　몰으고 구식으로 결혼이라는 것을 하게 되엿습니다.

—『삼천리』 3-11, 1931.11

　위의 예에서 '-을'은 관형절의 시제가 주절의 시제와 일치함을 나타
낸다. 이는 아래와 같이 '-을' 관형절이 '적'을 수식할 때에도 마찬가지
였다.

　　㉠ 그리고 [공부 다 하고 졸업할] 적에도 다른 사람들과 갓치 어려운 시험
　　　에 파쓰까지 햇지만은 학사지위는 주지 안터라고 합듸다.

—『삼천리』 4-3, 1932.3

ⓛ [저번에 맛날] 적에도 명함을 내 노며 요새 집을 떠나겟다고 하지 안엇나.

—『삼천리』 5-4, 1933.4

　그런데 『삼천리』에 쓰인 '때'나 '적'의 용례를 보면, 아래의 예에서와 같이 이를 수식하는 관형절에 '-을' 대신 '-는'이나 '-은'이 쓰이기도 했다.

ⓖ 그럼으로 나는 [절세미인으로 환생하여 모든 사내들의 마음을 깃부게 하여 드릴 그런 생각을 하여 보는] 때가 만다.

—『삼천리』 1-1, 1929.6

ⓛ 그는 자긔가 하로 동안에 만히 보는 날이면 사내를 십여 명식 보며 (…중략…) 얼골이 어엽부니 만치 [삼사 명을 아니 보는] 때가 업다.

—『삼천리』 1-2, 1929.9

ⓒ 의문의 사건이야 내가 이 직업에 종사한 뒤 수업시 격거 보앗스나 [이번 일가치 막연한] 때가 드물엇습니다.

—『삼천리』 1-1, 1929.6

ⓡ 그리고 정치상 사회상의 영향으로 [그 심신이 유쾌한] 때라고 별로 업서 대개 憂鬱하며

—『삼천리』 1-2, 1929.9

　ⓖ, ⓛ에서는 관형절의 서술어로 동사가 쓰였고 전성어미로 '-는'이 쓰였으며 ⓒ, ⓡ에서는 관형절의 서술어로 형용사가 쓰였고 전성어미로 '-은'이 쓰였다.

『우리말본』에서는 '-을'과 '-는/은'의 혼용 현상을 두고 관형절 서술어가 동사일 경우와 형용사일 경우에 대해 서로 다른 태도를 취했다. 동사일 경우 '-을'을 쓰는 것이 원칙이나 실제로는 '-는'을 더 많이 쓴다고 하였고, 형용사일 경우 '-을'과 '-은'을 모두 쓰는데 각각의 의미가 다르다고 기술한 것이다.

먼저 동사에 대한 기술을 살펴보면 "움직씨 어떤꼴의 이제現在"는 '-을'을 써서 나타낸다고 하여 관형절의 서술어가 동사일 경우에는 이제 때매김의 꼴이 '-을' 하나라고 하였다. 하지만 이에 덧붙인 설명에서는 "그러나, 흔히는 이 이제꼴을 적게 쓰고, 그 대신에 이제이음꼴現在繼續形"을 쓴다고 기술해 실제로는 '-는'을 쓰는 경우가 많다고 하였다(최현배 1937:618). 그리고 그러한 예로 "가는 사람", "지는 해" 등의 예를 들었는데 이때 머리 명사 자리에는 시간 명사가 아닌 다른 일반 명사가 쓰였다. 즉, 시간 명사 앞에서의 쓰임을 특별한 것으로 보지 않고 일반적으로 관형절의 현재 시제는 '-을'로 나타낸다고 기술한 것이다. 또한 실제로는 관형절의 현재 시제를 나타낼 때 '-는'을 쓰는 일이 더 많다고 하면서도 문법의 체계를 잡을 때는 '-을'을 이제꼴로 설정하였다.

반면 관형절의 서술어가 형용사일 경우에는 이제 때매김의 꼴이 '-을'과 '-은'의 두 가지라고 하였다. 그중 첫째꼴인 '-을'의 예에는 머리 명사 자리에 시간 명사가 쓰였고, 둘째꼴인 '-은'의 예에는 머리 명사 자리에 시간 명사가 아닌 일반 명사가 쓰였다. 그리고 '잡이'를 덧붙여 '-을'을 쓸 때와 '-은'을 쓸 때 그 의미가 서로 다르다고 기술하였다. 즉, '어릴 때'처럼 '-을'을 쓰면 "지난적의 일을 現在的으로, 瞬間的으로, 가리키는 것"이고 '반가운 친구'처럼 '-은'을 쓰면 "이미 되어 있는 性質

을 固定的으로 가리키는 것"이라 한 것이다(최현배 1937:737~738). 하지만 위의 예문들에서 살펴본 것같이 당시 실제 언어생활에서는 시간 명사 앞에 '-을'과 '-은'이 모두 쓰였고, '어릴 때'와 '어린 때'는 이러한 의미 차이를 가졌다고 보기 어렵다.[2]

이상에서 살펴본 『우리말본』의 문법 기술을 통해 문법 체계에 합리성을 부여하고자 하는 의도를 읽을 수 있었다. 외솔은 동사 뒤에서의 '-을'과 '-는'의 혼용에 대해서는 '-을'을 표준으로 설정하고, 형용사 뒤에서의 '-을'과 '-은'의 혼용에 대해서는 둘 사이에 의미적 차이가 있다고 기술하였다. 문법 체계는 서로 다른 문법 형태 간의 기능상의 대립으로 이루어져 있다. 그런데 '-을'과 '-는', '-을'과 '-은'이 아무 차이 없이 문장에서 같은 기능을 수행하는 것은 체계의 수립에 심각한 결점이라 여겨졌을 것이다. 관형사형 전성어미의 시제 표시 기능에 대한 외솔의 기술은 당시 국어의 실제 쓰임에 내재돼 있던 불합리성을 타파하려는 의식을 반영한 것으로 보인다.

이처럼 『우리말본』에서는 둘 이상의 문법 형태가 같은 기능을 수행하는 것과 더불어 하나의 문법 형태가 둘 이상의 기능을 수행하는 것도

---

2 이와 관련해 최현배(1937:739)의 '잡이'의 설명에서는 문법 기술과 실제 용법 사이의 차이에 대한 언급이 보인다. "때에 關한 임자씨 우에는 첫째꼴과 둘째꼴이 두루 쓰히되, 그 뜻이 각각 달라, 서로 아무렇게나 마구 바꾸지 못한다"라고 기술한 것이다. '약이 따뜻할 적에'를 '약이 따뜻한 적에'로 바꾸거나, '쌀값이 쌀 적에'를 '쌀값이 싼 적에'로 바꾸면 그 뜻도 달라진다고 하고 또 "그 말이 普通으로 잘 쓰이지 아니하는 것이 되어 버린다"라고 덧붙였다(739면). 예를 제시하기 전에는 첫째꼴과 둘째꼴이 두루 쓰인다고 하였지만 예를 제시한 후에는 둘째꼴은 보통으로 잘 쓰이지 않는다고 기술한 점에는 모순이 보이지만, 이러한 기술은 현실적으로 둘째꼴도 쓰이긴 하지만 첫째꼴을 쓰도록 유도하려는 의도라고 생각된다. 그리고 이어지는 부분에서 둘째꼴의 쓰임을 "古式"이라고 하였다.

문제시되었다. 외솔은 사동 접미사와 피동 접미사의 형태가 같다는 것을 문제시하고 합리적 문법 체계를 세움으로써 이를 바로잡고자 했다. 이어지는 논의에서 자세히 살펴보겠지만, 외솔은 사동 접미사는 실제 쓰임을 대부분 인정하는 대신 피동 접미사는 그 목록을 대폭 축소해 사동과 피동의 형태가 일치하는 문제를 해결하고자 했다.

3) 사동 접미사

『삼천리』에 나타난 사동 접미사의 쓰임과 『우리말본』의 형태적 사동법에 대한 기술에서 두드러진 차이를 보이는 부분은 접미사의 목록과 사동 접미사의 중첩 현상에 대한 인정 여부였다.

외솔은 사동 접미사를 "시킴도움줄기"라 칭하였고 시킴도움줄기 중에는 '-이-'가 가장 "普遍的 原則의 것"이되 '-리-', '-우-', '-기-', '-히-'도 쓰이고, 그밖에도 '-시키다'도 시킴을 나타낸다고 하였다(최현배 1937:452). 그런데 『삼천리』를 비롯한 20세기 전반기 문헌에서는 외솔이 제시한 '-이-', '-리-', '-우-', '-기-', '-히-' 외에도 '-구-', '-추-', '-키-', '-후-'와 같은 사동 접미사도 널리 쓰였다.

> ㉠ 그 안해가 그 고마운 남편에게 맛있는 반찬을 **먹이고** 싶어서 양렴을 할 적에
>
> —『삼천리』 7-9, 1935.10
>
> ㉡ 그가 소설 『殉愛譜』를 쓴 것은 자기가 체득한 이 정신을 노래하여서 인

류동포에게 **들리자는** 것이다.

ⓒ 전녁 먹고 어린 것 **재우고** 겨우 틈을 만드러 책상에 안즈니

ⓔ 그 뒤차에는 두 살 먹은 어린애를 계집종 碧霞에게 **안기어** 어머니가 함께 올라타고 있었다.

ⓜ 우리 둘은 커-텐을 올니고 부혀케 언 창을 입김으로 동그라케 **녹힌** 후

ⓗ 원체 演題가 내 힘을 **돗구고** 熱을 올니게 해 주엇든 까닭이겟지만

ⓢ 그러나 臺灣당국은 의연히 그 탄압의 손을 **늦추지** 안어서

ⓞ 商界에 몸을 **숨킨** 才子 鄭漢景은 과연 때 이르러 부를 때에 다시 나올 것인가?

ⓩ 이리하여서 그의 남 유달니 焦燥한 性味에 **맞후어** 婚姻은 하였으나

한편 『삼천리』의 용례들을 보면 어떤 사동사는 이미 사동 접미사가 결합돼 있는데 또 다시 '-우-'나 '-이-'가 덧붙여져 있기도 했다. '-우-'나 '-이-' 자체도 사동 접미사로 쓰였기 때문에 이런 경우는 일종의 이중 사동형이라 볼 수 있다.

㉠ 전세계를 **놀내이든** 그는 엇던 인물?

—『삼천리』 3-9, 1931.9

㉡ 우리가 잇때까지 공개 못해 본 중대 사실을 만천하 독자에게 **알리우겟**
다는 생각이 잇섯다.

—『삼천리』 3-10, 1931.10

㉢ 만일 그 草稿가 우선 발표되어 가지고 그것이 당초에 朝鮮 사람에게 **읽**
히우기 위한 것이 아님에도 불구하고 대다수 朝鮮 사람에게 **읽히워 질**
수 잇을 것이 想定될 때에는 이를 朝鮮文學에 編入하는 것을 容許하여도
조타고 나는 생각한다.

—『삼천리』 8-8, 1936.8

㉠의 '놀래이다'는 '놀라+ㅣ+이+다'로 '-이-'가 두 번 쓰였고, ㉡
의 '알리우다'는 '알+리+우+다'로 '-리-'와 '-우-'가, ㉢의 '읽히우
다'는 '읽+히+우+다'로 '-히-'와 '-우-'가 모두 쓰였다.

외솔은 이처럼 문법적 기능이 같은 두 형태소가 겹쳐서 나타나는 이
중 사동을 비문법적인 현상으로 파악하였다. 아래의 인용문에서처럼
'재우다', '태우다'를 버리고 '재다', '태다'를 표준으로 삼아야 한다고
주장한 것이다.

어떤 경우에는 '이'와 '우'를 함께 쓰는 일이 없지 아니하다. 그 보기 :
서다ㅍ—세다(서이다)—서우다—세우다.
그러나, 다음의 것들은 '이' 하나만 쓰는 것으로 대중삼을 것이니, 곧
자다ㅍ—재다, 재우다.

타다乘, 燒-태다, 태우다.

따위는 '재다', '태다'로 대중삼을 것이니라.

—최현배 1937:455.

〈표 1〉 '삼천리'에 쓰인 단일 사동형과 이중 사동형의 빈도

	자다	타다(乘)	타다(燒)
단일 사동형	(재다) 0	(태다) 1	(태다) 7
이중 사동형	(재우다) 10	(태우다) 32	(태우다) 61

위의 인용문을 보면 '서다'의 경우는 이중 사동형 '세우다'를 사동사로 인정하되, '자다'의 이중 사동형 '재우다'나 '타다乘, 燒'의 이중 사동형 '태우다'는 인정하지 않고 '재다, 태다'를 표준으로 삼아야 한다고 하였다. 하지만 『삼천리』에 쓰인 용례들을 분석해 보면, '자다'의 사동사가 '재다'로 쓰인 예는 하나도 없었고 모두 '재우다'로 쓰였으며, '타다乘'와 '타다燒'의 사동사는 모두 '태다'보다는 '태우다'로 쓰인 예가 훨씬 더 많았다. 〈표 1〉은 '삼천리'에 나타난 이들 용언의 용례를 분석한 결과이다.

〈표 1〉을 보면, 세 동사 모두 이중 사동형의 빈도가 훨씬 높았고, 이를 통해 당시의 문법 기술과 언어 현실 사이의 간극이 있었음을 확인할 수 있다. 그런데 여기서 흥미로운 점은 이러한 간극이 결국 이후 『우리말본』의 문법 기술에 변화를 가져왔다는 점이다. 앞서 인용한 초판의 기술과 달리 제3판을 보면 '타다乘, 燒'의 사동사로 이중 사동형을 제시한 것이다. 다음은 1961년에 출판된 『우리말본』 제3판의 기술이다.

어떤 경우에는 "이"와 "우"를 함께 쓰는 일이 없지 아니하니, 이로써 대종

을 삼았느니라.

그 보기 :

서다立 ─ 세다(서이다) ─ 서우다 ─ 세우다.

자다眠 ─ 재다 ─ 재우다.

타다乘, 燒 ─ 태다 ─ 태우다.

─최현배 1961:352.

위의 인용문을 보면, 제3판에서는 '세우다'와 마찬가지로 '재우다'와
'태우다'를 표준형으로 제시해 초판의 기술에서 변화가 있었음을 확인
할 수 있다.

『우리말본』에서는 이중 사동형뿐 아니라 사동 접미사의 형태가 피동
접미사와 일치하는 것도 문제시하였다. 피동 접미사 중에는 '-이-', '-
히-', '-리-', '-기-'처럼 사동 접미사와 형태가 동일한 것이 있다. 이
들은 문맥이 제공되지 않으면 그것이 사동을 나타내는지 피동을 나타내
는지 알 수 없다. 『삼천리』 등 당시 자료에는 '-이-', '-히-', '-리-',
'-기-'가 피동 접미사로도 사동 접미사로도 널리 쓰였지만 외솔은 하나
의 문법 형태가 둘 이상의 문법적 기능을 담당하는 것을 문제시하고 이
들 접미사의 쓰임을 정비하려고 하였다.

『우리말본』에서는 사동 접미사의 기본형을 '-이-'라고 보고 음운론적
조건에 따라 '-이-'가 '-히-', '-리-', '-기-', '-우-'로 변하기도 하고[3]

---

3 최현배(1937:452)의 기술을 그대로 인용하면 다음과 같다. "시킴도움줄기는『이』가 가
   장 普遍的 原則의 것이로되, 간혹 어떤 움직씨에 限하여는『리』,『우』,『기』와『히』따위
   가 쓰히느니라." 그리고 이어지는 내용에서 이러한 변화의 조건으로, "ㄹ벗어난 움직씨"
   나 "ㄷ벗어난 움직씨"에는 '-리-'가 쓰이고, "어두운 홀소리로 끝진 줄기를 가진 움직

여기서 발음을 더 똑똑히 하기 위해 '-기-'가 '-키-'로, '-우-'가 '-후-'로 변하기도 한다고 기술하였다. 이러한 기술에서 보이는 두 가지 태도는 당시 쓰이던 사동 접미사를 모두 사동의 문법 요소로 인정한 점, 그리고 하나의 기본 형태로부터 일정한 조건에 의해 이형태가 생겨나는 규칙을 세우고자 했다는 점이다.

하지만 '-히-'에 대해서는 음운론적 조건을 제시하지 않고 원래 "입음도움줄기임이 원칙인데, 혹 예외로 시킴의 뜻을 들어내는 시킴도움줄기 노릇하는 일도 있다"라고 하여 원래 피동 접미사가 예외적으로 사동 접미사로 쓰인 것이라고 보았다(최현배 1937:453~454). 그리고 "시킴의 뜻으로『이』와『히』가 두루 쓰히는 것은 마땅히『이』로 본을 삼을 것이니라"라는 결론을 내렸다. 이처럼 외솔은 사동 접미사는 대체로 현실에서의 쓰임을 그대로 인정하였지만 피동 접미사는 '-기-', '-히-'로 그 목록을 축소해 피사동의 문법 형태가 일치하는 문제를 해결하고자 했다.

〈표 2〉는『우리말본』초판에서 제시한 사동 접미사와 사동사의 목록을『삼천리』에 쓰인 것과 비교한 것이다. 비교 방법은 일차적으로『우리말본』에 제시된 형태가『삼천리』에 나타나는지 확인하고, 이차적으로 해당 동사의 기본형이 다른 사동 접미사와 결합한 예가 있는지를 '삼천리'에서 찾아본 것이다. 〈표 2〉에서 강조 표시가 된 부분은 '삼천리'에는 용례가 나타나지만『우리말본』에는 언급되지 않은 경우이다.

〈표 2〉를 보면,『우리말본』의 기술과『삼천리』에서의 쓰임은 대체로

씨" 아래에는 '-우-'가 쓰이며, "후음(ㄴ, ㅁ)과 밀폐활음(ㅅ, ㅊ, ㅌ 등)의 아래"에는 '-기-'가 쓰인다고 그 음운론적 조건을 기술하였다. 또한 '-히-'의 경우에 대해서는 음운론적 조건을 기술하지 않고 원래 피동접미사가 예외적으로 사동접미사로 쓰인 것이라고 하였다(최현배 1937:453~454). 최현배(1937:539~544)에 더 자세한 설명이 있다.

사동 접미사	『우리말본』	'삼천리'
-이-	자이다, 재다(眠)	**재우다**
	자이다, 재다(宿)	**재우다**
	나이다, 내다(出)	내다, **내이다**
	녹이다(鎔)	녹이다
	줄이다(約)	줄이다
	젛이다('위협하다'의 옛말)	×
	닿이다, 대다(接)	닿이다, 대다, **대이다**
	먹이다(食)	먹이다
	보이다(示)	보이다
	쓰이다(用)	×
	씨이다(書)	**씨우다**
-리-	날리다(飛)	날리다, **날리우다**
	벌리다, 벌이다(張)[4]	벌리다, 벌이다
	돌리다(廻)	돌리다
	달리다(馳)	달리다
	놀리다(遊)	놀리다
	들리다(聞)	들리다
	들리다(擧)	들리다
	불리다(나발을)	×
	흘리다(流)	흘리다
	말리다(乾)	말리다
	발리다(塗)	**발리우다**
-우-	일우다(興)	일우다
	길우다(콩나물을)	길우다
	새우다, 새이다(夜明)	새우다, 새이다
	지우다(負)	지우다
	비우다(空)	비우다
	깨우다(覺眠)	깨우다
	지우다(負荷)	지우다
	짊구다(載荷)	×

4　20세기 전반기에 '벌다'는 '틈이 벌다'와 같이 자동사로 쓰였다.

사동 접미사	『우리말본』	'삼천리'
-기-	남기다(餘) 숨기다(隱) 안기다(抱) 감기다(머리를) 넘기다(越) 빗기다(梳) 벗기다(脫) 젓기다(배를) 뜯기다(毛) 맏기다(任)	남기다 숨기다 안기다 × 넘기다 빗기다 벗기다 × × 맏기다
-히-	녹히다, 녹이다 익히다(習) 잡히다(옷을 전당포에) 읽히다(讀) 입히다(被)	녹히다, 녹이다 익히다 잡히다 읽히다, **읽히우다** 입히다
-후-	익후다, 익히다(熟) 맞후다, 맞히다(合, 中) 갖후다(備) 맞후다, 맞히다(매를)	익히다 맞후다, 맞히다 갖후다 ×
-키-	숨키다, 숨기다	숨키다, 숨기다

일치했다. 특히, '녹히다'와 '녹이다', '숨키다'와 '숨기다' 등 하나의 어
기에 둘 이상의 사동 접미사가 결합된 복수의 형태가 말뭉치에 나타났
는데 『우리말본』에서도 이를 인정하였다. 하지만 '-우-'나 '-이-'가
덧난 이중 사동형은 『삼천리』에는 널리 쓰였지만 『우리말본』에서는 이
에 대해 언급하지 않았다.

4) 피동 접미사

역사적으로 볼 때 우리말에서 피동은 주된 문법 범주는 아니었다. 고

려시대 석독구결 자료에도 사동법은 나타나지만 피동법은 확인되지 않으며[5] 15~19세기 자료에서도 피동문보다는 능동문의 쓰임이 훨씬 두드러졌다. 그러다 19세기 말부터는 문헌상에 나타난 피동 표현이 급격히 증가되었다.[6]

『우리말본』에서는 피동 접미사를 "입음도움줄기"라고 하고, 입음도움줄기 중에는 '-히-'가 가장 "普遍的 原則의 것"이되 '-기-'도 쓰이고, '-되다', '-받다', '-당하다'도 입음을 나타낸다고 하였다(최현배 1937:455). 앞서 살펴본 사동 표현과 달리『우리말본』에서는 피동 접미사의 목록을 '-히-'와 '-기-'로 축소하였는데『삼천리』에 쓰인 용례를 보면 그밖에 '-이-', '-리-'도 피동 접미사로 널리 쓰였다.

당시 국어에서도 오늘날과 마찬가지로 사동 접미사와 피동 접미사의 대부분이 형태가 일치했는데 외솔은 동일한 형태가 서로 다른 문법 기능을 하는 현상을 문제시했던 것으로 보인다. 그리고 사동 접미사는 현실에서의 쓰임을 되도록 그대로 인정하되 피동 접미사의 목록은 축소함으로써 이 문제를 해결하려고 했다.

『삼천리』에 쓰인 피동 접미사에는 '-이-', '-히-', '-리-', '-기-'와 '-되다', '-당하다', '-받다' 등이 있었다. 그중 '-이-', '-히-', '-리-', '-기-'는 그 뒤에 '-우-'가 첨가되는 경우가 많았다. 다음은 '-이-', '-히-', '-리-',

---

5   김성주(2006)은 고려시대 자토석독구결과 점토석독구결 자료들에 피동을 표현하는 구결자나 점토가 발견되지 않기 때문에 고려시대 국어에 피동이 문법 범주로서 아직 정착되지 않았을 가능성을 제기하였다.

6   앞선 연구들에서는 19세기 말부터 피동 표현이 급증한 이유로, 비인칭 주어의 쓰임이 잦은 영어나 일본어 문헌들을 번역하는 과정에서 외국어의 구문 구조에 영향을 받은 것으로 논의하였다. 피동 표현의 증가에 대한 일본어의 영향을 분석한 논의로는 송민(1989), 정광(1995), 유민아(2006) 등이 있고, 영어의 영향을 분석한 논의로는 김동언(2003) 등이 있다.

'-기-'의 예로, ㉠은 피동 접미사가 하나만 쓰인 예, ㉡은 피동 접미사에 '-우-' 가 첨가된 예이다.

㉠ 눈 **쌓인** 넓고 넓은 들판을 마음대로 뛰여단니며

—『삼천리』 7-11, 1935.12

자긔가 남을 먹으려 하며 또 남에게 **먹힐까** 두려워

—『삼천리』 7-5, 1935.6

뒷벽에 놉다랏케 **달린** 두 창문은 철근과 철사로 된 견고한 것이고나

—『삼천리』 2-7, 1930.11

유모에게 **안긴** 어린애는 스가-렛드를 달멋다.

—『삼천리』 10-12, 1938.12

㉡ 그때의 間島에는 발서 白雪이 한 자이나 **싸이우고** 추위는 零下 22도라고 한다.

—『삼천리』 7-2, 1935.2

누에에게 **먹히우는** 뽕닙같이

—『삼천리』 8-1, 1936.1

죄수는 허공에 **달리워** 버리고 만다.

—『삼천리』 2-7, 1930.11

경순이가 인섭의 팔 안에 **안기웠음을** 인식하자

—『삼천리』 8-8, 1936.8

위의 예에서 '쌓다'의 피동사가 '쌓이다', '쌓이우다'로, '먹다'의 피

동사가 '먹히다', '먹히우다'로, '달다'의 피동사가 '달리다', '달리우다'로, '안다'의 피동사가 '안기다', '안기우다'로 쓰인 것처럼, 20세기 전반기 자료에서는 하나의 동사의 피동형이 '-우-'가 덧난 꼴과 그렇지 않을 꼴로 모두 쓰이는 것을 흔히 볼 수 있다. 그리고 문맥을 통해 볼 때 '-우-'가 첨가된 피동형과 그렇지 않은 피동형 사이에 의미의 차이는 없었던 것으로 생각된다.

피동 접미사 중 '-이-', '-히-', '-리-', '-기-'는 사동 접미사로도 쓰였는데, 『우리말본』에서는 이 중 '-기-'와 '-히-'만을 피동 접미사로 인정하였다. 그리고 실제 언어 현상에서 '-이-'나 '-리-'가 피동 접미사로 쓰이는 이유는 언어 사용상의 혼란 때문이라고 지적하고 이를 바로잡고자 하였다. 아래의 인용문은 『우리말본』에서 '-이-'와 '-히-'의 혼란을 지적하며 피동을 나타낼 때에는 '-이-' 대신 '-히-'를 써야 한다고 주장한 부분이다.

'히'가 홀소리로 끝진 움직씨 아래에서는 잘 들어나지 아니하기 때문에, 世上 사람들은 흔히 이것을 알아 보지 못하고, 『이』로 쓰기 때문에, 저 시킴 도움줄기 『이』와 混同되어 서로 區別이 없어지는 일이 있다. 보기를 들면,

보이다使見, 示와 보히다被見, 可見,

쓰이다(使用하게 함)와 쓰히다(使用됨)

를 마구 서로 같이 쓴다. 이것은 우리말의 理致를 잘 살피지 못한 큰 잘못이다. 나는 이 두 가지의 區別을 하는 것이 語法에 맞을 뿐 아니라 思想發表의 正確性을 얻기에 必要하며 따라 言語發達에도 極히 必要한 일이라 하노라 (최현배 1937:456).

모음으로 끝난 어기 뒤에서 '-히-'의 소리가 약해져 '-이-'와 혼동되고 있지만, '-이-'는 어디까지나 사동 접미사이므로 피동의 경우에는 반드시 '-히-'를 써야 한다는 것이다. 그리고 이러한 구별을 통해 사상을 더 정확히 발표할 수 있고, 그 결과 언어의 발달을 도모할 수 있다고 하였다. '-리-'와 '-히-'에 대해서도 유사한 견해를 피력했다.

> ㄹ로 끝진 움직씨의 몸 아래에 시킴의 '리'나 입음의 '히'가 붙을 적에는 그 ㄹ을 쌍리을(ㄹㄹ)로 내는 버릇이 있기 때문에, '히'의 ㅎ이 잘 들어나지 아니한다. 그리하야, 世人은 이런 境遇에 시킴과 입음을 區別하지 못하고 글을 적는다. 이를테면,
>
> | (시킴) | (입음) | |
> |---|---|---|
> | 들리다(聞케 함)와 | 들히다被聞, 可聞 | …… (모다 '들리다'로 씀) |
> | 물리다(咬케 함)와 | 물히다被咬 | …… (모다 '물리다'로 씀) |
>
> 를 區別없이 서로 같이 씬다. 그러나, 이리해서는 안 된다. 그 두 가지가 發音으로서는 서로 近似하지마는, 이런 것은 法으로 가를 必要가 있는 것이다. 그리하여 表音文字의 表意化란 것이 되어서, 讀書 能率에 큰 좋은 影響을 주느니라
>
> —최현배 1937:456~457.

외솔은 '-을'로 끝나는 어기 뒤에서 '-히-'의 소리가 약화돼 이러한 혼란이 발생하지만 그렇더라도 피동을 나타낼 때에는 '-리-'가 아닌 '-히-'로 적어야 한다고 주장했다. 인용문의 마지막 문장을 보면 "표음문자의 표의화"를 통해 "독서 능률"을 높일 수 있다고 기술하였는데, 표음문자의 표의화란 소리를 적는 문자의 효율성을 살리면서도 문자를 통해

뜻까지 식별할 수 있게 하겠다는 것으로, 문법 기술에 대한 이러한 태도는 문자 언어가 음성 언어를 닮아가는 언문일치에서 한 걸음 더 나아가 문자 언어가 그 자체로 합리성을 추구해 가는 당대의 언어적 상황을 보여주는 대목이기도 하다. 한편 『우리말본』에는 위의 인용문에서 '발음이 근사近似하다'고 했던 부분에 대해 그 차이를 좀 더 자세히 설명한 부분이 있다.

ㄹ 아래에서는 '히'는 '리'로 나는 것 같다. 이는 그 우의 ㄹ이 ㄹㄹ로 나기 때문에 그 된흐름소리의 影響을 입어서 'ㅎ'이 잘 들어나지 못함이니라. 그렇지마는, 이것이 저 시킴움직임에서 '이'가 ㄹ아래에 설 적에 그 우의 ㄹ이 ㄹㄹ로 나는 때문에, '이'가 '리'로 나는 것과는 發音上 얼마큼 다름이 있다. 이를테면,

 (ㄱ) 이 울안에는 남이 들어오는 것을 **말린다**. …… 시킴

 (ㄴ) 종이가 엷어서 잘 **말힌다**. …… 입음

의 (ㄱ)의 "말리"는 올림(악센트)이 첫낱내 "말"에 있고, (ㄴ)의 "말히"는 올림(악센트)이 끝낱내 "히"에 있음과 같다. 이 다름은 매우 적어서 不分明하지마는, 시킴과 입음이 同形일 적에는, 올림(악센트)이 시킴에서는 첫낱내에 있고, 입음에서는 끝낱내에 있음은 거의 一般的 現象으로 볼 수가 있을 것 같다.

 (…중략…)

 이와 같이, 시킴과 입음 사이에는 發音上 얼마큼 다름이 있으니(**또 다름이 없다 하더라도 그 整理와 區別을 爲하여**), 시킴에서는 '이'와 '리'를 다 認定하여 주었지마는, 입음에서는 '이'와 '리'는 도모지 認定하지 아니하고, '히'만

을 쓰는 것이 좋다고 생각한다

사동의 경우는 악센트가 어기 부분에 오고 피동의 경우는 접미사 부분에 오는 발음상의 차이가 있다는 것이다. 하지만 강조한 부분을 보면, 발음상의 차이가 분명치 않고 설령 아예 차이가 없다 하더라도 그 정리와 구별을 위해서는 사동 접미사와 피동 접미사를 구별해 쓰는 것이 좋다고 기술하였다. 그 이유는 앞서 밝힌 바와 같이 말뜻의 정확한 전달과 표음문자의 표의화를 통한 언어 발달의 도모에 있었다.

한편, 앞서 『삼천리』에 나타난 '-우-'가 첨가형 피동사의 예를 살펴보았는데, 『우리말본』에는 그에 대한 특별한 언급이 없어서 이를 피동의 형태로 인정하지 않는 것으로 생각된다. 『우리말본』에는 이러한 쓰임에 대한 별다른 언급이 없지만 1937년에 나온 『한글』 제50호의 "물음과 대답"(73면)이라는 글을 보면 이중 피동형의 쓰임에 대한 독자의 질문에 외솔이 답변을 하며 이 문제를 직접적으로 거론한 부분이 있다. 다음은 질문과 답변의 내용을 그대로 인용한 것이다.

Q : "흔히 입음꼴로 쓰이는 "날리우다被飛", "돌리우다被回", "웃기우다被笑",
   "벗기우다被脫", "감기우다被浴"의 "우다"는 무엇으로 처리될까요."
A : ""우"를 입음에 쓰는 일이 있으나, 大槪는 獨立的 存在로써 쓰히지 아니하고, 加外의 것으로 쓰힙니다. 곧 없어도 좋은데다가 공연히 하나 덧붙여서 쓰는 일이 예사이외다. 이를테면 "먹다"의 입음으로 "먹우다"가 되는 것이 아니라, "먹히우다"라 함과 같습니다. 그러니, 이것은 "먹

히다"만으로써 훌륭합니다. 그래서 저는 "우"로써 ○○[7]한 입음도움줄기로 잡지 아니하였습니다. 만일 "우"를 獨立한 입음도움줄기라 하면, "깎기우다"는 "깎다"의 입음이 아니라 "깎기다"의 입음이 될 것이외다.

— "우리말본" 지은이 최현배.

위의 인용문에 나타난 것처럼 덧나는 '-우-'는 단독으로 피동 접미사로 쓰이지 못하고 언제나 '-히-'나 '-기-'에 덧붙어 쓰이는데다, '-우-' 없이 '-히-'나 '-기-'만으로도 피동을 나타낼 수 있기 때문에 이를 피동 접미사로 설정하지 않았다는 것이다.

한편 『우리말본』에서는 파생 피동사의 목록을 표로 제시하였는데, 그 목록을 토대로 『삼천리』의 용례들을 조사한 뒤 두 결과를 대조해 보았다. 〈표 3〉은 일차적으로 『우리말본』에서 '-히-' 파생 피동사로 제시된 동사들이 『삼천리』에 실제로 쓰였는지를 조사하고, 이차적으로는 그 어기가 된 동사가 다른 피동 접미사와 결합된 경우가 있는지를 조사한 것이다. 그리고 『삼천리』에 용례가 없는 경우(표에 ×로 표시된 경우)는 '-어 지다'꼴로 나타난 예가 있는지도 함께 찾아봐 해당 용례가 있을 경우 괄호 안에 제시하였다. 그리고 양쪽의 목록 중 일치하지 않는 부분에 강조 표시를 하였다.

〈표 3〉으로부터 당대의 규범과 언어 현실 사이의 몇 가지 차이를 정리해 볼 수 있다. 첫째, 앞서 언급한 대로 어기 말음이 'ㄹ'로 끝나는 동사의 경우 『우리말본』에서는 '달히다', '빨히다', '물히다', '말히다',

---

7   글자가 흐려서 잘 보이지 않아 '○'로 입력하였다.

어기 말음	『우리말본』	'삼천리'
ㄱ	먹히다(食)	먹히다, **먹히우다**
	박히다(釘, 印)	박히다, **박이다**
ㄹ	알히다(知)	× (알려 지다, 알리워 지다)
	달히다(縣)	달리다, **달리우다**
	빨히다(滌, 吮)	**빨리다, 빨리우다**
	물히다(咬)	**물리다, 물리우다**
	말히다(卷)	**말리다**
	걸히다(掛)	**걸리다, 걸리우다**
ㄹㅎ	앓히다(通)	×
ㅂ	잡히다(捕)	잡히다, **잡히우다**
	접히다(摺)	접히다
	업히다(負)	업히다
	잡히다(質)	잡히다
	뽑히다(選拔)	뽑히다, **뽑히우다**
	꼽히다(屈指)	꼽히다
ㄹㅂ	밟히다(踏)	밟히다, **밟히우다**
ㅌ	흩히다(散)	× (흩어 지다)
ㄸ	핥히다(舐)	×
	훑히다(벼를)	×
ㅍ	짚히다(杖)	**짚히우다**
	덮히다(蓋)	덮히다
	엎히다(覆)	× (엎어 지다)
	갚히다(報)	×
ㅎ	놓히다(放置)	놓히다, **놓이다**
	쌓히다(積)	**쌓이다, 쌓이우다**
홀소리	타히다(和)	×
	켜히다(鋸木, 點火)	**켜이다**
	보히다(見)	보히다, **보이다**
	쏘히다(射)	쏘히다, **쏘이다**
	쓰히다(用)	쓰히다, **쓰이다**
	트히다(通)	**트이다**
	씨히다(書)	씨히다, **씨이다**

'걸히다'와 같이 '-히-'가 결합되는 것으로 기술하고 있으나 『삼천
리』에서는 '-리-'가 결합된 쓰임만이 확인되었다. 둘째, 거의 대부분의
피동사들이 '-우-'가 덧나는 꼴로도 쓰였지만 『우리말본』에서는 이를

제시하지 않았다. 셋째, 『우리말본』에 '-히-' 파생 피동사로 제시된 목록 중에 『삼천리』에 그 용례가 전혀 보이지 않는 것들이 있는데, '알다'의 피동사로 제시된 '알히다', '앓다'의 피동사로 제시된 '앓히다', '핥다'의 피동사로 제시된 '핥히다' 등이 그것이다. 이러한 동사들은 '알려지다'와 같이 '-어 지다'와 결합돼 쓰이기도 했다. 넷째, 실제 용례에서는 '-히-'와 '-이-'를 모두 취한 보이는 동사들이 있었는데, 주로 어기 말음이 'ㅎ'이나 모음인 경우에 그런 양상이 집중되어 있었다.

피동 접미사 '-기-'는 '-히-'와 달리 '-이-'나 '-리-'와 발음상의 혼란이 없었기 때문에 『우리말본』에서도 별다른 설명을 하지 않았다. 〈표 3〉과 마찬가지로 『우리말본』에 제시된 '-기-' 파생 피동사의 목록을 말뭉치의 용례와 비교(〈표 4〉)해 보았다.

'-기-' 파생 피동사에 대한 문법서의 기술과 실제 용례상의 차이는 주로 '-우-'가 덧난 꼴을 인정하는가 그렇지 않는가에 있었다. 『우리말본』에서는 '-우-'가 덧난 꼴을 사동사의 목록에 제시하지 않았지만 『삼천리』에 쓰인 실제 용례들 중 상당수는 '-기-'와 '-우-'가 함께 쓰인 경우였다. 한편, 『우리말본』에 제시된 '삶기다, 잇기다, 웃기다, 긋기다' 등의 피동사는 『삼천리』에서는 그 용례가 확인되지 않았다.

피동법에 대한 『우리말본』의 기술 중 마지막으로 살펴볼 부분은 피동 접미사의 결합이 제약되던 동사들에 인위적으로 접미사 결합형을 만들어 내고자 했던 부분이다. 오늘날처럼 당시에도 '잃다, 그리다, 줍다' 등의 동사들은 그에 대응되는 파생 피동사가 없었기 때문에 형태적 피동법은 빈자리가 많은 불안정한 체계를 이루고 있었다. 이러한 빈자리를 메우기 위해 『우리말본』이 제시한 해결책은 '-히-'나 '-기-'에 의

〈표 4〉『우리말본』에 제시된 '-기-' 파생 피동사들의 '삼천리'에서의 쓰임

어기 말음	『우리말본』	'삼천리'
ㄴ	안기다(抱)	안기다, **안기우다**
ㄶ	끊기다(絶)	끊기다
	끊기다(擧, 考査)	끊기다
ㅁ	감기다(卷)	감기다, **감기우다**
	심기다(植)	심기다, **심기우다**
ㄹㅁ	삶기다(烹)	×
ㅅ	벗기다(脫)	벗기다
	빼앗기다(奪)	빼앗기다, **빼앗기우다**
	짓기다(作)	× (지어 지다)
	잇기다(續)	× (이어 지다)
	웃기다(笑)	×
	줏기다(拾)	×
	긋기다(劃)	×
	씻기다(拭)	씻기다, **씻기우다**
ㅊ	씿기다(洗)	× (씿겨 지다)
	쫓기다(逐)	쫓기다, **쫓기우다**
ㄲ	깎기다(削)	깎기다, **깎기우다**
	꺾기다(折)	꺾기다, **꺽기우다**
	낚기다(釣)	×
	닦기다(磨)	닦기다, **닦기우다**
	섞기다(混)	섞기다, **섞기우다**
	볶기다(灼)	볶기다
	엮기다(編)	엮기다

한 형태적 피동법을 "억지로 응용하여서" "잃힌 진주, 그리힌 산수, 주
힌 물품" 등으로 쓰게 하거나, '지다'에 의한 통사적 피동법을 확장하여
"잃어 진 진주, 그리어 진 산수, 주어 진 물품"과 같이 쓰게 하자는 것이
었다(최현배 1937:433). 이러한 제안을 하며 외솔은 '문법이란 있는 그대
로의 언어 현실을 충실히 기술하는 것에 그쳐야 하는가' 아니면 '언어
현실을 바꾸어 나가는 지침이 되어야 하는가'에 대한 생각을 피력한다.
본문에서는 한 단락으로 이어져 있지만 논의의 편의를 위해 세 부분으
로 나누어 인용하면 다음과 같다.

㉠오늘날 우리의 생각의 피동적被動的 발표의 요구에 응하여, 우리는 우리 배달말을 이 두 가지로 발달시켜야 할 마당에 있는 것이다. 이 점에 대하여, 어떤 이는 말하리라 : ― 말본 책의 임무는 다만 사실로 존재하는 말의 본연을 찾아 정리함에, 다시 말하면 귀납적歸納的으로 정리된 법으로써 사실적으로 존재하는 말을 설명함에 있을 따름이다. 말본책의 지은이는 이것으로 만족할 것이다. 그러하거늘, 이제 너는 연역적演繹的으로 새 경지에 응용하려 하며, 또 확장적擴張的으로 새 뜻을 부여附與하려 하니, 너무도 말본책語法書의 본분本分을 벗어난 참월僭越이 아니냐? 고. 그렇다. 나도 그러함을 안다.

― 최현배 1937:433.

㉡그러나, 말이란 것은 죽은 것이 아니라, 사람의 생활의 진보를 따라서 늘 변해 간다. 없어지기도 하고, 새로 생기기도 한다. 현재의 말본은 현재의 말에 대하여 설명적이요, 그 말을 쓰는 사람에게 대하연 규범적規範的이요, 따라 새로 말을 만들어 가는 사람의 언어 생활의 창조적 활동에 대하연 역시 규범적(물론 절대적 규범은 될 수 없겠지마는)일 것이다.

― 최현배 1937:433.

㉢설혹, 한걸음 사양하여, 이 규범성을 전연 부인한다 할지라도, 사람의 말살이言語生活가 줄창 창조적임을 깨쳐야 한다. 이제는 없는 것이라도 생활의 필요를 따라 자꾸 만들어 가는 것임을 깨쳐야 한다. 이는 단순한 공리空理가 아니라, 이미 사회적으로 실현되어 가는 바이다.

― 최현배 1937:433.

㉠의 첫 문장에서는 우리말이 생각의 피동적 요구를 담아내야 하는

상황에 처하게 되었다는 인식이 보인다. 문법 기술에서는 마땅히 귀납적 태도를 취해야 하지만 피동법에 관하여는 예외적으로 연역적 태도를 취할 필요가 있다는 것이다. ⓛ에서는 말이라는 것이 본래 고정된 것이 아니라 사람의 생활이 변해감에 따라 함께 변하는 것임을 강조하였다. 이는 말을 적극적으로 변하게 하는 것이 말의 본성에 어긋나는 일이 아니라는 점을 강조하기 위한 기술인 것으로 생각된다. 그리고 이러한 말의 속성에 따라 문법이란 것은 설명적이면서도 동시에 그 언어의 사용자에 대해서는 규범적일 수 있다는 점을 덧붙였다. ⓒ을 보면, 설사 문법의 규범성을 부인한다 하더라도 말의 창조성은 누구도 부인할 수 없다는 점을 역설하며 이는 단지 공리에 그치는 것이 아니라 이미 사회적으로 실현되고 있는 엄연한 현실임이라고 하였다. 당시는 피동문을 별로 쓰지 않던 우리말에 갑자기 피동 표현이 증가하는 변화가 일어난 때였다. 말이라는 것이 어차피 변하는 것이라면, 보다 적극적인 태도를 취해 그 말을 올바른 방향으로 변하게 하는 것이 당위라는 것이다.

3. 중의성의 해소

이상에서 살펴본 관형사형 어미 및 피사동 접미사의 문법적 변이에 대해 외솔은 형태와 기능을 1:1로 대응시키는 방향으로 문법을 정비하고자 했다. 이러한 입장은 기본적으로 언어를 통한 의사 전달의 효율성과 정확성을 높이기 위한 것이라 할 수 있다. 일부의 경우 실제 쓰임과 외솔이 주장한 '문법적인 쓰임' 간에 격차가 큰 것도 있었지만, 이러한 경우를 제외하면 대체로 구형과 신형이 공존할 때 구형을 비문법적인 것으로, 신형을 문법적인 것으로 규정하는 경향성이 보였다. 하지만 『우리말본』에서 예외적으로 구형의 사용을 장려한 경우가 있었다. 명사구 접속 구성에서 마지막 명사구 뒤에 접속조사를 쓸 것인가의 문제에 대해 외솔은 중의성으로 인한 의사소통의 장애를 막기 위해 옛날 용법을 되살려 쓰자고 제안했다.

현대국어에서 여러 개의 명사구가 '과'에 의해 접속될 때 마지막 명사구 뒤에서는 보통 접속조사가 생략된다. '너와 나는 친구이다'와 '너와 나와는 친구이다'를 비교해 보면 후자의 쓰임이 불가능한 것은 아니지만 전자 쪽이 더 자연스럽게 느껴진다. 하지만 '커피와 주스가 나왔다'와 '*커피와 주스와가 나왔다' 혹은 '사과와 배를 샀다'와 '*사과와 배와를 샀다'를 비교해 보면 격조사가 후행할 경우 마지막 명사구 뒤의 '과'의 출현은 비문법적임을 알 수 있다.

『삼천리』에서도 '-과'는 마지막 명사구 뒤에서 생략되는 것이 일반적이었지만 일부 예에서는 마지막 명사구 뒤에도 아래와 같이 '-과'가 실현될 때가 있었다.

    ㉠ [모든 형사와 경비대와]가 우리들을 체포할 만한 조건부의 명령을 밧엇습니다.

                         —『삼천리』 4-1, 1932.1

    ㉡ 吾人은 [독립에 대한 책임과 위험과]를 직면할 준비가 잇스며

—『삼천리』 3-11, 1931.11

ⓒ 그 애기가 [자기와 순영과]의 아이라 단정을 하게 하엿다.

—『삼천리』 7-6, 1935.7

ⓔ 그런대 대개 일반 교양을 [문화적인 것과 **정치적인 것과**]로 구별할 수

잇지마는

—『삼천리』 10-5, 1938.5

ⓜ 학교는 결국 시작되엇지마는 1학년에서 [나와 두어 동무와]는 퇴학을

당하고 말엇다.

—『삼천리』 3-12, 1931.12

위의 예를 보면, 'NP와 NP와' 뒤에 격조사 '-가', '-를', '-의', '-로'나 보조사 '-는'이 결합되었다. 『삼천리』에 쓰인 명사구 접속구성에서 격조사가 후행할 때 마지막 명사구에 '과'가 실현되는 쓰임은 일반적이라기보다 예외적이었는데 이러한 용법은 역사적 변화 과정을 반영한 일종의 흔적 같은 것이었다. 중세국어 문헌에 나타난 명사구 접속 구성을 보면 'NP와 NP와 NP와를'처럼 '과'와 격조사가 함께 나타나는 것이 '과'가 생략되는 쓰임보다 일반적이었는데 후대로 오며 '과'를 탈락하는 방향으로 변화가 진행되었던 것이다.

그런데 『우리말본』에서는 이처럼 '-과'를 탈락시켰을 경우 문장의 의미 파악이 어려운 예들을 제시하고 이런 경우에는 전통적 용법을 되살려 '-과'를 쓰는 것이 좋겠다고 제안하였다. 외솔이 문제시한 예는 다음과 같은 예이다.

ⓐ福童과 壽男의 언니는 同級生이다.

ⓑ四에 二와 三의 五倍를 더하면, 얼마이뇨.

ⓒ史記와 漢書의 列傳을 읽는다.

외솔은 위의 예들이 중의성을 갖는다는 점을 지적하였다. ⓐ에서는 접속의 단위가 '복동'과 '수남'인지 '복동'과 '수남의 언니'인지가 불분명하다. ⓑ에서는 4에 2와 15(3의 5배)를 더하는 것인지, 10(2의 5배)과 15(3의 5배)를 더하는 것인지가 불분명하다. ⓒ에서는 '사기'라는 책과 '한서 열전'을 읽는다는 것인지 '사기 열전'과 '한서 열전'을 읽는다는 것인지 불분명하다. 외솔은 이러한 혼란이 생기는 이유가 접속되는 마지막 명사구 뒤의 '과'를 생략하기 때문에 발생한 것이라고 지적하며 "오늘에서라도 그 誤解를 이르키기 쉬운 말에서는, 그 맨끝의 『와(과)』도 덜어 버리지 말고 ──히 써야" 한다고 주장했다(최현배 1937:883). 그리고 위의 문장들을 의미에 따라 아래와 같이 구별해 쓰자고 하였다.

ⓐ福童과 壽男과의 언니는 同級生이다.

ⓑ福童과 壽男의 언니와는 同級生이다.

ⓐ과 ⓑ은 접속의 단위가 되는 명사구 각각에 접속조사 '과'를 결합시킨 것이다. ⓐ에서는 '복동'과 '수남'이, ⓑ에서는 '복동'과 '수남의 언니'가 접속의 단위가 되는 것이다. 이렇게 할 때 의미의 해석은 명확해진다. 전자는 복동의 언니와 수남의 언니가 동급생이라는 의미이고,

후자는 복동과 수남의 언니가 동급생이라는 의미이다.

> ㉠四에 二와 三과의 五倍를 더하면, 얼마이뇨. (쑴 二九)
> ㉡四에 二와 三의 五倍와를 더하면, 얼마이뇨. (쑴 二一)

위의 경우도 접속조사를 통해 접속의 단위가 무엇인지를 알 수 있는데, 위의 ㉠에서는 '2의 5배'와 '3의 5배'의 합이 되고 ㉡에서는 '2'와 '3의 5배'의 합이 된다.

> ㉠史記와 漢書와의 列傳을 읽는다.
> ㉡史記와 漢書의 列傳과를 읽는다.

위의 ㉠은 '사기 열전'과 '한서 열전'을 읽었다는 뜻이고 ㉡은 '사기'와 '한서 열전'을 읽었다는 뜻이다. 이처럼 외솔은 사라져가는 마지막 명사구 뒤의 '과'를 되살려 씀으로써 중의성을 방지하려 했지만 이러한 규범적 처방은 실제 언어 현실과는 괴리가 있었기에 외솔의 의도대로 용법이 변화되지는 않았다. 오늘날에도 한국어 명사구 접속 구성은 억양이나 쉼표 등의 도움이 없이는 접속 단위가 무엇인지에 대한 중의성을 안고 있다.

4. 결론

언어적 변이가 극심하던 20세기 전반기 언어 현실에서 문법을 기술한다는 것은 어디까지를 문법적 쓰임으로 인정할 것인가에 대한 수많은 판단을 요하는 일이었을 것이다. 『우리말본』이 현대국어 문법 체계에 미친 지대한 영향을 생각해 볼 때 이 문법서에서 당시 언어 현실 중 어떤 것을 문법 체계에 포함시켰는지 혹은 배제시켰는지를 살펴보는 것은 중요한 의미를 갖는다. 기술된 역사라는 것이 보통 그러하듯이 국어 문법의 역사 역시 취사선택의 결과였을 가능성이 있기 때문이다.

『우리말본』의 본문과 잡이의 기술을 비교해 보면 외솔이 당대의 언어를 관찰하고 재단하는 과정에서 기술적 태도와 규범적 태도 사이를 오가며 많은 갈등을 했음을 알 수 있다. 『우리말본』에서 외솔은 때매김법의 체계를 세우면서[8] 자신이 설정한 시제 체계가 어법적인 논리에 의해 정돈된 것일 뿐 그 각각이 실제로 다 쓰이는 것은 아니라는 설명을 덧붙였다. 그리고 그러한 처리에 대해 "그러므로, 다만 오늘날의 말씨言語使用로써만 그 법을 삼는다면, 그것이 넘어도 不完全 不整齊하여서 足히 法이 있다 할 것이 못 된다. 그래서, 다음과 같이, 그것을 規則的으로 排列하여 놓았다. 그러므로, 元來 말본이란 것은 實際로 사용되는 말의 뒤를 좇아가야 할 것인데, 여기에서는 도리어 얼마큼 말본이 말 그것보

---

8 외솔은 관형절의 시제를 이제現在, 지난적過去, 올적未來으로 나누고, 각각을 마침完了과 이음繼續, 이음의 마침繼續完了으로 나누어, 이제, 이제마침, 이제이음, 이제이음의 마침, 지난적, 지난적마침, 지난적이음, 지난적이음의 마침, 올적, 올적마침, 올적이음, 올적이음의 마침의 열두 가지로 설정하였다.

다 앞선 봄觀이 없지 아니하다"(최현배 1937:619~620)라고 하였다. 한편으로는 실제의 사용을 보지만 한편에서는 규칙에 의한 사용 가능성을 고려해 문법 체계를 설정하였다는 것이다. 이러한 처리에 대해 스스로도 '이 어떤꼴의 때매김은 나의 우리말본 가운데에서 가장 마뜩지 못한 부분'이라고 한 것을 보면 외솔은 결과적으로는 규범문법적 처방을 내렸지만 '말의 뒤를 좇아가는 말본'과 '말보다 얼마큼 앞선 말본' 중 전자에 대해서도 상당히 무게를 두었었다고 생각된다.

참고문헌

1. 신문 및 잡지

『개벽』, 『경향신문』, 『기호흥학회월보』, 『독립신문』, 『동광』, 『대조선독립협회회보』, 『대한매일신보』(국문판), 『대한매일신보』(국한문판), 『대한자강회월보』, 『대한협회회보』, 『동아일보』, 『매일신문』, 『삼천리』, 『서우』, 『제국신문』, 『조선일보』, 『청춘』, 『한글』, 『한성순보』, 『한성주보』, 『황성신문』, 『협성회회보』, 『호남학보』

2. 사전

Gale, J. S., 『韓英字典』(1897), 황호덕 · 이상현 편, 『한국어의 근대와 이중어사전』 5, 박문사, 2012.

_____, 『韓英字典』(1911), 황호덕 · 이상현 편, 『한국어의 근대와 이중어사전』 6, 박문사, 2012.

_____, 『三千字典』(1924), 황호덕 · 이상현 편, 『한국어의 근대와 이중어사전』 8, 박문사, 2012.

_____, 『韓英大字典』(1931), 황호덕 · 이상현 편, 『한국어의 근대와 이중어사전』 10, 박문사, 2012.

Jones, G. H., 『英韓字典』(1914), 황호덕 · 이상현 편, 『한국어의 근대와 이중어사전』 4, 박문사, 2012.

Ridel, F., 『韓佛字典』(1880), 황호덕 · 이상현 편, 『한국어의 근대와 이중어사전』 1, 박문사, 2012.

Scott, J., 『English : Corean Dictionary』(1891), 황호덕 · 이상현 편, 『한국어의 근대와 이중어사전』 3, 박문사, 2012.

Underwood, H. G., 『韓英字典』(1890), 황호덕 · 이상현 편, 『한국어의 근대와 이중어사전』 2, 박문사, 2012.

_____, 『英鮮字典』(1925), 황호덕 · 이상현 편, 『한국어의 근대와 이중어사전』 8, 박문사, 2012.

3. 한국어 논저

가라타니 고진, 조영일 역, 『네이션과 미학』, b, 2009.

강매, 『朝鮮語文法 提要(上)』(1921), 김민수 외편, 『역대한국문법대계』 1-11, 박이정, 1985.

강복수, 『國語文法史研究』, 형설출판사, 1975.

강신항, 『국어학사』(증보개정판), 보성문화사, 1988.

강윤호, 『개화기의 교과용 도서』, 교육출판사, 1975.

강전, 『精選朝鮮語文法』, 김민수 외편(1930), 『역대한국문법대계』 1-12, 박이정, 1985.

고영근, 『國語學研究史－흐름과 動向』, 학연사, 1985.

_____, 『한국어문운동과 근대화』, 탑출판사, 1998.

고영진, 「근대 한국어 연구의 성과와 과제－'근대국어'의 기점 문제와 관련하여」, 연세대 근대한국학 연구소 편, 『한일 근대어문학 연구의 쟁점』, 소명출판, 2013.

고영진・김병문・趙太린 편, 『식민지 시기 전후의 언어문제』, 소명출판, 2012.

구자황, 「독본을 통해 본 근대적 텍스트의 형성과 변화」, 『한국 근대문학의 형성과 문학 장의 재발견』, 소명출판, 2004.

_____, 「1920년대 독본의 양상과 근대적 글쓰기의 다층성」, 『인문과학연구』 74, 충남대 인문과학연구소, 2008.

_____, 「근대 독본의 성격과 위상 (3)－1930년대 독본(讀本)의 교섭과 전변을 중심으로」, 『반교어문연구』 29, 반교어문학회, 2010.

국립국어연구원 편, 『국어의 시대별 변천 연구』 4－개화기국어, 국립국어연구원, 1999.

국립국어원, 「21세기 세종계획 국어 특수자료 구축(연구보고서)」, 국립국어원, 2007.

권보드래, 『한국 근대소설의 기원』, 소명출판, 2000.

_____, 『신소설, 언어와 정치』, 소명출판, 2014.

권영민, 『한국현대문학사』 1, 민음사, 2002.

권재일, 「개화기 국어의 접속문 연구－교과서 자료를 대상으로」, 『한국학연구』 6, 고려대 한국학연구소, 1994.

_____, 「20세기 초기 국어의 명사화 구문 연구」, 『한글』 229, 한글학회, 1995.

_____, 『한국어 문법사』, 박이정, 1998.

권재일, 『20세기 초기 국어의 문법』, 서울대 출판부, 2005.

김규식, 『大韓文法』, 김민수 외편(1909), 『역대한국문법대계』 1-5, 박이정, 1985.

김근수, 『한국잡지사』, 청록출판사, 1980.

김동언, 「개화기 국어 형태」, 국립국어연구원 편, 『국어의 시대별 변천 연구』 4－개화기 국어, 국립국어연구원, 1999.

_____, 「현대국어 번역 문체 변천 연구－천로역정과 성경을 중심으로」, 『어문논집』

47, 민족어문학회, 2003.

김두봉, 『조선말본』(1916), 김민수 외편, 『역대한국문법대계』 1-8, 박이정, 1985.

＿＿＿＿, 『깁더 조선말본』(1922), 김민수 외편, 『역대한국문법대계』 1-8, 박이정, 1985.

김미형, 「언해문(諺解文)의 문체 특징 연구」, 『어문학연구』 6, 상명대 어문학연구소, 1997.

＿＿＿＿, 「한국어 문체의 현대화 과정 연구－신문 문장을 중심으로」, 『어문학연구』 7, 한글학회, 1998.

＿＿＿＿, 「한국어 언문일치의 정체는 무엇인가?」, 『한글』 265, 한글학회, 2004.

＿＿＿＿, 『우리말의 어제와 오늘－정신의 변화를 안고 흐른 국어의 역사』, 제이앤씨, 2005.

김민수, 『신국어학사』, 일조각, 1964.

＿＿＿＿, 「初期國語文典硏究」, 고려대 박사논문, 1975.

＿＿＿＿, 『國語學史의 基本理解』, 집문당, 1987.

김병문, 「말과 글에 대한 담론의 근대적 전환에 관한 연구」, 연세대 석사논문, 2000.

＿＿＿＿, 「발화기원 소거로서의 언문일치체의 의미에 관하여」, 『사회언어학』 16-2, 한국사회언어학회, 2008.

＿＿＿＿, 「'國語'를 찾아서－주시경의 경우」, 『사회언어학』 17-2, 한국사회언어학회, 2009.

＿＿＿＿, 『언어적 근대의 기획－주시경과 그의 시대』, 소명출판, 2013.

＿＿＿＿, 「근대계몽기 한자 훈독식 표기에 대한 연구」, 『동방학지』 165, 연세대 국학연구원, 2014.

＿＿＿＿, 「들리지 않는 소리, 혹은 발설되지 않는 말과 "국어"의 구상－근대계몽기 국문담론 분석」, 『개념과 소통』 15, 한림과학원, 2015.

김상대, 『中世國語 口訣文의 國語學的 硏究』, 한신문화사, 1985.

김석득, 『우리말 연구사』, 정음문화사, 1983.

김성주, 「석독구결의 사동 표현」, 『구결연구』 14, 구결학회, 2005.

＿＿＿＿, 「석독구결(釋讀口訣)의 피동 표현」, 『구결연구』 16, 구결학회, 2006.

김영민, 『한국근대소설사』, 솔, 1997.

＿＿＿＿, 『한국 근대소설의 형성과정』, 소명출판, 2005.

＿＿＿＿, 『한국의 근대신문과 근대소설』 1－대한매일신보, 소명출판, 2006.

＿＿＿＿, 『한국의 근대신문과 근대소설』 2－한성신보, 소명출판, 2008.

_____, 「근대계몽기 문체 연구-유길준을 중심으로」, 『동방학지』 148, 연세대 국학연구원, 2009.

_____, 「근대 유학생 잡지의 문체와 한글체 소설의 형성 과정-『여자계』를 중심으로」, 『현대문학의 연구』 41, 한국문학연구학회, 2010.

_____, 『문학제도 및 민족어의 형성과 한국 근대문학(1890-1945)-제도, 언어, 양식의 지형도 연구』, 소명출판, 2012.

_____, 『한국의 근대신문과 근대소설』 3-만세보, 소명출판, 2014.

김영화, 「개화기 신문 텍스트의 활용어미 및 문장구조 연구-초창기 신문을 중심으로」, 고려대 석사논문, 2008.

김완진, 「능엄경언해에 관한 몇 가지 과제」, 『한글』 127, 한글학회, 1960.

_____, 『국어학사』, 한국방송대 출판부, 1997.

김용운 · 김용국, 『한국 수학사-수학의 창을 통해 본 한국인의 사상과 문화』, 살림출판사, 2009

김원우, 『朝鮮正音文典』(1922), 김민수 외편, 『역대한국문법대계』 1-10, 박이정, 1985.

김윤경, 『朝鮮文字及語學史』, 동국문화사, 1938

_____, 『새로 지은 국어학사』, 을유문화사, 1963.

김인선, 「서재필과 한글 전용-『독립신문』을 중심으로」, 『현상과 인식』 20-1, 한국인문사회과학회, 1996.

김종택, 「석보상절의 표현구조」, 『배달말』 8, 배달말학회, 1983.

김주필, 「'보통학교용 언문철자법(1912)'의 성격과 특징」, 『반교어문연구』 37, 반교어문학회, 2014.

김현주, 『사회의 발견-식민지기 '사회'에 대한 이론과 상상, 그리고 실천(1910~1925)』, 소명출판, 2013.

김형철, 『개화기 국어연구』, 경남대 출판부, 1997.

_____, 『국어 어휘 연구』, 경남대 출판부, 2010.

김흥수, 「언어학적 문체론의 위상과 과제」, 『국어국문학』 100, 국어국문학회, 1988.

_____, 「국어 문체의 통사적 양상에 대한 연구」, 『한국언어문학』 31, 한국언어문학회, 1993.

_____, 「이른바 개화기의 표기체 유형과 양상」, 『국어문학』 39, 국어문학회, 2004.

김희상, 『初等國語語典』, 김민수 외편(1909), 『역대한국문법대계』 1-6, 박이정, 1985.

_____, 『朝鮮語典』(1911), 김민수 외편, 『역대한국문법대계』 1-7, 박이정, 1985.

_____, 『울이글틀』(1927), 김민수 외편, 『역대한국문법대계』 1-7, 박이정, 1985.

나은미, 「『독립신문』의 표기법 연구」, 『한성어문학』 23, 한성대 한성어문학회, 2004.

나인호, 『개념사란 무엇인가』, 역사비평사, 2011.

남광우, 『韓國語의 發音研究』 1-순우리말과 漢字말의 표준발음을 중심으로, 일조각, 1984.

남궁억, 『조선 문법』(1913), 김민수 외편, 『역대한국문법대계』 1-9, 박이정, 1985.

남기심, 「現代國語 時制에 關한 問題」, 『국어국문학』 55·56·57, 국어국문학회, 1972.

_____, 「개화기의 국어 문체에 대하여」, 『연세교육과학』 12, 연세대 교육대학원, 1977.

남윤진, 「소설자료를 통해 본 20세기 한국어의 부정문 사용양상」, 『한국어와 문화』 9, 숙명여대 한국어문화연구소, 2011.

남풍현, 「『杜詩諺解』 註釋文의 '-로'에 대한 考察-國語에 미친 漢語의 文法的 影響을 中心으로」, 『論文集(단국대)』 6, 단국대, 1972.

니시타니 오사무, 한상일 역, 「J. 에르네스트 르낭, 『국민이란 무엇인가』」, 『내셔널리즘론의 명저』 50, 일조각, 2002.

데카르트, 양진호 역, 『성찰』, 책세상, 2011.

리필수, 『鮮文通解』(1922), 김민수 외편, 『역대한국문법대계』 1-13, 박이정, 1985.

_____, 『정음문전』(1923), 김민수 외편, 『역대한국문법대계』 1-13, 박이정, 1985.

문혜윤, 「문예독본류와 한글 문체의 형성」, 『어문논집』 54, 민족어문학회, 2006.

_____, 『문학어의 근대-조선어로 글을 쓴다는 것』, 소명출판, 2008.

미쓰이 다카시, 「植民地下 朝鮮에서의 言語支配-朝鮮語 規範化 問題를 中心으로」, 『한일민족문제연구』 4, 한일민족문제학회, 2003.

_____, 「근대 조선 언어운동사, 어떻게 볼 것인가?-언어 운동과 정책, 그리고 권력의 관점에서」, 『제1회 인문언어학 국제 포럼-한일관계 속의 인문언어학의 모색 발표자료집』, 연세대 언어정보연구원 인문한국사업단·동경외국어대학 조선어전공, 2011.

민현식, 「개화기 국어 문제 연구」, 『국어국문학』 111, 국어국문학회, 1994.

_____, 「개화기 국어 문법」, 『국어의 시대별 변천 연구』 4-개화기 국어, 국립국어연구원, 1999.

박갑수 편저, 『국어문체론』, 대한교과서주식회사, 1994.

박순함, 「兩層言語構造("Diglossia") 연구의 略史」, 『사회언어학』 5-1, 한국사회언어학회, 1997.

박승빈, 『簡易朝鮮語文法』, 김민수 외편(1937), 『역대한국문법대계』 1-19, 박이정,

1985.

박진영, 「최남선의 『시문독본』 초판과 정정 합편」, 『민족문학사연구』 40, 민족문학사학회, 2009.

박진호, 「중세국어에서 형용사와 결합하는 '-어 잇-'의 상적 의미」, 『구결연구』 17, 구결학회, 2006.

_____, 「문자생활사의 관점에서 본 구결(口訣)」, 『한말연구학회 학술발표논문집』, 한말연구학회, 2007.

배수찬, 『근대적 글쓰기의 형성 과정 연구—논설문의 성립 환경과 문장 모델을 중심으로』, 소명출판, 2008.

백채원, 「20세기 초기 자료에 나타난 '言文一致'의 사용 양상과 그 의미」, 『국어국문학』 166, 국어국문학회, 2014.

베르너 파울슈티히, 황대현 역, 『근대 초기 매체의 역사—매체로 본 지배와 반란의 사회 문화사』, 지식의 풍경, 2007.

사토 타쿠미, 김영작 역, 「요한 G. 피히테, 『독일 국민에게 고함』」, 『내셔널리즘론의 명저』 50, 일조각, 2002.

서민정・김인택 편역, 『근대 매체에 실린 언어 인식』, 역락, 2013.

서병국, 『大學國語學史』, 학문사, 1982.

서상규, 「한글의 빈수 조사와 외솔 최 현배」, 『한글』 281, 한글학회, 2008.

_____, 「최 현배의 『우리말본』 첫재매 유인본 연구」, 『한글』 289, 한글학회, 2010.

_____, 「최 현배의 『우리말본』 둘재매 유인본 연구」, 『한글』 291, 한글학회, 2011.

소강춘, 「정보처리 프로그램에 대하여—SynKDP를 중심으로」, 『한국어와 정보화(愚山 洪允杓 敎授 回甲 紀念 論文集)』, 태학사, 2002.

손세모돌, 「중세국어의 보조용언에 대한 연구」, 『동아시아문화연구』 24, 한양대 한국학연구소, 1994.

송민, 「言語의 接觸과 干涉類型에 대하여—現代韓國語와 日本語의 경우」, 『성심여자대학 논문집』 10, 성심여대, 1979.

____, 「派生語形成 存在形態素 '-的'의 始原」, 『어문논집』 24・25, 안암어문학회, 1985.

____, 「韓國語內의 日本的 外來語 問題」, 『일본학보』 23, 한국일본학회, 1989.

____, 「漢字語에 대한 어휘사적 조명」, 『국어학』 66, 국어국문학회, 2013.

신창순, 「한글 맞춤법 통일안의 檢討」, 『어문연구』 41, 한국어문교육연구회, 일조각, 1984.

_____, 『國語正書法硏究』, 집문당, 1992.

_____, 「國文硏究所 '國文硏究議定案'의 檢討」, 『어문논집』 44, 안암어문학회, 2001.

신창순 · 지춘수 · 이인섭 · 김중진, 『國語表記法의 全開와 檢討』, 한국정신문화연구원, 1992.

안명철, 「國語의 融合 現象」, 『국어국문학』 103, 국어국문학회, 1990.

안병희, 「한글맞춤법의 歷史」, 『국어생활』 13, 국어연구소, 1988.

안영희, 『한일 근대소설의 문체 성립-다야마 가타이, 이와노 호메이, 김동인』, 소명출판, 2011.

안예리, 「『대한매일신보』 국한문판과 순한글판의 문장 연구-번역에 따른 형태 · 통사적 대응 관계」, 『연세학술논집』 50, 연세대 대학원 총학생회, 2010.

_____, 「유의어 분석을 통한 어휘사 연구-1930년대 대중종합지 『삼천리(三千里)』를 중심으로」, 『언어사실과 관점』 27, 연세대 언어정보연구원, 2011.

_____, 「시문체의 국어학적 분석」, 『한국학논집』 46, 계명대 한국학연구원, 2012.

_____, 「'1음절 한자어+하다' 용언의 통시적 변화-말뭉치 언어학적 접근」, 『한국어학』 58, 한국어학회, 2013a.

_____, 「20세기 전반기 국어 문장 구성에 대한 연구-대중종합지 『삼천리』의 말뭉치 언어학적 분석」, 연세대 박사논문, 2013b.

_____, 「'-엇는'의 통시적 연구」, 『형태론』 15-2, 박이정, 2013c.

_____, 「사라진 '2음절 한자어+하다' 용언의 유형」, 『국어사연구』 18, 국어사학회, 2014a.

_____, 「『독립신문』의 수 표기에 쓰인 한자-'숫자로서의 한자'에 대한 재발견」, 『한민족어문학』 67, 한민족어문학회, 2014b.

_____, 「보도 기사 전언(傳言) 종결 표현의 변화-발화기원의 소거와 '-다더라'에서 '-다'로의 변화」, 『한국어학』 66, 한국어학회, 2015a.

_____, 「한글마춤법통일안과 『동아일보』의 철자법-어문 규범과 언어 현실의 관계에 대한 고찰」, 『반교어문연구』 39, 반교어문학회, 2015b.

_____, 「언어적 근대에 대한 시론적 고찰-고전어와 속어의 관계 변화를 중심으로」, 『반교어문연구』 41, 반교어문학회, 2015c.

_____, 「20세기 초 문어 말뭉치의 구축 및 활용 시 고려사항」, 『한국어학』 71, 한국어학회, 2016a.

_____, 「20세기 초 국어 문법서에 나타난 문법 개념의 발달과정」, 『국어사연구』 23, 국어사학회, 2016b.

_____, 「언어에 대한 근대적 인식과 언어의 근대화」, 『언어사실과 관점』 39, 연세대

언어정보연구원, 2016c.

안확,『修正 朝鮮文法』(1923), 김민수 외편,『역대한국문법대계』 1-9, 박이정, 1985.

연규동,「표기 규범과 문자－한자어의 표기 원리」,『한글』 304, 한글학회, 2014.

연세대 근대한국학연구소,『한국문학의 근대와 근대성』, 소명출판, 2006.

연세대 언어정보연구원 HK사업단,『풀어쓰는 국문론집성－근대 계몽기 국어국문 담
　　론의 현대적 해석을 위하여』, 박이정, 2012.

오명근,「아랍어 표준어와 방언에 관한 고찰」,『언어와 언어학』 16, 한국외대 외국어
　　종합연구센터 언어연구소, 1990.

오오이 히데아끼・서상규,「일본의 '문법(文法)'과 문법 용어의 형성」,『한글』 307, 한
　　글학회, 2015.

우인혜,「『독립신문』의 표기법 연구－종성표기를 중심으로」,『한국언어문화』 3, 한국
　　언어문화학회, 1985.

유길준,『大韓文典』(1909), 김민수 외편,『역대한국문법대계』 1-2, 박이정, 1985.

유민아,「일한 수동표현에 관한 대조 연구－1900-1920년대 대역자료를 중심으로」,
　　『일본어문학』 31, 한국일본어문학회, 2006.

유석환,「1930년대 잡지시장의 변동과 잡지『비판』의 대응－경쟁하는 잡지들, 확산되
　　는 문학」,『사이間SAI』 6, 국제한국문학문화학회, 2009.

유창균,『국어학사(개정판)』, 형설출판사, 1988.

유혜원,「20세기 전기 구어 자료의 격조사 실현 양상에 대한 연구」,『우리어문연구』
　　53, 우리어문학회, 2015.

윤석민,「일제시대 어문규범 정리과정에서 나타난 수용과 변천의 양상－'언문철자법'
　　과 '한글 맞춤법 통일안'을 중심으로」,『한국언어문학』 55, 한국언어문학회,
　　2005.

윤영민・서상규,「근현대기 일본문법서에 나타난 '문법'의 쓰임과 개념의 추이」,『언
　　어사실과 관점』 38, 연세대 언어정보연구원, 2016.

윤용선,『15세기 언해자료와 구결문』, 역락, 2003.

윤은경,「아랍어 양층언어현상에 대한 재 고찰」,『중동문제연구』 3, 명지대 중동문제
　　연구소, 2003.

윤효녕・윤평중・윤혜준・정문영,『주체 개념의 비판』, 서울대 출판부, 1999.

이경우,『최근세국어 경어법 연구』, 태학사, 1998.

이광호,「國文研究所의 '國文研究議定案'에 대하여」,『一山 金俊榮先生 華甲紀念論叢』
　　20, 螢雪出版社, 1979.

이규방, 『新撰 朝鮮語法』(1922), 김민수 외편, 『역대한국문법대계』 1-10, 박이정, 1985.

이규영, 『現今 朝鮮文典』(1920), 김민수 외편, 『역대한국문법대계』 1-10, 박이정, 1985.

이경호, 「현대국어 접속문의 통시적 양상」, 『현대국어의 형성과 변천』 2-통사, 박이정, 2000.

이기문, 『國語表記法의 歷史的研究』, 한국연구원, 1963.

_____, 『開化期의 國文研究』, 일조각, 1972.

_____, 「『독립신문』과 한글문화」, 현종민 편, 『서재필과 한국 민주주의』, 대한교과서주식회사, 1990.

이민우・김진해, 「20세기 초 활자본 고소설의 언어적 근대성 연구」, 『한국어학』 72, 한국어학회, 2016.

이병기, 『朝鮮文法講話』(1929~1930), 김민수 외편, 『역대한국문법대계』 1-16, 박이정, 1985.

_____, 「서평-"국어"의 언어적 근대는 기획된 것인가: 김병문, 『언어적 근대의 기획-주시경과 그의 시대』(소명출판, 2013)」, 『개념과 소통』 14, 한림과학원, 2014.

이상춘, 『朝鮮語文法』(1925), 김민수 외편, 『역대한국문법대계』 1-14, 박이정, 1985.

이상혁, 「국어학사를 다시 생각함-정의, 방법, 범위의 문제를 중심으로」, 『한성어문학』 26, 한성대 한성어문학회, 2007.

_____, 「『보통학교 조선어급한문독본』(1915) 권1과 '언문철자법'(1912)-조선어 학습 방침과 규범 통제를 중심으로」, 『우리어문연구』 46, 우리어문학회, 2013.

_____, 「근대 학문 형성기 근대 국어의 성격에 대하여-문체의 변주와 어문규범의 길항을 중심으로」, 『아시아문화연구』 35, 가천대 아시아문화연구소, 2014.

이소흔, 「19세기 말~20세기 초 한국어에 나타난 종결어미화 연구」, 서울시립대 박사논문, 2017.

이숭녕, 『혁신 국어학사』, 박영사, 1976.

이승원, 『소리가 만들어낸 근대의 풍경』, 살림출판사, 2005.

이연숙, 고영진・임경화 역, 『국어라는 사상-근대 일본의 언어 인식』, 소명출판, 2006.

이영제・강범모, 「현대국어 역사 코퍼스를 이용한 언어 변화의 계량적 연구-가칭 '동아일보 역사 코퍼스'에 기초한 접속부사 사용 분석을 중심으로」, 『한국어학』 63, 한국어학회, 2014.

이완응,『中等學校 朝鮮語文典』(1929), 김민수 외편,『역대한국문법대계』1-16, 박이정, 1985.

이응백·김원경·김선풍,『국어국문학자료사전』, 한국사전연구사, 1998.

이응호,『개화기의 한글운동사』, 성청사, 1975.

이익섭,『國語表記法研究』, 서울대 출판부, 1992.

이주현,「개화기 신문의 인용 구문 연구」,『제9회 한국 언어·문학·문화 국제학술대회－동아시아 식민지 시기 언어운동의 딜레마 발표자료집』, 연세대 국어국문학과 BK21＋ 사업단, 2014.

이준환,「현대 한국어 형성기의 자전 편찬과 현대 한국어문학」,『반교어문연구』42, 반교어문학회, 2016.

이준환·남경완·박정신,「『서유견문(西遊見聞)』의 어휘 분석을 통한 서구 문화 수용 양상－정부(政府), 교육(敎育) 관련 어휘를 중심으로」,『배달말』53, 배달말 학회, 2013.

이지양,『국어의 융합현상』, 태학사, 1998.

이지영,「否定副詞 '안'과 否定敍述語 '않-'의 형성」,『어문연구』32-3, 한국어문교육 연구회, 2004.

_____,『한국어 용언부정문의 역사적 변화』, 태학사, 2008a.

_____,「'-은지'와 '-을지'의 통시적 변화」,『국어학』53, 국어학회, 2008b.

_____,「개화기 교과서 문법의 연구 성과 및 전망－1894～1910년의 국어교과서를 중심으로」,『국어사연구』26, 국어사학회, 2018.

이진호,「개화기 국어 어휘 연구－신문 말뭉치의 고빈도 어휘 분석을 중심으로」, 계명 대 석사논문, 2002.

이진호·飯田綾織,『小倉進平과 國語 音韻論』, 제이앤씨, 2009.

이현희,「중세국어 내적 화법의 성격」,『한신논문집』3, 한신대, 1986.

_____,『中世國語 構文研究』, 신구문화사, 1994a

_____,「19세기 국어의 문법사적 고찰」,『한국문화』15, 서울대 한국문화연구소, 1994b.

이현희·김한결·김민지·이상훈·백채원·이영경,『근대 한국어 시기의 언어관·문자관 연구』, 소명출판, 2014.

이희승,『한글맞춤법통일안 강의』, 신구문화사, 1959.

이희승·안병희,『한글맞춤법 강의』(개정판), 신구문화사, 1989.

임상석,『20세기 국한문체의 형성과정』, 지식산업사, 2008.

_____,「1920년대 작문교본,『실지응용작문대방(實地應用作文大方)』의 국한문체 글쓰기와 한문전통」,『우리어문연구』 39, 우리어문학회, 2011.

임형택,「근대계몽기 국한문체(國漢文體)의 발전과 한문의 위상」,『민족문학사연구』 14-1, 민족문학사학회, 1999.

장미라,「개화기 국어 인용구문 연구-독립신문 전산 자료를 중심으로」,『인문학연구』 3, 경희대 인문학연구소, 1999.

정광,「1920~30년대 문학작품에 보이는 일본어 構文의 영향」,『한국어학』 2, 한국어학회, 1995.

정길남,『19세기 성서의 우리말 연구』, 서광학술자료사, 1992.

_____,『개화기 교과서의 우리말 연구』, 박이정, 1997.

_____,『신소설의 우리말 연구』, 한국문화사, 2002.

정승철,「개화기 국어 음운」,『국어의 시대별 변천 연구』 4-개화기 국어, 국립국어연구원, 1999.

_____,「일제강점기의 언어 정책-'언문철자법'을 중심으로」,『진단학보』 100, 진단학회, 2005.

정승철·최형용,『안확의 국어 연구』, 박이정, 2015.

정여훈,「신문 텍스트의 수사구조에서 나타나는 인용의 기능 및 그 실현 양상에 대한 연구」, 연세대 박사논문, 2014.

정영숙,「日本語 接辭 "的"의 成立 및 韓國語로의 流入問題 考察」,『일어일문학연구』 25, 한국일어일문학회, 1994.

정진석,『大韓每日申報와 裵說』, 나남출판, 1987.

_____,『한국언론사』, 나남출판, 1990.

_____,「언론인 巴人 金東煥」, 김영식 편,『巴人 金東煥誕生 100周年紀念集』, 선인, 2002.

_____,「개화기 언론 출판문화의 생성」,『동양학』 34, 단국대 동양학연구원, 2003.

정진석·이종한 외,『한국잡지 100년』, 사단법인 한국잡지협회, 1995.

정한데로,「단어 형성 과정의 개념화와 언어화-19세기 말~20세기 초 자료의 의의」,『언어와 정보 사회』 24, 서강대 언어정보연구소, 2015.

정희정,『한국어 명사 연구』, 한국문화사, 2000.

정희창,「한글 맞춤법의 '역사적 표기법'과 교육 내용 구성」,『문법 교육』 14, 한국문법교육학회, 2011.

조태린,「'국어'라는 용어에 대한 비판적 고찰」,『국어학』 48, 국어학회, 2006.

_____, 「식민지 시기 전후, 근대 국어 의식 형성에 대하여-세계사적 보편성과 역사적 특수성」, 고영진 · 김병문 · 조태린 편, 『식민지 시기 전후의 언어 문제』, 소명출판, 2012.

주시경, 『대한국어문법』(1906), 김민수 외편, 『역대한국문법대계』1-3, 박이정, 1985.

_____, 『國語文典音學』(1908), 김민수 외편, 『역대한국문법대계』1-4, 박이정, 1985.

_____, 『말』(1908), 김민수 외편, 『역대한국문법대계』1-3, 박이정, 1985.

_____, 『高等國語文典』(1909), 김민수 외편, 『역대한국문법대계』1-3, 박이정, 1985.

_____, 『국어문법』(1910), 김민수 외편, 『역대한국문법대계』1-4, 박이정, 1985.

_____, 『말의 소리』(1914), 김민수 외편, 『역대한국문법대계』1-4, 박이정, 1985.

채백, 『신문』, 대원사, 2003.

____, 「『독립신문』의 참여 인물 연구」, 『한국언론정보학보』36, 한국언론정보학회, 2006.

천정환, 『근대의 책 읽기-독자의 탄생과 한국 근대문학』, 푸른역사, 2003.

_____, 「초기『삼천리』의 지향과 1930년대 문화민족주의」, 『민족문학사연구』36, 민족문학사학회, 2008.

최경봉, 「근대국어 연구의 특수성과 방법론」, 『언어사실과 관점』28, 연세대 언어정보연구원, 2011.

_____, 「근대적 언어관의 전개와 국어정립이라는 과제의 인식 양상-한국의 특수성을 중심으로」, 『동방학지』158, 연세대 국학연구원, 2012.

_____, 『근대 국어학의 논리와 계보』, 일조각, 2016.

최광옥, 『大韓文典』(1908), 김민수 외편, 『역대한국문법대계』1-2, 박이정, 1985.

최낙복, 『개화기 국어 문법 연구』, 역락, 2009.

최현배, 『우리말본 첫째매』(1929), 연세대 출판문화원 편, 『외솔 최현배 전집』7, 연세대 출판문화원, 2012.

_____, 『우리말본』(1937), 연세대 출판문화원 편, 『외솔 최현배 전집』8, 연세대 출판문화원, 2012.

_____, 『한글갈』, 정음사, 1942.

최현식, 「『대한매일신보』의 이중판본 정책과 근대어 형성-계몽가사(歌辭)를 중심으로」, 『현대문학의 연구』35, 한국문학연구학회, 2008.

한글학회,『한글 맞춤법 통일안(1933~1980)』, 한글학회, 1989.

한기형 편,『근대어·근대매체·근대문학―근대 매체와 근대 언어질서의 상관성』, 성균관대 대동문화연구회, 2006.

한동완,『국문연구의정안』, 신구문화사, 2006.

한영균,「現代 國漢 混用 文體의 定着과 語彙의 變化―'單音節 漢字＋하(ᄒ)-'형 用言의 경우」,『국어학』51, 국어학회, 2008.

＿＿＿,「文體 現代性 判別의 語彙的 準據와 그 變化」,『구결연구』23, 구결학회, 2009.

＿＿＿,「근대계몽기 국한 혼용문의 유형·문체 특성·사용 양상」,『구결연구』30, 구결학회, 2013.

＿＿＿,「現代 韓國語 胎動期의 多重 飜譯 敍事物에 대한 기초적 연구」,『국어사연구』19, 국어사학회, 2014a.

＿＿＿,「『서유견문』 용언류 연구」,『구결연구』33, 구결학회, 2014b.

＿＿＿,「현대 한국어 성립기의 설정과 하위 구분―현대 한국어 문체 형성사의 관점에서」,『한민족어문학』70, 한민족어문학회, 2015.

한영목·김덕신,「'한글 마춤법 통일안'(1933) 발표에 대한 문인들의 태도와 준용 실태 고찰―'한글'지(1934~1935)를 중심으로」,『한국언어문학』62, 한국언어문학회, 2007.

함태영,「1910년대『매일신보』'단형 서사' 연구」, 연세대 근대한국학연구소 편,『한국 근대 서사양식의 발생 및 전개와 매체의 역할』, 소명출판, 2005.

허웅,『우리 옛말본―형태론』, 샘문화사, 1975.

＿＿,『국어학―우리말의 오늘·어제』, 샘문화사, 1983.

허재영,「근대계몽기의 어문문제와 어문운동의 흐름」,『국어교육연구』11, 서울대 국어교육연구소, 2003.

＿＿＿,「일제 강점기 우리말 연구의 경향과 의미―잡지, 학술지에 실린 논문을 중심으로」,『민족문화논총』39, 영남대 민족문화연구소, 2008.

＿＿＿,『근대 계몽기 어문 정책과 국어 교육』, 보고사, 2010.

＿＿＿,『근대 계몽기의 교육학 연구와 교과서』, 지식과교양, 2012.

홍기문,『朝鮮文典要領』(1927), 김민수 외편,『역대한국문법대계』1-15, 박이정, 1985.

홍순남,「아랍어의 발달과정과 사회적 역할」,『중동연구』29-1, 한국외대 중동연구소, 2010.

홍윤표,『근대국어연구』1, 태학사, 1994.

_____, 「이백시언해(李白詩諺解)의 국어학적 가치」, 『국어사연구』 4, 국어사학회, 2004.

_____, 『한글이야기 (1)-한글의 역사』, 태학사, 2013.

홍종선, 「개화기 시대 문장의 문체 연구」, 『국어국문학』 117, 국어국문학회, 1996.

_____, 「현대국어 문체의 발달-한문·한자의 어휘적 실현과 표기 문제와 관련하여」, 홍종선 편, 『현대국어의 형성과 변천』 3, 박이정, 2000.

_____, 「근대 전환기 개화 지식인의 '국문/언문'에 대한 인식과 구어체 글의 형성」, 『우리어문연구』 54, 우리어문학회, 2016a.

_____, 「유길준의 국문 인식과 근대 전환기 언문일치의 실현 문제」, 『한국어학』 70, 한국어학회, 2016b.

황용주, 「연어 구성의 계량언어학적 연구-신소설 말뭉치를 중심으로」, 전북대 박사논문, 2007.

황호덕, 「한국 근대 형성기의 문장 배치와 국문 담론-타자·교통·번역·에크리튀르, 근대 네이션과 표상들」, 성균관대 박사논문, 2002.

_____, 『근대 네이션과 그 표상들』, 소명출판, 2005.

_____, 「개화기 한국의 번역물이 국어에 미친 영향-외국인 선교사들이 본 한국의 근대어」, 『새국어생활』 22-1, 국립국어원, 2010.

_____, 「번역과 정통성, 제국의 언어들과 근대 한국어」, 『아세아연구』 145, 고려대 아세아문제연구소, 2011.

_____, 「자본과 언어, 유길준의 『노동야학독본』의 노동 개념과 문체의 테크놀로지-통치, 계몽, 지휘의 결합 관계를 중심으로」, 『개념과 소통』 14, 한림과학원, 2014.

4. 외국어 논저

広田栄太郎, 『近代訳語考』, 東京堂出版, 1969.

國立國語研究所 編, 『雜誌『太陽』による確立期現代語の研究』, 博文館新社, 2005.

柳父 章, 『飜譯とはなにか-日本語と飜譯文化』, 法政大學出版局, 1976.

袁広泉, 「明治期における日中間文法学の交流」, 『近代東アジアにおける翻訳概念の展開』, 京都大学人文科学研究所, 2013.

田中牧郎, 「言語資料としての雜誌『太陽』の考察と『太陽コーパス』の設計」, 國立國語研究所 編, 『雜誌『太陽』による確立期現代語の研究』, 博文館新社, 2005.

Abu-Absi, S., "The modernisation of Arabic : Problems and prospects", *Anthropological*

Linguistics 28-3, 1986.

Anderson, B., *Imagined Communities*(3rd ed.), London · New York : Verso, 2006.

Biber, D. · Conrad, S., *Register, genre, and style*, Cambridge : Cambridge University Press, 2009.

Coulmas, F., *The Writing system of the World*, Oxford : Blackwell, 1989.

Dante, A., Ed. and Trans. Steven Botterill, *Dante : De Vulari Eloquentia*, Cambridge : Cambridge University Press, 1996.

Eisenstadt, S. N., "Multiple Modernities", *Daedalus* 129, 2000.

Ferguson, C. A., "Diglossia", *Word* 15, 1959.

Fischer, S. R., *A History of Writing*, London : Reaktion Books Ltd, 2001.

Fishman, J. A., *Reversing Language Shift : Theoretical and Empirical Foundations of Assistance to Threatened Languages*, Clevedon : Multilingual Matters, 1991.

Fishman, J. A., *European Vernacular Literacy : A Sociolinguistics and Historical Introduction*, Tonawanda, NY : Multilingual Matters, 2010.

Haeri, N., "Sacred Language", *Ordinary People : Dilemmas of Culture and Politics in Egypt*, New York : Palgrave Macmillan, 2003.

Hobsbawm, E. J., *Nation and Nationalism since 1780*, Cambridge : Cambridge University Press, 1990.

Illich, I., Vernacular Values, *Philosophica* 26, 1980.

King, R., "Ditching 'Diglossia' : Describing Ecologies of the Spoken and Inscribed in Pre-modern Korea", *Sungkyun Journal of East Asian Studies* 15-1, Academy of East Asian Studies, 2015.

Neustupny, J. V., "Sociolinguistic aspect of social modernization" In U. Ammon · N. Dittmar · K. J. Mattheier · P. Trudgill Eds., *Sociolinguistics : An International Handbook of the Science of Language and Society*, Berlin/New York : Walter de Gruyter, 2006.

Schmidt, V. H., "Multiple Modernities or Varieties of Modernity?", *Current Sociology* 54, 1991.

Spolsky, B., "'Hebrew language revitalization within a general theory of second language learning'", In R. L. Cooper · B. Spolsky Eds., *The Influence of Language on Society and Thought : Essays in Honor of the 65th Birthday of Joshua A. Fishman*, Berlin : Mouton de Gruyter, 1991.

Zhou, G., *Placing the Modern Chinese Vernacular in Transnational Literature*, New York : Palgrave Macmillan, 2011.

5. 전자 자료

국립중앙도서관 대한민국 신문 아카이브(www.nl.go.kr/newspaper)
네이버뉴스라이브러리(newslibrary.naver.com)
디지털한글박물관(archives.hangeul.go.kr)
조선왕조실록DB(sillok.history.go.kr/main/main.do)
표준국어대사전(stdweb2.korean.go.kr/main.jsp)
한국사데이터베이스(db.history.go.kr)
한국언론진흥재단 고신문 아카이브(www.bigkinds.or.kr/news/libraryNews.do)
히브리어아카데미(Academy of the Hebrew Language, en.hebrew-academy.org.il)

새 천 년이 시작된 지도 벌써 몇 해가 지났다. 식민지와 분단국가로 지낸 20세기 한국 역사의 와중에서 근대 민족국가 수립과 민족 문화 정립에 애써온 우리 한국학계는 세계사 속의 근대 한국을 학술적으로 미처 정리하지 못한 채 세계화와 지방화라는 또 다른 과제를 안게 되었다. 국가보다 개인, 지방, 동아시아가 새로운 한국학의 주요 대상이 된 작금의 현실에서 우리가 겪어온 근대성을 다시 한번 정리하고 21세기에 맞는 새로운 모습으로 탈바꿈시키는 것은 어느 과제보다 앞서 우리 학계가 정리해야 할 숙제이다. 20세기 초 전근대 한국학을 재구성하지 못한 채 맞은 지난 세기 조선학·한국학이 겪은 어려움을 상기해 보면, 새로운 세기를 맞아 한국 역사의 근대성을 정리하는 일의 시급성은 아무리 강조해도 지나치지 않다.

우리 근대한국학연구소는 오랜 전통이 있는 연세대학교 조선학·한국학 연구 전통을 원주에서 창조적으로 계승하고자 하는 목표에서 설립되었다. 1928년 위당·동암·용재가 조선 유학과 마르크스주의, 그리고 서학이라는 상이한 학문적 기반에도 불구하고 조선학·한국학 정립을 목표로 힘을 합친 전통은 매우 중요한 경험이었다. 이에 외솔과 한결이 힘을 더함으로써 그 내포가 풍부해졌음은 두말할 나위가 없다. 연세대학교 원주캠퍼스에서 20년의 역사를 지닌 매지학술연구소를 모체로 삼아, 여러 학자들이 힘을 합쳐 근대한국학연구소를 탄생시킨 것은 이러한 선배학자들의 노력을 교훈으로 삼은 것이다.

이에 우리 연구소는 한국의 근대성을 밝히는 것을 주 과제로 삼고자 한다. 문학 부문에서는 개항을 전후로 한 근대 계몽기 문학의 특성을 밝히는 데 주력할 것이다. 역사 부문에서는 새로운 사회경제사를 재확립하고 지역학 활성화를 위한 원주학 연구에 경진할 것이다. 철학 부문에서는 근대 학문의 체계화를 이끌고 사회과학 분야에서는 학제 간 연구를 활성화시키며 근대성 연구에 역량을 축적해 온 국내외 학자들과 학술 교류를 추진할 것이다. 이러한 연구들은 일방성보다는 상호 이해와 소통을 중시하는 통합적인 결과물의 산출로 이어질 것이다.

근대한국학총서는 이런 연구 결과물을 집약적으로 정리하기 위해 마련한 총서이다. 여러 한국학 연구 분야 가운데 우리 연구소가 맡아야 할 특성화된 분야의 기초자료를 수집·출판하고 연구성과를 기획·발간할 수 있다면, 우리 시대 연구자들뿐만 아니라 학문 후속세대들에게도 편리함과 유용함을 줄 수 있을 것이다. 새롭게 시작한 근대한국학총서가 맡은 바 역할을 충분히 할 수 있도록 주변의 관심과 협조를 기대하는 바이다.

2003년 12월 3일
연세대학교 원주캠퍼스 근대한국학연구소